El monasterio de El Escorial
Curiosidades, anécdotas y misterios

El monasterio de El Escorial
Curiosidades, anécdotas y misterios

Gustavo Sánchez

ediciones
LA LIBRERÍA

1.ª edición: 2018
2.ª edición: 2024

© Gustavo Sánchez López, 2024
© de esta edición: Ediciones La Librería, 2024
      C/ Mayor, 80
      28013 Madrid
      Telf.: 91 541 71 70
      E-mail: info@edicioneslalibreria.es

Cubierta y maquetación: Javier Fernández Lizán

ISBN: 978-84-9873-534-5
Depósito Legal: M-2793-2024

Impreso en España/Printed in Spain

A Constança,
fiel compañera de viaje en esta vida

ÍNDICE

PRESENTACIÓN

El propósito de este libro es contar de forma amena algunos aspectos curiosos, anecdóticos, misteriosos y poco conocidos del monasterio de San Lorenzo de El Escorial, aspectos referidos en concreto a los usos funcionales del edificio y al quehacer vital de sus moradores. Como es sabido, el edificio aglutinó bajo una misma planta muchas y diferentes funciones: un palacio para el rey y la Corte; un convento de la Orden de San Jerónimo, pensado para un mínimo de cien monjes y del que dependían: un noviciado, un colegio de Teología y Filosofía para religiosos y un seminario para niños. Además de estas funciones el monasterio albergaba el panteón de los reyes de España, situado en los más hondos cimientos; y en la fachada principal una de las mejores bibliotecas de su tiempo, a la que acudían estudiosos de todo el mundo.

En su entorno inmediato se construyeron otros edificios, como las casas de oficios, para alojamiento de la Corte; y la Casa de la Compaña, que actuaba de gran cuartel de servicios del convento, en donde estaban los hornos, el molino, la fragua, las carnicerías o las caballerizas. La construcción del monasterio supuso la reordenación del territorio, se plantaron huertas y se acotaron dehesas destinadas al divertimento real por excelencia: la caza; y mediante un sofisticado sistema de captación y canalización de los arroyos, el edificio contaba con agua corriente al nivel del coro. Pero más allá de su entorno inmediato, el monasterio constituyó un gigantesco latifundio de carácter feudal que abarcaba gran parte de la actual Comunidad de Madrid y se extendía hacia Ávila, Segovia y Extremadura.

Especial atención recibirán los principales moradores del edificio, los monjes jerónimos, y sus diversas actividades litúrgicas, económicas, domésticas e incluso lúdicas, pues también tenían los religiosos sus momentos de ocio. Junto a los monjes convivieron una serie de personas —huéspedes, criados, niños…— y animales de compañía, como gatos, perros y pájaros.

A modo de guía alternativa y sin pretensiones enciclopédicas (algo a todas luces imposible), nuestra idea ha sido abordar diversos aspectos del edificio y sus habitantes, de forma amena y divulgativa pero rigurosa, a partir de un trabajo exhaustivo de recopilación de datos en diferentes fuentes documentales de primera mano, algunas de ellas hasta ahora desconocidas. También se ha considerado la bibliografía especializada, a la que se remite a todos aquellos interesados en profundizar sobre determinados aspectos. La idea es, además, que el lector pueda situarse en todo momento en los espacios descritos gracias a una serie de planos detallados del edificio, del entorno y del territorio. Asimismo, acompañan numerosas imágenes, antiguas y modernas, que al tiempo que ilustran y aclaran los contenidos, hacen la lectura más amena. Esperamos haber conseguido nuestro objetivo.

AGRADECIMIENTOS

En un libro de tan amplio enfoque y con tan variados temas ha sido fundamental la consulta a diversos especialistas en el monasterio de El Escorial, a quienes quiero mostrar mi más sincero agradecimiento. Sin querer dejar a nadie fuera de la lista —en cuyo caso pido disculpas— he de mencionar a estas personas y, en casi todos los casos, buenos amigos, que en uno u otro aspecto han colaborado en la mejora y mayor precisión de los datos que se ofrecen en nuestro trabajo: Agustín Bustamante, Almudena Pérez de Tudela, Ana Luzón, Carlos Mosquera, Carlos Zarco, Félix Bernardino, Francisco Javier Campos (O. S. A.), Gregorio Sánchez Meco, Jorge de la Cerra, José Rodríguez Díez (O. S. A.), José Luis Vega Loeches, Luis Sánchez, Manuel Terrón, Marta Martín, Pedro Martín, a la comunidad de padres agustinos de El Escorial y a todo el personal de Patrimonio Nacional encargado del cuidado del monasterio de El Escorial.

EL SUEÑO DE UN REY

El monasterio de San Lorenzo de El Escorial es, en su origen y ante todo, un lugar soñado, deseado y habitado por un rey: Felipe II. El sueño del monarca se fue gestando a su regreso del viaje a los Países Bajos, aproximadamente entre 1555 y 1560, y fue creciendo en su interior, alimentado por diversos motivos y animado por un ferviente deseo de trascendencia y perpetuidad de sus hechos y obras. Los fines, de este modo, proyectaron hacia el futuro algunos de los motivos, como el de dar digna sepultura a su padre Carlos V, construyendo un mausoleo donde reposasen sus restos, así como los de todos los miembros de la Corona española.

El edificio fue diseñado para servir a los fines y objetivos propuestos, dando cabida a los espacios necesarios para los diferentes colectivos que lo habitaron: familia real, monjes, seminaristas, novicios, criados, etcétera. En el proceso de construcción el diseño inicial experimentó ciertos cambios de mayor o menor importancia, destacando el de 1564, con una ampliación y reubicación de espacios.

Antonio Moro: *Felipe II*, 1560 (monasterio de El Escorial. Patrimonio Nacional). En este retrato se muestra el monarca con la armadura que llevaba en la batalla de San Quintín.

Crucial fue la elección del emplazamiento, madurada y contrastada por el propio rey e importantes personalidades de la Corte y de la Orden de San Jerónimo, la destinataria del edificio y de su administración temporal y espiritual. Habían de ser considerados diversos factores, como la cercanía a Madrid, el clima, los recursos acuíferos, la flora, la fauna —importantísima era la caza, principal diversión de la familia real—, y la existencia más o menos cercana de materias primas para la construcción y para el abastecimiento posterior.

Tras descartar diferentes lugares de la sierra de Madrid, y tan pronto como fue elegido el sitio —enseguida se le conoció como «Real Sitio de San Lorenzo»—, dieron comienzo las críticas al emplazamiento destinado a la construcción del monasterio, muchas de las cuales derivaron en leyendas que aún hoy en día persisten en el imaginario colectivo escurialense.

MOTIVOS Y FINES

Aunque las obras del monasterio dieron comienzo en 1563, es en la *Carta de Fundación*, escrita en 1567[1], donde el propio monarca expone los **motivos** de su magno proyecto, que vienen a ser principalmente estos dos:

- Para dar gracias por los muchos y grandes beneficios recibidos de Dios, entre los cuales figura uno de forma muy cercana y concreta: la victoria en la batalla de San Quintín, que actuó como una especie de catalizador, acelerando y determinando una decisión ya tomada de antemano. La fecha de dicha victoria, el 10 de agosto de 1557, día de San Lorenzo, fue la razón por la que Felipe II eligió a este santo como patrón del monasterio.
- Para cumplir con los deseos de su padre Carlos V y así dar digna sepultura al emperador y a los demás miembros de la familia real ya fallecidos, estableciendo al mismo tiempo un lugar de enterramiento para los futuros reyes y personas reales.

También los **fines** quedan apuntados en la *Carta de Fundación* y, siguiendo el criterio de algunos expertos, se concretan y hacen explícitos en seis órdenes[2]:

- Oración y culto divino como **basílica**.
- Piedad filial y enterramiento regio como **panteón**.

1 «Carta de Fundación y Dotación de San Lorenzo El Real», en *Documentos para la Historia del Monasterio de San Lorenzo el Real de El Escorial*, vol. II, Julián Zarco (ed.). Imprenta del Real Monasterio, San Lorenzo de El Escorial, 1916, pp. 96-129.
2 ESTAL, Gabriel del: «El Escorial en la transición de San Jerónimo a San Agustín», en *Monasterio de San Lorenzo El Real El Escorial en el Cuarto Centenario de su creación 1563-1963*, Biblioteca «La Ciudad de Dios», San Lorenzo de El Escorial, Imprenta del Real Monasterio, 1964, p. 563.

© Patrimonio Nacional

Fabrizio Castello, Nicola Granello, Lazzaro Tavarone: *La batalla de San Quintín*, pintura al fresco (detalle), 1590 (Sala de Batallas, monasterio de El Escorial. Patrimonio Nacional).

- Estudios de cultura eclesiástica y saber humanístico como **biblioteca**.
- Formación sacerdotal como **seminario**.
- Preparación universitaria como **colegio de Filosofía y Teología**.
- Ejercicio cristiano de caridad con enfermos y pobres como **hospital y limosna**.

El amor que el Rey Prudente profesó por su monasterio es algo que ya se hizo evidente entre sus coetáneos. En él vivió gran parte de su vida y en él quiso morir. Entre los testimonios más tempranos se halla el del nuncio Giovanni Battista Castagna —más tarde proclamado como papa Urbano VII—, quien, en una carta escrita en 1568 al cardenal Alessandrino refiere que el rey «permanece la mayor parte del tiempo en su monasterio de El

Giovanni Battista Castagna (1521-1590), como Urbano VII; nuncio en España entre 1565 y 1572.

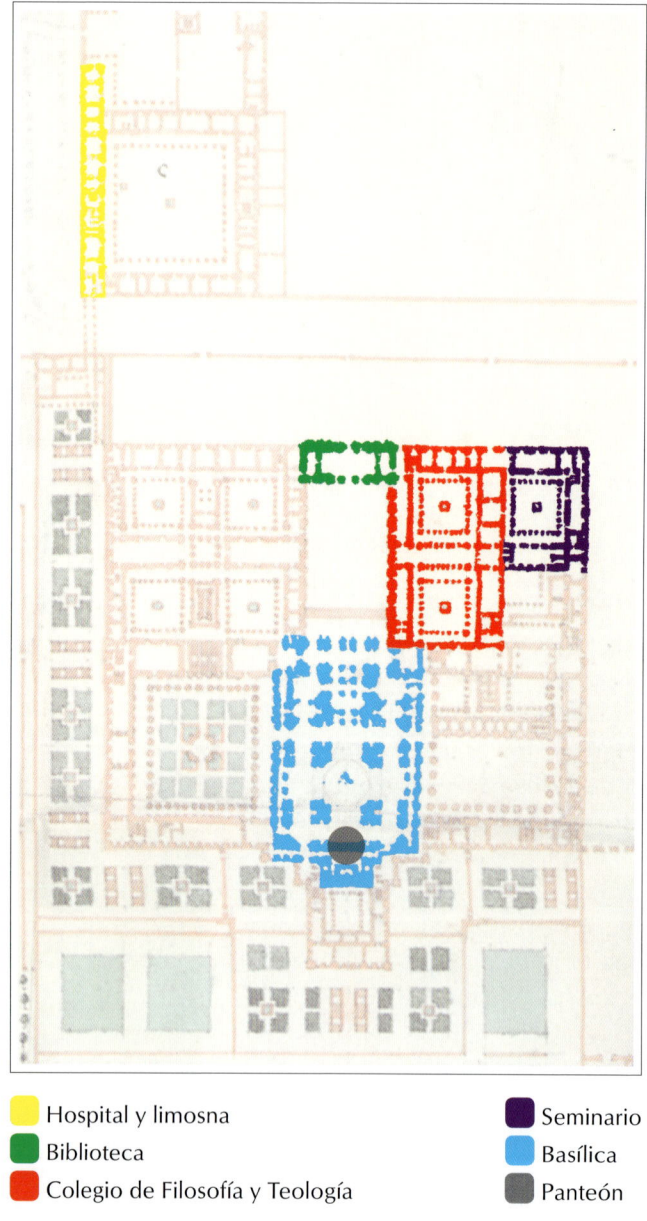

- 🟡 Hospital y limosna
- 🟢 Biblioteca
- 🔴 Colegio de Filosofía y Teología
- 🟣 Seminario
- 🔵 Basílica
- ⚫ Panteón

Giovanni Battista Novello: *Plano general del Real Sitio del Esco-rial*, 1748 (detalle). Aparecen indicados los distintos fines fundacionales con su ubicación física en el edificio.

Escorial [...], tiene tanta afición a estos monjes de San Jerónimo que es algo increíble»[3].

Otro interesante testimonio procede del arzobispo Tommaso Contarini, quien en su relación sobre la embajada que realizó en España en 1593 asegura que al rey «le gusta mucho la soledad y los lugares desiertos; se complace sobre todo en el monasterio de San Lorenzo de El Escorial, reside allí a menudo y cada día añade alguna construcción importante a ese suntuoso edificio, consultando para eso su gusto más que las reglas de arquitectura»[4].

DISEÑO Y USOS DEL EDIFICIO

El monasterio de El Escorial, tal y como lo conocemos ahora, no fue diseñado así en un primer momento. La traza original, elaborada en 1561 por Juan Bautista de Toledo a instancias de Felipe II, era diferente a la actual. Si bien el cuadro o contorno general fue el mismo, la distribución de estancias y alturas —básicamente, con cotas más bajas— difirió bastante. De haberse continuado con la construcción según dicha traza original, el monasterio podría haber llegado a tener este aspecto:

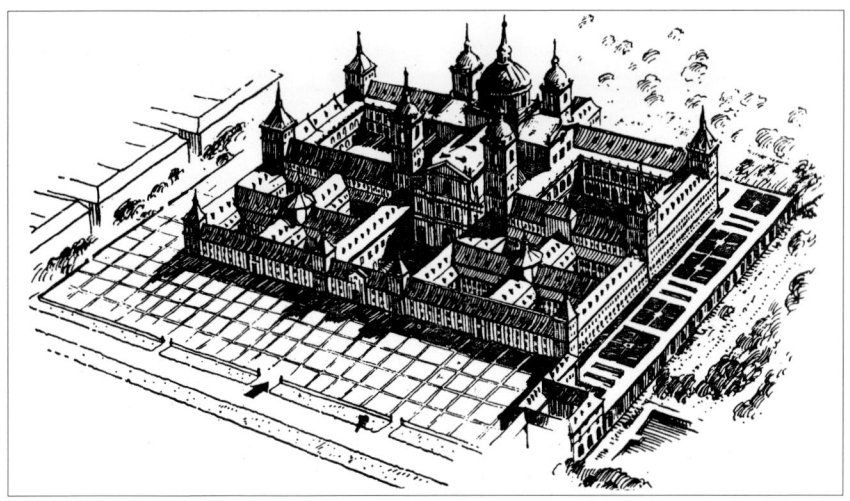

Representación ideal del monasterio, según el boceto original, elaborada por Secundino Zuazo Ugalde.

3   Archivo Secreto del Vaticano, *Segreteria di Stato, Spagna*, 4, ff. 25v-26v. *Carta del Nuncio Castagna al Cardenal Alessandrino, 6-IX-1568.*

4   CONTARINI, Tommaso: «Relación de la estancia en España de Tomás Contarini, hecha al regreso de su embajada en España en 1593», en *Viajes de extranjeros por España y Portugal desde los tiempos más remotos hasta comienzos del siglo* XX, José García Mercadal (ed.), 6 vols., Junta de Castilla y León, Salamanca, 1999, vol. II, p. 612.

A raíz de los cambios en las necesidades del edificio, consistentes principalmente en el aumento del número de monjes (de cincuenta a cien), en
1564 fue alterada la traza original, quedando la que hoy en día podemos
contemplar. Las diferencias consisten principalmente en la mayor altura
de los cuadros del colegio y convento, destinados en primera instancia
a los criados y a los diferentes servicios del monasterio, reubicados en
el edificio de la Compaña (hoy en día Real Centro Universitario Escorial-María Cristina).

Vista aerea del monasterio de El Escorial.

Los **usos** del edificio son prácticamente coincidentes con los fines, si
bien se podrían añadir algunos más:

- **Basílica** (capilla real privada): En su origen solo accesible a la familia
  real, a los monjes jerónimos y a la nobleza; ya en el siglo XIX comenzó a ser permitido el acceso al pueblo llano.
- **Panteón real**: Lugar de enterramiento de los reyes y familia real.
- **Biblioteca**: A la que tenían acceso los monjes para el estudio, así
  como todos aquellos forasteros interesados y con la pertinente licencia del rey.

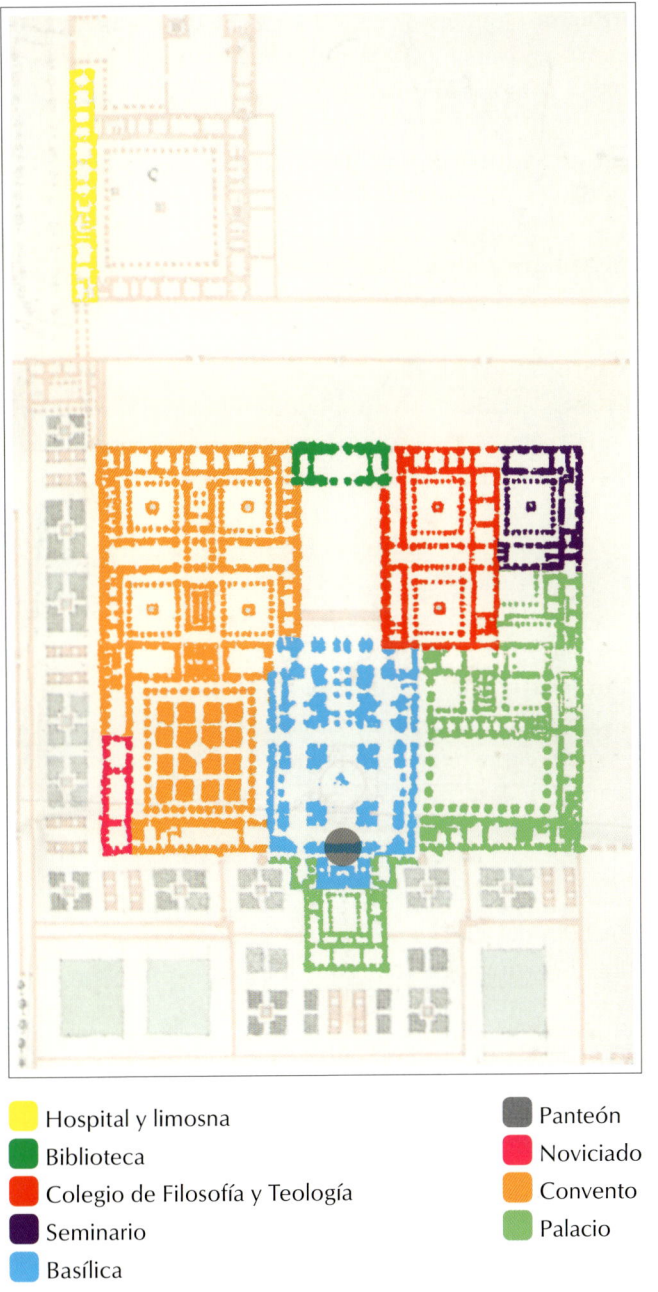

- 🟨 Hospital y limosna
- 🟩 Biblioteca
- 🟥 Colegio de Filosofía y Teología
- 🟪 Seminario
- 🟦 Basílica
- ⬛ Panteón
- 🟥 Noviciado
- 🟧 Convento
- 🟩 Palacio

Giovanni Battista Novello: *Plano general del Real Sitio del Escorial*, 1748 (detalle). Aparecen indicados los distintos usos del edificio con su ubicación espacial.

- **Seminario**: Donde se formaba en gramática latina, canto y «cosas» de iglesia a jóvenes con el último fin (aunque no obligación) de ordenarse como sacerdotes, según las indicaciones del Concilio de Trento.
- **Colegio de filosofía y teología** para religiosos jerónimos, del propio monasterio o de otros de la orden, que quisiesen profundizar en este tipo de estudios.
- **Hospital para pobres**: Situado en el edificio anexo de la Compaña, donde además de atención sanitaria se proporcionaba alimento, ropa y calzado a aquellos individuos que lo necesitasen.
- **Convento**: Lugar en el que habitaban los monjes jerónimos y gran parte de sus criados; otros individuos de la servidumbre eran alojados en la Compaña y en otros lugares. La elección de la Orden de San Jerónimo para habitar y gobernar este complejo edificio responde a una tradición que se remonta varios siglos atrás y tenía su ejemplo más reciente en la elección del retiro al monasterio de Yuste por parte de Carlos V.
- **Noviciado**: Era un importante grupo o colectivo de aspirantes a monjes, con un régimen muy similar al del seminario.
- **Palacio Real**: Lugar en el que se alojaban el rey, su familia y criados principales. Con el tiempo, ya en el siglo XVIII, la Corte fue ocupando otras dependencias, tanto de la zona conventual como de la Compaña y de las casas de oficios.

EL EMPLAZAMIENTO Y SUS LEYENDAS. LA BOCA DEL INFIERNO

Sobre la elección del lugar escriben los cronistas jerónimos que fue un largo proceso de varios meses en el que intervinieron, además del rey y sus consejeros, importantes especialistas (arquitectos, aparejadores, canteros, etcétera) y miembros relevantes de la orden jerónima (concretamente, fray Juan de Huete, fray Juan del Colmenar y fray Gutierre de León, de los monasterios de Zamora, Guisando y Madrid, respectivamente). Aparte de las requeridas condiciones climáticas y del terreno —con agua, bosques, fauna, etcétera—, era fundamental la cercanía y abundancia de los materiales necesarios para una construcción de tal envergadura, como piedra (granito), madera, yeso, cal y arena. También era importante que no distase en exceso de Madrid, ciudad erigida en capital de la Corte en 1561.

Aunque fray José de Sigüenza asegura que hubo un comité de hombres sabios que se dedicaron a inspeccionar varios lugares del Real de

Manzanares e incluso Aranjuez[5], diversos especialistas han dado fuerza a la teoría de que fue el propio Felipe II quien señaló el lugar, bien conocido por los viajes que realizaba a Guisando y por su relación con Isabel Osorio de Cáceres, cuyo hermano —don Alonso— era uno de los propietarios de la Fresneda, finca cercana al monasterio y adquirida más tarde por el rey. Al parecer, lo único que hicieron los «hombres sabios» fue corroborar las óptimas condiciones del lugar elegido por el monarca[6].

No obstante, el relato de Sigüenza es cierto en lo que se refiere a la consideración de dos lugares cercanos: la Fresneda y la Alberquilla, descartadas la primera por «ser muy enferma, a cuya causa se había despoblado», y la segunda porque, a pesar de ser muy buen sitio, «faltóles el agua, sin la cual no se puede sustentar ninguna población». A estos dos lugares cabría añadir un tercero: Guisando, no considerado por su excesiva lejanía de Madrid.

Como queda dicho, Felipe II eligió el lugar para la construcción del monasterio junto a la fuente de Blasco Sancho, a los pies de la subida al puerto de Malagón, tras lo cual envió a sus hombres de confianza y los tres monjes jerónimos antes mencionados para confirmar las buenas cualidades del sitio, así descrito por fray Juan de San Jerónimo:

> […] hallaron una muy principal fuente que tenía dos mineros, que se llamaba la fuente de Blasco Sancho junto a un cerrito donde pasa el camino que va a San Juan de Malagón, ermita bien conocida de toda la tierra, y hallaron el puesto cual ellos buscaban con las condiciones y calidades necesarias para tan principal población por estar junto a la dehesa de la Herrería y cerca de la Fresneda, y con abundancia de aguas, pinares principales cercanos de Valsaín y pinares llanos, Quejigar y Navaluenga, y haber piedra para cal en el valle de la Herrería, y yeso cerca en los lugares vecinos, mucha arena en el sitio, y piedra berroqueña granimenuda, blanca y cárdena cual conviene para tal edificio y obra como se ha de comenzar.[7]

Aunque los aspectos prácticos de la existencia cercana de materiales para la obra fueron determinantes, para un rey con un profundo sentido del arte, de la naturaleza y de la religión, el lugar donde aposentar la fábrica perfecta, la ciudad de Dios, debía cumplir unas elevadas exigencias estéticas, espirituales y simbólicas. De este modo, el sitio escogido, a media

5 SIGÜENZA, fray José de: *Historia de la Orden de San Jerónimo*, Ángel Weruaga Prieto (ed.), 2 vols., Junta de Castilla y León, Valladolid, 2000, vol. II, p. 436.

6 SÁNCHEZ MECO, Gregrorio: *De comunidad de aldea a villa de realengo*, Ayuntamiento de El Escorial, El Escorial, 1995.

7 SAN JERÓNIMO, fray Juan de: «Memorias», en *Colección de documentos inéditos para la historia de España*, vol. VII, Imprenta de la Viuda de Calero, Madrid, 1845, pp. 9-10.

altura, abrazado por el gigantesco circo natural que forma la sierra, en el preciso lugar donde manaba una fuente harto apreciada por los nativos, y en un entorno de naturaleza exuberante, semejante a un paraíso terrenal, era el escenario perfecto para levantar la fábrica maravillosa que bullía en su cabeza, donde las formas geométricas puras se mimetizarían, diluyéndose, con los grandes peñascos de la montaña madre, simbolizando la unión entre lo divino y lo humano[8].

Por lo que respecta a las leyendas generadas en torno al emplazamiento escogido para la obra laurentina —y, en general, sobre la construcción del monasterio—, se debe advertir que la gran mayoría fueron generadas o, cuando menos, potenciadas por los autores que fomentaron la «leyenda negra» de Felipe II y de los Austrias. Aunque la mayoría de estos autores eran extranjeros (sobre todo, franceses e ingleses), inspirados por las corrientes ilustradas y liberales de los siglos XVIII y XIX, los hubo también de origen español, como es el caso del conde de Fabraquer, quien escribió un voluminoso libro con el sugestivo título de *Los misterios de El Escorial*. Sin embargo, y a pesar del título, Fabraquer trata de aspectos históricos y políticos generales, de forma muy libre y novelada, dedicando apenas unos pocos capítulos al monasterio que, dicho sea de paso, copia en su mayor parte de José de Quevedo[9].

Las principales leyendas sobre el emplazamiento del monasterio son las que relacionan el lugar con el diablo o con el infierno. Quizás el punto de partida lo podamos hallar en la anécdota que refiere fray Juan de San Jerónimo sobre la visita que se hizo a dicho lugar el 30 de noviembre de 1561 por orden de Felipe II. Debían acudir el secretario del rey, el arquitecto Juan Bautista de Toledo y varios priores y otros padres jerónimos para dar el visto bueno definitivo. Al parecer, les sorprendió una gran tempestad de aire que les hizo dar marcha atrás, a lo que «fray Juan del Colmenar con espíritu de Dios dijo a alta voz, que lo oyeron todos los que allí iban, como reprehendiendo al demonio, el cual les hacía tal encuentro para perturbarles: "Esto hace el demonio para nos engañar, pero no sacará dello nada, que pasar tenemos adelante y él quedará por ruín" [...] Y otro día siguiente, estando todos los arriba nombrados en el lugar del Escurial, les envió Su Majestad un correo con una carta que les decía que no se

---

8 RAMÍREZ ALTOZANO, José Javier: *Historia de los bosques reales de San Lorenzo del Escorial*, Visión Libros, Madrid, 2010, p. 25.
9 MUÑOZ MALDONADO, José (conde de Fabraquer): *Los misterios del Escorial*, 3 vols., Espasa, Barcelona, [1878].

espantasen de aquel aire y tiempo que arriba he dicho, porque también lo había hecho áspero y trabajoso en Madrid»[10].

Hasta aquí la historia. Pero a partir de ahí parece comenzar la leyenda, cuya forma más común es la que describe el lugar como la «puerta o boca del infierno», de manera que Felipe II habría construido su monasterio —exactamente, la basílica— sobre esta puerta para cerrar su acceso. Pero, a su vez, esta leyenda parece entroncar con otra de origen supuestamente medieval que dice así:

> Lucifer vivió en una cueva situada a los pies del monte Abantos (Sierra de Guadarrama), justo los días entre la expulsión de las cortes celestiales y su destierro al infierno. En esos días, el ángel rebelde comenzó su andadura por toda la tierra donde creó siete puertas para acceder a las tinieblas. Una de ellas estaría en San Lorenzo de El Escorial.[11]

El contenido de esta dudosa leyenda no puede ser verificado ni tan siquiera desde el punto de vista literario, si no que parece tratarse más bien de un batiburrillo de ideas que quizás esté relacionado con el anterior relato de fray Juan de San Jerónimo y con el comentario que hizo fray José de Sigüenza sobre otro extraordinario temporal de viento que tuvo lugar el 6 de febrero de 1574, durante una importante ceremonia fúnebre:

> Comenzaron los Príncipes de las Tinieblas a revolver el tiempo y a despertar un viento tan fiero y tan furioso, que puso admiración, grima y pavor, porque parecía se habían abierto las puertas del Infierno para arrebatar las piedras de esta casa.[12]

Otra leyenda que asocia el entorno escurialense con el diablo es la que explica el fenómeno geológico que se puede apreciar cerca de la Silla de Felipe II, conocido como «la Pisada del Diablo»: una gran roca de granito en cuya parte superior se puede apreciar una marca que se asemeja a una enorme huella de pie. La anécdota, detalladamente contada por Vicuña[13], en resumen, viene a significar que el diablo, enfurecido con la santidad de los ermitaños de la Herrería, se apareció a Martina —una ermitaña de probable origen vasco, pariente quizás de alguno de los canteros del monasterio— y, tras intentar seducirla y engañarla en forma de falso peregrino, al ser descubierto por la santa, se transformó en un horrible demonio

10 SAN JERÓNIMO, fray Juan de: *Memorias…*, p. 14.
11 CERVERA, César: «El Monasterio de El Escorial, una puerta al infierno que Felipe II se encargó de sellar», en *ABC*, 10-X-2014. Recurso electrónico: <http://www.abc.es/madrid/20141010/ abci-escorial-puerta-infierno-felipe-201410091904.html> (consultado el 13-X-2016).
12 SIGÜENZA, fray José de: *Historia…*, vol. II, p. 460.
13 VICUÑA, Carlos: *Anécdotas de El Escorial*, EDES, San Lorenzo de El Escorial, 2007, pp. 25-26.

La Pisada del Diablo, cerca de la Silla de Felipe II.

de fuego ardiente, dio un enorme salto para lanzarse al abismo y dejó la huella de su pie izquierdo marcada en la roca.

LOS SIGNIFICADOS ADQUIRIDOS

La magna obra escurialense pronto fue adquiriendo significados: los más de tipo grandilocuente, considerándola como la octava maravilla del mundo o incluso, la única. Otros de tipo religioso o teológico, como el que relaciona el edificio con el templo de Salomón donde, dicho sea de paso, Felipe II sería considerado un segundo rey Salomón. Y, por último, cabría resaltar los más recientes, referidos a cuestiones esotéricas, mágicas y herméticas.

LA OCTAVA MARAVILLA DEL MUNDO

Es quizás Sigüenza el primero en utilizar este epíteto cuando ilustra el modo en que ciertas personas trataban de imaginar y comparar el monasterio con otros edificios del mundo: «otros también se acuerdan de las siete maravillas del mundo, y como gente más leída dicen que esta es la Octava»[1].

Pero es Juan Alonso de Almela el primer autor que explica y desarrolla este concepto, comparando el monasterio con las demás maravillas del mundo. En su libro, titulado precisamente *Descripción de la Octava Maravilla del mundo*, expone la principal causa por la que el monasterio no solo se equipara, sino que supera al resto de maravillas: «fueron maravillas para condenación y el monasterio para salvación». A esto añade que aquellas fueron obras «de vanidad y ceguedad gentílica, y esta de piedad y culto divino» y, por último, que «las demás [fueron] destruidas por la polilla y ruina del tiempo, y esta Octava entera y recién hecha de quien se asienta

---

1 SIGÜENZA, fray José de: *Historia...*, vol. II, p. 702. Véase también SÁENZ DE MIERA, Jesús: *De obra insigne y heroica a Octava Maravilla*, Sociedad Estatal para la Conmemoración de los Centenarios de Felipe II y Carlos V, Madrid, 2001.

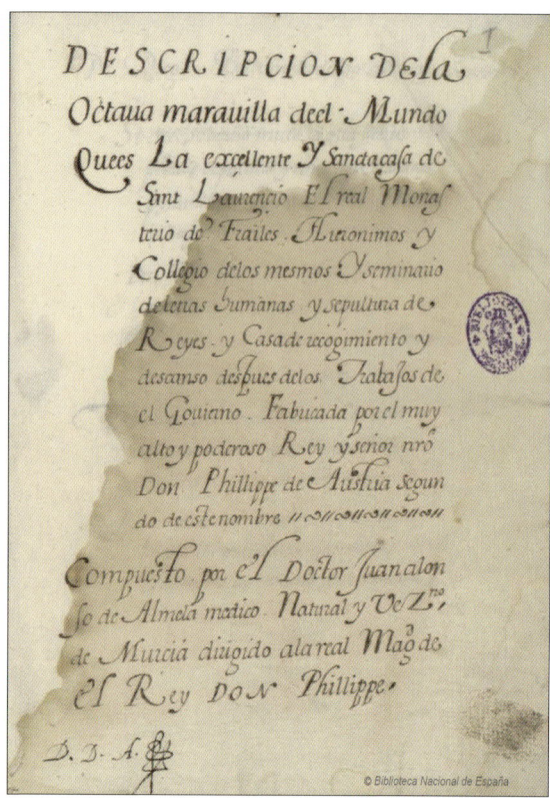

Primera página de la *Descripción de la Octava Maravilla del Mundo...*, de Juan Alonso de Almela. Biblioteca Nacional de España, Mss. 1724.

bien en los generosos y cristianos ánimos que ha de haber gran duración y más larga que las demás». A continuación, procede incluso a comparar una a una las siete maravillas del mundo con el monasterio[2].

Como dato curioso, llamaremos la atención sobre cierta parte del extenso y barroco título de la *Descripción* del padre Santos, en la que va más allá que los anteriores autores y eleva el monasterio a la categoría de «única maravilla del mundo»[3], no solo sobrepasando a las otras siete, sino anulándolas por completo.

2 ALMELA, Juan Alonso de: «Descripción de la Octava Maravilla del mundo, que es la excelente y santa casa de San Lorenzo el Real, monasterio de frailes jerónimos y Colegio de los mismos y Seminario de letras humanas y sepultura de reyes y casa de recogimiento y descanso después de los trabajos del gobierno, fabricada por el muy alto y poderoso rey y señor nuestro don Felipe de Austria, segundo de este nombre», en *Documentos para la Historia del monasterio de San Lorenzo el Real de El Escorial*, vol. VI, pp. 5-98, Gregorio de Andrés (ed.), Imprenta Sáez, Madrid, 1962, pp. 95-98.

3 SANTOS, fray Francisco de los: *Descripcion del Real Monasterio de S. Lorenzo del Escorial, unica Maravilla del Mundo, Fabrica del Prudentissimo Rey Philippo Segundo, nuevamente coronada por el Catholico*

Por el contrario, otros autores no jerónimos, como es el caso del italiano Norberto Caimo, critican tal afirmación —y, probablemente, también de forma indirecta la fácil pluma del padre Santos a la hora de elogiar todo lo propio— advirtiendo que, aunque se sintió muy sorprendido por el magnífico edificio, «no, sin embargo, hasta el punto de que me pareciese ver la única maravilla que haya habido en el mundo, como quisieron hacérmelo creer ciertos escritores fanfarrones, que, elogiadores excesivos de las cosas de su país, hinchan siempre con exceso las descripciones y los elogios que de ellos hacen»[4].

EL TEMPLO DE SALOMÓN

Juan de Herrera, hombre versado en matemáticas, arquitectura, astronomía y otras ciencias, fue maestro de Juan Bautista Villalpando, principal estudioso de la simbología del templo de Salomón. Teniendo esto en cuenta, y que Herrera consiguió transmitir dicha atracción a Felipe II, determinados autores han afirmado que la idea que subyace en el simbolismo fundamental del monasterio de El Escorial es el templo de Salomón[5]. Además, de los mencionados precedentes, se ha querido ver al propio Felipe II como un segundo rey Salomón, sabio y pacífico, por lo que en el proyecto de la magna obra escurialense, la idea del templo salomónico debió estar presente en la mente del monarca fundador, como nueva representación de la Iglesia de la Contrarreforma[6].

Pero la asociación del monasterio de El Escorial con el templo de Salomón no es una idea o teoría surgida en tiempos recientes, pues ya el padre Sigüenza se refiere a El Escorial como «otro Templo de Salomón al que nuestro patrón y fundador quiso imitar en esta obra», e incluso dedica un extenso capítulo a realizar comparaciones y disquisiciones sobre el templo salomónico y el laurentino[7]. Sin embargo, Sigüenza no aborda el asunto desde el punto de vista físico, es decir, estableciendo similitudes arquitectónicas entre ambos edificios, dado que no cree en un templo de Salomón con medidas y características determinadas, tal y como sugieren

Rey Philippo Quarto el Grande, con la magestuosa obra del Pantheon, y translacion de los Cuerpos Reales, reedificada por Nuestro Rey, y Señor Carlos II despues del incendio, Bernardo de Villa-Diego, Madrid, 1681.

4 CAIMO, Norberto: «Viaje a España hecho en el año 1755», en *Viajes de extranjeros…*, vol. IV, p. 795.

5 Véase OSTEN SACKEN, Cornelia von der: *El Escorial. Estudio iconológico*, Xarait Ediciones, Bilbao, 1984. DE LA CUADRA, Juan Rafael: *El Escorial y el Templo de Salomón. Arquitectura e historia sagrada*, Bubok, 2015.

6 Véase GONZALO SÁNCHEZ-MOLERO, José Luis: «Los orígenes de la imagen salomónica del Real Monasterio de San Lorenzo del Escorial», en *Literatura e imagen…*, pp. 721-749.

7 SIGÜENZA, fray José de: *Historia…*, vol. II, pp. 702-714.

las Sagradas Escrituras, concretamente las visiones de Ezequiel, en su opinión, de carácter meramente símbolico y místico.

Sin embargo, al no existir el templo ni tan siquiera sus ruinas, varios eruditos del Renacimiento se lanzaron a la reconstrucción de sus trazas, pero con resultados totalmente distintos e incluso contradictorios, dependiendo del punto de partida que hubiesen tomado. Algunos, como Arias Montano —a quien sigue Sigüenza— se basaron en referencias o datos históricos, dando lugar a un edificio de reducidas dimensiones, menores que las del monasterio escurialense:

Representación del templo de Salomón, según Arias Montano.

Pero otros, como Villalpando, apoyaron sus teorías en la descripción visionaria o mística de la profecía de Ezequiel, mucho más atractiva que la hipótesis historicista, pues representaba un edificio de enorme tamaño, más en consonancia con el esplendor de la Iglesia Universal. Además, el estilo considerado perfecto en arquitectura era el clásico, según los principios de Vitruvio, por lo que finalmente el resultado fue el que se aprecia en las imágenes[8].

Lo que no queda del todo claro —como algunos autores han pretendido señalar— es la influencia de las reconstrucciones de Villalpando en las trazas del monasterio de El Escorial, por cuanto estas se comenzaron en

8 Véase TAYLOR, René: *Arquitectura y magia. Consideraciones sobre la idea del Escorial*, Siruela, Madrid, 1992, pp. 59-64.

Representación del templo de Salomón, según Villalpando.

1561 y aquel publicó su obra en 1605, más de veinte años después de que se concluyera el edificio.

LO MÁGICO Y LO HERMÉTICO

Son muchos los autores que en tiempos recientes han tratado de dar significados mágicos al monasterio y al lugar sobre el que está construido. Si bien es cierto que existen estudios verdaderamente respetables y con una buena base científica, otros carecen prácticamente de fundamento, y algunos rozan incluso la superstición y charlatanería.

Pieter Pourbus: *Benito Arias Montano*. Gran erudito y hombre de confianza de Felipe II, simpatizante de ciertas corrientes herméticas y místicas de la época, como la cábala, el lulismo y el neoplatonismo.

Autores como Javier Morales Vallejo han hecho interesantes y muy fundadas interpretaciones de la simbología del monasterio, de sus elementos constitutivos y decorativos; del contexto personal, educativo e intelectual de su fundador, muy interesado y atento a las corrientes herméticas y místicas de su época (lulismo, gnosticismo, neoplatonismo, cábala…). No es casual que se rodease de individuos simpatizantes de estas ideologías, como Juan Bautista Herrera, Benito Arias Montano o el propio fray José de Sigüenza, cuya postura teológica provocó sospechas de herejía en la Inquisición, sometiéndole a encarcelamiento e interrogatorio[9].

Uno de los elementos enigmáticos del monasterio, según Taylor y otros autores, es la piedra cúbica que aparece en el fresco de la bóveda del coro, obra de Luca Cambiasso, a los pies de las figuras de Jesucristo y Dios Padre. A pesar del tamaño y lugar que ocupa, ninguno de los autores de

Luca Cambiasso: *Gloria del coro*. Detalle de la Trinidad y el cubo a sus pies.

9 MORALES VALLEJO, Javier: *El símbolo hecho piedra*, Áltera, Barcelona, 2008, pp. 156-160.

las descripciones históricas del monasterio —Almela, Sigüenza, Santos, Jiménez, etcétera— hace mención a este extraño elemento. Y el hecho de que cuatro o cinco años antes de que fuese pintada la bóveda del coro Herrera hiciese llegar un manuscrito de su *Discurso de la figura cúbica, según los principios y opiniones del Arte de Ramón Llull* a Felipe II, según Taylor debería interpretarse como una muestra visible, pero velada, de la adhesión del monarca a Ramón Llull y su doctrina[10]. Sin embargo, otros autores no creen que se deba llegar tan lejos, y advierten que Taylor y sus seguidores deberían tener presente que el cubo en la simbología tradicional simplemente representa la gloria, en contraposición a la esfera, el paraíso.

No muy lejos del monasterio existe un lugar que ha llamado la atención en los últimos años por sus diversas connotaciones mágicas. Se trata de la zona más meriodional de la dehesa de la Herrería: la finca del Castañar. Un espacio que pudo servir de asentamiento de culturas célticas. Concretamente, la arqueóloga Alicia Cantó, lanzó la hipótesis de que la Silla de Felipe II pudiera ser un altar vetón, dada la similitud con otras peñas sacras celtas, y su ubicación en un bosque de robles, árboles sagrados, donde

Vista parcial de la Silla de Felipe II con el monasterio al fondo, a la derecha. Foto: Gustavo Sánchez.

10 *Ibid.*, pp. 15-17.

manan arroyos de aguas cristalinas, caen abundantes rayos y crecen setas alucinógenas. En definitiva, todo un conjunto de elementos de la naturaleza venerados por los pueblos celtas con un carácter sagrado y mágico[11]. No obstante, y a pesar de no estar exenta de verosimilitud la hipótesis, no parece que la autora haya podido aportar pruebas suficientes para demostrar su teoría.

11 Véase RAMÍREZ ALTOZANO, José Javier: *Historia de los bosques reales...*, p. 16.

LA OBRA DE EL ESCORIAL

La construcción del monasterio de El Escorial fue una empresa muy compleja por varias razones, pero sobre todo por las extraordinarias dimensiones del edificio y el tiempo récord en su construcción[1]. Tan magna obra necesitó de un auténtico ejército de trabajadores, dispuestos en cuadrillas y comandados por maestros, aparejadores y, por encima de todos, los maestros mayores y arquitectos. También fueron de vital importancia los contadores y pagadores para la administración del dinero y los correspondientes pagos a proveedores y trabajadores, así como los alguaciles y otros cargos que velaban por la seguridad y el buen desarrollo de todas las actividades y vida diaria de la enorme ciudad que acogía la obra escurialense. Una auténtica urbe formada por más de dos mil individuos con sus respectivas familias, alojados en la villa de El Escorial y en barracones al pie de la obra. Reivindicaron sus derechos, hicieron huelgas y sufrieron diversos accidentes laborales (algunos de ellos mortales), para cuyo cuidado y cura mandó Felipe II construir el Hospital de Laborantes, activo mientras duraron las obras.

Para la construcción de un edificio tan complejo, cuyo autor principal fue Juan de Herrera, y con el fin de imprimir mayor velocidad a las obras, fue necesaria la creación y empleo de ciertos «ingenios» o máquinas (grúas, principalmente). De vital importancia fue también el transporte de materiales, basado en carretas tiradas por bueyes, que se contaban por centenares, y a los que había que alimentar y cuidar.

---

1 Se ha escrito mucho sobre la obra de El Escorial, pero ofrecemos tres referencias consideradas como básicas: PORTABALES, Amancio: *Los verdaderos artífices del Escorial y el estilo indebidamente llamado herreriano*, Gráfica Literaria, Madrid, 1945. KUBLER, George: *La obra del Escorial*, Alianza, Madrid, 1983. BUSTAMANTE GARCÍA, Agustín: *La octava maravilla del mundo (estudio histórico sobre El Escorial de Felipe II)*, Alpuerto, Madrid, 1994.

Por último, y para el mantenimiento posterior del edificio, se estableció una institución denominada «Obra y Fábrica», con fondos procedentes de la Casa del Rey. Cualquier desperfecto o daño sufrido en la estructura del edificio (sobre todo, en los tejados), por causas naturales o humanas, era reparado por los especialistas correspondientes: pizarreros, canteros, fontaneros, herreros...

¿TANTO DURARON LAS OBRAS?

Quien haya visitado el monasterio de El Escorial podrá comprobar que, teniendo en cuenta los medios de la época, su construcción se realizó en un verdadero tiempo récord: veintiún años y cuatro meses. La primera piedra se puso el 23 de abril de 1563 y la última el 7 de septiembre de 1584. No obstante, aún quedaron algunas partes por rematar, lo que llevó hasta el año 1587; y, si consideramos ciertos aspectos decorativos, llegamos prácticamente al siglo XVII.

Recogiendo y resumiendo lo referido por diversos autores, el proceso constructivo podría dividirse en estas tres etapas:

- Desde 1563 hasta que en 1574 se comenzara la basílica, todos los esfuerzos se centraron en la zona conventual, de modo que en 1571 ya pudieron trasladarse allí los monjes.
- Entre 1575 y 1582 aumentó ostensiblemente el ritmo de las obras, para lo cual se contrató más mano de obra. Se construyó la basílica y la mayor parte del edificio.
- Entre 1583 y 1589 se concluían las obras y se procedía a la decoración y amueblamiento del monasterio.

Durante el siglo XVII todavía se acometió una obra: la del panteón. Sugerida por Felipe II e iniciada por Felipe III en 1617, no sería finalizada hasta 1654, ya en tiempos de Felipe IV. Un total de treinta y siete años en los que hubo diversos y graves problemas que resolver y que prolongaron la obra de tal modo que hacen muy probable que el dicho popular «dura más que la obra de El Escorial» esté relacionado con esta empresa y no con la del monasterio, realizada, como queda referido, en un relativamente corto espacio de tiempo.

ARQUITECTOS, MAESTROS MAYORES Y APAREJADORES

Ante todo, se debe tener en cuenta que en España y hasta bien entrado el siglo XVIII había cierta confusión entre estos tres términos, dependiendo de la zona geográfica. Lo que parece claro es que el primer arquitecto de

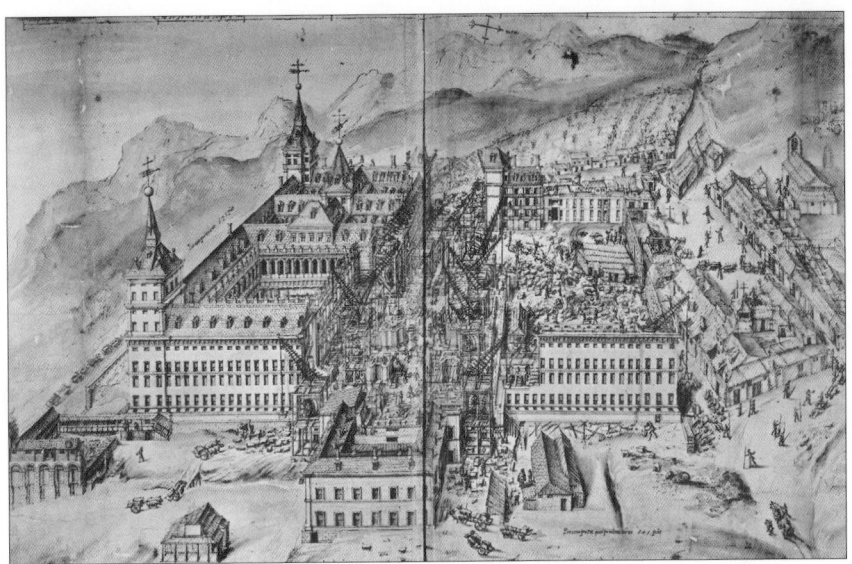

Rodrigo de Holanda: *El Escorial en construcción,* ca. 1576. Hatfield House (Londres), colección del marqués de Salisbury.

Obras Reales —y del monasterio de El Escorial— fue Juan Bautista de Toledo, al que siguió Juan de Herrera. Sin embargo, los continuadores al frente de la construcción del monasterio, Francisco de Mora y Juan Gómez de Mora, fueron nombrados Maestros Mayores. Por último, en algunos lugares (como Toledo), los cargos de aparejador y maestro mayor se confundían, si bien el primero se consideraba un rango menor que el segundo.

Aunque Felipe II encargó el proyecto a **Juan Bautista de Toledo** (ca. 1515-1567), su intención inicial fue hacerse con los servicios del célebre Miguel Ángel. Al no conseguirlo, optó por uno de sus discípulos, como lo era Juan Bautista. En 1561 le mandó llamar de Nápoles, donde residía con su mujer y dos hijas, que, más tarde, perecieron en un naufragio cuando venían a España convocadas por él[2]. Sigüenza le define como «hombre de muchas partes, escultor y que entendía bien el dibujo, sabía lengua latina y griega, tenía mucha noticia de filosofía y matemáticas; hallábanse al fin en él muchas de las partes que Vitruvio, príncipe de los arquitectos, quiere que tengan los que han de ejecutar la arquitectura y llamarse maestro

2 Véase PORTABABLES, Amancio: *Maestros mayores, arquitectos y aparejadores de El Escorial,* Rollán, Madrid, 1952, pp. 19-22.

Juan Bautista de Toledo, retrato idealizado. Madrid, Museo del Prado.

Juan de Herrera, según un grabado del siglo XVIII.

en ella»[3]. Juan Bautista realizó una maqueta en madera, que se fue retocando y puliendo, para cuya labor se nombraron dos ayudantes en 1562. Dicha maqueta, según Sigüenza, todavía se guardaba en el monasterio a comienzos del siglo XVII[4], si bien desapareció posteriormente, quizás en el incendio de 1671.

En 1563 aparece a su lado **Juan de Herrera** (1530-1597), quien será el encargado de continuar el proyecto a la muerte de Juan Bautista de Toledo. Sin embargo, y a pesar de lo que se ha pensado tradicionalmente, la modificación de la traza ordenada por Felipe II en 1564 se debió a Juan Bautista de Toledo y no a Herrera[5]. Esta alteración no afectó al perímetro, es decir, a la «traza universal», sino tan solo a las divisiones y distribuciones internas del espacio.

Francisco de Mora (†1610) venía sustituyendo a Juan de Herrera desde 1587, impedido por su enfermedad, hasta que en 1593 Felipe II le nombró oficialmente su sucesor, pero en calidad de maestro mayor, no como arquitecto. Construyó la botica entre 1585 y 1586.

Por su parte, Juan Bautista de Toledo tuvo dos discípulos, que trabajaron junto a él entre 1562 o 1563 y 1567: **Lucas de Escalante**, para las trazas de cantería, ascendido a aparejador en 1567 hasta 1576, y **Jerónimo Gili**, para los diseños de carpintería, que realizó el modelo en madera del que habla Sigüenza y ejerció de intermediario entre Juan Bautista de Toledo y el rey en cuestión de trazas y ordenación. Sin embargo, a la muerte de su

3 Sigüenza, fray José de: *Historia...*, vol. II, p. 440.
4 *Ibid.*, vol. II, p. 447.
5 Véase Portabables, Amancio: *Maestros mayores...*, pp. 19-22.

maestro y por razón de su carácter, parece que tuvo diversas dificultades con el entorno laboral y burocrático de la obra del monasterio y fue relegado a otros proyectos en calidad de aparejador real[6].

Otros aparejadores de cantería fueron **Pedro de Tolosa**, activo en la obra entre 1563 y 1576[7], y **Diego de Alcántara. Gregorio de Robles**, aparejador de albañilería, fue también discípulo de Juan Bautista de Toledo, activo desde 1562. **Mateo de Minjares**, maestro aparejador, «a quien también se debe mucho en esto por su habilidad grande en el arte, prudencia y buen término de proceder en tanta variedad de cosas»[8]; nombrado maestro mayor de la lonja de Sevilla, la Alhambra de Granada y las Caballerizas de Córdoba, por los méritos contraídos en El Escorial. Otros aparejadores fueron **García de Quesada** (carpintería) y **Antón Ruiz** (albañilería).

Al mismo tiempo intervinieron en la obra escurialense dos importantes maestros mayores: **Rodrigo Gil de Hontañón**, quien participó entre 1564 y al menos 1576 en las tasaciones en los claustros, algunas por mandato expreso del rey; y **Gaspar de Vega**, quien asimismo realizó tasaciones de la obra desde 1563 y dirigió las obras de las cubiertas hasta 1570[9].

Aparte de estos individuos, el rey mandó llamar a **fray Antonio de Villacastín** (ca. 1512-1603), profeso de La Sisla de Toledo, quien ejerció como **obrero mayor**, lo que equivalía a representante de la comunidad jerónima en la obra. Según la documentación jerónima, en toda la orden «no se halló otro más experimentado en cosas de edificar que él, y de sus partes y calidades no se hallara otro tal entre seculares y frailes de toda España»[10]. No obstante, ciertos autores aseguran que no fue tan determinante su criterio y actuación en la obra escurialense, exageradamente ensalzada por los cronistas jerónimos[11].

Del ingenio de fray Antonio nos ha llegado una curiosa anécdota relativa a la obra del monasterio, al momento en que se finalizó la iglesia, en 1584, y era preciso retirar todo el andamiaje que había en ella:

> En este año, en el día de San Matías, se veía la iglesia desembarazada de todos los andamios y maderaje por un arbitrio de fray Antonio de

6   *Ibid.*, pp. 22-30.
7   Sigüenza, fray José de: *Historia…*, vol. II, p. 442.
8   *Ibid.*, vol. II, p. 473.
9   Véase Portabales, Amancio: *Maestros mayores…*, pp. 30-36.
10 *Libro de los Actos Capitulares del Monasterio de San Lorenzo el Real*, Laureano Manrique (ed.), EDES, San Lorenzo de El Escorial, 2004, vol. I, p. 10.
11 Véase Cervera Vera, Luis: «Desarrollo y organización de las obras del monasterio de San Lorenzo el Real de El Escorial», en *Fábricas y orden constructivo. La construcción. IV Centenario del Monasterio de El Escorial*, Comunidad de Madrid, Madrid, 1986, p. 37.

Luca Cambiasso: *Fray Antonio de Villacastín*. Detalle de la Gloria del coro del monasterio. Felipe II autorizó excepcionalmente el retrato de este singular monje en la basílica.

Villacastín. Dudaban todos se gastaría un año en desembarazarla y fray Antonio, oyendo las dudas y ningún arbitrio, dijo: «Si el rey me diera licencia, en quince días no se vería en la iglesia ni un palo como un brazo». Súpolo el rey y le dio facultad amplia para que lo hiciese con tal que no pasase de los quince días. Fray Antonio al instante despachó requisitorias a los pueblos circunvecinos hasta de seis a ocho leguas en circuito que el que quisiese madera viniese y la quitase de los andamios pues sería suyo cuanto quitasen; y ver esta vigilancia de trabajar para adquirir madera, fue la diversión de muchos y el gozo de fray Antonio pues duró el quitarla y sacarla menos días de los que prometió.[12]

Pero por desgracia para los supuestos beneficiarios no es cierta esta anécdota, pues ni fray Antonio ni el rey eran tan generosos como para regalar la enorme cantidad de madera que había en el interior de la iglesia. Como vemos, los cuentos y las leyendas se generaban ya en el años jerónimos del monasterio.

12 RODRÍGUEZ, Francisco de Paula: *Monjes jerónimos del monasterio de El Escorial. Familia religiosa de el Real Monasterio de San Lorenzo distribuida por sus clases*, Luis Hernández (ed.), EDES, San Lorenzo de El Escorial, 2001, p. 56.

ADMINISTRACIÓN DE LA OBRA: CONTADORES, PAGADORES, ESCRIBANOS, ALGUACILES Y GUARDA MAYOR. LA CONGREGACIÓN

Para la administración de cuentas, pagos, orden y justicia durante el proceso de construcción del monasterio, existieron una serie de figuras y cargos de suma importancia, cada uno con sus propias atribuciones; todo ello muy bien articulado y jerarquizado.

El **contador** —contable, diríamos hoy en día— era el encargado de llevar y supervisar las cuentas de la obra en sus correspondientes libros, además de actuar como juez y supervisor de esta. El primer contador del monasterio fue **Andrés de Almaguer** (†1572). Vino en julio de 1562 como contador, **veedor** —inspector o supervisor— y juez de la fábrica del monasterio. Así le describe fray Juan de San Jerónimo:

> Vino por contador y veedor y juez de la dicha fábrica Andrés de Almaguer, natural de la villa de Almorox, el cual tenía muy buen entendimiento y habilidad, con lo cual ejercitaba sus oficios con mucha facilidad, y con esto era hombre de gran cristiandad y más se allegaba a la piedad cuando juzgaba, que no al rigor de la justicia; hízole Su Majestad muchas mercedes y entre otras le dio privilegio de hidalgo y que pusiese en sus armas unas parrillas.[13]

A la muerte de Almaguer le sucedió **Gonzalo Ramírez** como contador, que a su vez era alcalde mayor de El Escorial; y **García de Brizuela** fue el nuevo veedor y proveedor de la obra.

La función del **pagador** consistía en realizar los pagos de los sueldos de los trabajadores y del acopio de los diversos materiales para la obra. El primero en desempeñar este cargo fue **Juan de Paz**, vecino de Madrid.

Otros cargos importantes eran los de **alguacil**, ejecutor de las órdenes y normas establecidas en la obra, **escribano real**, el cual daba fe de las escrituras y demás documentos de la obra; y **guarda mayor**, responsable del cuidado de las dehesas y términos del monasterio, cargo desempeñado durante muchos años por **Juan Bautista Cabrera**, padre de Luis Cabrera de Córdoba, el famoso cronista de Felipe II y Felipe III.

Además, a partir de 1572 se dispuso que la comunidad religiosa participase activamente en la administración de la obra, de modo que se formó la **congregación**, compuesta por el prior, el veedor y el contador. Como era de esperar, fueron frecuentes las tensiones entre este organismo burócrata y los arquitectos y aparejadores de la obra.

13 San Jerónimo, fray Juan de: *Memorias…*, p. 19.

EL «EJÉRCITO DE LA OBRA»: MAYORALES, SOBRESTANTES Y OBREROS. HORARIOS, SUELDOS, HUELGAS, ACCIDENTES LABORALES, HOSPITAL...

El **sobrestante** era el jefe o capataz de una determinada cuadrilla de trabajadores) y el **mayoral de carretería** tenía bajo su responsabilidad a un determinado número de bueyes y carretas para el transporte de los materiales para la construcción. A partir de 1572 los sobrestantes fueron seis, tantos como cuadrillas había en la obra, y los mayorales cuatro, todos ellos bajo el mando del **superintendente de carretería**, cargo que recayó en **Juan Bautista Cabrera**, quien además era guarda mayor, como queda dicho.

Otra figura importante era la del **tenedor de materiales**, cuyas atribuciones consistían básicamente en la guarda y administración de los materiales de la obra, de modo que estuvieran siempre disponibles para su uso por parte de los obreros.

Los **obreros** constituían la base de la construcción del monasterio. Comenzaban su trabajo con los primeros rayos del sol y concluían con las últimas luces del día. Cuando la climatología era adversa (lluvia, nieve, viento…) y no se podía trabajar en los exteriores, se trataba de adelantar obra en las zonas cubiertas.

En cuanto a los salarios, los albañiles ganaban cinco reales al día, los oficiales de cantería cuatro y los peones dos. Con los dos reales (sesenta y ocho maravedís) que ganaba un peón al día podía adquirir, por ejemplo: una libra de cabra (diez maravedís), dos libras y media de pan (nueve maravedís), una panilla de aceite (ocho maravedís), un litro de vino (cinco maravedís) y una libra de garbanzos o lentejas (dieciséis maravedís); y aún le sobraban veinte maravedís para otras necesidades[14].

Eran básicamente razones de tipo económico (como sucede hoy en día) las que estaban detrás de las huelgas del monasterio. No siempre llegaba el dinero a su debido tiempo, y los trabajadores, con razón, comenzaban a inquietarse. Uno de los ejemplos más tempranos —que finalmente quedó en un conato— corresponde al descrito en 1566 por Andrés de Almaguer, quien informaba de la llegada de veintidos mil reales para pagar los sueldos de los obreros; el dinero venía «a tan buena sazón que se remediara esta gente, que ya andaba matándonos»[15].

---

14 Véase PORTABABLES, Amancio: *Maestros mayores…*, pp. 117-121.
15 Archivo General de Simancas, Casas y Sitios Reales, 260, 399. *Carta de Andrés de Almaguer a Pedro de Hoyo*, 27-IX-1566.

Ayuntamiento de El Escorial, en cuya parte inferior izquierda estuvo ubicada antaño la cárcel de la villa.

Una importante huelga —esta vez por motivos diferentes a los económicos— tuvo lugar el 20 de mayo de 1577 y afectó a los oficiales canteros,
quienes se amotinaron contra el licenciado Muñoz, alcalde mayor de la
villa de El Escorial. El hecho es narrado por fray Juan de San Jerónimo
de este modo:

> Los cuales canteros con mano armada fueron a la cárcel del Escorial a
> sacar unos presos que había prendido el dicho alcalde mayor, a los cuales
> quería azotar; y los vizcaínos y montañeses levantaron capitán, y con atam-
> bor a son de guerra andaban juntando gente de su tierra y oficio para ver de
> sacar de la cárcel a los delincuentes porque no fuesen afrentados. Y estando
> todos los oficiales y destajeros en la plaza del Escorial junto a la cárcel con
> gran turbación y a punto de perderse muchos de ellos porque estaban muy
> determinados de hacer un mal recaudo de quebrantar la cárcel y matar al
> alcalde mayor, nuestro padre prior fray Julián de Tricio envió un billete al
> alcalde mayor […], para que luego diese los presos que tenía y los soltase,
> porque con ello se aseguraría la gente y desharía el motín, y no pasaría
> adelante la ruin intención que todos tenían. Y el alcalde mayor, vista por
> una la violencia que hacían los oficiales y la otra el mandato del prior, hubo
> de dar a los dichos delincuentes con protestaciones en forma que hizo ante
> escribano y según derecho, de que los daba y soltaba por la gran violencia
> que le hacían, dejando su derecho a salvo. Y con esto se subieron todos los
> dichos oficiales a sus obras quietos y contentos.[16]

16 SAN JERÓNIMO, fray Juan de: *Memorias…*, pp. 187-188.

A continuación narra el monje las razones por las que el alcalde mayor apresó a los canteros: «por haber sacado de la iglesia a uno de los delincuentes, al cual como le llevase a la cárcel con los demás que le habían ayudado y favorecido, mandó traer unos asnos para haberlos de azotar, aunque su intención no fue de ponerlo en ejecución sino de espantar y ponerles miedo». Por último, todavía tuvo que intervenir el rey en persona cuando vino al monasterio para que todo se apaciguase, «aunque es verdad que Su Majestad fue servido disimular con estos oficiales porque la obra no cesase y pasase punto, que era la cosa que más Su Majestad traía y tenía delante de los ojos»[17].

Dada la envergadura del proyecto, se podría decir que la obra tuvo relativamente pocos accidentes y problemas laborales. Los accidentes podrían clasificarse en dos tipos: aquellos causados por errores humanos o derivados de algún defecto técnico de la obra y los provocados por la climatología adversa, en su mayoría por efecto de grandes aires y por los rayos.

Entre los primeros podrían hallarse los debidos a caídas de andamios o roturas de grúas, que en muchas ocasiones causaron víctimas mortales. Quizás la más desafortunada fue la ocurrida en 1578, cuando se rompió una grúa subiendo una gran piedra, justo en el momento que pasaba un hombre por debajo, «y lo que fue de doler es que este hombre, echando a huir de la gran piedra, se fue corriendo a meter debajo della»[18]. Otros accidentes fueron más «afortunados», por el hecho de no causar daños a persona alguna, tal como sucedió en 1580, cuando «se cayó el maderamiento de la portería desta casa sin hacer ningún daño a persona, y túvose por milagro porque cuando se cayó no habían hecho sino pasar por él unos huéspedes»[19].

En 1576 aconteció el primer gran accidente causado por fuertes vientos, tan frecuentes y violentos en el entorno escurialense. La tempestad de aire «derribó un taller donde trabajaban unos oficiales de cantería, el cual taller como cayó mató luego a un triste hombre que no había hecho sino entrar en él, y este hombre se iba a despedir de sus compañeros para irse a su tierra, y a otro oficial le paró tal que al quinto día murió»[20].

Al año siguiente, en 1577, el viento fue una vez más la causa del derribo de unos andamios que había en la torre de la Botica, que precisamente se hallaba en reparación por el incendio sufrido días antes por efecto de un rayo. No hubo víctimas en esta ocasión:

17 *Ibid.*, p. 188.
18 *Ibid.*, p. 228.
19 *Ibid.*, p. 270.
20 *Ibid.*, p. 161.

Rodrigo de Holanda: *El Escorial en construcción*, ca. 1576. Detalle de uno de los talleres al pie de la obra. Hatfield House (Londres), colección del marqués de Salisbury.

En nueve días de octubre de 1577 años miércoles a las dos horas de la mañana saliendo los frailes de Maitines levantóse un grandísimo aire que derribó los andamios que se hacían en la torre de la botica tornándola a reedificar por el incendio e hizo en el tejado muy gran daño más que en el incendio pasado y derribó la fuente del claustro de la enfermería. Al tiempo que cayó el dicho andamio hizo gran ruido que puso tanto pavor a los frailes de la casa como el gran trueno del rayo pasado.[21]

Incluso hubo algunos accidentes sin tan siquiera daños materiales, como el sucedido en 1589, cuando se colocaba una de las estatuas de bronce del altar mayor —concretamente, la de San Juan Evangelista—, «se quebró la maroma que estaba revuelta en la polea o trocla y se bajó la figura tan su poco a poco con el resto que quedaba de la soga, como si la bajaran con un torno, de suerte que ni en ella ni en los jaspes que estaban en el suelo se hizo daño alguno»[22].

De milagrosos se consideraron diversos accidentes en los que se vio implicado fray Antonio de Villacastín (el obrero mayor), y que podían haberle llevado incluso a la muerte. Uno de ellos fue una «caída de un andamio abajo [...]; hirióse bien y Dios le sanó presto»[23]. En otra ocasión «le dio

21 *Ibid.*, p. 207.
22 Sigüenza, fray José de: *Historia...*, vol. II, p. 511.
23 *Ibid.*, vol. II, p. 724.

Retablo del altar mayor de la basílica del monasterio. Resaltada, la figura de San Juan Evangelista. Foto: Luis Sánchez.

un ladrillo en la cabeza y le hizo una mala herida; también sanó luego»[24]. Y, por último, una impactante historia que le pudo haber costado la vida:

> Estando deshaciendo los andamios y cimbras de la iglesia y tanta cosa de grúas y agujas […], pasaba una mañana a la celdilla de la obra, donde despachaba y daba recado a la gente; atravesaba por la iglesia, vino en un paso estrecho a encontrarse con una mujer vieja; dicen que era una santa e iba a la iglesia pequeña a oír misa, que no salía de casa para otra cosa. Detúvose fray Antonio con intento de dejarla pasar, porque no cabían entrambos. Como la buena mujer iba tan despacio, parecióle que si la aguardaba que pasase tardaría mucho y la gente le aguardaba, acordó pasar primero, alargó el paso y adelantóse, atravesó antes que ella. Pasó luego la mujer y

en llegando al medio de aquel estrecho cayó una viga de lo alto y matóla.[25]

Para el cuidado y sanación de los obreros enfermos, ya fuese por accidente o por enfermedad, Felipe II ordenó la construcción del hospital de laborantes en la villa de El Escorial. De ello habla el padre Sigüenza:

> Alquilóse una casilla, la que pareció más a propósito para esto, donde se pusieron diez u once camas. Y como fue creciendo el número de la gente se fue aumentando, hasta que después creció tanto, que vino tiempo que llegó a tener más de sesenta, donde eran tan bien servidos, que muchos con solo el regalo y limpieza, sin más medicinas sanaban.[26]

Según Sepúlveda, en este hospital se guardaba mucho cuidado y limpieza de camas, debiendo haber un médico «que juntamente fuese cirujano, caritativo y piadoso y docto y experimentado», y siempre se guardó así hasta la muerte de Felipe II, con lo cual «todo cesó como si nunca hubiera habido hospital»[27]. En efecto, el hospital de laborantes —que llegó a contar con veinticuatro camas— fue clausurado tras la muerte del fundador, de modo que estuvo abierto entre 1563 y 1599[28].

Francisco de Goya y Lucientes: *El albañil herido*, 1786-1787. Cartón para tapiz (Madrid, Museo del Prado).

25 *Ibíd.*, vol. II, p. 725.

26 *Ibíd.*, vol. II, p. 445.

27 SEPÚLVEDA, fray Jerónimo de: «Historia de varios sucesos y de las cosas notables que han acaecido en España y otras naciones desde el año de 1584 hasta el de 1603», en *Documentos para la Historia de San Lorenzo el Real de El Escorial*, vol. IV, Julián Zarco (ed.), Imprenta Helénica, Madrid, 1924, p. 376.

28 Véase MAGANTO PAVÓN, Emilio: *El hospital de laborantes*, Ayuntamiento de El Escorial, El Escorial, 1992.

Hospital de laborantes, en la villa de El Escorial. Fotografía del s. XIX.

INGENIOS Y MÁQUINAS PARA LA CONSTRUCCIÓN Y EL TRANSPORTE DE MATERIALES

La envergadura y complejidad de una obra como la del monasterio de El Escorial, sumada al deseo del fundador de acelerar todo lo posible la velocidad del proceso constructivo, motivaron y generaron en el genial Juan de Herrera la necesidad de inventar ciertas máquinas e «ingenios» para facilitar determinadas labores en la obra[29].

Una de estas máquinas fue la «cabrilla» —o cabria—, un ingenio para colocar en las carretas las piedras extraidas de las canteras y, asimismo, descargarlas en el monasterio. Lo importante era que los bloques no sufriesen daño alguno en el proceso. La cabria consistía en una armazón de dos vigas ensambladas en ángulo agudo, mantenidas por otra que forma trípode con ellas; un torno colocado entre las dos vigas y una polea suspendida del vértice reciben la cuerda con que se maniobra el peso. Herrera secundaba y ayudaba al monarca en la solución de un problema que cambiaba por completo el método tradicional (pero más lento) defendido por los oficiales de la obra, que consistía en transportar las piedras en bruto a la obra y una vez allí proceder a la elaboración de los bloques.

29 Véase CERVERA VERA, Luis: *Desarrollo y organización...*, pp. 39-56.

Cabria, según un grabado del *Curso elemental de física experimental y aplicada y nociones de química inorgánica*, de Bartolomé Feliú y Pérez, 1886.

Pero quizás el ingenio más llamativo de todos los que aportó Herrera a la obra escurialense fueron las enormes grúas creadas por el arquitecto, capaces de transportar enormes pesos a gran altura, algo totalmente novedoso en aquella época.

Según Sigüenza, en 1578 «había en sola la iglesia veinte grúas de a dos ruedas, unas altas, otras bajas y otras sobre estas más altas [...]; fuera de este número de grúas que andaban en la iglesia y torres de ella, había otras en diversas partidas: en el aposento de palacio, casa real y de las damas y caballeros, otras dos, en el pórtico principal cuatro, y aun seis, en el corredor de la enfermería otra, en el colegio otras..., no sé cuántas»[30]. Con estos datos, deducimos que llegó a haber al menos treinta grúas repartidas por toda la obra.

Fundamental para el transporte de materiales fue la carretería, así como los caminos por los que transitaba, a los que se hace referencia en otro capítulo. Los bueyes tiraban de pesadas carretas cargadas de piedras, madera, cal u otros materiales. En 1562 se dispuso que hubiese treinta pares

30 Sigüenza, fray José de: *Historia...*, vol. II, p. 481.

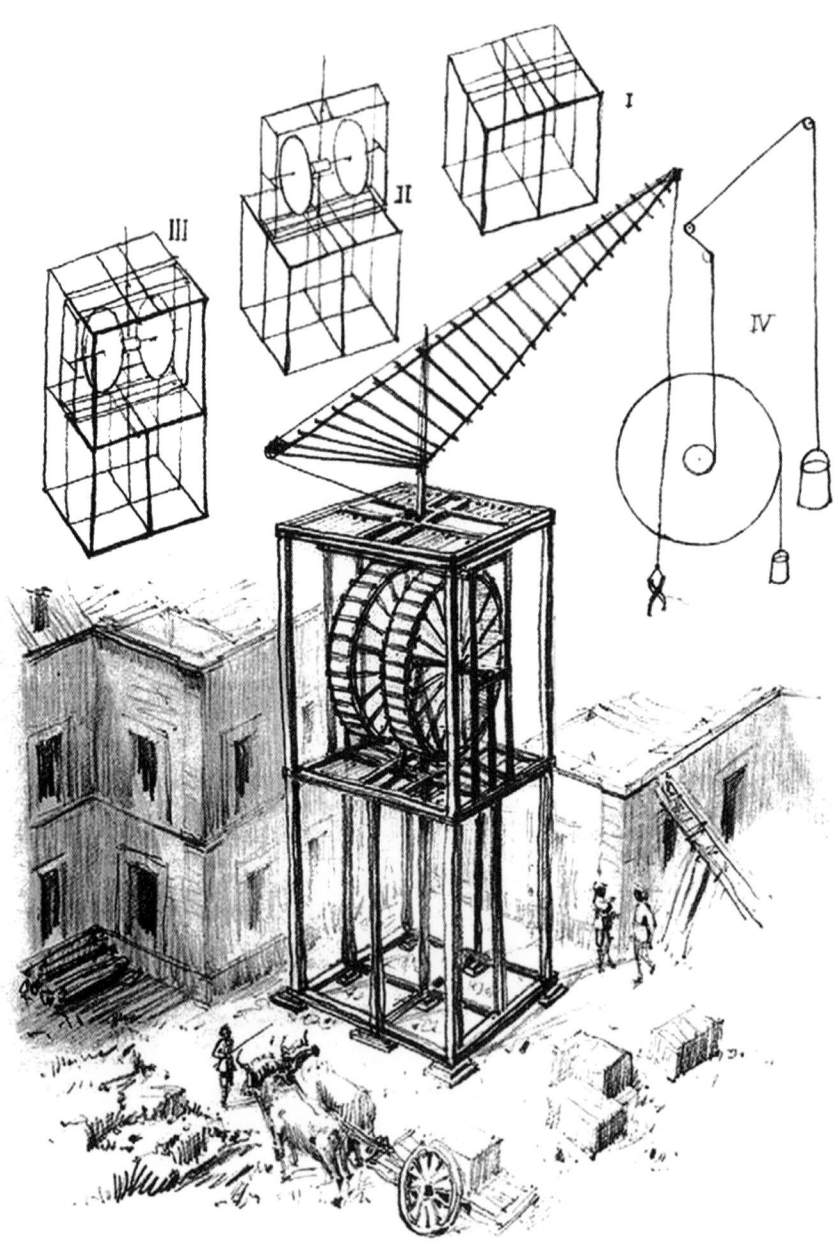

Recreación de una grúa, por Rodríguez Almech.

Manuel de Navacerrada: *Mapa de los caminos de Madrid a Guada-rrama,* 1764. Detalle del emplazamiento de Prado Tornero.

de bueyes con sus carretas «recias y buenas» y en 1568 se incrementó el número a cien[31].

Según el padre Sigüenza, había piezas de piedra tan descomunales «que no las meneaban menos que siete o nueve pares de bueyes, y algunas doce, y muchas veinte, y no pocas cuarenta»[32]. Al último caso pertenecen las dos jambas de la entrada principal al monasterio, piezas y piedras enteras cortadas de una misma peña, las cuales según Sigüenza, «por ser de tan notable grandeza fue menester para traerlas de la cantera hacer un carro fortísimo que le tiraban cuarenta pares de bueyes, trayéndolas una a una»[33]. El padre Villacastín asegura que fueron necesarios aún más bueyes: cuarenta y ocho pares[34].

Los bueyes de la carretería debían estar muy bien cuidados y alimentados. Estaban ubicados en Prado Tornero, donde tenían una casa o cobertizo con muy buena cantidad de trigo, cebada, centeno y heno, en previsión de que hubiese escasez de hierba fresca para su alimento.

---

31 «Instrucciones de Felipe II para la fábrica y obra de San Lorenzo el Real», en *Documentos para la Historia del Monasterio de San Lorenzo el Real de El Escorial,* vol. III, Julián Zarco (ed.), Imprenta Helénica, Madrid, 1918. Instrucción de 2 de abril de 1562, p. 2; Apuntamientos que ha de tener la Instrucción…, p. 3.

32 Sigüenza, fray José de: *Historia…,* vol. II, p. 482.

33 *Ibid.,* vol. II, p. 559.

34 Villacastín, fray Antonio de: «Memorias», Julián Zarco (ed.), en *Documentos para la Historia del Monasterio de San Lorenzo el Real de El Escorial,* vol. I, Imprenta Helénica, Madrid, 1924, p. 20.

Recreación de carreta de bueyes con bloque de piedra, por Rodríguez Almech.

El mal tiempo, con aguas y nieves, podía suponer graves pérdidas para la empresa escurialense, debido a las dificultades que creaba al transporte en los caminos. Un testimonio de este tipo de problemas procede de Almaguer, quien en septiembre de 1567 informaba de la presencia de treinta pares de bueyes en la sierra «que trajeron todas las vigas que estaban en la garganta y aunque la gente pasó trabajo y el ganado vino fatigado trajeron buen recaudo para hacer las grúas y el oficial las ha comenzado». El rey manifestaba al margen su satisfacción porque «si se detuvieran, después no pudieran con el tiempo que hace»[35].

MANTENIMIENTO POSTERIOR:
LA «OBRA Y FÁBRICA»

Una vez acabadas las obras del monasterio era preciso dotar al edificio de la conveniente infraestructura técnica y económica para su mantenimiento. Las dimensiones y complejidad de la magna construcción escurialense, unidas a otros agentes externos (vientos, rayos, tormentas…) podían generar una serie de inconvenientes y accidentes que hacían necesaria una continua supervisión y, en su caso, reparación. Había fontaneros, canteros, cerrajeros, carpinteros, jardineros, pizarreros, etcétera, todos al servicio de la Obra y Fábrica del monasterio.

Por supuesto, toda esta infraestructura necesitaba de una dotación económica considerable, que procedía principalmente de la Casa del Rey. Según la documentación escurialense, había en Madrid, en la oficina del Nuevo Rezado (originalmente, en el monasterio de San Jerónimo el Real) «una caja de tres llaves donde va a parar el dinero que se junta para la fábrica de aquella real casa del Escorial; siempre que es necesario reparar alguna cosa, se le remite al prior este dinero, como superior y cabeza de la

---

35 Archivo General de Simancas, Casas y Sitios Reales, 260, 99. *Carta de Andrés de Almaguer a Pedro de Hoyo, 16-IX-1567.*

Arca de tres llaves, siglo XVII.

obra, para que Su Reverendísima lo expenda según viere conviene a sus mayores aumentos»[36].

De todos los trabajadores al servicio de la Obra y Fábrica, eran sin duda los pizarreros los que más arriesgaban sus vidas. En su trabajo —diríamos hoy, «de altura»— se exponían al inminente peligro de caída con un desenlace casi siempre fatal. Para facilitar su trabajo, se pusieron en los tejados «repartidos a distancias, unos garabatos fuertes donde afirman las escaleras y maromas, y lo mismo es en las torres»[37]. Aún así, los accidentes se cobraban víctimas, en su mayoría mortales, tal como sucedió el 17 de enero de 1737, fecha en que perecieron los dos principales pizarreros del monasterio, «mozos de forma, habilidad y servicio, llamados el uno y otro Gabriel Rodríguez, de cuya caída murieron el uno inmediatamente y el otro a los cinco días»[38].

Un monje permanecía al mando de la Obra y Fábrica: el **padre obrero**. A su cargo estaban todos los oficiales y criados que desarrollaban sus

---

36 *Fray Marcos de Herrera, prior y superintendente de la reedificación del monasterio de El Escorial después del gran incendio de 1671*, Gonzalo Díaz (ed.), EDES, San Lorenzo de El Escorial, 2005, p. 49.
37 SANTOS, fray Francisco de los: *Descripción…*, f. 91v.
38 *Libro de los Actos Capitulares…*, vol. II, p. 95. Acto Capitular de 22-I-1737.

Gancho de los tejados de pizarra del monasterio, usado por los pizarreros para acceder a estos lugares para diversas labores.

Primera y segunda casas de oficios. Foto: Gustavo Sánchez.

respectivas labores para que el edificio estuviese en óptimas condiciones. El padre obrero, junto al **veedor** y **sobrestante**, debía ordenar y supervisar diariamente las labores de los oficiales dentro del edificio. También visitaba y supervisaba regularmente los talleres que había en el Sitio y las viviendas que ocupaban tanto en las casas de oficios como en las casas del lugar. Llama la atención un curioso dato sobre estas visitas a las casas de oficios: el padre obrero debía «registrar si algunas personas que habitaren en los oficios o en las cantinas cómo las tratan y si en ellos crían cerdos u otras sabandijas que puedan ser de perjuicio a la fábrica»[39].

39 Archivo General de Palacio, Patronatos de la Corona, Leg. 1715. *Costumbres de 1736*, Copia B, f. 73v.

ALGUNAS CURIOSIDADES Y MISTERIOS DEL EDIFICIO

Cuando se contempla un edificio de las dimensiones y característi-cas del monasterio, siempre hay quien se pregunta o interesa por los datos númericos: longitud, altura, número de puertas, ven-tanas, etcétera. Algunos detalles permanecen totalmente desconocidos o extraños a los visitantes del monasterio, a pesar de tenerlos a la vista (por ejemplo, ciertos aspectos del espacio que circunda el edificio, las venta-nas de los claustros o los púlpitos de la iglesia), o percibirlos con el oído, como es el caso de las campanas y el carillón. Por último, hay zonas del monasterio, aún menos conocidas y casi nunca accesibles, que aparecen envueltas en cierto halo de misterio, como los pasadizos subterráneos y los sótanos, también llamados «cantinas» en otra época. En este capítulo trataremos algunos (sería imposible abarcarlos todos) de estos aspectos del edificio.

EL ESCORIAL EN NÚMEROS: PUERTAS, VENTANAS, TORRES, BOLAS...

Antes de presentar toda esta serie de datos numéricos, convendría leer primero la curiosa advertencia que hace al respecto el padre Santos en el capítulo que dedica a este asunto:

> Otros hay que quieren saber de una vez el número de las grandezas y partes, y con eso quedan satisfechos, pareciéndoles que está lo bueno en la copia y no en la calidad, y les hace más consonancia la muchedumbre que el primor porque no lo entienden, o si lo entienden desean saber si hay mucho de aquello que les roba la atención. Llegan a ver este convento

y como encuentran tantos claustros hermosos quieren saber cuántos hay; miran el ventanaje, atienden a las pinturas y estatuas, y antójaseles saber la suma de todas, y aquel golpe y ruido de la multiplicación es el que les llena y les gusta, juntamente con aquello que admiran, y no es mala propiedad cuando es todo bueno, como aquí.[1]

En cuanto a las medidas de las principales partes del edificio, diremos que la fachada norte mide ciento sesenta y un metros y la principal o del oeste doscientos siete, sumando todo el contorno del edificio un total de ochocientos treinta y seis metros. El interior de la basílica forma un cuadrado con cincuenta metros de lado. El diámetro de la cúpula de la basílica mide poco más de veintiún metros por la parte de dentro, cinco y medio menos que la de San Pedro del Vaticano. La altura desde el suelo de la iglesia hasta el remate de la cruz del cimborrio es de noventa y dos metros, constituyendo la cota más alta del edificio, si bien la medida proyectada era de noventa y cinco, pero la quiebra de uno de los bloques de la base durante su construcción provocó temores y la idea fue abandonada.

Finalmente, fray Francisco de los Santos aporta un dato que pudiera parecer exagerado o imposible. Dice que «el que las hubiere de andar todas [las estancias] y cuanto se encierra en el cuadro y lo que hay en la Compaña y en los oficios de palacio, que están fuera, ha menester caminar cuatro días enteros, porque hay que andar treinta y tres leguas medidas»[2]. Trasladadas las leguas a kilómetros, harían un total de 183'9 kilómetros, una cifra verdaderamente elevada y poco creíble, muy a tono con la hipérbole barroca propia de Santos.

En la siguiente tabla se ofrecen datos numéricos de las diferentes partes del edificio, sin contar el mobiliario y objetos decorativos (cuadros, esculturas, etcétera), por sus frecuentes y, a veces, sustanciales cambios. Se debe advertir también que, aunque se ha hecho uso de la obra de fray Francisco de los Santos, en ciertas ocasiones otros autores ofrecen datos ligeramente diferentes, de ahí que no deban considerarse como algo absoluto.

Aljibes	11
Altares de la iglesia	48
Arcos de la iglesia	26
Campanas «normales»	18
Campanas del carillón	32

1 SANTOS, fray Francisco de los: *Descripción...*, f. 101r.
2 *Ibid.*, f. 103r.

Campanas (total)	50
Chimeneas	+50
Claustros	13
Cocinas	9
Enfermerías	5
Escaleras	86
Escalones de estas	6704
Fuentes	86
Necesarias (baños)	9
Puertas exteriores	16
Puertas (total)	12 000
Refectorios	9
Torres	9
Ventanas exteriores	1110
Ventanas interiores	1568
Ventanas (total)	2678
Zaguanes	14

Llama poderosamente la atención otra curiosidad númerica referida a las dimensiones y peso de las bolas, veletas y cruces que coronan las torres y cimborrio del monasterio. Las más grandes son las del cimborrio, por primera vez descritas por fray José de Sigüenza[3]. La cruz mide 4,46 x 2,23 metros y la veleta 2,78 metros. Con un diámetro de 1,95 metros, en la bola del cimborrio cabría perfectamente una persona erguida en su interior. Y el peso total del conjunto, sin contar la veleta, es de 2.404 kilos. Las bolas, veletas y cruces de las otras ocho torres son bastante más reducidas en peso y tamaño. Conocemos su peso a través de una intervención realizada en 1749 en la torre del «Noviciado»[4] y el resultado fue de 682,5 kilos. Aunque su diámetro era menor, resulta probable que también cupiese en su interior una persona, según se aprecia en esta imagen:

3   SIGÜENZA, fray José de: *Historia…*, vol. II, pp. 490-491.
4   Real Biblioteca del Monasterio de El Escorial, 186-V-24. *Fábrica. Año de 1749, 1750, 1751, 1752*, f. 1r.

Ruinas de la torre del Seminario, tras el incendio del colegio en 1872.
La Ilustración Española y Americana, 8-X-1872.

Por último, cabe señalar otro interesante aspecto referido a las bolas, veletas y cruces, seguramente desconocido para muchos visitantes y conocedores del monasterio: originalmente eran de bronce dorado, lo que se conseguía a base de pan de oro. Pero no solo presentaban este aspecto dorado las nueve bolas de las torres y el cimborrio, sino también otras dieciséis bolas más pequeñas repartidas en las torres de las esquinas: cuatro en cada una. Con el tiempo y las condiciones atmosféricas estos elementos se iban deteriorando y cambiando a un color gris verdoso, tal y como se puede apreciar hoy en día. Pero en otros tiempos se intentaba evitar y se doraban con cierta frecuencia, a tenor de los diversos gastos destinados a tal fin. Por ejemplo, en 1737 se pagaron mil trescientos reales para «dorar a toda costa la bola, cruz y veleta de la lucerna»[5], y en 1741 se gastaron trescientos sesenta reales en dos mil cuatrocientos «panes de oro que se remitieron para dorar las bolas de la torre del Seminario»[6]. No en vano dijo el poeta —Luis de Góngora— aquello de «Sacros, altos, dorados capiteles…»

5 Real Biblioteca del Monasterio de El Escorial, 186-V-13. *Quentas de fabrica y memorial del Arca y estado de la Administ[raci]on. Año de 1734 [hasta 1764],* f. 4r.
6 *Ibid.,* f. 282r.

en su célebre soneto al monasterio, escrito en 1589, tres años después del final de las obras.

SOBRE EL VENTANAJE DE LOS CLAUSTROS

Los claustros del monasterio no siempre tuvieron el aspecto que actualmente contemplamos, pues desde su construcción y durante mucho tiempo carecieron de ventanas. El hecho de que la lluvia y la nieve hiciesen estragos en el edificio y diesen muchas incomodidades a los monjes —sobre todo cuando estos fenómenos se acompañaban de fuertes vientos—, fueron la causa de que poco a poco se cerrasen con ventanas.

El claustro principal alto fue el primero en recibir el ventanaje a comienzos del siglo XVII. Sigüenza hace referencia a este cerramiento con «ventanas de madera con sus tableros de nogal bien labrados, y de la parte que les da el sol y el agua, dado de color verde, para que sea más durable y se defienda

© Patrimonio Nacional

Anónimo: *Vista del Real Monasterio de San Lorenzo de El Escorial*, siglo XVIII (detalle). Madrid, Patrimonio Nacional.

la madera»[7]. Las ventanas de la parte baja de este claustro se pusieron en 1652 por orden de fray Nicolás de Madrid (1600-1660) «para abrigo de la casa y defensa de su pintura»[8].

El siguiente turno fue para los cuatro claustros pequeños del monasterio, cuyas ventanas se ordenaron colocar en 1723, porque al estar todo abierto había «poco o ningún abrigo en el invierno y demasiada calor en el verano, a que se añade que en días tempestuosos de agua o nieve no se podía andar por ellos, de que se seguía grave perjuicio así a los individuos que

---

7 SIGÜENZA, fray José de: *Historia…*, vol. II, p. 576.
8 *Las Memorias Sepulcrales de los Jerónimos de San Lorenzo del Escorial*, 2 vols., Fernando Pastor Gómez-Cornejo (ed.), EDES, San Lorenzo de El Escorial, 2001, vol. II, p. 815.

Anónimo: *Incendio del monasterio de El Escorial en 1671*, siglo XVII (Madrid, Museo del Prado). Detalle de la fachada principal, donde se aprecia el color verde de las ventanas.

van al coro como a la fábrica»[9]. Para ello fue necesario construir antepechos en los claustros bajos, pues tampoco existieron en un principio.

Tal como refería Sigüenza, las ventanas se pintaban tradicionalmente de verde, como en la actualidad, aunque quizás con alguna ligera diferencia en el tono. Y, como es natural, debían ser pintadas regularmente por su continuo desgaste por efecto de las inclemencias del tiempo. Por ejemplo, en 1756 ordenó el convento pintar las ventanas de todos los claustros del monasterio y colegio «bastantemente estropeadas a causa del inevitable, en tiempo de lluvia, continuo batimiento de las aguas». Pero lo más sorprendente es que dicho año se encargase de ello una sola persona, que se ofreció a hacerlo «por comida y el costo solamente de tres reales en cada un día de los que trabajase»[10].

LA LONJA Y MÁS ALLÁ

El espacio que circunda al monasterio por las fachadas norte y oeste se conoce como «lonja». Fue construido al final de las obras, entre 1585 y 1596, pues este espacio y el de las casas de oficios estaban ocupados por las chozas de los artesanos, canteros, etcétera, que trabajaron en la construcción

---

9 *Libro de los Actos Capitulares…*, vol. II, p. 39. Acto Capitular de 26-VII-1723.
10 *Ibid.*, vol. II, p. 262. Acto Capitular de 13-VIII-1756.

Anónimo: *Vista del Real Monasterio de San Lorenzo de El Escorial*, siglo XVIII (Madrid, Patrimonio Nacional). Detalle del pavimento de la lonja, con las fajas de granito y los cuadros de tierra.

del monasterio. Al principio, la lonja fue diseñada de modo que ambos lados tuviesen la misma anchura, pero después se determinó aumentar la de la fachada principal para darle más realce. Además, no todo el pavimento de la lonja era de granito, sino tan solo las fajas de la retícula: el resto era tierra, tal y como se aprecia en la imagen anterior. No fue hasta mediados del siglo XX cuando se decidió enlosar con granito las partes de tierra.

Según Sigüenza, en la fachada principal, al final de la lonja aún quedaba espacio por donde se podía pasar, delimitando a lo largo con «una muralla grande que sustenta el terraplén de la cuesta que allí hace la sierra»; y a lo ancho con «otra muralla o paredón que detiene la tierra del Plantel»[11]. Estos espacios se vieron alterados a finales del siglo XVIII con la construcción de las casas de infantes y la tercera casa de oficios. Algunas partes de la primera muralla aún se pueden apreciar entre la segunda y tercera casa de oficios, y la muralla o paredón original del Plantel fue derruida para dejar más espacio a las casas de infantes, siendo construido un nuevo muro de contención en esa época. En las siguientes imágenes (página 66) se puede apreciar lo que pudo ser el aspecto original de ambas murallas y lo que existe en la actualidad:

Aparte de las casas de infantes y de oficios, en la lonja existió otro edificio destinado a las caballerizas del rey, mandado construir por Carlos II. Pero tuvo una vida efímera, pues según José de Quevedo ya estaba en ruinas en 1848, cuando escribía su *Historia*: «para comodidad de las tropas

11 Sigüenza, fray José de: *Historia…*, vol. II, p. 682.

Louis Meunier: *La entrada del Escorial,* 1665. Detalle de las murallas del norte y del oeste, antes de la construcción de las casas de infantes y tercera casa de oficios.

Restos de la muralla del norte, entre la Segunda y tercera casa de oficios. Foto: Gustavo Sánchez.

© Patrimonio Nacional

Anónimo: *Vista del Monasterio del Escorial*, siglo XVIII (Madrid, Patrimonio Nacional). A pesar de estar inconcluso el cuadro, a la derecha en primer plano se aprecia el edificio de las caballerizas de Carlos II, hoy desaparecido.

que le acompañaban en las jornadas mandó edificar el magnífico cuartel de caballería, cuyas ruinas se ven hoy junto a la Primera Casa de Oficios»[12] (hoy, el solar es conocido como «la Bolera»). Existe un cuadro anónimo, aunque inacabado y bastante deteriorado, en el que se aprecia en primer término a la derecha el referido edificio:

Por último, cabría decir algo sobre la piedra que hay en la esquina noroeste del edificio. Se trata de un **guardacantón**, un poste de piedra destinado a resguardar de los carruajes la esquina del edificio (no es de ningún modo un elemento extraño y enigmático, tal como indican algunos autores[13]). Cuenta la tradición —más bien parece tratarse de una leyenda que de una realidad histórica— que Santa Teresa vino un caluroso día de

Piedra guardacantón, en la esquina noroeste del monasterio (torre del Seminario).

12 QUEVEDO, José de: *Historia del Real Monasterio de San Lorenzo del Escorial*, Eusebio Aguado, Madrid, 1849, p. 170.
13 CUESTA MILLÁN, Juan Ignacio: *La boca del infierno*, Aguilar, Madrid, 2006, pp. 135-136.

verano desde la villa de El Escorial al monasterio y se apoyó en esta piedra pidiendo a Dios algún alivio para su sofoco y cansancio. Se cuenta que, al instante, apareció un suave brisa que reconfortó a la santa. Desde entonces se dice que nunca ha faltado «la brisa de Santa Teresa» en dicho lugar.

ESCORIAL SUBTERRÁNEO: SÓTANOS, CANTINAS Y PASADIZOS

Siempre ha tenido un fuerte componente de misterio el mundo subterráneo. En el monasterio de El Escorial existe una considerable cantidad de sótanos, cantinas e incluso pasadizos. Fray Andrés Jiménez estimaba en más de cuarenta las piezas «que hay debajo de la casa […] que sirven para muchos oficios: para la procuración, para la botica, para la platería y

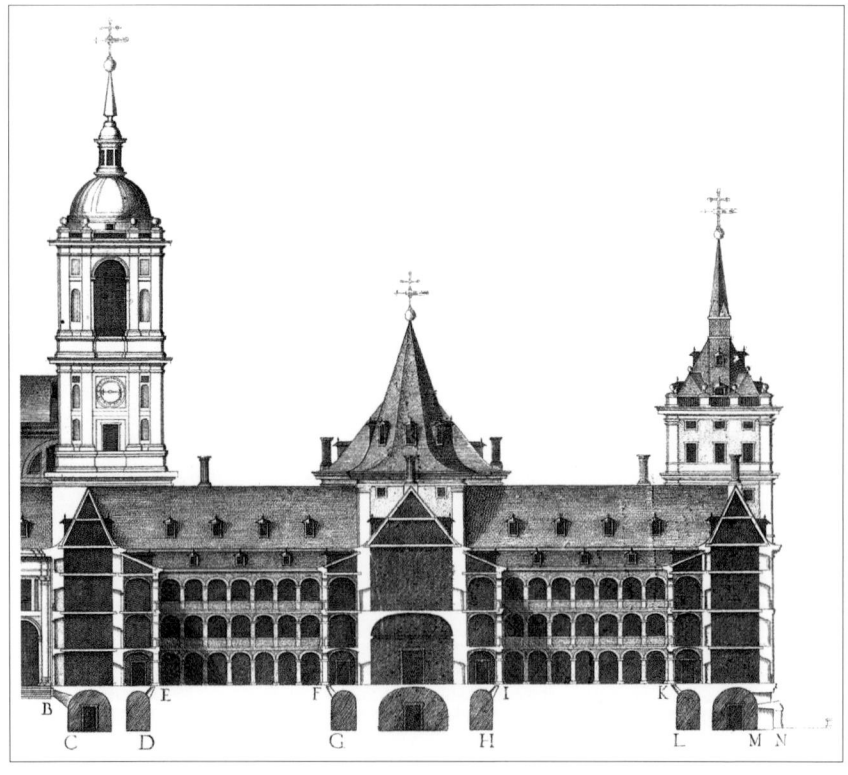

Juan de Herrera: *Tercer Diseño. Alzado del frente del templo y sección del interior del Colegio y convento.* Detalle de la banda sur vista desde la fachada principal, donde se observan buena parte de las bóvedas o cantinas del monasterio (letras C a M).

otros»[14]. Aunque no tenemos ningún plano completo de su distribución, en los diseños de Herrera (páginas 68 y 69) se aprecian algunas de estas cantinas y pasadizos:

El propio Herrera advierte en su explicación de las estampas, que «desde la letra C hasta la letra M hay una hermosa bodega que tiene de largo los dos patios y tres cuartos ya explicados, y de ancho 30 pies», es decir, unos ochenta metros de largo por algo más de ocho metros de ancho. Es la que otros autores describen debajo de la cocina conventual, en la parte del convento.

En la zona del oeste hay otros sótanos abovedados con una serie de despensas y otras oficinas, que describiremos más adelante. Estos sótanos reciben luz por ciertos tragaluces dispuestos de forma inclinada para alcanzar el nivel constructivo.

En la banda norte no existen sótanos, y esta carencia se manifiesta en la ausencia de tragaluces en

Juan de Herrera: *Cuarto Diseño. Sección transversal del templo del patio del palacio y del Patio de los Evangelistas.* Detalle de la banda sur vista desde la fachada principal, donde se aprecian las bóvedas o cantinas de la celda prioral (letras R y S).

toda esa fachada, tal como se puede apreciar en la imagen (página 70).

Tan solo hay un sótano o cantina en la zona de palacio, a la altura del patio de Coches, el cual recibe luz a través de unos tragaluces ubicados prácticamente a nivel del pavimento del patio (página 71).

Continuando en este mundo subterráneo, cabría añadir un pasadizo mandado construir y costeado por Carlos III en 1770 que, atravesando la lonja, comunicaba el palacio con la segunda casa de oficios (no con el teatro Carlos III, como a veces se ha creído). La finalidad de este túnel, conocido también como la Cantina o Mina de Montalvo, era facilitar el

---

14 JIMÉNEZ, fray Andrés: *Descripción del Real Monasterio de San Lorenzo del Escorial*, Antonio Marín, Madrid, 1764, pp. 401-402.

Fachada oeste del edificio, con los tragaluces de los sótanos en la parte inferior. Foto: Gustavo Sánchez.

Fachada norte, donde se aprecia la ausencia de tragaluces en la parte inferior. Foto: Gustavo Sánchez.

acceso entre uno y otro edificio sin necesidad de atravesar la lonja, evi-
tando las incomodidades del mal tiempo, sobre todo en invierno, cuando

Tragaluces en el patio de Coches. Foto: Luis Sánchez.

los vientos, lluvias, hielos y nieves podían llegar a constituir un verdadero e incómodo obstáculo. La construcción corrió a cargo del padre Pontones, según la idea del conde de Montalvo. Según Bermejo, medía unos cincuenta metros de longitud, «no contando la escalera para bajar en uno y otro lado», su altura era de 2'7 metros y su anchura de 1'95. En la entrada de la parte de las casas de oficios figura una inscripción con los datos de los patronos y artífices de la obra[15]. Aunque la Cantina o

Fernando Miranda: *Cantina*. Se trata de la Cantina o Mina de Montalvo, el pasadizo subterráneo que une el monasterio con la segunda casa de oficios.

---

15 BERMEJO, fray Damián: *Descripción artística del Real Monasterio de S. Lorenzo del Escorial y sus preciosidades después de la invasión de los franceses*, Imprenta de Doña Rosa Sanz, Madrid, 1820, p. 8. Véase CERVERA VERA, Luis: «La Cantina o paso subterráneo del monasterio de San Lorenzo el Real a las casas de oficios de El Escorial», en *La Ciudad de Dios*, 163 (1951), pp. 355-396.

Mina de Montalvo aún existe en la actualidad, no está permitida su visita al turismo.

Por último, hablaremos de algo misterioso. Según algunos autores, Felipe II dispuso que se construyesen dos pasadizos a modo salidas de emergencia que, partiendo de los sótanos del monasterio, llegasen uno hasta el «paseo de África» y otro hasta la casa de los frailes de la Fresneda[16]. No ha sido demostrada la veracidad de esta teoría, al menos de forma total, pues queda en entredicho que fuesen tan largos —sobre todo, el de la Fresneda, que habría tenido más de dos kilómetros de longitud— y que se tratase de salidas secretas, sino más bien de desagües o alcantarillas. No obstante, las últimas obras desarrolladas en la vía férrea a su paso por El Escorial han puesto al descubierto un pasadizo de estas caracactísticas que, por su lejanía con respecto al edificio, hace que el misterio siga en pie.

LAS CAMPANAS DEL CARILLÓN Y OTRAS CAMPANAS

Otro curioso elemento del monasterio es el **carillón**, antiguamente llamado «órgano de campanillas». Sin duda influido por lo que había visto y oído en su viaje a los Países Bajos, Felipe II quiso tener un instrumento tal a su disposición y ordenó que fuese construido uno —por artesanos flamencos, evidentemente— en una de las torres de la entrada a la basílica, la de la izquierda según se mira desde el Patio de los Reyes.

Al no ser un instrumento tradicional en España, las impresiones que transmiten los cronistas y descriptores del monasterio son muy diversas. Mientras Sigüenza dice de esta ingeniosa invención de flamencos y alemanes que «acá no nos suena tan bien como a ellos»[17], Sepúlveda afirma que «con su concertada música ponen tanta admiración que suspende a los que muy de ordinario las oyen, y a los extraordinarios y extranjeros elevan y espantan»[18]. Almela se detiene a hacer una detallada descripción del instrumento, que dice estar incompleto, y menciona al maestro extranjero que vino a montarlo, a sus alumnos religiosos y a un curioso instrumento a modo de réplica para practicar:

> Y está sobre esta portería [del colegio] la torre de las campanas de música de tecla […], en la cual hay al presente treinta y dos campanas, las cuales se tocan por tecla con las manos y con los pies por un solo hombre. El cual hace todas las diferencias de músicas y tonadas que en una vihuela u

16 Véase VICUÑA, Carlos: *Anécdotas de El Escorial…*, pp. 88-90.
17 SIGÜENZA, fray José de: *Historia…*, vol. II, p. 568.
18 SEPÚLVEDA, fray Jerónimo de: *Historia…*, p. 356.

Entrada a la iglesia del monasterio, con la torre del carillón a la izquierda y la torre de las campanas a la derecha. Foto: Luis Sánchez.

órgano, y falta un juego hasta cuarenta y dos, que se está esperando de las
regiones septentrionales, donde están encomendadas por Su Majestad [...];
de la cual música de las cuarenta y dos campanas hay en un aposento de la
torre de los conventos un modelo pequeño a forma de órgano, en el cual
aprenden algunos curiosos religiosos este género de música de las dichas
campanas por excusar al maestro extranjero que tienen y aun algunos de
ellos han salido tan hábiles que lo hacen tan bien o mejor que el maestro.[19]

Uno de estos alumnos pudo haber sido fray Andrés de San Lorenzo (ca.
1557-1608), precisamente de origen flamenco, quien «se retiró a su celda
y torre, que casi toda su vida vivió en ella, siendo perpetuo relojero y
campanero, y en los últimos años, con tener ya más de sesenta deprendió
algunos sonecillos y los tañía con las campanillas, a que tenía particular

19 ALMELA, Juan Alonso de: *Descripción...*, p. 74.

© Patrimonio Nacional

Detalle del actual carillón del monasterio, donde se aprecian campanas de diversos tamaños.
Foto: Patrimonio Nacional.

afición, y permaneció en este ejercicio incansablemente»[20].

Derretidas todas las campanas en el incendio de 1671, la reina Mariana de Austria encargó al flamenco Melchior de Haze un nuevo juego de treinta y una campanas, «de lindas y bien templadas voces: bajos, tenores, contraltos y tiples, con sus bemoles y diferencias»[21].

En 1693 se hicieron algunas reparaciones en el carillón por mano de dos sacerdotes flamencos que envió Carlos II. Estuvieron poco más de un mes en el monasterio y se ofrecieron a dar clases a los religiosos que lo deseasen. Tres fueron los que se aplicaron a ello: uno que tenía mucha facilidad y otros dos que «tocan en el órgano de las campanas, como ahora, todas las tonadas y sones que tocaban antes de que se mudasen las campanas en la forma con que adornaban las cuatro ventanas de la torre, y también tocarán todas las demás cosas de música que se usan por acá en España»[22].

Nuevamente se quedó el monasterio sin carillón por el fuego de 1826 y no volvió a sonar durante más de un siglo, hasta que en 1988 la Comunidad de Madrid adquirió las actuales cuarenta y siete campanas de la fundición holandesa Royal Eijsbouts, construidas respetando la sonoridad de la época.

20 *Las Memorias Sepulcrales...*, vol. II, p. 653.
21 JIMÉNEZ, fray Andrés: *Descripción...*, p. 40.
22 Publicado por Gregorio de Andrés en *Correspondencia epistolar entre Carlos II y el prior del monasterio de El Escorial P. Alonso de Talavera sobre las pinturas al fresco de Lucas Jordán (1692-1694)*, en *Documentos para la Historia del Monasterio de San Lorenzo el Real de El Escorial*, vol. VIII, Imprenta del Real Monasterio, San Lorenzo de El Escorial, 1965, p. 238.

Las campanas de la otra torre, las «normales», eran unas dieciocho (dieciséis según algunos autores), de diferentes tamaños. La mayor de ellas era la campana «Fabordón», y fue refundida tras el incendio de 1671 con el bronce extraído de las campanas del carillón. Su peso excede los cinco mil setecientos kilos, y sobre ella refiere Quevedo una curiosa anécdota sucedida durante la invasión francesa, cuando el ministro de Hacienda Francisco Cabarrús ordenó apear y destruir las campanas:

Campana Fabordón. Grabado de la *Historia descriptiva...* de Rotondo, 1863.

> Ya se habían presentado en el sitio una cuadrilla de vizcaínos que, armados de enormes martillos reclamaban se les adjudicasen las campanas que habían contratado, y al oír sonar el Fabordón, cuyo peso excede de quinientas arrobas, apostaban llenos de placer a ver cuál de ellos la rompería del primer martillazo. Afligidísimos los monjes acudieron al comandante francés Mr. Agustín Bolé, que mandó suspender la ejecución, y representó contra esta medida. Fue oída su súplica y, habiendo dado la casualidad de que la orden para que no se llegase a las campanas viniese el Sábado Santo, fue tanto el placer y entusiasmo de algunos vecinos del Sitio, que se subieron al vuelo y todas a la vez las echaron a vuelo, y continuaron tocándolas la mayor parte del día.[23]

LOS PÚLPITOS DE LA IGLESIA

Otra curiosidad: los dos púlpitos que hay en la iglesia del monasterio a ambos lados del altar mayor no siempre existieron. Hasta bien entrado el siglo XIX no hubo nada en dicho lugar, según se puede apreciar en las estampas de Herrera (página 76).

Estos dos púlpitos fueron mandados construir por Fernando VII a Manuel Urquiza en 1829 y, a pesar de su buena y lujosa factura, siempre despertaron cierta polémica por razones estéticas al no encajar, según diversos autores, con el estilo de la iglesia. Antonio Rotondo se encarga de exponer estas cuestiones:

23 QUEVEDO, José de: *Historia...*, p. 222.

Juan de Herrera: *Octavo Diseño. Alzado del retablo de la capilla mayor*. Este fue el aspecto del altar y retablo mayor de la basílica del monasterio (sin púlpitos) hasta el siglo xix.

Estos púlpitos, que costaron aproximadamente 1.500.000 reales, han sido agriamente criticados por algunos escritores; pero considerados con detención, y con arreglo al arte, no los conceptuamos acreedores a tan fuerte censura. […] Desde luego confesamos que estos púlpitos no están en armonía con la majestuosa y severa sencillez de la iglesia, por la falta de sobriedad y elección en el colorido de los adornos. Y seguramente que si Juan Bautista Herrera hubiera pensado construir púlpitos en aquella iglesia, los hubiera hecho, o simplemente de granito como el resto del templo, o de las mismas materias que el retablo del altar mayor; cuidando además de que su tamaño correspondiera a la grandiosidad del sitio. […] Convengamos en que los púlpitos están muy recargados de adornos y colores chillones; que son de proporciones mezquinas, y los tornavoces de mal gusto; pero no digamos en la generalidad que son feos, vulgares, ni de demasiado lujo para el real monasterio de San Lorenzo.[24]

Uno de los púlpitos de la iglesia, encargados por Fernando VII a Manuel Urquiza en 1829. Foto: Luis Sánchez.

Fernando Brambilla: *Vista del interior del templo del Real Monasterio de San Lorenzo,* ca. 1824 (Madrid, Patrimonio Nacional). Detalle donde se aprecia a la comunidad sentada escuchando un sermón, predicado desde un púlpito portátil.

© Patrimonio Nacional

24 ROTONDO, Antonio: *Historia descriptiva, artística y pintoresca del Real Monasterio de San Lorenzo comúnmente llamado del Escorial*, Eusebio Aguado, Madrid, 1863, pp. 223-224.

Teniendo en cuenta que el uso de los púlpitos era para los sermones u homilías, ¿cómo se entiende que la iglesia del monasterio careciese originalmente de este elemento, tan necesario para la buena escucha por parte de los fieles, en una época en la que no existían los modernos sistemas de megafonía? Es de nuevo Rotondo quien resuelve este pequeño misterio:

> [...] la falta de los púlpitos en aquel templo no fue un olvido de Herrera, como algunos han querido suponer, sino que siendo tan inmenso el local, lo mejor era tener un púlpito portátil para poderlo colocar en el sitio adecuado al sermón; así se practicó desde la inauguración del templo, y aún así lo hemos visto practicado en nuestros días, a pesar de existir los dos lujosos púlpitos que en estos momentos nos ocupan.[25]

25 *Ibid.*, pp. 223-224.

LA PROPAGANDA POSITIVA Y NEGATIVA

Desde el comienzo de las obras y durante sus cuatro siglos de existencia, el monasterio de El Escorial ha motivado una abundante obra propagandística —principalmente, literaria— de signo tanto positivo como negativo. Quizás haya sido más cuantiosa la propaganda positiva, generada a través de una ingente producción de obras panegíricas sobre el edificio y su patrono, debidas mayoritariamente a autores jerónimos del propio monasterio: Sigüenza, Santos, Jiménez... Se trata de una especie de guías compendiosas que describen con mayor o menor profundidad el edificio, los motivos del primer patrono e impulsor de la obra, Felipe II, y diversas cuestiones históricas.

Precediendo estas descripciones, se publicaron en 1587 —nada más acabar las obras— las estampas de Herrera, para que todo aquel que lo deseara se pudiese «llevar» consigo el monasterio o para que el monarca mostrase con orgullo su monumento a grandes personajes y mandatarios de la escena política y religiosa de su época.

Objeto de fuertes polémicas fue el coste de la obra, del que ofrecen diversas aproximaciones los autores jerónimos, con cifras casi siempre cuestionadas y criticadas por sus contemporáneos.

Este y otro tipo de críticas pertenecen a un tipo de literatura y propaganda de signo negativo. Se atacaba no solo al edificio y su coste, sino también al entorno (clima, flora y fauna) y sus moradores, frecuentemente en un tono humorístico y satírico, dando rienda suelta a la imaginación y provocando en ocasiones la ira e indignación de los monjes jerónimos, quienes a su vez contraatacaban con nuevas obras de propaganda positiva.

LA DIFUSIÓN GRÁFICA: EL *MERCHANDISING* DE JUAN DE HERRERA

Es evidente que la imprenta, en un mundo en el que todavía no existían la televisión e internet, era el medio más eficaz para la difusión de unas determinadas ideas o imágenes. En el caso del monasterio fueron muy efectivas las imágenes realizadas por Herrera y publicadas tan pronto como en 1587; de inmediato se pusieron a la venta en el propio monasterio y fueron utilizadas por Felipe II como regalo para determinados personajes, dentro y fuera de España, con una clara intención propagandística y difusora de su gran obra. El *merchandising* escurialense cumplía así su principal objetivo: llevar el monasterio a todas las gentes y a todo el mundo.

Felipe II regaló las estampas, por ejemplo, al papa Sixto V. El hecho es referido en 1589 por el nuncio papal, el cardenal Montalto, quien hacía saber al cardenal de Como que los ministros de Felipe II le habían dado «una caja con el retrato o planta de la fábrica de San Lorenzo del Escorial exactamente reproducida, para que yo lo envíe a Vuestra Señoría Ilustrísima para que en nombre de Su Majestad lo muestre después a Su Santidad»[1].

Otro lote de estampas fueron las regaladas al embajador persa que visitó el monasterio en 1603: «Pidió la estampa de la casa, que está en veinte papeles, para llevársela a su rey, y diéronsela muy bien envuelta y llevábala de muy buena gana y dio muestras de que la preciaba en mucho»[2].

Además, en los libros de cuentas del monasterio aparecen diversos ejemplos que atestiguan la venta de las estampas de Herrera a los visitantes y huéspedes —hoy en día les llamaríamos turistas— de la octava maravilla. Uno de estos ejemplos es el fechado en 1607, referido a la entrega que hacía el padre fray Juan de Alcalá de ciento nueve reales por las «estampas que vendió a unos alemanes»[3]. El propio Juan de Herrera obtuvo en 1589 un permiso especial de Felipe II para la venta de sus estampas en las Indias, enviando trescientos ejemplares a la Ciudad de los Reyes (Perú). El envío se realizó en cuatro cajas de madera, junto a otras cajas con los libros del Nuevo Rezado, sin ningún tipo de coste por el transporte[4].

Con este mismo fin de la venta, y precisamente porque el negocio era lucrativo y se habían agotado los ejemplares, en 1619 el convento acordó mandar imprimir más estampas de Herrera, pues se habían «vendido y

1 Archivo Secreto Vaticano, Segreteria di Stato, Spagna, 35, ff. 194r-194v.
2 SEPÚLVEDA, fray Jerónimo de: *Historia...*, pp. 253-256.
3 Real Biblioteca del Monasterio de El Escorial, 187-II-1. *Depósitos de los monjes. Año 1610 [desde 1591 hasta 1620]*, f. 223v.
4 CERVERA VERA, Luis: *Las estampas y el sumario de El Escorial*, Tecnos, Madrid, 1954, pp. 50-51.

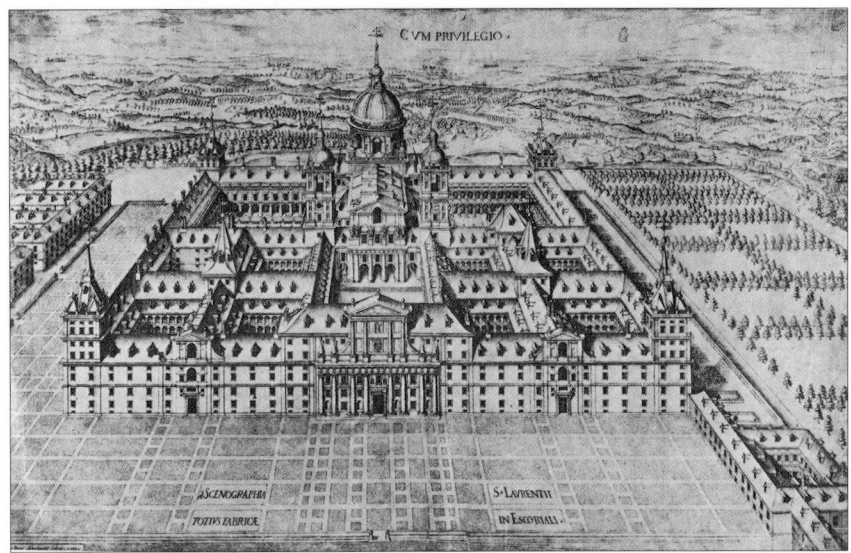

Juan de Herrera: *Séptimo Diseño. Perspectiva general de todo el edificio.*

recibido muy bien de los extranjeros y otras personas curiosas que las han comprado»[5].

LA DIFUSIÓN LITERARIA: EL PADRE SIGÜENZA, SANTOS, JIMÉNEZ...

La difusión de las maravillas de la fábrica laurentina tuvo, además de las estampas de Herrera, de naturaleza gráfica, otras vías de tipo literario. Nos referimos a los libros de autores principalmente jerónimos —buenos conocedores del edificio, aunque en ocasiones poco objetivos con sus defectos—, de los que sobresalen fray José de Sigüenza, fray Francisco de los Santos y fray Andrés Jiménez.

Las reimpresiones eran prueba del éxito de las obras. Por ejemplo, en 1791 ordenó el convento, previa indicación del capítulo general de la orden, la reimpresión de la *Historia* de Sigüenza[6], y en 1713 la *Descripción* de Santos, «por causa de haberse acabado la primera impresión»[7].

El convento, además de colaborar en la propaganda de las maravillas del monumental edificio, tenía una modesta forma de ingresos a partir de la

5 *Libro de los Actos Capitulares...*, vol. I, p. 359. Acto Capitular de 5-IV-1619.
6 *Ibid.*, vol. II, p. 658. Acto Capitular de 9-I-1791.
7 *Ibid.*, vol. I, p. 953. Acto Capitular de 14-XII-1713.

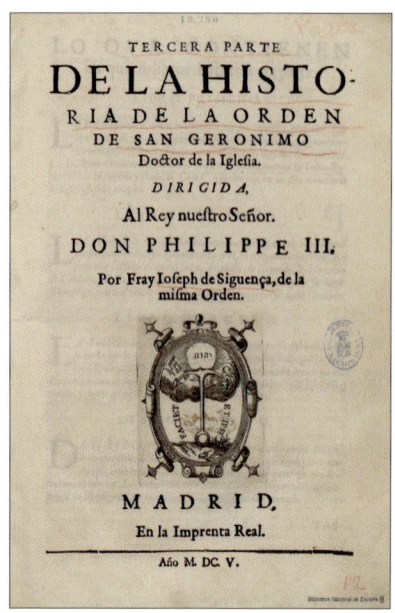

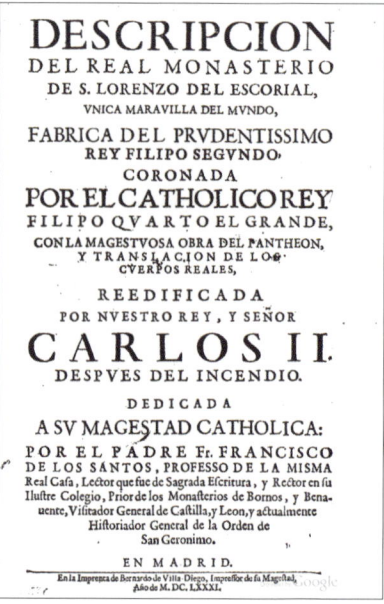

Portada de la *Tercera Parte de la Historia...*, de Sigüenza, 1605.

Portada de la *Descripción del Real Monasterio...*, de fray Francisco de los Santos, edición de 1681.

venta de estas obras. Los libros de cuentas atestiguan este comercio literario, aunque también regalaba la comunidad un buen número de ejemplares. Por poner un ejemplo, en 1764, el año que salió a la luz la *Descripción* de Jiménez, la comunidad escurialense regaló un total de 186 libros, lo que supuso un gasto de 8655 reales[8].

Especialmente interesantes son las *Descripciones* posteriores a la invasión francesa, principalmente la de fray Damián Bermejo[9] y la de José de Quevedo[10], quien había sido monje del monasterio y bibliotecario mayor antes de la exclaustración. En ellas, los autores actualizan el estado del mobiliario y objetos de valor tras los robos y destrozos perpetrados por las tropas francesas a su paso por el monasterio. Por último, Antonio Rotondo, en su *Historia descriptiva*, aunque copia muchas noticias de los referidos cronistas

8 Real Biblioteca del Monasterio de El Escorial, 186-V-13. *Quentas de fabrica y memorial del Arca y estado de la Administ[raci]on. Año de 1734 [hasta 1764]*, f. 220v.

9 BERMEJO, fray Damián: *Descripción...*, 1820.

10 QUEVEDO, José de: *Historia...*

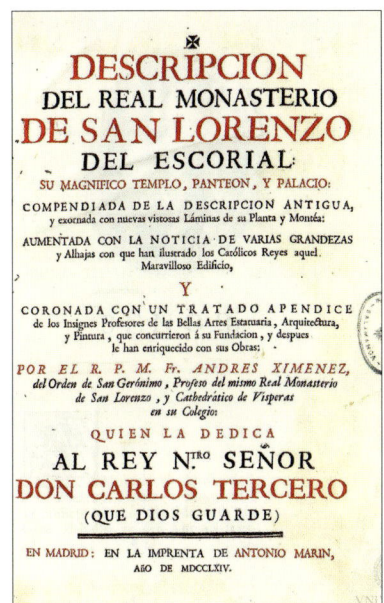

Portada de la *Descripción...* de
fray Andrés Jiménez, 1764.

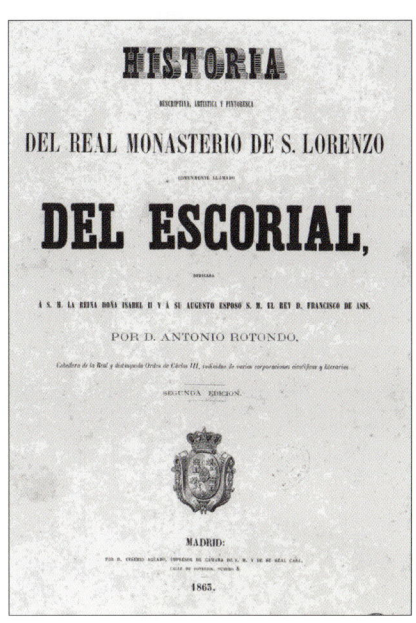

Portada de la *Historia descriptiva...*,
de Antonio Rotondo, 1863.

escurialenses, aporta ciertos detalles de interés sobre el monasterio y el Real Sitio en las tres décadas posteriores a la desamortización[11].

EL ESCORIAL EN CIFRAS: EL POLÉMICO COSTE DE LA OBRA

No resulta nada fácil establecer una cifra definitiva del coste de la obra del monasterio escurialense, por cuanto no se tienen datos completos de algunos conceptos relativos al mobiliario, biblioteca, sacristía, jardines, huerta, etcétera, de la época fundacional[12]. Pero sí se podría hacer una aproximación a lo que costó el edificio, la obra y los terrenos circundantes; en

---

11 ROTONDO, Antonio: *Historia descriptiva…*

12 CAMPOS, Francisco Javier: «La vida cotidiana en el Monasterio de San Lorenzo el Real del Escorial a fines del Antiguo Régimen», en *Monjes y monasterios españoles. Actas del Simposium*, vol. III, Instituto Escurialense de Investigaciones Históricas y Artísticas, San Lorenzo de El Escorial, 1995, p. 98. Véase el interesante estudio de CANO DE GARDOQUI GARCÍA, José Luis: «Aspectos económicos relativos a la Fábrica del Monasterio del Escorial», en *El monasterio del Escorial y la arquitectura. Actas del Simposium*, Instituto Escurialense de Investigaciones Históricas y Artísticas, San Lorenzo de El Escorial, 2002, pp. 123-174.

este sentido podrían ser válidas las cifras que nos han proporcionado dos autores de la época, ambos jerónimos.

El primero es fray José de Sigüenza, quien, antes de ofrecer esta delicada información, asegura que son «hombres de cortos marcos» los que preguntan «cuánto habrá costado esta casa y lo que hay en ella». Seguidamente, y tras la promesa de decir la verdad como historiador, religioso y sacerdote, asegura que desde 1562 a 1598 los gastos de todo el edificio del monasterio, junto a las fincas y casas de labor y recreación, incluido todo el contenido de adornos, mobiliario, libros, ricas telas de la sacristía, etcétera, no llegaron a **5.260.560** ducados. Y concluye, como defensa ante los que criticaban el coste de la obra: «ve aquí toda la pérdida de España y de Castilla»[13].

El otro autor, fray Antonio de Villacastín, quien escribía en 1600 a Jean Lhermite que desde 1562 a 1597 (un año menos que lo referido por Sigüenza) se gastaron un total de **seis millones y medio** de ducados.

Parece que los estudiosos se inclinan más hacia la cifra aportada por Villacastín, pero según el padre Santos ciertos autores aseguraban que costó **veintidós millones** o incluso **veinticinco millones** de ducados, más del triple de lo estimado por los jerónimos, a lo que advierte que «aun después de fabricado el panteón, con que ha llegado al fin de su perfección este edificio, y después de reedificada la fábrica del daño del fuego y otras obras y adornos que se han hecho y añadido, no viene a ser lo que se ha gastado la tercera parte de los veinticinco millones»[14].

Ducado de oro de la época de Felipe II.

¿Con qué cifra nos quedamos? ¿A quién creemos? Ciertamente, conociendo el continente y el contenido de este magnífico edificio, las cifras «jerónimas» nos resultan un tanto escasas; pero podríamos hallar explicación de ello en los innumerables objetos, elementos y materiales llevados y regalados al monasterio con coste cero durante y después de su construcción.

13 SIGÜENZA, fray José de: *Historia…*, vol. II, pp. 695-696.
14 SANTOS, fray Francisco de los: *Descripción…*, f. 99v.

La curiosidad nos lleva a tratar de comparar estos antiguos precios y valores con los de comienzos del siglo XXI. Aunque resulta bastante difícil establecer una equivalencia exacta, estimando el valor de un ducado de oro en veintisiete euros, hallaríamos que **6.500.000** de ducados del siglo XVI equivaldrían a **175.500.000** de nuestros actuales euros.

LITERATURA DENIGRATORIA

Precisamente fue el enorme coste de la obra uno de los principales objetivos —aunque no el único— de las críticas que en su tiempo recibió el monasterio de El Escorial, llegándose a formar una abundante literatura denigratoria en torno al proyecto laurentino que abarcó desde los primeros años fundacionales hasta bien entrado el siglo XVIII.

De entre los muchos autores críticos con la empresa escurialense, incluso cuando tan solo era un proyecto, quizás sea el primero el franciscano fray Diego de Estella (1524-1578), predicador del rey y autor del *Tratado de la vanidad del mundo*, publicado en 1562. Hombre austero, rígido, preocupado por la situación de su tiempo y poco amigo de favoritismos o desigualdades de cualquier tipo, conoció muy de cerca el magno proyecto de Felipe II. El franciscano no comprendía cómo el monarca podía destinar gran parte del presupuesto nacional a la construcción del palacio-monasterio, un gesto que consideró como la «realización física del orgullo del rey»[15].

Pero no solo se criticaba e ironizaba sobre el elevado coste de la obra, sino que también eran objeto de burlas el clima, la tierra y sus habitantes, tanto seglares como religiosos. Una de las primeras producciones literarias con este tinte peyorativo está fechada en 1591 y lleva por título *Carta galante*, aunque es más conocida como *Sátira contra el Escorial*. Extractamos algunos fragmentos de entre los más significativos e ingeniosos:

> Pueblo [El Escorial] sin comedimiento, montaña desgraciada, sitio sin afabilidad, de donde sacando el edificio y las cosas santas y sagradas de aquel monasterio, todo lo demás es horrible, todo aborrecible, todo abominable. […] Cuando hay nubes o nieblas, quiero decir la mayor parte del año, es casi noche perpetua. Cuando hace serenos, que es por desgracia con cualquier ventisco de la sierra, se mueve la nieve y viene revolando sobre el Sitio en los meses que menos se debía esperar y desear, de manera que en una misma hora es invierno en medio del verano y nieva.

---

15 LLANOS GARCÍA, Jesús: «Diego de Estella y El Escorial. Primeras críticas a la soberbia del rey», en *Literatura e imagen en El Escorial. Actas del Simposium*, Instituto Escurialense de Investigaciones Históricas y Artísticas, San Lorenzo de El Escorial, 1996, pp. 683-690.

Fray Diego de Estella (1524-1578), predicador del rey y uno de los primeros autores que censuraron la obra de El Escorial. Grabado de la época.

Cuando no nieva contra todas las leyes y ordenanzas reales, de aquí procede que con estas destemplanzas cuantos allí se detienen algún tiempo todos caen malos, de los cuales mueren tantos y escapan tan pocos que aun la misma salud, si allí estuviese un verano, caería enferma. [...] En este triste Escorial ni se da vino ni se coge pan, las plantas no medran, los árboles no crecen, las frutas se yelan, los frutos se apedrean, y de lo que la nieve, del yelo, del granizo escapa, es comido de venados. [...]

Los monjes, cuya profesión es vivir solitarios, andan maullando como gatos en desvano, oyendo las tiernas voces de las damas y teniendo la Corte a las espaldas del dormitorio, en la iglesia, tanto es como haber entredicho perpetuo, pues para entrar en ella nos vale la Bula de la Cruzada, los santos se conocen por relación, que todos están tan altos y tan lejos que apenas se alcanzan de vista. [...]

Todo anda revuelto, todo anda mezclado, todo anda confuso: a una misma sazón se oye bramar el ciervo, gemir la dama, aullar el lobo, suspirar el galán, rebuznar el asno, murmurar el pretendiente, mugir la vaca, quejarse el negociante, gruñir el puerco, renegar el soldado, graznar el ansar, regoldar el privado.[16]

Casi un siglo después, en 1677, está fechado un *Soneto burlesco al Sitio del Escurial*, conservado en la Biblioteca Nacional[17], el cual posee un marcado carácter satírico, rayando en lo escatológico y grotesco, en constante alusión al aparato digestivo de los monjes:

Sítienles a los frailes y al convento
todos los orificios y albañales,
y tápenles los ojos circulares
porque por ellos no se escurra el viento.

16 El manuscrito consultado se conserva en la biblioteca Francisco de Zabálburu (Madrid), Altamira, 245, Doc. 7/1, si bien existe una conocida versión publicada por Julián Zarco (*Los Jerónimos de San Lorenzo el Real de El Escorial. Discursos leídos en la Real Academia de la Historia*, Imprenta del Real Monasterio, San Lorenzo de El Escorial, 1930, pp. 109-112), quien asegura haberla tomado «de la Nacional de París», con diversas diferencias en ciertas palabras y giros gramaticales.
17 Biblioteca Nacional de España, Mss. 7.782, f. 62.

No sólo por donde entra el alimento
han de cerrar el paso a tierra y mares,
sino por donde salen los manjares
han de ponerles sitio en el asiento.
Calafateen con engrudo y breas,
y con cualquier restringente zumo
por encima y detrás las azoteas,
y sobre todo han de guardar, presumo,
no vuele por las altas chimeneas
el que duende empezó y acabó en humo.

Para otro apartado dejamos un tipo distinto de literatura, también de signo negativo, constituido por ciertos personajes que expresaron sus quejas y malas sensaciones sobre el monasterio, pero no con un fin propagandístico, sino en el contexto de su correspondencia y documentos personales e íntimos.

LA INTRIGA DE LOS JESUITAS

Hacia 1587 intentaron algunos mandatarios de la Compañía de Jesús hacerse con la administración y gobierno del monasterio de El Escorial, animados por el obispo de Jaén, Francisco de Sarmiento. Para ello escribieron un memorial a Felipe II, exponiendo las diversas razones por las que sería preferible la Compañía de Jesús a la Orden de San Jerónimo en el gobierno del monasterio. No escatimaron en ejemplos y comparaciones para poner en duda la capacidad de los jerónimos en aspectos de suma importancia, como el del culto divino y el de la enseñanza, exponiendo con elocuencia y cierta arrogancia su superior habilidad y experiencia. He aquí un extracto del texto, lo más sustancial:

Lo que parece que Vuestra Majestad pretende son dos cosas. La 1ª el culto divino de aquella casa. La 2ª que se críen allí personas en santidad y en ciencia, y que sean luz, espejo y enseñamiento en España. [...]
Cuanto al 2º punto, que es pretender que El Escorial sea casa esmerada en el culto divino, pienso que se conseguirá poco por este camino, porque lo del coro, metidos estos padres que no tienen ingenio para tantas cosas, y aun contrarias al argüir y vocear del cantar a compás y pausado, y esto con una docena de capellanes que sólo entendiesen en esto estaba más en su punto, con buenos salarios y capellanías y casa [...]. Y aun los capellanes podrían ser de la misma Compañía, que sujetos tiene para todo. [...]
Y como ahora está El Escorial no se conseguirá tampoco fruto del jerónimo que allí hay, porque se ceba e hinche de muchachos circunvecinos, de

Anónimo: *Expulsión y embarque de los jesuitas de los estados de España, por orden de S. M. C. el 31 de marzo de 1767.* Grabado del siglo XVIII.

rústicos y de poco ingenio, y de parientes de los frailes, de quienes no se puede esperar que hayan de salir aptos para las letras.

Y aunque parece que se podría esto ordenar, que quedasen frailes jerónimos hasta 40 para el oficio divino, y los colegios y estudios para la Compañía, pero ésta sería una mezcla que tendría hartos inconvenientes. Y 40 frailes por lo menos han menester más que 200 de la Compañía. Y haciéndola cumplidamente esta obra sería la más insigne del mundo y la más provechosa a la religión cristiana [...] y por ventura destruirse ha una religión tan insigne que tanto provecho puede hacer con su oración y recogimiento, y tan poco provecho podría dar a los estudios y letras.[18]

Al final del texto, fray Juan Soto (ca. 1750-?) añadió en fecha muy posterior, hacia finales del siglo XVIII o comienzos del XIX un curioso comentario que da a entender que todavía hubo otro intento posterior por parte de los jesuitas para hacerse con la administración espiritual y temporal del monasterio: «Parece que ahora en tiempos más recientes pretendieron dichos padres jesuitas resucitar el mismo intento sobre que se les entregase dicha casa de El Escorial[19]». Pero no existe ninguna prueba de esta pretensión posterior, que en todo caso debió de tener lugar antes de 1767, fecha de la expulsión de la Compañía de los reinos de España, dando así fin a cualquier otro intento de reemplazar a la orden jerónima en el monasterio.

18 Real Biblioteca del Monasterio de El Escorial, Z–IV–23, ff. 287r–291v: *Memorial de los padres jesuitas presentado al señor don Felipe Segundo por mano del Obispo de Jaen don Francisco de Sarmiento, en el que pretenden se les entregue el insigne Monasterio del Escorial, que destinaba Su Majestad para monjes de la Orden de San Jerónimo.*
19 *Ibid.,* f. 291v.

EL TERRITORIO DEL MONASTERIO

Las primeras adquisiciones de tierras para el monasterio de San Lorenzo tuvieron lugar en 1562 con la compra de la dehesa de la Herrería, inmediata al edificio. A esta finca la siguieron otras próximas, o no tanto, adquiridas por el rey o por el monasterio entre 1562 y 1603 en este orden: Fresneda, Quexigal, Navaluenga, San Saturnín, Abadía de Párraces, el Espadañal, Santisteban, Gózquez, Campillo y Monesterio, entre otras[1].

Los jerónimos se encargaban de administrar dichas fincas, tratando de obtener beneficios de sus frutos: aceite, vino, cereal, molinos, etcétera. Pero no siempre llegaban los esperados beneficios, y en determinados momentos los monjes se vieron obligados a vender o a arrendar a terceros parte o la totalidad de algunas de ellas.

EL TERRITORIO INMEDIATO: EL SITIO, LA HERRERÍA, EL CASTAÑAR...

Este territorio inmediato al monasterio es básicamente el que queda delimitado por la cerca que ordenó construir Felipe II entre 1569 y 1576, con un perímetro total aproximado de cuarenta y cuatro kilómetros. La «cerca histórica» fue ampliada por sus sucesores hasta que Carlos IV la dio por concluida en 1791, alcanzando poco más de cincuenta y un kilómetros de perímetro[2].

Se llamó el **Sitio** o, más adelante, el **Real Sitio de San Lorenzo**, al espacio adyacente al monasterio. Era un territorio administrado por la

---

1 Véase Ramírez Altozano, José Javier: *Historia de los bosques reales...*, pp. 32-37.
2 Véase Sánchez Meco, Gregorio – Rosado Ferrández, Vicente: *La cerca histórica de los bosques del Real Sitio de San Lorenzo de El Escorial*, Colección Coliseo, San Lorenzo de El Escorial, 2007.

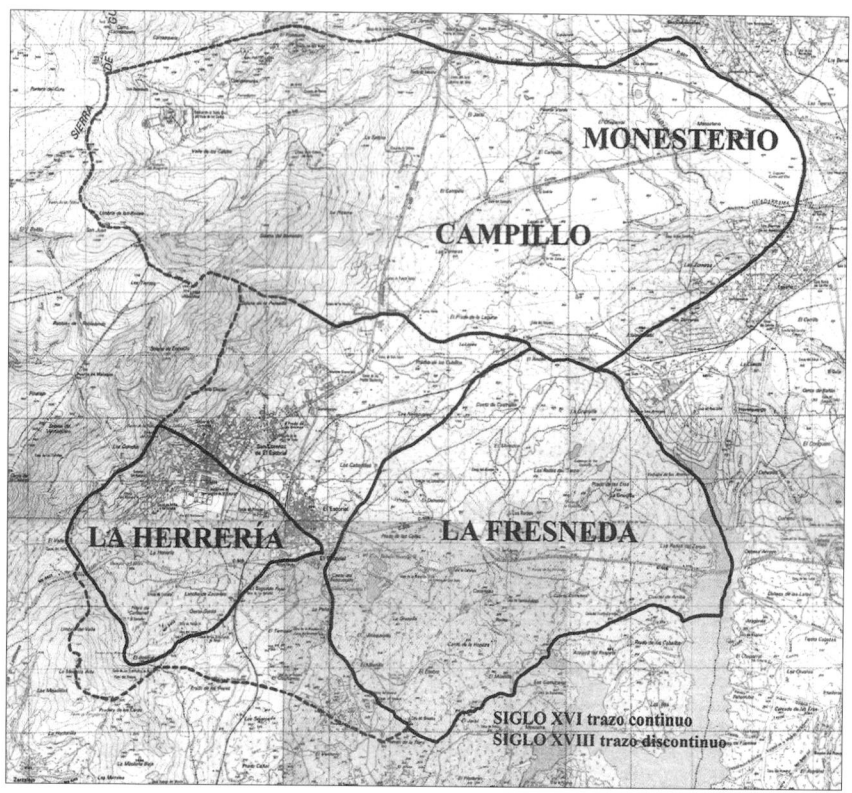

Mapa de la cerca histórica del monasterio de El Escorial, según Gregorio Sánchez Meco. Dentro de esta cerca quedaban incluidas las propiedades cercanas al monasterio.

comunidad jerónima, y hasta 1767 no se permitió la construcción de viviendas a nadie, a excepción de los criados y trabajadores del monasterio.
Un año antes, en 1766, el marqués de Grimaldi expresaba a la comunidad
el deseo del monarca de construir más casas en el Sitio, por la falta que
había de ellas «para los alojamientos de la real familia en las jornadas»[3].
Tras varias discrepancias el convento accedió, pero con una serie de condiciones —entre otras, que las casas debían ser construidas por sus dueños, quienes pagarían el arrendamiento anual del terreno, propiedad del

---

3 *Libro de los Actos Capitulares…*, vol. II, p. 359. Acto Capitular de 5-XI-1766.

© Patrimonio Nacional

Antonio Joli: *Vista del Monasterio del Escorial,* ca. 1754 (Madrid, Patrimonio Nacional). En la imagen se aprecian las contadas casas que había en el Sitio en esa época, así como la zona del Plantel con su muralla, antes de edificar las casas de infantes.

monasterio—, dando lugar al nacimiento del pueblo de San Lorenzo de El Escorial[4].

Eran unas pocas casas, pues, las que hubo en el entorno del monasterio hasta 1767. El resto eran terrenos baldíos o cultivados. A estos últimos pertenecía la zona del Plantel —hoy en día es el barrio homónimo—, enfrente de la fachada principal del edificio, así llamada porque se dispuso que fuese *plantada* de árboles frutales para uso por parte de la comunidad y embellecimiento de las vistas hacia esa zona. Hasta la construcción de las casas de infantes (1770-1776), el Plantel estuvo delimitado con la lonja por una enorme muralla.

Como ya se ha dicho, la dehesa de la **Herrería** fue una de las primeras tierras adquiridas para el monasterio, para uso de su abundante pasto y caza, así como recreo de los monjes en sus salidas al campo. El **Castañar** forma parte de la Herrería y está ubicado en su límite suroeste, al pie de las Machotas. Vino a llamarse así porque se ordenó plantar en ella una huerta de castaños y diversos árboles frutales. Según los testimonios jerónimos,

---

4 *Ibid.,* vol. II, pp. 363-364. Acto Capitular de 11-III-1767. Véase SANCHO, José Luis: *Carlos III «de monte en monte».* «Cinco poblaciones para una Corte cosmopolita», en *Una Corte para el rey. Carlos III y los Sitios Reales,* Dirección General de Patrimonio Cultural, Madrid, 2016, pp. 84-187.

Fernando Brambilla: *Vista general de San Lorenzo, tomada en la inmediación de la huerta del Castañar al mediodía*, ca. 1824 (Madrid, Patrimonio Nacional). En primer término, el Castañar, y en segundo la Herrería, que se extiende hasta la cerca de la Huerta del monasterio, a la izquierda de la imagen.

la fruta era muy buena «si acertara más de continuo», es decir, que no todos los años había buena cosecha; y sobre todo, «la guinda garrafal es la mejor que se encuentra en España»[5]. En 1837, cuando abandonaron los jerónimos el monasterio y sus posesiones, había en el Castañar unos tres mil setecientos árboles frutales, además de noventa en la injertera, doscientos guindos ordinarios, nueve higueras, cien castaños, veinte nogales, quinientas setenta y cinco viñas y once parras[6].

Tan buena fruta se hizo apetecible a manos ajenas y proliferaron los robos, de modo que en 1613 el monasterio decidió levantar más la cerca de la finca «pues hay piedra muy cerca y a la mano, y que la puerta se haga de otro modo, como están las de la huerta de aquí de casa, que dure y esté cerrada y maciza con tablas»[7].

En 1615 el convento dispuso que se hiciese un estanque con paredes de piedra y cal «para conservación de la huerta y árboles del Castañar»,

5 Citado por Ramírez Altozano, José Javier: *Historia de los bosques reales…*, p. 161.
6 *Ibid.*, p. 165.
7 *Libro de los Actos Capitulares…*, vol. I, p. 289. Acto Capitular de 26-II-1613.

Anónimo: *El Castañar*, ca. 1640 (Monasterio de El Escorial, Patrimonio Nacional). En el centro se ve la fuente y a la izquierda la ermita de San Juan.

del cual debía salir «un encañado para una fuente que se ha de hacer de pie alto en una placeta que está enmedio [de] las calles de esta quinta y cerca del sitio del estanque»[8]. Muy cerca de la fuente había también una capilla o ermita, al parecer mandada edificar por Felipe II, «que llaman de San Juan, pero aunque se conserva y está buena, no sé que haya imagen de San Juan, ni veneración de ermita»[9].

La dehesa de la **Fresneda** fue adquirida en 1563 por Felipe II. En ella se incluía una antigua aldea así llamada y extensos terrenos para lugar de recreo, tanto

Vista aérea de la Fresneda. En el margen superior derecho, la casa del rey y en el margen inferior la de los frailes, con su claustro abierto hacia el sur y la torre de Avendaño en la esquina de la izquierda.

para las personas reales como para los monjes. El monarca construyó un pequeño palacio y una casa para los religiosos, aprovechando una antigua torre —llamada de Francisco de Avendaño, su anterior propietario—, en los

8 *Ibid*., vol. I, p. 313. Acto Capitular de 20-II-1615.
9 Citado por RAMÍREZ ALTOZANO, José Javier: *Historia de los bosques reales…*, p. 161.

La Fresneda: Iglesia de San Juan Bautista. La cerca de piedra delimita el antiguo cementerio de la población que allí vivió hasta su despoblación en el siglo XVI.

cuales se deja ver la influencia de los modelos del norte de Europa, que tanto gustaron al monarca en su viaje a los Países Bajos. Además, se conservó la antigua iglesia de San Juan Bautista (siglo XIV) con su cementerio[10].

Pero quizás lo más llamativo de esta finca son sus estanques y jardines, para cuyo diseño y construcción se contó con los conocimientos de fontanería de Pieter Jansen, y los de fray Marcos Cardona (†1567) y Juan Bautista Cabrera para los jardines y plantaciones[11].

Se construyeron cuatro grandes estanques: uno de ellos se conocía como el de San Jerónimo, otro «del Neptuno», pues tenía una gran fuente —hoy en día desaparecida— en la que se veía «encima de unas peñas, recostado sobre unos delfines, un Neptuno grande con su tridente y corona como rey de las aguas»[12]. El tercero tenía una isleta de piedra en el centro, unida por un puente al exterior, y el cuarto es el mayor de todos, con una isla de piedra que no mencionan los cronistas[13].

En estos estanques se criaban peces, y desde muy pronto hubo cisnes, al menos desde 1568. Almaguer escribía al secretario real que «mañana se cerrará el estanque pequeño, y así puede Su Majestad mandar traer el pescado para los estanques cuando fuere servido y los cisnes»; por su parte, el rey anotaba al margen que «ya a la mañana irá Cabrera con los cisnes y el pescado»[14].

10 Véase CERVERA VERA, Luis: *La Fresneda. Un lugar de Felipe II en el entorno de El Escorial*, Fondazione Benetton Studi Ricerche – Doce Calles, Treviso – Aranjuez, 2003.
11 RAMÍREZ ALTOZANO, José Javier: *Historia de los bosques reales...*, p. 62.
12 SIGÜENZA, fray José de: *Historia...*, vol. II, p. 689.
13 Véase RAMÍREZ ALTOZANO, José Javier: *Historia de los bosques reales...*, pp. 185-186.
14 Archivo General de Simancas, Casas y Sitios Reales, 259, 395. *Carta de Andrés de Almaguer a Pedro de Hoyo, 29-XI-1568.*

La Fresneda: Vista aerea del estanque de la isleta.

Desde un primer momento los reyes compartieron el uso y disfrute de la Fresneda con los jerónimos de El Escorial, pero con el tiempo los reyes dejaron prácticamente de visitar la finca, salvo puntuales momentos de cacerías u otros, y fueron los monjes los que disfrutaron casi en exclusiva de sus bondades en sus recreaciones o «granjas», como se verá en otro lugar.

El topónimo de **San Juan de Malagón** aparece citado por primera vez en el *Libro de la Montería*, a mediados del siglo XIV y con él se denomina la sierra que delimita al norte y al oeste con el monasterio, además del puerto de montaña que lo atraviesa. Estos terrenos eran propiedad comunal de los Alhíjares de la Comunidad de Villa y Tierra de Segovia, disfrutados por los vecinos de la zona, incluidos los monjes del monasterio, si bien no los llegaron a utilizar por tener otras tierras en propiedad muy cercanas, como por ejemplo, el Tobar. Allí había una ermita de modesta apariencia, aunque habría tenido como elemento destacado su portada, según se desprende de un documento de 1587 por el que el ermitaño, Juan Palomo, encargaba «una portada para la ermita con su capialzado y encima un torrejón para una campana con dos varas de cornisa y dos columnas con sus basas y capiteles». La obra no se llevó a cabo hasta 1596. Era de suma importancia la campana en una ermita de alta montaña, pues las persistentes nieblas podían llevar a errar fácilmente el camino; además, había una extendida superstición de que su sonido ayudaba a despejar los nublados[15].

15 Véase RAMÍREZ ALTOZANO, José Javier: *Historia de los bosques reales...*, p. 221.

Peter Paul Rubens – Peter Verhulst: *Vista del Escorial*, ca. 1640 (en blanco y negro, original en color). A la izquierda se aprecia la cruz del puerto de Malagón (hoy «la cruz de Rubens»), en el centro en primer plano el ermitaño de la ermita de San Juan de Malagón y en segundo término el monasterio.

Era antigua costumbre entre los lugareños ir en procesión a la ermita de San Juan de Malagón el día 1 de mayo, pero en 1627 ordenó el Ayuntamiento de El Escorial que «porque han resultado algunos inconvenientes y podrán resultar mayores de la jurisdicción […] se vaya de aquí adelante con la procesión a la ermita de Nuestra Señora de Gracia». El problema parecía estribar en que la ermita estaba en la jurisdicción de Segovia y no había una relación pacífica entre segovianos y escurialenses. Este cambio en la costumbre, sin duda, contribuyó a la ruina de la ermita[16].

En su visita al monasterio de El Escorial en 1628-1629, el pintor holandés Peter Paul Rubens subió a Malagón y pintó el boceto que más tarde terminaría su discípulo Verhulst. El cuadro fue enviado en 1640 a Baltasar Gerbier, residente en Londres, para que lo entregase al rey Carlos I. Al mismo tiempo envió una carta a Gerbier en la que hace una minuciosa descripción de la obra y en donde menciona la ermita de San Juan de Malagón:

> En la cima existe una gran cruz de madera que se descubre fácilmente desde Madrid, y a su lado una pequeña iglesia dedicada a San Juan, que no

16 *Ibid.*, pp. 221-222.

San Juan de Malagón. Supuesto lugar donde estuvo la ermita de este nombre. Foto: Gustavo Sánchez.

se ha podido representar en este cuadro porque quedaba a nuestra espalda y donde mora un ermitaño que se ve aquí con su borrico.[17]

Según lo que refiere Rubens, la ermita de San Juan de Malagón habría estado en este lugar, pero no ha sido posible localizar el menor vestigio o ruina de cualquier tipo de edificación.

Campillo y Monesterio eran dos fincas de recreo compradas por Felipe II al duque de Maqueda en 1595. En ambos lugares existieron sendos núcleos de población, a cuyos escasos habitantes ordenó abandonar el monarca a cambio de una buena y justa indemnización.

En Campillo había una torre, quizás de tiempos de Enrique IV de Castilla, que fue ligeramente remodelada para reforzarla y adaptarla a los nuevos usos. Junto a ella había una antigua iglesia que permaneció como ermita para que se pudiera seguir practicando el culto. En Monesterio existía una antigua casa de campo, que fue reparada y unida por una calzada a la de Campillo. Al lado de la casa estaba la pequeña ermita, que había sido iglesia del poblado. Ambas iglesias fueron extinguidas por bula papal en 1612, dado que las aldeas se hallaban completamente despobladas[18].

Campillo y Monesterio servían habitualmente para disfrute cinegético de los reyes, así como para la cría y manutención de determinados ganados del monasterio: caballar, bovino, etcétera. Al principio del reinado de Felipe IV trató el conde-duque de Olivares de arrebatar ambas posesiones

---

17 HERMANN, Herbert: «Rubens y el monasterio de San Lorenzo de El Escorial», en *Archivo español de arte y arqueología*, 27 (1933), pp. 237-246.
18 *Libro de los Actos Capitulares…*, vol. I, p. 276. Acto Capitular de 27-VII-1612.

Anónimo: *Vista de la real casa del Campillo*. Madrid, Museo Arqueológico Nacional.

Anónimo: *Vista de la casa de Monesterio*. Madrid, Museo Arqueológico Nacional.

al convento, con el fin de establecer allí un palacio de recreo para el rey. Pero después de un costoso pleito y con el favor del monarca, ganó el convento el litigio y acabó construyéndose dicho palacio en el Buen Retiro[19]. De nuevo en 1676 intentó en vano otro cortesano, Fernando Valenzuela, marqués de Villasierra, quitar a los monjes las dehesas de Campillo y Monesterio, acusando a los monjes de destruir la caza y talar los montes[20].

En 1856, dos décadas después de que la comunidad jerónima abandonase el monasterio y sus posesiones, se hizo una limpieza y restauración

19 Quevedo, José de: *Historia…*, pp. 108-109.
20 *Ibid.*, p. 145.

Benito Agüero: *Vista de El Campillo, casa de campo de los monjes de El Escorial,* ca. 1650. Madrid, Museo del Prado.

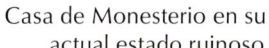
Casa de Monesterio en su actual estado ruinoso.

del palacio e iglesia de Campillo. Esta última, según Rotondo, sirvió «por espacio de muchos años de establo de ovejas; tenía más de una vara de estiércol»[21].

Peor destino tuvo, por desgracia, Monesterio, que se encuentra hoy en día casi en ruinas y forma parte de la lista roja de Patrimonio. Según Rotondo, en 1839 todavía estaba en buen estado, a pesar de que los franceses le quitaron las puertas y ventanas, pero dicho año «se le ocurrió, en mala hora, al administrador patrimonial la fatal idea de desmantelar este edificio, con el pretexto de aprovechar sus maderas, y lo que consiguió fue destruirlo enteramente»[22].

EL TERRITORIO LEJANO: LA ABADÍA DE PÁRRACES, SANTO TOMÉ DEL PUERTO, QUEXIGAL...

Pertenecieron al monasterio una serie de propiedades que se ubicaban más allá del territorio inmediato, es decir, de la cerca histórica. Algunas de estas posesiones se hallaban incluso en los extremos peninsulares, como Sevilla, Lisboa y San Sebastián; y hasta en América (Lima, Perú), donde el monasterio tenía casas para diversas administraciones, como la del Nuevo

21 Rotondo, Antonio: *Historia descriptiva…*, p. 196.
22 *Ibid.*, p. 15.

Rezado. Pero aparte de estos lugares anecdóticos o exóticos, la mayoría de las propiedades lejanas se hallaban en las actuales provincias de Segovia, Madrid, Toledo, Ávila y Cáceres, y estaban principalmente dedicados a la producción agrícola y ganadera. Salvo excepción, y de manera puntual —Párraces, el Quexigal—, sirvieron de residencia a la familia real.

La adquisición de la **abadía de Párraces** (en la provincia de Segovia, cerca de Bercial) con su antiguo edificio y extensas tierras de cereal —principal abastecedor del monasterio de El Escorial—, tuvo lugar en diciembre de 1566 por bula apostólica. Había pertenecido a los canónigos regulares de San Agustín y por diversos motivos (al parecer, excesiva relajación de vida y costumbres) y a través de la intervención de Felipe II, les fue arrebatada. El rey recompensó a los canónigos y racioneros «dándoles pensiones y dignidades, de lo cual quedaron todos muy contentos y satisfechos»[23]. Allí estuvo alojado de forma provisional el colegio y seminario que fundó Felipe II para el monasterio, desde el año 1567 hasta 1575, en que se trasladó al Escorial. A partir de entonces quedaron doce monjes de El Escorial en la abadía.

Sigüenza refiere una curiosa anécdota sobre un documento de 1489 en el que se hace constar lo sucedido en una reforma de la iglesia abacial realizada dicho año:

> […] desenvolviendo un pilar que estaba junto a una capilla por donde se subía al púlpito, se halló en un hueco una caja pequeña con algunas reliquias de santos, y dentro un escrito que decía: «Necessitas fecit hoc, anno millesimo sexto». Y en otro pilar que también deshicieron para alargar la iglesia y hacer la capilla que ahora tienen hallaron otra caja pequeña de piedra cubierta con un lienzo y en él un agujero por donde se lanzó un ratoncillo que se comió todos los títulos que tenían las reliquias, y como el sustento fue poco y la salida del pilar de todo punto cerrada, se quedó allí seco y se había conservado más de cuatrocientos ochenta años.[24]

La abadía de Párraces, una vez en manos de los jerónimos de El Escorial, experimentó diversas intervenciones, la más importante de las cuales tuvo lugar a raíz del aparatoso incendio de 1604, que destrozó por completo la antigua iglesia. Al menos tres hombres murieron en la tragedia, uno de ellos el monje fray Alonso de Villaescusa (ca. 1570-1604), cuya desgracia relata su anónimo biógrafo:

> Después de tres días que llegó a aquella casa [Párraces] este santo varón, sucedió la quema tan notable de todo aquel monasterio en quince días de

---

23 *Libro de los Actos Capitulares…*, vol. I, p. 19.
24 Sigüenza, fray José de: *Historia…*, vol. II, p. 691.

Vista general de la abadía de Párraces (Segovia). Foto: Gustavo Sánchez.

septiembre entre las nueve y diez del día, queriendo y procurando los religiosos y gentes que allí se hallaron salvar las alhajas que pudiesen, entró este religioso en su celda con otros hombres a sacar algo de lo que allí estaba y repentinamente se cayó el techo ardiendo y allí se abrasó juntamente con dos hombres que entraron con él.[25]

Según Sigüenza, «el sitio de esta casa […] es inclemente, frigidísimo el invierno, de extremado calor en el verano, propiedad de malos aposentos, naturalmente melancólico, sin una fuente, los pozos muy hondos, agosto y septiembre notablemente enfermo»[26]. Eran muchos los pobres que acudían a las puertas de la abadía a pedir limosna. Especialmente fatídico fue el año de 1594, en el que en abril ya se habían gastado las cuatrocientas fanegas «de trigo y centeno que se suele cada año dar en limosna y que para adelante crecen los pobres y falta qué darles»[27].

Dadas las condiciones del lugar, no es de extrañar que la abadía se convirtiese en el destino de muchos monjes con algún problema de tipo disciplinario o mental. En cierto modo, se usaba Párraces como una especie de cárcel o destierro para alejar del monasterio a estos monjes problemáticos por un periodo de menor o mayor duración, aunque muchos de ellos acababan allí sus días[28].

25 *Las Memorias Sepulcrales…*, vol. II, p. 769.
26 Sigüenza, fray José de: *Historia…*, vol. II, p. 694.
27 *Libro de los Actos Capitulares…*, vol. I, p. 136. Acto Capitular de 2-IV-1594.
28 Zarco, Julián: *Los Jerónimos de San Lorenzo el Real de El Escorial. Discursos leidos en la Real Academia de la Historia*, Imprenta del Real Monasterio, San Lorenzo de El Escorial, 1930, p. 20.

Ruinas de la iglesia y torre de la ermita de Santo Tomé del Puerto (Segovia). Foto: Paloma Torrijos.

El priorato de **Santo Tomé del Puerto** tuvo su origen en un monasterio del siglo XIII con un asentamiento que quedó devastado en el siglo XVI por una epidemia de peste. En 1573 fue adquirido por el convento y se anexionó a la abadía de Párraces[29]. Ante la inminente ruina de la iglesia, la comunidad de El Escorial planteó su derribo en 1583, pero finalmente acordó repararla, «porque muchos de los vecinos de los lugarejos y de los más viejos lo contradecían por tener allí enterrados a sus padres y abuelos y porque en aquella iglesia tenían mucha devoción todos los lugares comarcanos, por ser abogado el santo de la rabia»[30]. Este interesante aspecto de la rabia es descrito de este modo en otro documento:

> Aún menos memoria se halla de otra cosa bien particular de Santo Tomé, pero muy práctica y sabida de todos, ésta es acudir a la iglesia de Santo Tomé los tocados de mal de rabia, ya sean personas, ya de todo género de animales […] con la particularidad, según afirman, que el que está tocado de muerte, o se muere antes de entrar en el término o muy luego, pero que si entrando, no experimenta novedad, sana. Este saludamento lo hace indiferentemente el padre vicario o el capellán untando al doliente con aceite de la lámpara del santo.[31]

En Santo Tomé del Puerto existía una venta, también propiedad del monasterio de El Escorial, conocida como la Venta Juanilla (aún sigue abierta en la actualidad). La importancia de este establecimiento, situado en el camino real, en un paraje óptimo para el descanso de los viajeros,

29 *Libro de los Actos Capitulares…*, vol. I, p. 48. Acto Capitular de 27-V-1573.
30 *Ibid.*, vol. I, p. 90. Acto Capitular de 6-V-1583.
31 Citado por RAMÍREZ ALTOZANO, José Javier: *Historia de los bosques reales…*, p. 284.

Actual aspecto de la Venta Juanilla, en Santo Tomé del Puerto (Segovia).

Edificio principal de la finca de El Quexigal (Ávila).

no pasaba desapercibida a los jerónimos escurialenses, quienes, ante el deterioro que venía sufriendo desde hacía años, en 1783 decretaron que se reparase y que se hiciesen «a lo menos dos habitaciones altas, procurando que estuviesen bien mobladas para que se pudiesen alojar allí las personas de su posición que transitasen por aquella carretera»[32]. Finalmente, en 1818 acordó el capítulo conventual su venta[33].

La dehesa del **Quexigal** —también se cita como Quejigal, Quejigar o Quexigar— está situada en la provincia de Ávila, entre Robledo de Chavela y Cebreros, a unos treinta kilómetros de distancia del monasterio de El Escorial[34]. Fue adquirida para el convento en 1563 como lugar de abastecimiento maderero para la obra. Tras talar todo el arbolado de la propiedad, se probó a cultivar la tierra con olivos y viñas. Y, ciertamente, se obtuvieron vinos de gran calidad a partir de las miles de cepas que se plantaron en 1580[35].

Existía en la dehesa un antiguo palacio que fue inmediatamente arreglado y acondicionado para uso del rey el mismo año de su compra. Pronto se hizo insuficiente el espacio construido y hubo de sufrir diversas ampliaciones, diseñadas por Juan de Herrera entre 1584 y 1588. Durante estas obras pasó por la finca Felipe II a su regreso de Portugal, en marzo de 1583, y permaneció allí unos días; según Sigüenza, «holgóse de ver la viña que por su mandado y orden se había plantado en aquellos pinares, entró

32 *Libro de los Actos Capitulares*, vol. II, p. 576. Acto Capitular de 8-X-1783.
33 *Ibid.*, vol. III, p. 72. Acto Capitular de 20-XI-1818.
34 Véase el completo estudio de SÁNCHEZ MECO, Gregorio: *El Quexigal. Propiedad monástica escurialense*, Colección Coliseo Real, San Lorenzo de El Escorial, 1993.
35 Véase RAMÍREZ ALTOZANO, José Javier: *Historia de los bosques reales…*, p. 57.

Peter Bruegel (El Viejo): *Los cuidadores de abejas*, 1568. Grabado.

en la casa que se iba edificando, vio las bodegas y lagares que se hacían para recoger la cosecha tan grande y tan hermosa»[36].

Era un lugar de donde se extraía mucho carbón, de modo que ya a comienzos del siglo XVII parecía estar bastante mermado el recurso, pues se advierte que se extraiga de las encinas viejas de las partes más agrestes e inaccesibles a los carros «porque en todo lo demás está muy gastado por haberse hecho tanto carbón en ello»[37]. También se usó la finca para la cría de abejas y producción de miel y cera. La crecida demanda y gasto de cera del monasterio propició que en 1774 se aumentase su producción, ordenando que «se pusiesen en la granja del Quexigar algunas colmenas»[38].

La dehesa de **San Saturnín** o **El Santo**, cerca de Aldea del Fresno, la compró el convento al monasterio de Guadalupe[39]. Había varios edificios y una ermita, posteriormente reformados en 1617 y 1623, respectivamente[40]. Era una finca muy rica en vino —de gran fama y calidad— y aceite, y contaba con un molino de aceite y otro de cereal. También se criaban cerdos y aves, y se producía abundante bellota y leña, junto con algunas frutas y verduras. Además, ya desde sus primeros años la finca se dedicó a la apicultura, contando con unas cincuenta colmenas, que pronto fueron triplicadas por ser buena tierra para la cría de abejas[41]. El hecho de estar situada esta

36 Sigüenza, fray José de: *Historia…*, vol. II, p. 494.
37 Archivo General de Palacio, Patronatos de la Corona, Leg. 1715. *Borradores de Costumbres [s. XVII]*, Cuaderno X, f. 7v.
38 *Libro de los Actos Capitulares…*, vol. II, p. 485. Acto Capitular de 17-VIII-1774.
39 Sigüenza, fray José de: *Historia…*, vol. II, p. 691.
40 Véase Ramírez Altozano, José Javier: *Historia de los bosques reales…*, pp. 257-258.
41 *Ibid.*, p. 55.

Casa de la finca de El Santo (Madrid).

Casa de los jerónimos en
Gózquez (Madrid).

dehesa junto al río Alberche produjo serios problemas con las fuertes avenidas de agua. Por ejemplo, en 1626 una riada destruyó el molino, siendo reconstruido y dado en arrendamiento en 1678[42].

Las dehesas de **Gózquez** y **Piul** eran las más importantes de lo que los jerónimos denominaban la **administración de la Ribera del Jarama**, junto con las de la **Aldehuela** y **Pajares**. Mientras que en la de Piul no se conserva ninguna construcción, en Gózquez perduran un caserón y un embalse en buen estado. Gózquez fue adquirido en 1603, «para que con sus rentas se labren y cultiven perpetuamente los jardines de este monasterio y su contorno»[43]. Piul se compró en los primeros años fundacionales y tuvo una gran importancia económica para el monasterio. En las dos dehesas había muy buena caza de conejos; tantos que el padre Santos afirma que «parece algunos años que los céspedes de aquel suelo se convierten en ellos»[44].

42 *Ibid.*, p. 258.
43 *Ibid.*, p. 261.
44 Santos, fray Francisco de los: *Descripción…*, f. 97v.

Casa de los jerónimos en La Adrada (Ávila).

También había buena renta de hierba y pasto de invierno para vacas, yeguas, ovejas y otros ganados; y se producía mucha leña menuda o broza de gran calidad. Todo ello se arrendaba todos los años por septiembre. Para hacernos una idea de la excelente rentabilidad de estas dehesas diremos que entre 1729 y 1753 se obtuvo más de un millón de maravedís[45].

La dehesa del **Espadañal** estaba ubicada en Extremadura, en los actuales términos de Casatejada, Navalmoral de la Mata, Belvis de Monroy, Millanes y Saucedilla, y fue adquirida por Felipe II en 1570. Poblada con muchos árboles agrestes, encinas, robles, alcornoques, espinos, etcétera, y con muy buenos aprovechamientos de hierba para vacas y ganado menor en invierno, así como bellota. Normalmente se arrendaba, aunque existieron unas casas para el guarda y el religioso administrador, de los que solo quedan ruinas[46]. A mediados del siglo XVII se hicieron tres o cuatro lagunas por la falta que había de agua para los abrevaderos de los ganados, lo que dio a la dehesa mayor valor. Aunque uno de los mejores aprovechamientos era el del ganado porcino, en 1764 se acuerda suprimirlo de la dehesa, pero dada la mala experiencia se volvió a poner en 1771[47].

En **La Adrada** (Ávila) llegó a poseer el monasterio hasta tres molinos de papel, dos adquiridos en 1719 y otro en 1798, como se verá más adelante. Poco después de la compra de los dos primeros, en 1723, el capítulo conventual acordó comprar un prado colindante, y en 1735 una casa en la villa. Más tarde, en 1764 fue restaurada una casa contigua a los molinos porque se había quemado. En 1814, pasada la guerra de la Independencia, el monasterio poseía en La Adrada dos molinos de papel, dos prados, un cercado con olivos, un pajar y una casa en la plaza de la villa[48].

45 Véase RAMÍREZ ALTOZANO, José Javier: *Historia de los bosques reales…*, pp. 262-263.
46 *Ibid.*, pp. 265-266. SÁNCHEZ MECO, Gregorio: *El Escorial y la orden jerónima*, Patrimonio Nacional, Madrid, 1985, pp. 98-104.
47 Véase RAMÍREZ ALTOZANO, José Javier: *Historia de los bosques reales…*, pp. 266-267.
48 *Ibid.*, pp. 269-271.

LOS USOS DEL TERRITORIO

Las grandes y diversas posesiones del monasterio permitieron a la comunidad jerónima una gran variedad de usos, dependiendo del tipo y calidad del terreno o del enclave del mismo. De este modo, y como ya se ha adelantado en el capítulo anterior, los monjes de El Escorial poseían extensas tierras de cultivo con huertas de frutas y hortalizas, viñas, olivos, campos de trigo, centeno, etcétera; enormes extensiones de pastos con sus ganados —propios o en arrendamiento— vacuno, lanar, caprino y porcino; grandes bosques y zonas de arbolado, de donde se extraía madera, leña y carbón, y donde abundaba la caza; bien cuidados jardines con árboles (ornamentales y frutales), flores y plantas medicinales; diversos molinos para producción de papel, aceite y harina, y, por último, numerosas viviendas urbanas en los pueblos cercanos (El Escorial, Real Sitio…) y en ciudades como Madrid o Sevilla, la mayoría de ellas produciendo beneficios a través de su alquiler y venta[1].

TIERRAS Y CULTIVOS

Los jerónimos de El Escorial eran dueños de un buen número de tierras dedicadas, por un lado, a la explotación exclusivamente cerealista y, por otro, a la producción diversificada de vid, olivos, fruta y verdura. Normalmente las trabajaban ellos mismos (o sus criados), aunque muy a menudo las arrendaban a terceros. Las principales explotaciones cerealistas estaban situadas en las propiedades que el monasterio tenía en el entorno de Párraces y Santo Tomé del Puerto, mientras que las de producción diversificada se hallaban principalmente al sur de Madrid (Gózquez, Piul,

---

1 Véase SÁNCHEZ MECO, Gregorio: *El Escorial…*

Anónimo: *El Castañar*, ca. 1640 (Monasterio de El Escorial, Patrimonio Nacional). Detalle de plantación de árboles.

© Patrimonio Nacional

Santisteban, etcétera), en algunos lugares aislados y en los territorios cercanos al monasterio.

Los cuatro principales y más cercanos lugares de cultivo eran la Fresneda, el Castañar, el Plantel y la Huerta del monasterio. Del primero se encargaba, habitualmente, el **padre administrador de la Fresneda**, del segundo el **padre frutero** y de los dos últimos el **padre hortelano**.

De suma importancia era la distinción que se hacía entre huerta y bosque. Gran parte de la Fresneda se consideraba huerta y como tal debía ser cuidada, no dejando que se hiciese bosque, de manera que el padre campero debía tener «mucho cuidado de la limpieza de las calles y de quitar las zarzas, y en los interiores de las calles hará limpiar algunas veces»[2]. Pero también había partes de la Fresneda tratados como bosque, con un arbolado principalmente ornamental consistente en olmos, sauces, fresnos, etcétera[3].

La finca del Castañar era considerada huerta en su totalidad y su cuidado estaba a cargo del **padre frutero**, quien debía vigilar que «se poden y limpien todo lo que tuvieren de viejo los árboles y juntamente las zarzas y que estén corrientes las caceras; y que se den labores a su tiempo y con sazón y se vayan reparando las marras que hubiere y estén siempre bien poblados»[4].

Junto al monasterio estaban la huerta del Plantel y la Huerta del monasterio propiamente dicha, ambas a cargo del **padre hortelano**, un sacerdote o hermano lego «que sea hombre del campo, para madrugar y trasnochar y sufrir el sol y el frío y lo que es menester, y que sepa de

---

2 Archivo General de Palacio, Patronatos de la Corona, Leg. 1715. *Costumbres de 1736*, Copia B, f. 84r.
3 SIGÜENZA, fray José de: *Historia…*, vol. II, p. 689.
4 Archivo General de Palacio, Patronatos de la Corona, Leg. 1715. *Costumbres de 1736*, Copia B, f. 86v.

Antonio Joli: *Vista del Monasterio del Escorial*, ca. 1754 (Madrid, Patrimonio Nacional). Detalle de los árboles del Plantel.

© Patrimonio Nacional

agricultura y de las legumbres y semillas y de la calidad de la tierra que ha menester cada cosa»[5].

El **Plantel** estaba situado al poniente del monasterio, inmediato a la Compaña y enfrente del pórtico principal de entrada, y fue mandado plantar por Felipe II «para fruta del verano, por buena vista y adorno y compañía de la portada de esta casa»[6]. En 1592, al tiempo que se construía la Compaña, se hizo «el paredón del Plantel»[7], delimitando dicho espacio con la lonja. Aunque se cultivaban principalmente árboles frutales, sabemos que en un capítulo conventual de 1660 se ordenó plantar viñas[8].

Pero, sin duda, la huerta más importante y de mayores dimensiones fue la **huerta del monasterio**, situada al sureste del edificio, debajo de los jardines. Se organizó en 1580 y fray José de Sigüenza dice sobre ella que «es grande, repartida por sus calles y cuarteles; en unos hay árboles, en otros hortaliza». Se regaba por medio del estanque que allí aún se puede ver, el cual «tiene unos grifones grandes a trechos, unos más altos que otros, que descargan el agua en pilas de piedra y de allí por sus regueras va a los árboles y hortaliza de la huerta»[9].

Sobre el muro y los accesos exteriores a la huerta refiere Sigüenza: «la pared de esta huerta es como una muralla bien labrada [...]; hay en ella cuatro puertas grandes y anchas por donde entran y salen coches corriendo,

5   *Costumbres de 1566*. Citado en *Las Memorias Sepulcrales…*, vol. I, p. 99.
6   Citado por RAMÍREZ ALTOZANO, José Javier: *Historia de los bosques reales…*, p. 166.
7   RODRÍGUEZ, Francisco de Paula: *Monjes jerónimos…*, p. 65.
8   *Libro de los Actos Capitulares…*, vol. I, p. 739. Acto Capitular de 23-IX-1660.
9   SIGÜENZA, fray José de: *Historia…*, vol. II, p. 684.

Estanque de la huerta.

Puerta de la huerta a la altura del Bosquecillo. Foto: Gustavo Sánchez.

todas de buena arquitectura de orden toscano»[10].

A las huertas se accedía (y accede) desde los jardines por medio de doce escalinatas repartidas de dos en dos, salvando de este modo el desnivel del terreno. Junto a la huerta, enfrente de los aposentos del rey (el mango de la parrilla) se encuentra «el Bosquecillo»[11]. En el Bosquecillo había otro estanque «a la parte de oriente, de provecho también para la frescura y riego de las plantas»[12], transformado en piscina deportiva para uso del Real Colegio Alfonso XII en la segunda mitad del siglo XX[13].

Juan Alonso de Almela ofrece una detallada lista de lo que se cultivaba en la huerta del monasterio hacia 1594. Entre los árboles frutales había ciruelos, perales, cermeños, camuesos, peros, albaricoqueros, albérchigos, melocotoneros, guindos, cerezos, nogales, castaños, almendros, membrillos, madroños y parras; y entre las legumbres y hortalizas se cultivaban ajos, cebollas, puerros, perejil, hierbabuena, zanahorias, chirivías, nabos, bananos, lechugas, mastuerzos, berenjenas,

10 *Ibid.*, vol. II, p. 684.
11 SANTOS, fray Francisco de los: *Descripción…*, f. 93r.
12 *Ibid.*, f. 94r.
13 «Descripción de la fontanería del monasterio de El Escorial hecha en 1645», Gregorio de Andrés (ed.), en *Documentos para la Historia del Monasterio de San Lorenzo el Real de El Escorial*, vol. VIII, Imprenta del Real Monasterio, San Lorenzo de El Escorial, 1965, Nota 2, p. 300.

Estanque del Bosquecillo, según consta en las Hojas Kilométricas del Instituto Geográfico Nacional, ca. 1865. En la década de 1960 fue transformado en piscina deportiva.

Anónimo: *Vista del Real Monasterio de San Lorenzo de El Escorial*, siglo XVIII (Madrid, Patrimonio Nacional). Detalle de la huerta.

repollos, berzas, acelgas, espinacas, borrajas, achicorias, cilantro, habas y cardos[14].

En 1837, cuando se desamortizó el monasterio, se hizo un inventario de la huerta, en la cual había: veinticuatro colmenas, tres obradas de tierra plantadas de verduras, seis fanegas y tres celemines de sembradura de trigo, cuatrocientas arrobas de patatas, seis de ajos, veinte de cebollas, mil seiscientos cuarenta y siete árboles frutales de toda especie, ciento ochenta y cinco olivos grandes y ciento setenta y dos de cría[15].

GANADOS Y PASTOS

Felipe II concedió al monasterio en 1573 el privilegio de traer y pastar por todo el reino quince mil cabezas de ganado ovejuno, mil de cabrío, quinientos bueyes y vacas, quinientos cerdos y cien caballos y mulas; pero en 1603 descendió el número de ovejas a catorce mil y en los cinco años siguientes la escasez de pastos y la desestimación de las lanas acarreó importantes pérdidas al monasterio: más de ciento treinta mil reales[16].

El principal encargado de las cabañas de ganado era el **padre campero**, quien, según la documentación escurialense, debía ser un religioso «de

14 ALMELA, Juan Alonso de: *Descripción…*, p. 84.
15 Véase RAMÍREZ ALTOZANO, José Javier: *Historia de los bosques reales…*, p. 141.
16 ZARCO, Julián: *Los jerónimos…*, p. 28.

Dehesa de la Cepeda, en las inmediaciones de la sierra de Malagón.

mediana edad y robustez porque su ocupación lo necesita y pide, que sea modesto en sus acciones, pues ha de comunicar y tratar con seculares [...] y ha de procurar tener buenos mayorales y de buena conciencia y prácticos en lo que tienen a cargo y en orden a meter los ganados en este o aquel cuartel a su dictamen, informándose también de otras personas que puedan tener algún conocimiento y según este informe y lo que viere por sus ojos en los bosques podrá acopiar ganado en más o menos número, teniendo siempre la mira a la cabaña de casa y caza, que es lo principal que ha de atender»[17].

Una vez cubierto el consumo propio, cuando había abundancia de pastos el monasterio solía arrendar determinadas tierras de pasto a otros ganaderos ajenos al monasterio. De ello están repletos los libros de Actos Capitulares, de tal modo que casi todos los años hallamos alguna noticia de este género. Por el contrario, cuando escaseaba el pasto en las praderas circundantes al monasterio, debido a la canícula, los ganados eran conducidos a otras praderas más altas y frescas, como la Cepeda, en lo alto de la sierra de San Juan de Malagón[18].

Pero además de estos lugares cercanos, el convento contaba con otras posesiones en tierras más septentrionales, adonde llevaban sus ganados ovinos en la temporada estival. Uno de estos lugares era Truébano de Bavia, un pequeño pueblo leonés, que fue visitado por John Townsend en 1786. Así lo describe el viajero inglés:

---

17 Archivo General de Palacio, Patronatos de la Corona, Leg. 1715. *Costumbres de 1736*, Copia B, ff. 81v–82r.

18 Véase RAMÍREZ ALTOZANO, José Javier: *Historia de los bosques reales...*, p. 222.

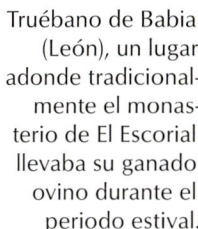

Truébano de Babia (León), un lugar adonde tradicionalmente el monasterio de El Escorial llevaba su ganado ovino durante el periodo estival.

Hacia la mitad del día, llegamos a un pueblo llamado Truovana [=Truébano], consistente en veintidós miserables cabañas, que pertenecen a los frailes de El Escorial. Comimos en su granja, donde sus pastores proporcionan el pan a los viajeros. Los rebaños consisten en veintiocho mil corderos, que en verano pastan sobre estas montañas, pero en invierno viajan hacia el mediodía. Los frailes emplean doscientos pastores para cuidar estos rebaños, y para alimentar a los pastores tienen un pequeño molino con una rueda de agua horizontal que trabaja día y noche y un horno que jamás tiene tiempo de enfriarse, porque por la mañana cuece el pan para los pastores y por la noche para sus perros.[19]

ÁRBOLES Y BOSQUES

Felipe II compró para el monasterio las dehesas de la Herrería y la Fresneda, a las que Felipe III añadió en 1603 las del Campillo y Monesterio. Todas ellas son colindantes y conformaban el Bosque Real de San Lorenzo. Pero no todo el territorio próximo estuvo siempre poblado de árboles, ya que Antonio Ponz asegura en 1777 que los montes al oeste del monasterio (es decir, la sierra de Malagón) «se ven hoy pelados de árboles»[20]. El actual estado se lo debemos a las repoblaciones sistemáticas de comienzos del siglo XX.

La importancia de la conservación de estos árboles y bosques era crucial, pues de ellos dependían varios sectores y materias fundamentales en la vida y economía conventual, como lo eran la caza —el principal pasatiempo

19 TOWNSEND, John: *Viaje a España hecho en los años 1786 y 1787*, en *Viajes de extranjeros…*, vol. VI, p. 90.
20 PONZ, Antonio: *Viaje de España*, Joaquín Ibarra, Madrid, 1777, vol. II, p. 239.

Peter Snayers: *Cacería de Felipe IV*, 1636-1638. Madrid, Museo del Prado.

Casa del Sordo: probable vivienda de los guardabosques de El Escorial, situada a poca distancia de la Silla de Felipe II.

de los reyes— y la obtención de madera, leña y carbón. Al frente de los bosques reales del monasterio estaba el **padre campero**, encargado de todo lo correspondiente a los ganados, pastos, leñas, etcétera.

Aunque la propiedad era del rey —de ahí el apelativo de Bosque Real— su gestión correspondía a la comunidad jerónima, la cual tenía que pagar a una guardería dirigida por el guarda mayor, nombrado por el monarca, que denunciaba a los infractores ante el alcalde mayor de El Escorial. Junto al guarda mayor, había cuatro guardas, a los que en 1578 Felipe II les dio una buena casa, que según algunos autores pudiera ser la del Sordo, en las inmediaciones de la Silla de Felipe II[21]. El número de guardas fue creciendo de forma paralela a las prácticas cinegéticas de los reyes hasta llegar a treinta y cinco individuos en 1789[22].

Aunque sin duda los monjes obtenían beneficios de estas dehesas, no todo eran ventajas, pues el rey les imponía gravosas condiciones, reservándose para sí la caza mayor y menor y estableciendo severas restricciones al acopio de ganado, a la siega de la yerba, a la corta de leña y a la recogida de bellota, todo ello con el fin de aumentar la caza[23]. Pero esto cambió con el reinado de Fernando VII, en 1814, pues no era aficionado a la caza y tras un acuerdo con

21 Ramírez Altozano, José Javier: *Historia de los bosques reales…*, p. 50.
22 *Ibíd.*, p. 112.
23 *Ibíd.*, p. 41.

Martín Rico y Ortega: *Paisaje del Guadarrama*, 1858. Madrid, Museo del Prado.

los monjes les concedió la plena propiedad de todos los bienes donados por sus antecesores, salvo para vender o permutar[24].

Los libros de Actos Capitulares del monasterio contienen numerosísimas referencias a permisos para cortar o podar árboles, sanos o secos y quemados. Los destinos eran muy variados: uso de la madera para construcción de muebles, vigas, etcétera, manufactura de leña o carbón (en el caso de la madera quemada por los incendios) y venta.

Estos incendios para la obtención de carbón podían ser muy peligrosos si no se controlaban debidamente. Así sucedió en 1651, pues a punto estuvo de perderse buena parte de los bosques del monasterio por el descuido de un carbonero de Guadarrama, que estaba haciendo carbón: se incendió el «barbecho y con gran brevedad se abrasó todo». El fuego se fue extendiendo por el bosque de Guadarrama hasta casi entrar en Campillo y Monesterio; pero por acción del viento del norte «se fue retirando casi por donde había venido sin hacernos más daño; pasóse a los montes del Espinar y a los de Valsaín, y los va arrasando si Dios no lo remedia»[25].

---

24 *Ibid.*, p. 125.
25 Publicado por Gregorio de Andrés en *Correspondencia epistolar entre Felipe IV y el P. Nicolás de Madrid sobre la construcción del Panteón de Reyes. 1654*, en *Documentos para la Historia delMonasterio de San Lorenzo el Real de El Escorial*, vol. VIII, Imprenta del Real Monasterio, San Lorenzo de El Escorial, 1965, p. 180.

JARDINES

Felipe II, sin duda influenciado por los paisajes que pudo apreciar en sus viajes por Europa, quiso dotar a su monasterio de amplios jardines. Pero no eran tan solo unos jardines ornamentales, sino un lugar donde se cultivaban hierbas y plantas comestibles y medicinales, lo que a veces dificulta poder realizar distinciones entre jardín y huerta.

Los jardines circundantes al monasterio estaban divididos en dos zonas: la del sur para los monjes y la del este para la familia real. La división se verifica en la pared de piedra que aún se aprecia en la actualidad y que permite el paso de uno a otro a través de una puerta, antaño cerrada. Hoy en día se conoce todo este conjunto de jardines como el «jardín de los frailes».

Además de éste, existió otro jardín dentro del monasterio: el del claustro principal. Su aspecto era muy similar a los exteriores y ambos tuvieron en origen un planteamiento muy distinto al actual, proveniente de la época

Puerta de acceso al jardín «del rey», desde el jardín «del convento».

Jardín de los frailes, a la parte del sur (antes llamado «del convento»). Foto: Luis Sánchez.

Jardín del claustro principal o «de los Evangelistas», con el temple-
te y los cuatro estanques en el centro. Foto: Luis Sánchez.

borbónica. En general, los jardines de Felipe II eran jardines en los que,
siguiendo el modelo renacentista, se integraban arquitectura y naturaleza,
admitiendo todo tipo de plantas ornamentales, aromáticas, hierbas comestibles y medicinales. Los jardines borbónicos eran jardines barrocos o
de tipo francés, tenían un carácter puramente ornamental, muy ligados
a la arquitectura —de ahí el gusto por las formas geométricas— y los
cultivos quedaban limitados casi exclusivamente al boj. En conclusión, el
aspecto de los jardines del monasterio en la época austriaca debió ser muy
distinto al actual, que sigue el modelo borbónico.

El jardín del claustro principal es descrito por Sigüenza como lleno de
flores, arbustos y hierbas, «frescos y hermosos todo el año, que no hay mes
ninguno, ni tan apretado del frío ni tan pasado del calor, en que no se
hagan en él muchos y muy graciosos ramilletes de sus flores, que se llevan
a los reyes y se ponen en los altares»[26].

26 Sigüenza, fray José de: *Historia…*, vol. II, p. 586.

Similar era el contenido de los jardines que circundan el monasterio, el cual es descrito por el cronista con unos cuadros con «infinita variedad de plantas, arbustos y hierbas, que dan gran copia de flores, de que en invierno y en verano, sin faltar jamás, se componen infinitos ramilletes de gran frescura y belleza»[27]. Almela ofrece una imagen aún más detallada de la forma y el contenido de estos cuadros, además de cifrar su número en sesenta:

> Hay en estos jardines, entre fuente y fuente, sesenta ericas cuadradas, un poco prolongadas cada una de cuarenta pies del lado de su cuadro, donde están muchas variedades de hierbas de varias flores y cercadas de una hierba muy apacible que se llama abrótano, verde oscura, que va haciendo bordos redondos, y a cada esquina de todas las ericas una bola grande hecha de la misma hierba; y las hierbas de dentro puestas con tanto primor y artificio que hacen labores muy concertadas y apacibles y alegres para la vista.[28]

A continuación, enumera más de cincuenta diferentes tipos de plantas (sin contar las variedades de colores en algunas de ellas) contenidas en los cuadros: retama, gayomba real, rosal alejandrino, alhelíes, claveles, clavellinas, maravillas, espuela de caballero, siempreviva mayor y menor, carne de doncella, pajarilla, angélica, escobilla, sándalo, margaritas, valeriana, espina santa, narcisos, campanilla imperial, ajedrea, tomillo, junquillo, sopillo, bacineta, constantinopla, amormío, lirio de los valles, lirio cárdeno, salvia, mosqueta, jazmín, artemisa mayor y menor, dragontea, romero, mejorana, valeriana griega, ajenjos, pata de león, alchemilla, malvas, bríncula, ligustro, arlos, bruselas, pimiento guindilla, amarantos, ninos, apio, bledos, jacintos, hierba de Santa María y azucenas, «y otras que por ventura no se nos dio copia»[29].

Una de las fuentes del jardín conventual, con la «piña» de piedra berroqueña en el centro.

27 *Ibid.*, vol. II, p. 683.
28 ALMELA, Juan Alonso de: *Descripción...*, p. 83.
29 *Ibid.*, pp. 83-84.

José Gómez de Navia: *Vista del Patio de los Evangelistas en el centro del claustro principal del real monasterio de San Lorenzo del Escorial, por la parte del norte,* 1800. Detalle de un grupo de jardineros.

Cachicanía o casa de la huerta del monasterio. Grabado de la *Historia descriptiva...* de Rotondo, 1863.

Una parte fundamental en los jardines era el agua: las fuentes y sistemas de riego. En los jardines del monasterio se pueden apreciar doce fuentes, con su pila y enmedio de esta «una piña de piedra berroqueña», por donde brota el agua[30].

El encargado de supervisar los jardines y la labor de los jardineros era el **padre jardinero**, habitualmente un monje anciano por ser un oficio de «algún alivio y de pocos cuidados»[31]. Su principal función era «ver a qué hora entran y salen los jardineros, y si asisten a su trabajo para poner por falla en la nómina al que faltare a esto, y ver si hay asistencia y limpieza en los jardines y que se rieguen a su tiempo, y mandar hacer todo lo demás que pertenece a limpieza de jardines»[32].

Según refiere Norberto Caimo, los jardineros tenían una casa en la huerta, más conocida como la «cachicanía», con el fin de «estar al alcance de darle a propósito y más rápidamente el cultivo necesario». Sin embargo, prosigue el autor con un comentario muy interesante y significativo sobre el modo de vida de estos jardineros: «puede decirse que se toman bastante poco trabajo en hacer producir el terreno que les está confiado; descansando con gusto en la naturaleza y dejándola obrar a su antojo, pasan

---

30 SIGÜENZA, fray José de: *Historia...*, vol. II, p. 683.
31 Archivo General de Palacio, Patronatos de la Corona, Leg. 1715. *Costumbres de 1736*, Copia B, f. 86r.
32 *Ibidem.*

descuidadamente todo su tiempo tocando la guitarra, instrumento que hace mucho más daño en España que la sequía y el granizo»[33].

MOLINOS: DE PAPEL, DE CEREAL, DE ACEITE Y... DE JASPE

En el territorio escurialense existieron varios molinos con diferentes funciones: molinos harineros, para hacer papel, para producir aceite e incluso para cortar jaspe. Los dos primeros son los más abundantes, del segundo tipo tan solo existen un par de casos y del último uno, de vida efímera. Todos ellos eran impulsados a través de la fuerza del agua de riachuelos y arroyos, que cuando sufrían grandes avenidas podían causar graves destrozos en su estructura.

En cuanto a los molinos harineros, tenemos conocimiento de al menos cinco: en la Herrería, en la Compaña, en Monesterio, en San Saturnín y en Moñibas (Segovia), cerca de Párraces.

El de la Herrería —exactamente, en Prado Tornero— obtenía su fuerza motriz del río Aulencia, que nace en Abantos y discurre por buena parte

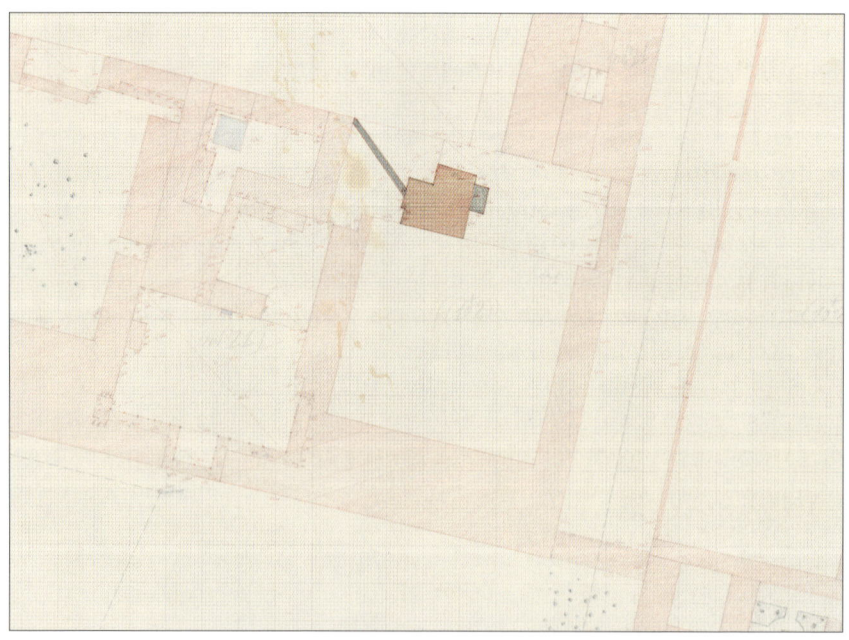

Compaña con el molino, según aparece en las Hojas Kilométricas del Instituto Geográfico Nacional, ca. 1865.

33 CAIMO, Norberto: *Viaje a España...*, p. 809.

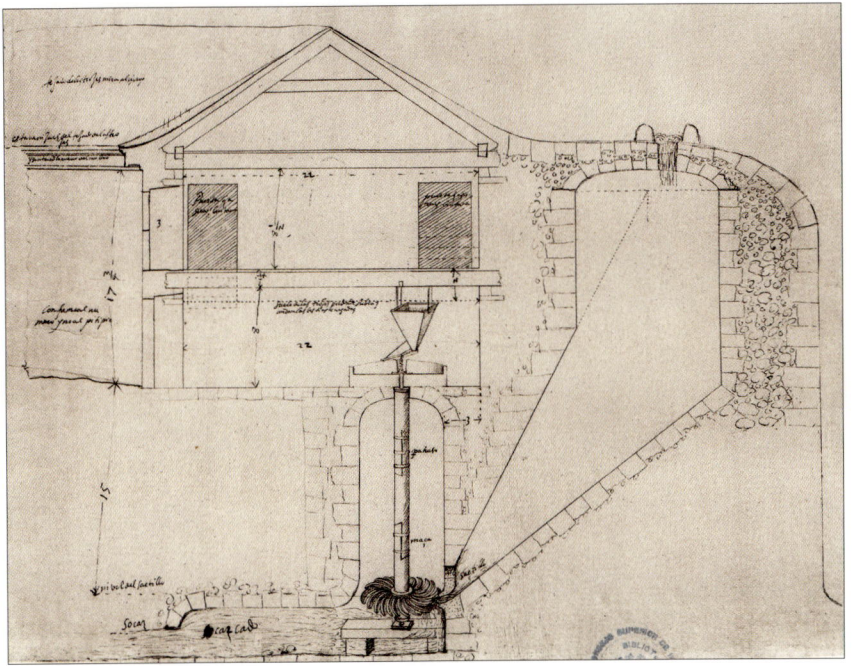

Sección del molino de la Compaña, según un dibujo del siglo XVI.

del territorio del monasterio. Se construyó transformando o reciclando el de jaspe a finales del siglo XVI, una vez que quedó inservible tras la finalización de las obras. Casi siempre se arrendaba a algún vecino de El Escorial y en 1636 se ordenó reparar «por ser de mucho provecho el dicho molino»[34]. A mediados del siglo XVIII se arruinó definitivamente, una vez construido el de la Compaña.

El molino de la Compaña se construyó hacia 1596 y estaba localizado en el paño norte del claustro, junto a las trojes del trigo y es descrito por Sigüenza, como «un molino de agua que se encanala y recibe de la garganta que baja de la sierra y muelen dos piedras mucha cantidad de trigo en veinticuatro horas»[35].

El de Monesterio se reedificó en 1608 sobre unas antiguas ruinas y estaba normalmente arrendado, salvo cuando faltaba agua al de la Compaña, como sucedió en los años 1608 y 1609. Este molino parece que se

---

34 *Libro de los Actos Capitulares…*, vol. I, p. 492. Acto Capitular de 11-VII-1636.
35 SIGÜENZA, fray José de: *Historia…*, vol. II, p. 686.

Molino de Momblanco (La Adrada, Ávila). Uno de los tres molinos de papel que perteneció al monasterio de El Escorial.

transformó en molino de papel en 1626, puesto que ya no se menciona a partir de dicho año[36].

Muy importante era el de San Saturnín («el Santo»), destruido por una fuerte avenida de agua en 1626 y reedificado en 1681 «por la grande utilidad que se esperaba de él»[37]. Otro molino harinero destruido por la excesiva fuerza del agua fue el de Moñibas (Segovia), cerca de la abadía de Párraces; ocurrió en 1777 y, por su gran utilidad y provecho, el convento lo mandó reparar[38].

La producción de papel era de suma importancia para el monasterio de El Escorial por la necesidad que el convento tenía para su propio gasto y para las impresiones de la bula de Toledo (ver capítulo correspondiente). Se han contabilizado hasta cinco molinos para la producción de papel: uno en Monesterio, otro en Arenas de San Pedro (Ávila) y tres en La Adrada (Ávila).

El de Monesterio fue ordenado construir en 1626 «en el lugar que pareciere más acomodado [...] porque ya estaba tratado con Su Majestad y alcanzado su beneplácito»[39]. Seguramente se hizo transformando uno harinero, como queda dicho. En 1666 se dio licencia «para cortar un pino de los que hay en el camino del Escurial junto a la calle de los álamos, para hacer la rueda del molino del papel que este convento tiene en el río Guadarrama junto a Monesterio, por estar la que había tan malparada que no

36 Véase RAMÍREZ ALTOZANO, José Javier: *Historia de los bosques reales...*, pp. 209-210.
37 *Libro de los Actos Capitulares...*, vol. I, p. 822. Acto Capitular de 1-XII-1681.
38 *Ibid.*, vol. II, p. 526. Acto Capitular de 2-IX-1777.
39 *Ibid.*, vol. I, p. 403. Acto Capitular de 17-IV-1626.

puede servir»[40]. Pero finalmente fue demolido en 1678 porque, curiosamente, perjudicaba con su ruido a la caza[41].

Los otros cuatro molinos de papel estaban más distantes del monasterio, en la provincia de Ávila. Uno en Arenas de San Pedro, construido en 1670, «por costar mucho el papel para la impresión de las bulas de Toledo y a veces no se halla lo bastante»[42]. Y los otros tres fueron comprados en La Adrada, dos en 1719 y otro en 1798, «que está […] en el nacimiento de una garganta de agua

Juan de Herrera: *Séptimo Diseño. Perspectiva general de todo el edificio.* Detalle del molino de jaspe, localizado en Prado Tornero, actualmente en ruinas.

que nunca se seca, con lo cual puede haber abundancia de trapo batido y tener dél la suficiente pasta para que en el verano puedan hacer papel los otros dos dichos molinos»[43].

También quedaban un tanto alejados los dos molinos de aceite que administraba el monasterio: uno estaba en La Pueblanueva (Toledo) y el otro en San Saturnín. El primero fue construido y financiado por fray Agustín de Toledo (ca. 1619-1671) hacia 1650 y junto a él se hizo asimismo una caldera para fabricar jabón[44]. En cuanto al molino de San Saturnín, sabemos que fue objeto de una reforma en 1699, consistente en la construcción de una segunda balsa «para recoger los rocíos y aprovechamientos de la aceituna como tienen otros molinos»[45].

Por último hablaremos de un molino muy especial que ordenó construir Felipe II, ideado por Jacome Trezzo. Según Paulo Morigi, en su descripción del monasterio de 1593, Jacome Trezzo inventó un molino para cortar los jaspes de la basílica, «con el artificio del agua que hacía trabajar todo el hierro a golpe de cuatro martillos». El molino, situado en Prado Tornero, fue transformado en molino harinero tras finalizar las

40 *Ibid.*, vol. I, p. 762. Acto Capitular de 25-I-1666.
41 Véase RAMÍREZ ALTOZANO, José Javier: *Historia de los bosques reales…*, p. 211.
42 *Libro de los Actos Capitulares…*, vol. I, p. 778. Acto Capitular de 27-I-1670.
43 *Ibid.*, vol. II, p. 25. Acto Capitular de 8-XI-1719. *Ibid.*, vol. II, p. 728. Acto Capitular de 31-III-1798.
44 *Las Memorias Sepulcrales…*, vol. II, p. 834.
45 *Libro de los Actos Capitulares…*, vol. I, p. 895. Acto Capitular de 14-VIII-1699.

obras del monasterio, como queda dicho. Tras su definitivo abandono en el siglo XVIII, tan solo quedan unas ruinas, siendo conocido por los lugareños como «el molino caído»[46].

CASAS EN PROPIEDAD Y EN ALQUILER

Fueron bastante numerosas las casas que el monasterio poseía en diversos enclaves urbanos. La mayor parte de ellas se localizaban en la villa de El Escorial y en el Sitio y se ofrecían en alquiler, por lo que el convento obtenía ciertos beneficios.

En 1609 se ofrece una curiosa noticia sobre las casas que tenía el convento en la villa de El Escorial. La comunidad ordenó su reparación, «en especial las de la plaza, y pareció conveniente levantar algunos tejados dellas para mejor servicio suyo y provecho de la renta y para evitar el daño que hace en ellos la gente popular al tiempo que hay fiestas y toros en la plaza»[47]. Sin embargo, en 1613 optó la comunidad por «vender las casas que este monasterio tiene en El Escurial, que son trece o catorce, sin la enfermería ni la del guarda mayor, porque son de poca renta y mucho gasto en reparos, y más las de la plaza, donde todos los días de toros y comedias se maltratan mucho los tejados»[48].

Fernando Brambilla: *Vista general de San Lorenzo, tomada de la cercanía del camposanto al norte*, ca. 1824 (Madrid, Patrimonio Nacional). Detalle del centro de la población del Real Sitio, con el monasterio al fondo.

© Patrimonio Nacional

46 Recientemente ha sido objeto de estudio por parte de SÁNCHEZ MARTÍNEZ, Francisca Victoria: *Estudio histórico-tecnológico de las serrerías de corte de piedras duras en el s. XVI. Aplicación al análisis y reconstrucción gráfica del molino de corte de mármol utilizado en la construcción del retablo mayor del Monasterio de El Escorial*, Tesis Doctoral, Escuela Técnica Superior de Ingeniería y Diseño Industrial, Universidad Politécnica de Madrid, 2016.
47 *Libro de los Actos Capitulares…*, vol. I, p. 238. Acto Capitular de 7-IX-1609.
48 *Ibid.*, vol. I, p. 293. Acto Capitular de 15-VI-1613.

Martín Rico y Ortega: *Toros en la plaza de El Escorial*. Madrid, Museo del Prado.

Un punto de inflexión importante fue el que representó la nueva ordenación sobre el Sitio, en 1767, por la que se permitía construir a particulares en las tierras situadas frente a la fachada norte del monasterio, con la condición de pagar al convento un arrendamiento anual del terreno, que seguía siendo propiedad del monasterio[49]. De este modo, los jerónimos tenían asegurados unos determinados ingresos por este concepto. Este fue el origen del pueblo de San Lorenzo de El Escorial, que creció y se desarrolló rápidamente, pasando de unas decenas de vecinos a más de mil todavía en el reinado de Carlos III[50].

49 *Ibid.*, vol. II, pp. 363-364. Acto Capitular de 11-III-1767.
50 Véase MARTÍN GÓMEZ, José Luis: «La población y orígenes de la población del Real Sitio de San Lorenzo», en *IV Centenario del Monasterio de El Escorial. La población y monasterio*, Comunidad de Madrid, Madrid, 1986, pp. 15-35.

ACCESOS Y MEDIOS DE TRANSPORTE

La infraestructura de las comunicaciones entre el monasterio y otros lugares, cercanos o lejanos, comprendía desde los primeros caminos de tierra para el transporte de materiales para la obra hasta las elegantes calzadas empedradas y bordeadas con árboles que unían el edificio con la villa de El Escorial u otros lugares de recreo. Había además antiguas cañadas para el ganado y pequeñas sendas y caminos de servicio a prados, bosques y otros lugares de trabajo o de ocio. Fueron también de gran importancia los puentes que vadeaban ríos y arroyos, los cuales podían ser destruidos por fuertes avenidas de agua. Un importante equipo de trabajadores se encargaba de reparar los caminos y puentes, sobre todo en momentos en que su uso era necesario (por ejemplo, durante la construcción del monasterio) o cuando se disponía la Corte a realizar la jornada anual al Real Sitio de San Lorenzo.

Por otro lado, existió una serie de vehículos —aparte de los animales de montura, como caballos, mulas y burros, de los que se habla en otro capítulo— de distintas formas y para diversos fines, que variaron según las épocas y necesidades. Carros, carretas, galeras, sillas volantes, calesas, etcétera, salían y llegaban al monasterio con variable frecuencia, muy intensa en tiempos de jornada.

CAMINOS Y CAÑADAS

La red de accesos al monasterio se desarrolló e incrementó desde el comienzo de las obras, en 1563, y su evolución y perfeccionamiento experimentaron una importante cota en el siglo XVIII, durante el reinado de Carlos III.

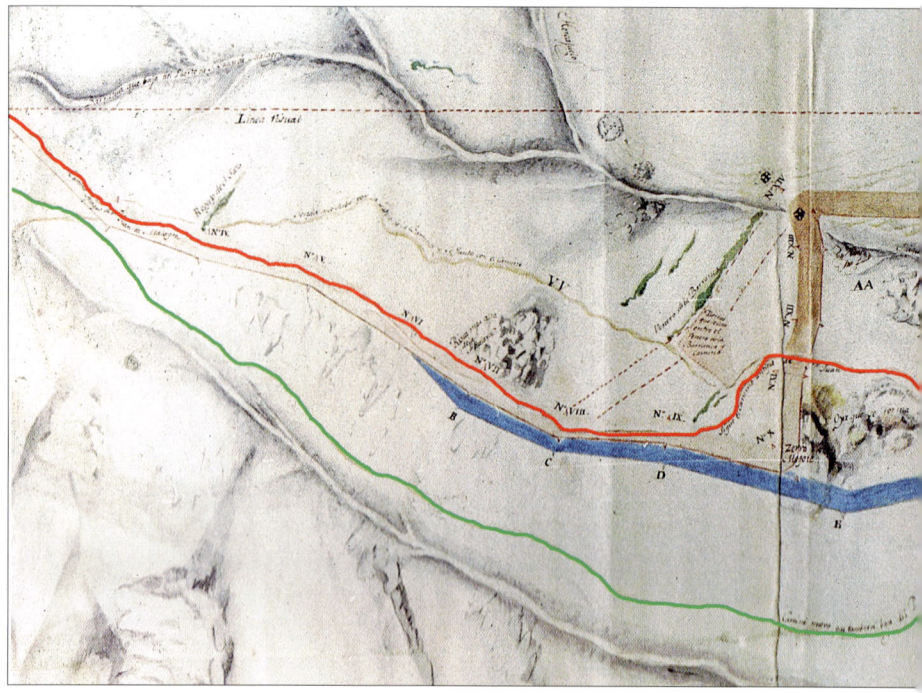

Cristóbal Tejeda: *Plan de la cañada nueva*, 1775 (detalle). En rojo está resaltado el «camino antiguo de San Juan» y en verde «el camino nuevo de San Juan»; ambos se unían en la portera del Romeral, la puerta de acceso al Plantel del monasterio. En azul se ve la antigua cañada, que pasaba por la calle Floridablanca, y en marrón el nuevo trazado de dicha cañada.

El antiguo aspecto de los principales caminos de acceso al Real Sitio dista bastante de lo que hoy podemos apreciar y observar. En su mayoría eran de tierra y, con suerte, algunos de piedra. El polvo y el barro eran una constante en la mayoría de ellos, según fuese el tiempo seco o húmedo, llegando incluso a ser impracticables en los temporales de agua y nieve.

Fueron de suma importancia los caminos construidos como parte de la infraestructura de la obra del monasterio, con el fin de facilitar el acarreo de los materiales. Así, por ejemplo, se construyó un camino desde la cantera de la Alberquilla, pasando por la Machota, para acarrear las grandes piedras que de allí se extraían para la obra laurentina[1]. Algunas partes de

---

1   Véase Ramírez Altozano, José Javier: *Historia de los bosques reales…*, p. 18.

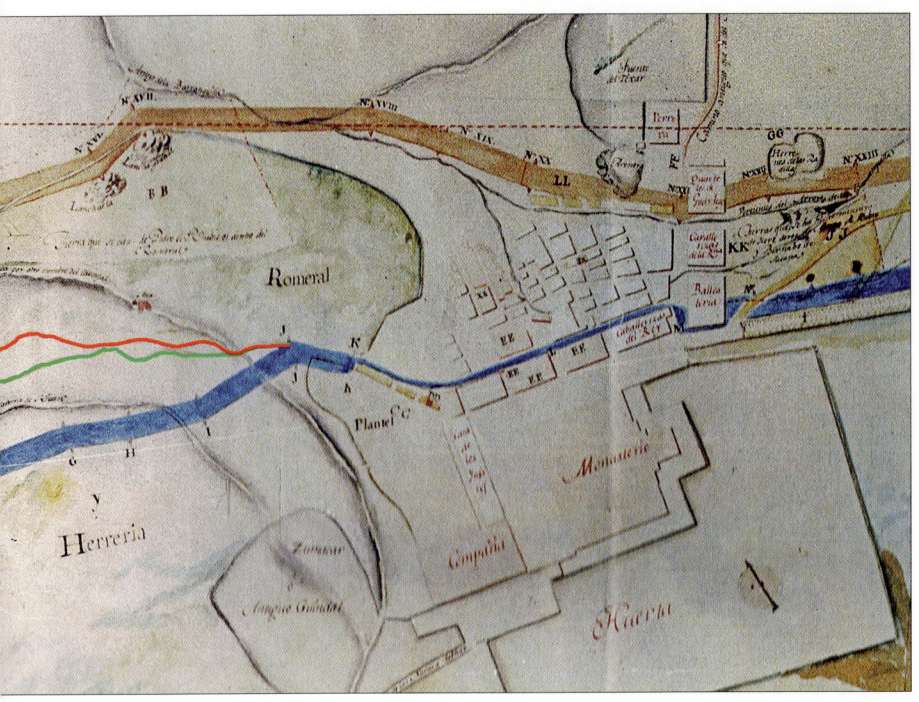

este camino han sido tradicionalmente identificadas como calzada romana, hipótesis que ha sido calificada como errónea en tiempos recientes[2].

También fueron fundamentales los caminos que atravesaban el puerto de Malagón, uniendo el monasterio con la vertiente segoviana de la sierra y con Castilla. Había un antiquísimo camino, construido probablemente en la Edad Media, utilizado muy a menudo por Felipe II y los monjes en sus desplazamientos a la abadía de Párraces y que, al parecer, ordenó el rey reparar en 1597 para que subiesen desde el Sitio carros y coches cómodamente[3]. En el siglo XVIII se construyó otro camino, que en 1775 era considerado «nuevo», según el mapa realizado por Cristóbal Tejera dicho año. Ambos, el antiguo y el nuevo, se unían en la portera del Romeral, una de las puertas que daban acceso al Plantel del monasterio.

Además, pasaba por la sierra de Malagón un ramal de la cañada leonesa que cruzaba el Sitio por la actual calle Floridablanca y que en 1775 fue desviado a su actual emplazamiento en la calle Cañada Nueva —resulta

2 RODRÍGUEZ MORALES, Jesús: «Imagen y realidad de las calzadas romanas», *El Nuevo Miliario*, 16 (octubre 2013), pp. 3-29.

3 Véase RAMÍREZ ALTOZANO, José Javier: *Historia de los bosques reales...*, pp. 240-241.

José Gómez de Navia: *Vista del real monasterio de San Lorenzo de El Escorial desde la entrada al Sitio por la parte de oriente*, 1800. Detalle de la calle de los álamos, con su empedrado.

evidente el origen de su nombre—, según el proyecto diseñado por Cristobal Tejeda[4].

Uno de los primeros caminos que se empedró es el que une el monasterio con la villa de El Escorial, más conocido como «calle de los álamos» o «de los alamillos». Según advierte Almela, en 1594 los álamos u olmos —difieren las fuentes, pero es la misma especie— ya estaban plantados y bien crecidos en número de mil ciento veintiséis[5], si bien el camino fue de tierra hasta 1716, en que ordenó el convento que fuese empedrado, porque los árboles «se iban perdiendo a causa de no estar empedrada dicha calle y por eso las aguas arroyaban la tierra y descubrían las raíces de dichos árboles y consiguientemente se perdían»[6].

Otro importante camino fue construido en 1649, por orden del capítulo conventual, que había de llevar «desde la puerta de la huerta que mira al mediodía hasta el Castañar, cortando para eso los árboles que fuesen menester»[7]. Este camino hubo de ser reparado muchas veces porque «con la continuación de las aguas se volvía a arroyar y descomponer», de modo que en 1775 ordenó el convento que «para que fuese más durable y permanente se hacía preciso el hacer en el mismo camino un pedazo de calzada y dos o tres cantarillas para las aguas»[8].

Para sus fines cinegéticos, Carlos III impulsó la reparación y construcción de nuevos caminos, como el de Canto Castejón, en 1764, de modo que pudiesen fácilmente acceder con los carros y coches al Dehesón. Este

4   *Ibid.*, p. 240.
5   Almela, Juan Alonso de: *Descripción...*, p. 19.
6   *Libro de los Actos Capitulares...*, vol. II, p. 12. Acto Capitular de 20-VII-1716.
7   *Ibid.*, vol. I, p. 704. Acto Capitular de 27-VII-1649.
8   *Ibid.*, vol. II, p. 493. Acto Capitular de 23-II-1775.

Antigua red de caminos del monasterio de El Escorial. Vicente Rosado. Cortesía de Gregorio Sánchez Meco.

camino fue ampliado hasta las Radas en 1784, «por no poderse transitar por aquel paraje (muy frecuentado de Su Majestad) en tiempo de lluvias»[9].

Pero, sin ningún género de duda, los caminos más importantes del monasterio eran los que unían el Real Sitio con Madrid, por ser la vía más transitada por la Corte en sus anuales desplazamientos para la jornada de San Lorenzo. Ya que las principales arterias de comunicación —el Camino Real de Valladolid y la Cañada Real Segoviana— pasaban a unos quince kilómetros del monasterio, quedaba este un tanto periférico y a

---

9 Véase RAMÍREZ ALTOZANO, José Javier: *Historia de los bosques reales…*, p. 105.

trasmano. Desde Madrid, había que tomar el Camino Real de Valladolid hasta Collado Villalba y luego otro camino que atravesaba por Campillo y Monesterio, dando una extenso rodeo. Por esta razón, Felipe II se preocupó por buscar nuevas rutas para ir más derecho hasta el Real Sitio y lo que hizo fue desviarse antes, en Torrelodones, construyendo un nuevo camino hasta Galapagar (es el mismo trazado de la actual carretera) y de ahí tomar el antiguo camino hacia la villa de El Escorial. En el siglo XVIII se trató de buscar una nueva ruta aún más directa y se decidió unir Las Rozas y Galapagar con un nuevo camino que enlazaba en el puente del Tercio con la calzada que realizó el padre Pontones entre dicho lugar y el monasterio.

LOS PUENTES

Cuando Felipe II emprendió la mejora y construcción de los caminos de acceso al Real Sitio, los puentes que existían sobre los ríos y arroyos eran casi todos de madera y poco a poco fueron sustituidos por otros más sólidos y duraderos de piedra.

Uno de los primeros puentes lo ordenó construir a Juan de Herrera sobre el río Guadarrama a raíz de un desgraciado accidente. Al parecer, uno de los pajes del rey, al intentar vadear dicho río murió ahogado, lo que produjo mucha aflicción al monarca. Según fray José de Sigüenza, lo cruzó por primera vez Felipe II el 27 de marzo de 1583 volviendo de El Escorial a Madrid[10].

En 1613 ordenó el capítulo conventual que se hiciese un puente en Campillo sobre el río Guadarrama, para lo cual había concedido el rey trece mil cuatrocientos reales[11]. Unos meses más tarde decidió la comunidad que se construyesen otros «dos puentes menores de los ríos de Campillo de piedra, y muy bien hechas de la obra y forma que la mayor se hace»[12].

Otro puente ya existente, pero que se mandó reparar en 1665 era el que «está en el arroyo del Escurial, por bajo del molino de Susaña, y que para ello eran menester nueve o diez robles»[13], por lo que entendemos que era de madera, como otros dos o tres puentes más necesitaron ser arreglados en 1670: «las que están junto a la Fresneda y la que va al Castañar, y era necesario para esto cortar la madera necesaria que fuere menester»[14].

10 SIGÜENZA, fray José de: *Historia…*, vol. II, p. 494.
11 *Libro de los Actos Capitulares…*, vol. I, p. 286. Acto Capitular de 17-I-1613.
12 *Ibid.*, vol. I, p. 292. Acto Capitular de 15-VI-1613.
13 *Ibid.*, vol. I, p. 757. Acto Capitular de 12-I-1665.
14 *Ibid.*, vol. I, p. 780. Acto Capitular de 21-IV-1670.

Puente sobre el río Guadarrama, construido por Juan de Herrera. Nótese el detalle de la parrilla grabada en la piedra.

Antiguo puente sobre el arroyo del Tercio, hoy en día casi siempre bajo las aguas del embalse de Valmayor, visible cuando baja el nivel del embalse. Foto: José Luis Vega Loeches.

Puente del Retamar, en las cercanías de Molino de la Hoz, construido en la segunda mitad del siglo XVIII.

El puente sobre el arroyo del Tercio fue construido por Marcos de Vierna en 1765, como parte de las obras del nuevo camino de Galapagar al Escorial. En la actualidad se encuentra sumergido bajo las aguas del pantano de Valmayor, aunque a veces, cuando baja el nivel de las aguas, se puede volver a ver.

Y por último, hablaremos de un importantísimo puente, y de gran envergadura, construido al tiempo que el nuevo camino de Las Rozas a Galapagar, en la segunda mitad del siglo XVIII y del que se desconoce su autor. Es el puente de Retamar, situado junto a la actual carretera de Las Rozas-Galapagar, muy cerca de la urbanización Molino de la Hoz. Tiene siete vanos, está realizado integramente en granito y cuenta con una longitud total de casi cien metros.

CARROS, CARRETAS Y CARROZAS

Los vehículos de ruedas tirados por animales fueron los medios de transporte habituales en los caminos de épocas pasadas. Los usos y modas hacían cambiar su aspecto, así como el tipo de animal que tiraba de ellos. Trataremos de ofrecer una panorámica general de estos importantes elementos de locomoción en el entorno escurialense, al fin y al cabo, una muestra de lo que existió en el resto de la península.

Siguiendo un orden cronológico, los primeros y más importantes medios de transporte de El Escorial fueron las carretas —tipo de carro, más bajo que el ordinario— para el transporte de los materiales durante la construcción del monasterio. Solían tener dos ruedas y eran tirados por bueyes (desde dos pares hasta cuarenta pares).

Dado el enorme peso que tenían que transportar, las carretas se construían con fuertes maderas y otros materiales, capaces de soportar varias toneladas, como se ha visto en otro lugar. Eran frecuentes los permisos del convento para la corta de maderas con este fin durante la obra y también después de ella. Un ejemplo es el de 1639, en el que se dio licencia para que «se cortase madera, pies y ramas para los recalzones de las carretas»[15].

También el carro ordinario era usado habitualmente en el entorno escurialense. Solía estar tirado por una, dos o más mulas, tal y como se aprecia en la imagen de la página 135.

De modo general, se denominaba «carretería» a todo el conjunto de carros y carretas del monasterio. Sin duda, debió ser muy abundante, por razón de los numerosos negocios y labores de todo tipo que administraban los jerónimos de El Escorial. Para hacernos una idea de esta abundacia, traemos como ejemplo la disposición de un capítulo conventual de 1640, en el que se ordenó cortar nada más y nada menos que dieciséis álamos y ochenta robles «para carretería»[16].

15 *Ibid.*, vol. I, p. 580. Acto Capitular de 11-X-1639.
16 *Ibid.*, vol. I, p. 585. Acto Capitular de 13-I-1640.

Michel-Ange Houasse: *Vista del monasterio del Escorial desde el noroeste*, ca. 1720-1724. Detalle de carreta con bueyes. Madrid, Patrimonio Nacional.

José Gómez de Navia: *Vista de la fachada principal del real monasterio de San Lorenzo de El Escorial por la parte de poniente*, 1800. Detalle de carro tirado por mulas.

Sobre las carrozas (calesas, sillas volantes, etcétera), habitualmente tiradas por mulas o caballos, en relación con la comunidad conventual de El Escorial se tienen noticias a comienzos del siglo XVIII, pero en concepto de alquiler. Su uso quedaba restringido casi exclusivamente al prior, de modo que casi todos los gastos referidos a estos vehículos tienen al prior como principal beneficiario de ellos. Así, por ejemplo, en 1717 se pagaron ochocientos ochenta reales por dos sillas volantes —carruaje de dos ruedas y de dos asientos, del que suele tirar un caballo— «que llevó nuestro reverendísimo padre prior cuando fue a los baños por el mes de julio»[17].

Pero la comunidad escurialense también realizó compras de este tipo de medios de transporte, como el efectuado en 1717, en que se pagaron novecientos treinta reales por «una silla volante nueva para la comunidad [...] y juntamente se dio en pago la vieja»[18]. Sin embargo, el uso de este vehículo para viajes, al parecer superfluos, fue motivo de murmuraciones en la comunidad, razón que llevó al siguiente prior a venderlo; siendo de

17 Real Biblioteca del Monasterio de El Escorial, 186-IV-14. *Quentas de fabrica y mem[oria]l del Arca y esttado de la Administraz[ió]n. 1705 [hasta 1733]*, f. 81v.
18 *Ibid.*, f. 82r.

Jeremias Falck (atr.): *Vista del monasterio de El Escorial*, 1662-1672. Grabado. Detalle de carroza.

Carro adaptado para la carga de las piezas de caza. Siglo XVIII. En su interior se aprecian ganchos y capazos. Gentileza de Cocheras del Rey.

nuevo restituido por su sucesor en 1737 «por los precisos cumplimientos que debía hacer Su Reverendísima en persona a los reyes en Campillo y a los príncipes e infantas en el palacio de este monasterio, yendo y viniendo a deshoras y con todos temporales»[19].

El origen del uso de la silla volante parece encontrarse en un privilegio concedido por Felipe V al prior de El Escorial, según advierte Norberto Caimo: «por un privilegio que le ha dado Felipe V, tiene la librea del rey, marcha en carroza de seis mulas y que en su acompañamiento nada cede a un grande de España»[20]. Quizás fuese una exageración lo de la carroza y las seis mulas, pero no hay duda sobre el uso de carruajes por parte del prior.

Por último, hacemos mención a un curioso vehículo utilizado en las cacerías durante el siglo XVIII. Se trata de un carro adaptado para la carga de las piezas de caza adquiridas, con ganchos y capazos en su interior para una adecuada colocación de las mismas.

19 *Libro de los Actos Capitulares…*, vol. II, p. 107. Acto Capitular de 8-XI-1737.
20 CAIMO, Norberto: *Viaje a España…*, p. 795.

LOS HABITANTES DEL MONASTERIO

Prácticamente desde su construcción, habitaban de forma permanente en el monasterio de El Escorial un considerable número de individuos, distribuidos en las diversas secciones del edificio. Los más numerosos e importantes eran los monjes jerónimos, con su marcada estructura jerarquizada, pero no quedaban atrás en número los criados —adultos, jóvenes e incluso niños— que ayudaban en las tareas domésticas a los monjes. Para otro capítulo dejamos a otros destacados habitantes temporales: la familia real.

LA CÚPULA DE PODER: PRIOR, VICARIO Y DIPUTADOS

La Orden de San Jerónimo era una institución muy jerarquizada, en donde cada individuo formaba parte de una estructura piramidal con atribuciones muy bien definidas. En la cúspide de la pirámide se hallaba el **prior**, responsable máximo de la comunidad escurialense, tanto en lo espiritual como en lo temporal.

Era un oficio muy gravoso por ser una comunidad tan numerosa y con tantas obligaciones en el culto divino y en la administración de sus propiedades y haciendas, así como en sus relaciones con la monarquía. Debía dar ejemplo en el coro y demás actos de comunidad, haciendo cumplir y observar las leyes y costumbres de la orden y del monasterio. Nombraba a los diferentes cargos y oficios, dejándose aconsejar por los diputados y ancianos; del mismo modo, destituía de su oficio a quien no lo ejerciese satisfactoriamente, «porque es mejor y más acertado perezca el crédito de uno que no el de todos»[1].

---

1 Archivo General de Palacio, Patronatos de la Corona, Leg. 1715. *Costumbres de 1736*, Copia A, ff. 81r-82v.

La elección del prior en los monasterios jerónimos era trienal y corría a cargo de la comunidad conventual, pero Felipe II reservó para sí dicha elección, una decisión que podía pesar en los jerónimos de El Escorial. Tras una petición del capítulo conventual a Felipe IV, la comunidad consiguió lo que cualquier monasterio de la orden podía hacer por derecho propio: elegir a su prior entre los religiosos de su monasterio. Los monjes de El Escorial pudieron disfrutar de este privilegio entre 1631 y 1642; después volvió a decidir el rey de nuevo.

En el siglo siguiente, en 1781, Carlos III renunció al derecho de elección prioral y consiguió un breve del papa para elegir a uno de los tres candidatos que designase la comunidad religiosa[2]. Entretanto que conseguía el breve vacó el priorato del monasterio y varios monjes que habían profesado en ese momento consideraron dicha profesión nula, creándose una compleja e incómoda situación que concluyó con el destierro de catorce de estos monjes «a diferentes monasterios de la orden, donde debían sufrir sus penitencias y condenas»[3].

Una nueva situación de malestar se produjo en el monasterio cuando en 1791 Carlos IV, obviando las normas, designó a un monje fuera de los tres candidatos; la comunidad se opuso a la voluntad del monarca, declarándose en completa independencia ante su patrono por primera vez después de más de dos siglos. Pero el rey obtuvo un breve papal ese mismo año para designar al superior que fuese de su agrado, permaneciendo así la situación hasta el final de la etapa jerónima en el Escorial, en 1837[4].

A pesar de todos estos sinsabores, el prior de El Escorial disfrutó de atractivos privilegios, pues según Caimo, por concesión de Felipe V «tiene la librea del rey, marcha en carroza de seis mulas y que en su acompañamiento nada cede a un grande de España, y que solo por sus limosnas recibe cien doblones anuales del monasterio»[5]. Por otro lado, en 1830 recibieron los priores de El Escorial del papa Pío VIII el privilegio del uso de pontifical, lo cual «añadía mucho brillo y decoro, no solo al culto de aquel magnífico templo, sino también a la dignidad prioral»[6]. Poco tiempo habría de durar y lucirse este honor en el monasterio, que cerraba sus puertas a la comunidad jerónima en 1837.

El oficio de **vicario** era el segundo más importante en el monasterio, siendo designado por el prior y los monjes reunidos en capítulo. En

---

2 *Libro de los Actos Capitulares...*, vol. II, p. 556. Acto Capitular de 1-XII-1781.
3 QUEVEDO, José de: *Historia...*, pp. 195-196.
4 ZARCO, Julián. *Los jerónimos...*, pp. 20-21.
5 CAIMO, Norberto: *Viaje a España...*, p. 795.
6 QUEVEDO, José de: *Historia...*, p. 233.

© Patrimonio Nacional

Bartolomé Carducho: *Fray José de Sigüenza*. Monasterio de El Escorial, Patrimonio Nacional.

Portada de las *Constituciones de la Orden de Sant Jeronymo*, Miguel de Eguya, Alcalá de Henares, 1527.

ausencia del prior, el vicario tenía la autoridad de aquél, salvo en aquellas cosas que el prior le indicase que no debía resolver. Era el principal encargado del cumplimiento de las costumbres y normas del coro y de todos los actos comunitarios del monasterio, «dando cuenta al superior de quién falta en esto y aplicando el remedio, no como fiscal riguroso, sino como madre piadosa procurando la enmienda y no el castigo»[7]. Por último, tenía como obligación redactar las notas biográficas de los monjes que fallecían —las *Memorias Sepulcrales*— y de su mano son casi todas las del monasterio de El Escorial[8].

Según las Constituciones de la orden jerónima, los **diputados** debían ser de tres a cinco monjes sacerdotes, «elegidos por escrutinio […] para dar consejo al prior cuandoquier que conviniere y fuere menester; y después que los tales diputados fueren preguntados por el prior en los negocios que les propusiere y respondieren lo que les pareciere, haga el prior lo que viere ser más provechoso y razonable, apartada dél toda afección y acepción de personas»[9].

7 Archivo General de Palacio, Patronatos de la Corona, Leg. 1715. *Costumbres de 1736*, Copia A, f. 82v.

8 Véase *Las Memorias Sepulcrales…*, vol. I, p. 117.

9 *Ordinario y Constituciones y Regla de la Orden de Sant Jeronymo*, Alcalá de Henares, Miguel de Eguya, 1527, Constitución XVI.

LOS MONJES

Constituían la principal población del monasterio y tenían su residencia en la zona del convento, es decir, en el ala sur del edificio. La comunidad de monjes jerónimos siempre fue muy numerosa, acorde con las dimensiones del edificio y las numerosas obligaciones que debían cumplir en el aspecto espiritual y terrenal. Pero al comienzo, cuando Felipe II dio las primeras órdenes para la construcción del monasterio, se pensaba en una comunidad de cincuenta individuos. Esta cantidad fue doblada en 1564 e incluso sobrepasó largamente esta cifra, llegando a ciento ochenta monjes en algunas épocas[10].

Entre los monjes se distinguían dos clases: los **sacerdotes** y los **coristas**. Ambos eran muy importantes, dado que por un lado había obligación de decir una enorme cantidad de misas por las personas reales y, por otro, eran muy necesarias las voces (y los instrumentos) para el coro, que era la única actividad a la que se dedicaban los coristas. Para la ordenación sacerdotal era necesario esperar, como mínimo, siete años tras la toma de hábito[11]. Aquellos que habían profesado como coristas no podían, habitualmente, ordenarse como sacerdotes.

Son muchas las anécdotas referidas a los monjes de El Escorial, pero existe una muy curiosa sobre un monje sacerdote, fray Andrés de Buitrago (ca. 1625-1675). Al parecer, el convento le prohibió decir misa y confesar, pues padecía «de mal de corazón, y que muchas veces le había dado diciendo misa, de que se había causado escándalo a los seglares y a todos los que lo veían por las indecencias que en el altar hacía cuando le daba el mal y con peligro de verter el cáliz si le diese después de consagrado [...] y también de confesar, porque parecía no estaba para poder oír confesiones»[12].

Como conclusión, y para hacernos una idea de la rutina diaria de los monjes de El Escorial, presentamos un horario aproximado de sus actividades:

---

10 Real Biblioteca del Monasterio de El Escorial, LIX, 106. *Discurso ecconomyco, honrroso arbitrio, medio facil y utilissimo al comun bien de esta cassa real con que en breves años sin daño de tercero, pueda desempeñarse de los atrasos, ocasionados de los malos temporales, y contratiempos acaeçidos en estos años proximos passados,* s. a. (*ca.* 1747), p. 3: «[...] el cuerpo de comunidad suele ser su regular número 180 monjes».
11 Archivo General de Palacio, Patronatos de la Corona, Leg. 1715. *Costumbres de [1575],* f. 147v.
12 *Libro de los Actos Capitulares...,* vol. I, p. 795. Acto Capitular de 19-IX-1674.

José Gómez de Navia: *Vista de la nave principal del templo de San Lorenzo del Escorial y procesión de Corpus Christi*, 1800 (detalle). Se calcula un total aproximado de ciento veinte monjes en esta procesión.

Hora	Actividad
[4.30] / [5.30]	Levantarse
5.00 / 6.00	Hora de Prima y misa del Alba
8.00	Lección de canto llano
9.00	Hora de Tercia, misa Conventual y Hora de Sexta
11.00	Comida, Hora de Nona, recreo y descanso
14.30	Oración mental y Hora de Vísperas
[15.00]	Lección de Gramática
[16.00]	Limpieza, aseo y otros trabajos manuales
18.00	Cena, Hora de Completas, examen y canto de la Salve
19.30 / 20.30	Silencio y descanso
00.00	Hora de Maitines y Laudes
03.00	Descanso

Horario aproximado de los monjes de El Escorial. Cuando se ofrecen dos horas, la segunda corresponde al horario de verano. Fuente: Francisco Javier Campos.

LOS LEGOS Y LOS DONADOS

Aunque sean figuras muy similares, existen ciertas diferencias entre los monjes legos y los donados.

Los **legos** constituían el último grado de la comunidad religiosa, pues se incorporaban a ella para desempeñar ciertas tareas de servidumbre al resto de la comunidad. Su permanencia en este grado era de por vida, sin opción a subir de categoría en la orden, lo que hizo que no fuese una alternativa muy atractiva para los postulantes. De hecho, tan solo fueron treinta y cuatro los legos que habitaron en el monasterio de El Escorial entre 1567 y 1837, correspondiendo veinticuatro al siglo XVI y diez a los tres siguientes[13].

José Gómez de Navia: *Vista de la nave principal del templo de San Lorenzo del Escorial y procesión de Corpus Christi*, 1800. Detalle de monjes legos y/o donados.

Los **donados** eran, según Sigüenza, «los últimos jerónimos». Carecían de votos públicos pero se entregaban al servicio de un monasterio a cambio de su manutención y cuidado espiritual por parte de la comunidad religiosa. No obstante, en el monasterio de El Escorial el donado realizaba su profesión como tal, tras su aceptación por parte de la comunidad. Solo se conocen datos sobre donados a partir de 1731, aunque no debieron ser muy numerosos, pues desde 1731 hasta 1837 tan solo se contabilizan once[14], si bien se sabe de su existencia con anterioridad, pues en un documento de comienzos del siglo XVII se les da una serie de advertencias para que las hiciese cumplir el maestro que tenía cargo de ellos[15].

LOS NOVICIOS

En el noviciado del monasterio de El Escorial, al igual que en la mayoría de los monasterios jerónimos, se distinguían dos clases de individuos: los **novicios** propiamente dichos, es decir, los recibidos en el monasterio desde su entrada (toma de hábito) hasta su profesión, que tenía lugar normalmente un año después; y los **nuevos** —también llamados **nuevos de la escuela**, **profesos**, **profesos de la disciplina** o **nuevos de las culpas**—, así considerados los monjes desde su profesión hasta siete años después. Algunos años podía llegar a haber hasta cuarenta individuos en el noviciado[16].

---

13 Véase *Las Memorias Sepulcrales...*, vol. I, pp. 78-81.
14 *Ibid.*, vol. I, pp. 81-84.
15 Archivo General de Palacio, Patronatos de la Corona, Leg. 1715. *Borradores de Costumbres [s. XVII]*, Cuaderno IX, f. 1r.
16 SANTOS, fray Francisco de los: *Descripción...*, f. 50v.

Según las Costumbres del monasterio[17], cuando un individuo deseaba ingresar en la comunidad religiosa se procedía del siguiente modo:

- 1.º) El portero lo hacía saber al prior quien, tras una breve entrevista, disponía (o no, según viere) que fuese examinado por el vicario, el maestro de novicios, el corrector del canto y algún otro, a disposición del prior.

- 2.º) Además de preguntarle por lo que indica el Ordinario, «le preguntarán si es casado o tiene algún impedimento por vía de casamiento, si está obligado a dar cuenta de alguna cosa, si es profeso de otra orden o viene a ella hecho voto, si tiene alguna enfermedad oculta».

- 3.º) Después se le examinaba de la vista, y se le inquiría «si ha tenido enfermedad contagiosa, si es legítimo, de qué tierra es natural, qué discreción tiene en sus hablas y meneos, si lee y escribe bien, si entiende de gramática, si tiene voz y sabe cantar, qué disposición tiene y qué años de edad, si es cristiano viejo y otras cosas que se les representarán a los examinadores».

- 4.º) Hechas estas preguntas y pruebas, se reunían con el prior los examinadores para comunicar sus pareceres. En caso de ser admitido se le llevaba a la hospedería «donde será bien que le detengan algunos días, en los cuales mandará el prior a algún religioso o religiosos [...] que le traten y comuniquen para ver el espíritu que trae y qué le mueve a tomar el hábito [...] y en este tiempo podrá ir algún día a misa al coro, para que si sabe cantar cante con otro un Gradual, y para que también los frailes vean su persona, disposición y habilidad, y así puedan mejor votar»[18].

- 5.º) Finalmente, se reunía el convento en capítulo sacro y decidía si el postulante era o no admitido, haciéndolo constar en el *Libro de Novicios*, donde firmaba el propio novicio. Era la **toma de hábito**.

Tras la toma de hábito tenían lugar una serie de exámenes o «probanzas»: a los cuatro meses, a los ocho y a los diez u once meses. En el último tramo se realizaban las informaciones que probasen su «limpieza de sangre», es decir, que no hubiese antecedentes de judíos o moriscos en su genealogía hasta el cuarto grado[19].

---

17 Archivo General de Palacio, Patronatos de la Corona, Leg. 1715. *Costumbres de [1575]*, ff. 133v-134r.
18 *Ibidem*.
19 *Las Memorias Sepulcrales...*, vol. I, p. 27.

ecce imago

Grafiti en uno de los libros de novicios, caricaturizando a un novicio no admitido por su pequeña estatura.

Además, en la orden jerónima y más aún en el Escorial, se tenía muy en cuenta el aspecto físico, pues debían ser escogidos de buena talla y sin enfermedades y defectos físicos y mentales. De hecho, en el *Libro de Novicios* existen numerosos ejemplos de individuos rechazados por alguno de estos inconvenientes. Son muchos los no admitidos por su pequeña estatura, pero llama la atención un caso en el que alguien dibujó un grafiti con tintes peyorativos y lo acompañó con la frase: «ecce imago», es decir, «aquí está la imagen».

Otra cuestión que llama poderosamente la atención en estas cuestiones físicas es que fuesen admitidos individuos castrados. Se trata de un tipo de excepciones —como otras— que se hacían cuando existía alguna habilidad especial que compensase el «defecto». Tal habilidad solía ser musical, como es el caso de fray Juan del Barco (1621-1705), a quien la comunidad reconociendo su «habilidad de tocar el órgano, no obstante el defecto de ser eunuco, le dio el hábito»[20]; o el de fray Vicente Pérez (ca. 1736-1773), tiple, que incluso llegó a ser ordenado sacerdote[21].

También se fueron algunos por propia decisión. Aunque se trataba con discreción la causa de la expulsión, a veces era indicada: «por travieso», «por inquieto», «por mal natural», «por olerle mal la boca», etcétera. Uno de los casos más llamativos —y a la vez vergonzosos— fue el del postulante expulsado por «quejica en engañar a la comunidad con que le mataba el zapato».

Para concluir, un poco de estadística: tomando como ejemplo los setecientos veintiséis postulantes que hubo entre 1621 y 1735, observamos que ciento quince (no contamos los cinco que murieron) no llegaron a profesar como monjes en San Lorenzo, lo que supone casi un 16% del total, una proporción bastante aceptable, teniendo en cuenta las exigencias de la comunidad escurialense.

20 *Ibid.*, vol. I, p. 370.
21 *Ibid.*, vol. II, p. 670.

Dibujo anónimo del acto de profesión de dos novicios, postrados en tierra, perteneciente a la partitura de un *Veni Creator* compuesto fray Antonio Soler en 1754 para la profesión de fray Andrés Solano. Real Biblioteca del Monasterio de El Escorial, 118-8. Patrimonio Nacional.

© Patrimonio Nacional

Transcurrido el obligatorio año de noviciado, se procedía a la **profesión**, previa votación de todos los padres capitulares, una vez escuchado el informe del maestro. Si la mayor parte le admitía, se llevaba a cabo el rito de la profesión, que tenía lugar en el coro, y cuyas ceremonias eran comunes a toda la orden[22]. Quizás el acto más llamativo era la total postración que debía hacer el postulante, quedando tumbado boca abajo ante su superior, como símbolo de absoluta obediencia.

A cargo del noviciado estaba el **maestro de novicios**, quien debía ser «persona anciana, religiosa, espiritual, despreciadora de las cosas del mundo, recogida, dada a la oración, estudiosa, amadora de la pobreza, austera y áspera para sí, mansueta y benigna para los otros, pía y devota, sufrida y callada y, sobre todo, caritativa, prudente y discreta»[23].

Junto al maestro de novicios y a modo de asistente suyo, estaba el **maestrillo**, que era uno de los nuevos elegido por el prior para vigilar a sus compañeros. El maestrillo debía recaer en uno «que sea de los más morigerados y celosos para que presida en el dormitorio y cele allí con gran rigor el silencio, y así allí como en los otros lugares en ausencia del maestro vea y cele los defectos que hicieren los nuevos»[24]. Debía llevar cuidado de

22 Archivo General de Palacio, Patronatos de la Corona, Leg. 1715. *Costumbres de [1575]*, ff. 137v-139r.

23 *Costumbres de 1566*. Citado en *Las Memorias Sepulcrales…*, vol. I, p. 101.

24 Archivo General de Palacio, Patronatos de la Corona, Leg. 1715. *Costumbres de [1575]*, f. 142r.

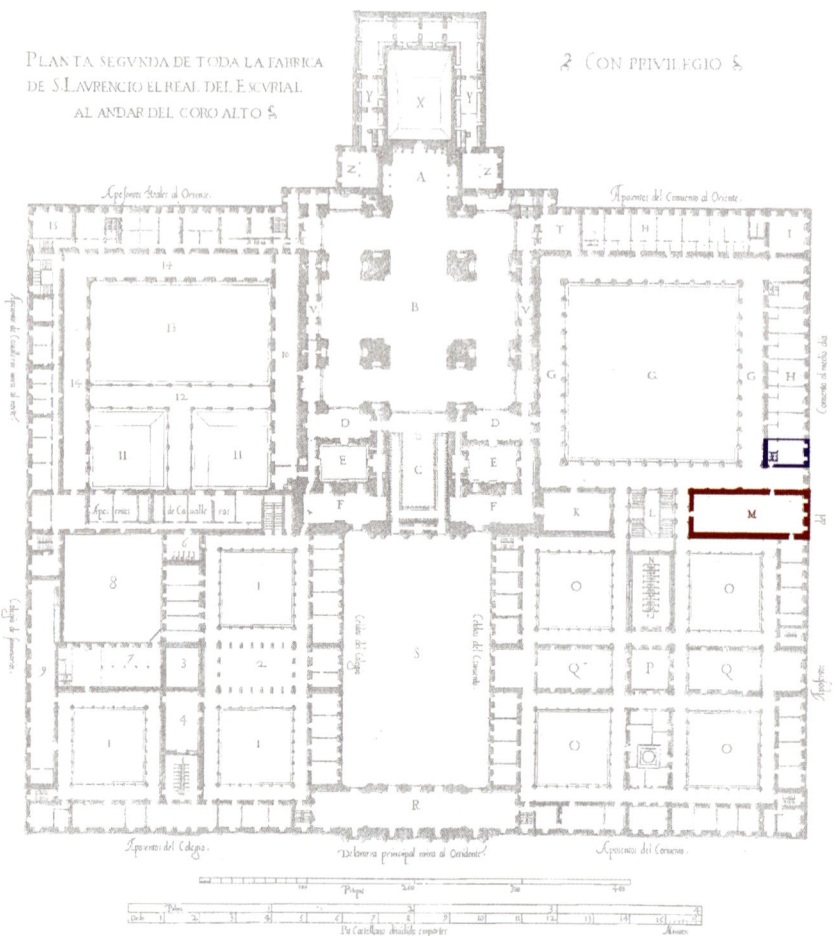

Juan de Herrera: *Segundo Diseño. Planta segunda*. Detalle de las dependencias del noviciado (en rojo el dormitorio de novicios y en azul la celda de su maestro).

que se cumpliesen una serie de cuestiones y normas, la mayoría de ellas relativas a la limpieza y la higiene, así como a sus ropas y dependencias[25].

El noviciado estaba situado en la zona alta de la banda de mediodía, junto a la torre del Prior, de modo que el dormitorio común caía justo encima de la iglesia vieja[26]. Según Almela, había diecisiete camas en esta

25 *Ibid.*, ff. 142r-142v.
26 Sigüenza, fray José de: *Historia...*, vol. II, p. 574.

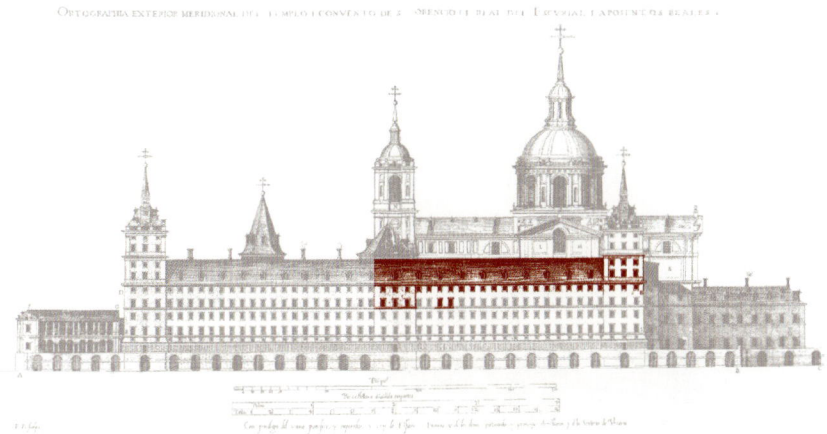

Juan de Herrera: *Sexto Diseño. Alzado del frente meridional del edificio co-rrespondiente al convento la galería de convalecientes y el palacio.* En rojo, las dependencias del noviciado, situadas en las plantas segunda y tercera.

sala para otros tantos novicios[27]; además, para los novicios más mayores se habilitaron una serie de celdas en los camaranchones.

A los nuevos y novicios se les encargaban determinadas tareas, por lo general, poco agradables, como por ejemplo, limpiar las necesarias, barrer y fregar los claustros o buscar leña y jara para la chimenea[28]. Se les daban los oficios de campanero, relojero, enfermero, refitolero y sacristán cuarto, es decir, oficios que «requieren mucha actividad, fuerzas corporales y mucha viveza»[29]. A título anecdótico traemos el caso de un novicio, fray Alonso de Leganés (ca. 1682-1748), que «haciendo alarde de sus fuerzas, volteaba cualquier campana con una mano, mas estos arrestos le condujeron el quebrarse y desde entonces (por no decirlo para curarse) tener vida trabajosa»[30].

LOS «SEMINARIOS»

Hacia 1564, y poco tiempo después de la conclusión del Concilio de Trento, Felipe II comenzó a planificar la fundación de un seminario en el monasterio de El Escorial. Siguiendo las directrices conciliares sobre la fundación de seminarios para la formación de futuros clérigos, fue su

27 ALMELA, Juan Alonso de: *Descripción…*, p. 52.
28 Real Biblioteca del Monasterio de El Escorial, J-II-29. *Libro que contiene las costumbres, y oficios, que se guardan, y practican en el Noviciado del Real Monasterio de San Lorenzo. Se copió año de 1800.*
29 *Las Memorias Sepulcrales…*, vol. I, p. 378.
30 RODRÍGUEZ, Francisco de Paula: *Monjes jerónimos…*, p. 174.

Fachada del seminario con la torre del mismo nombre, hoy en día sede del Real Colegio Alfonso XII. Foto: Gustavo Sánchez.

deseo dar ejemplo a las diócesis españolas, fundando uno en el monasterio de San Lorenzo y, aunque no era su principal objetivo, podía abastecer de futuros monjes a la comunidad escurialense. Tras las pertinentes y necesarias gestiones, el seminario de El Escorial comenzó su andadura en octubre de 1567, pero no en el monasterio (aún en construcción) sino en la abadía de Párraces, donde permaneció hasta su traslado al Escorial en 1575. Fue ubicado provisionalmente en la zona de la hospedería hasta 1587, año en que fue trasladado definitivamente al ala noroeste del edificio, en lo que actualmente es el Real Colegio «Alfonso XII».

Con un número máximo de cuarenta muchachos de edades entre doce y diecisiete años que estudiaban gramática (latín) y canto, venía a ser el equivalente a un seminario menor actual. Entre ellos se distinguían los seminaristas —o «seminarios», según se les conocía en otras épocas— «gramáticos», la gran mayoría, y los «becas», siete u ocho becados que una vez concluidos los cuatro años de gramática asistían como oyentes a las clases de Filosofía y Teología del colegio de religiosos que había junto al seminario.

El horario de los seminaristas era bastante intenso y variado, especialmente desde el punto de vista musical y litúrgico, pues debían compaginar sus clases de latín y otras materias con la liturgia diaria particular

Anónimo: *Seminarista «gramá-tico»*. Monasterio de El Esco-rial, Patrimonio Nacional.

Anónimo: *Seminarista «de beca»*. Monasterio de El Esco-rial, Patrimonio Nacional.

José Gómez de Navia: *Vista de la nave principal del templo de San Lorenzo de El Escorial y procesión de Corpus Christi*, 1800 (detalle). Seis seminaristas de beca en primer término a la izquierda y a la derecha los cuarenta seminaristas gramáticos con sus ciriales.

del seminario (misa del Alba y Salve) y la comunitaria de los domingos, festivos y funerales. Además, se encargaban de las representaciones y dan-zas que tenían lugar ante el rey y la comunidad en determinados días de fiesta[31].

La actividad más importante del seminario era la misa del Alba, pues se había de decir todos los días al alba —cuatro o cinco de la mañana, según fuese verano o invierno— por el rey reinante. La misa fue fundada por Felipe II, quien ordenó escribir once lujosos cantorales muy similares a

31 Véase SÁNCHEZ, Gustavo: *La música en el monasterio de El Escorial: Los niños del Seminario de los Je-rónimos (1567-1837)*, Servicio de Publicaciones de la Universidad Autónoma de Madrid – EDES – Asociación de Amigos de la Escolanía, Madrid, 2015.

Entrada a la basílica del monasterio. En el espacio delante de
la reja se situaban los seminaristas para cantar la misa del Alba
cada día por el monarca reinante. Foto: Gustavo Sánchez.

los del convento pero de menor tamaño, que aún se conservan hoy en día.
Según refiere Baltasar Porreño, Felipe II «gustaba de que aquella misa, tan
devota para él, lo despertase y convidase a orar»[32]. Y, precisamente, fue la
última misa de su vida y la primera de su muerte, ocurrida en el monasterio de El Escorial a las cinco de la mañana del 13 de septiembre de 1598,
«cuando el alba rompía por el oriente, trayendo el sol la luz del domingo,
día de luz y del Señor de la Luz, y estando cantando la Misa del Alba los
niños del Seminario»[33].

El convento debía proporcionar comida, zapatos y ropa a los seminaristas. La indumentaria consistía en un sencillo ropón de color pardo. Estos
ropones son protagonistas de una curiosa anécdota acaecida en 1766. Al
parecer, el paño con que se confeccionaron aquel año, por alguna razón,
estaba completamente impregnado de aceite, cuyo olor debió ser insopor-
table. Y tanto, que molestaba a los monjes la proximidad de los seminaristas e incluso provocó que se llenasen de manchas de aceite los pilares

32 PORREÑO, Baltasar: *Dichos y hechos del señor rey don Phelipe Segundo*, Gómez de Pastrana, Sevilla,
   1639, p. 20.
33 SIGÜENZA, fray José de: *Historia...*, vol. II, p. 550.

Pilares de la basílica del monasterio, donde se solían situar los seminaristas durantes las misas comunitarias. Foto: Gustavo Sánchez.

de la basílica, donde —al igual que los legos y donados— normalmente permanecían los seminaristas durante los actos litúrgicos comunitarios. Ni qué decir tiene que se tomaron medidas al respecto y dichos ropones fueron inmediatamente sustituidos por otros[34].

LOS COLEGIALES

Junto al seminario para niños y jóvenes, Felipe II fundó un colegio para la formación teológica de los religiosos de la orden. Allí estudiaban Filosofía y Teología (cuatro años respectivamente) un total de veinticuatro monjes venidos de todos los monasterios jerónimos de España —ocho plazas eran para El Escorial— y, durante algún tiempo, también de Portugal. Los elegidos debían tener entre veintidós y treinta años de edad. En cuanto a los profesores, fueron al principio del clero secular, docentes diestros y experimentados en su materia; pero al final de su reinado, Felipe II quiso que fuesen monjes jerónimos. El monasterio ofrecía dos nombres al monarca, uno de casa y otro de fuera, de los que el rey elegía casi siempre al primero[35].

Además de las actividades propiamente docentes existieron otras litúrgicas y extralitúrgicas, tanto a nivel particular como colectivo junto a los monjes

---

34 Real Biblioteca del Monasterio de El Escorial, 187-I-16. *Qventas de la Ropería de S. Lorenzo, año de 1713 [hasta 1770 inclusive]*, ff. 244v-245r.
35 ZARCO, Julián: *Los jerónimos…*, pp. 32-33.

Capilla del colegio, situada en la segunda planta de la torre del carillón.

del monasterio. Debió ser realmente muy enriquecedor el hecho de contar con individuos venidos de todas partes de la geografía española por el intercambio cultural generado. Por ejemplo, a nivel musical algunos colegiales pudieron aportar nuevas partituras para el archivo escurialense, o enriquecer con sus voces e instrumentos a la capilla de música de El Escorial.

La liturgia particular del colegio, consistente en los *Maitines*, la *Salve* y otras oraciones, se llevaba a cabo en su propia capilla, situada en la segunda planta, justo debajo de la torre del carillón.

Pero quizás lo más llamativo del colegio, tal y como refiere Norberto Caimo en su visita al monasterio en 1755, eran las ardientes discusiones teológicas que regularmente se hacían en sus aulas. Así describe el sacerdote italiano la disputa que tuvo ocasión de presenciar:

> Los estudiantes del Colegio y del Seminario tienen por costumbre de tiempo en tiempo de ocuparse en discusiones públicas. Me encontré un día en ellas. ¡Santo Dios, qué de gritos, qué debates y qué alborotos! Sus arrebatos parecían llegar hasta el enfurecimiento. Cierto que estuve algún tiempo temiendo que, en el exceso de su violencia, llegasen a las manos. Pero, gracias a Dios, su furor teológico no llegó hasta eso. Incluso observé que, después de la disputa, cumplimentaban a los que la habían sostenido, y que se retiraron muy tranquilos.[36]

CRIADOS Y ESCLAVOS

En el monasterio de El Escorial, y desde sus primeros años, fueron contratados **criados** para la realización de muy diversas tareas, principalmente como oficiales artesanos o como ayudantes y aprendices de estos. Hubo criados en casi todas las oficinas del monasterio: cocinas, zapatería, sastrería, bodega, enfermería, jardinería, etcétera. Pero quizás de todas ellas las

36 CAIMO, Norberto: *Viaje a España…*, pp. 804-805.

Fernando Brambilla: *Vista de la casa de campo de arriba, como estaba anteriormente en San Lorenzo del Escorial*, ca.1824. Detalle de varios criados. Madrid, Patrimonio Nacional.

© Patrimonio Nacional

que más destacaban eran las relacionadas con los recados y el transporte. Dentro y fuera del monasterio eran enviados continuamente a comprar y traer cosas para la comunidad.

Además, para los servicios de recaduría y transporte a lugares alejados del monasterio tenía contratados, asimismo, a un cierto número de mozos de espuelas, que estaban a cargo del **procurador mayor**. En ocasiones podían llegar a ser peligrosos, ya que llevaban armas consigo, de ahí que se exigiese al procurador mayor que fuese riguroso con ellos y no les permitiera llevar dentro del monasterio «armas y puñales ni dagas, ni espadas, que éstas deben estar depositadas en la Portería, y no entregárselas sino al tiempo de salir fuera»[37].

A veces los contratos eran por unos días o incluso unas horas. Se trataba de trabajos puntuales, como quitar nieve de los claustros o para trabajos de albañilería, tal y como sucedió en 1719, cuando se contrató a un maestro cantero y a «unos muchachos que sacaron el cascote de las celdas»[38].

Además del salario, a los criados y contratados se les solía dar comida, calzado y ropa. De este tipo de compensaciones, regalos o limosnas están repletos los libros de cuentas del monasterio. Existía un refectorio para ellos en el claustro principal de la Compaña, en la planta baja del lienzo sur, «grande, con mesas por el contorno»[39].

También, aunque en mucha menor medida, hubo en algún momento **esclavos** al servicio de los monjes, tal y como era costumbre en cualquier otro estamento o institución de la sociedad de la época. Se trataba, como era habitual en estos casos, de hombres o mujeres de raza negra traídos de

37 Archivo General de Palacio, Patronatos de la Corona, Leg. 1715. *Costumbres de 1736*, Copia A, f. 89v.

38 Real Biblioteca del Monasterio de El Escorial, 187-I-16. *Qventas de la Roperia de S. Lorenzo, año de 1713 [hasta 1770 inclusive]*, f. 19v.

39 SANTOS, fray Francisco de los: *Descripción...*, f. 94v.

África en barcos dedicados a este tipo de comercio. En 1673, el convento acordó en capítulo vender «un negro esclavo que había habido este monasterio en pago de una deuda, por no servir el dicho negro como convenía»[40].

NIÑOS Y MUCHACHOS

Además de los seminaristas, de ordinario vivían en el monasterio una considerable cantidad de niños y muchachos (hasta cincuenta o sesenta en algunas épocas) dedicados principalmente a tareas domésticas y litúrgicas, que a cambio recibían una instrucción y educación básicas, además de comida y alojamiento. No debe confundirse a estos niños y muchachos con los criados y «mozos», que solían ser de más edad y tenían asignado un salario; y, mucho menos, con los esclavos.

Para conocer el origen e historia de los diversos colectivos de niños en el monasterio, así como sus actividades y costumbres, es indispensable el manejo de un documento anónimo fechado hacia 1750 y titulado *Discurso económico*[41]. El autor pretendía aportar una solución a la precaria economía del monasterio reduciendo el excesivo número de niños —o, como él dice, «comedores»— que en nada contribuían al beneficio de la comunidad, sino todo lo contrario: suponían un gasto inútil. De este modo va explicando detalladamente el origen y funciones de los niños que hay en cada «plaza» o parte del edificio.

Así pues, basándonos en este documento —y en otros de la época, que vienen a confirmar su autoridad— había niños en las **porterías**, en la **procuración**, en la **hospedería** (con el subgrupo de los **cantorcillos**) y en la **Compaña**. Todos, a excepción de los de la Compaña, estaban bajo la custodia del padre hospedero y debían ser registrados en un libro que por desgracia no se ha conservado[42]. Pero a través de otros libros (sobre todo, de ropería y zapatería) se puede verificar la procedencia y el número de muchachos que residían en el monasterio y otros datos curiosos, como sucede con la anotación de 1656 referida a un gasto en «el vestido que hizo para el niño que cayó de la ventana»[43].

A continuación describiremos brevemente cada uno de los colectivos de niños y muchachos que durante varios siglos habitaron el monasterio de El Escorial.

---

40 *Libros de los Actos Capitulares...*, vol. I, p. 790: Acto Capitular de 9-I-1673.
41 Real Biblioteca del Monasterio de El Escorial, LIX, 106. *Discurso económico...*
42 *Ibid.*, p. 29bis.
43 Real Biblioteca del Monasterio de El Escorial, 187-I-15. *Cartas quentas generales de la Roperia de St. Laur[enci]o el Real. Dende el año de 1618 en adelante [hasta 1712]*, ff. 37r, 52v y 138r, respectivamente.

Hospedería: Era este un grupo general al que pertenecían todos los muchachos de las porterías, procuración y los de la misma hospedería. Aunque los de la procuración aparecieron más tarde, tanto los de portería como hospedería ya son mencionados oficialmente en 1567, pues fueron destinados tres muchachos a la portería y otros tantos a la hospedería: uno mayor y dos más pequeños[44]. Con el tiempo, el número de niños de la hospedería fue aumentando progresivamente: en 1621 se limitó a doce y su tiempo de estancia a tres años, y en 1648 no debía excederse el número de dieciséis, aparte de los cantorcillos[45].

Buhardillas de la zona de hospedería, donde se alojaban los niños del monasterio. Foto: Gustavo Sánchez.

Por el día los niños acudían a sus respectivas plazas y por la noche debían recogerse todos en la hospedería para cumplir con sus obligaciones religiosas y dormir en los aposentos para ellos señalados, situados en los camaranchones (buhardillas) de la zona del convento.

Las tareas encomendadas a los niños de la hospedería estaban relacionadas principalmente con el servicio a los huéspedes, tanto en las comidas como en las habitaciones. Debían limpiar estas a diario, recogiendo la ropa sucia, ordenando colchones y mantas, limpiando los orinales y barriendo el suelo[46]. Por otro lado, el padre hospedero cuidaba de que los chicos estuviesen limpios y aseados, y que aprendiesen a escribir y a ayudar a misa[47].

44 Archivo General de Palacio, Patronatos de la Corona, Leg. 1792. *Costumbres de 1567*, pp. 400-407 y 411-412.

45 *Libro de los Actos Capitulares…*, vol. I, pp. 374-375 y 701: Acto Capitular de 3-IX-1621. Acto Capitular de 12-VI-1648.

46 Archivo General de Palacio, Patronatos de la Corona, Leg. 1715. *Costumbres de 1736*, Copia B, f. 68v.

47 Archivo General de Palacio, Patronatos de la Corona, Leg. 1792. *Costumbres de 1567*, p. 400.

© Patrimonio Nacional

Claudio Coello: *La Santa Forma*. Detalle de niño cantorcillo. Monasterio de El Escorial, Patrimonio Nacional.

Desde el punto de vista educativo, la hospedería funcionaba a modo de «segundo seminario», pues las actividades eran muy similares a las de este: aprendían latín, servían a la iglesia como acólitos y tenían unas actividades religiosas internas casi idénticas, como el rezo del rosario, canto de la *Salve*, visita a los altares, etcétera. Pero una de las actividades que más nos llama la atención en el aspecto de la higiene es la de «espulgarse», es decir, quitarse las pulgas, una operación que debían realizar antes de acostarse[48].

Entre los niños de la hospedería se hallaban cuatro o cinco que desde finales del siglo XVI debían cantar las partes agudas (de tiple o soprano) junto a la capilla de música del monasterio. Es así como pudo surgir el grupo de los **cantorcillos** o **niños cantores**, ya considerado como entidad propia en 1648, cuando se estableció en dieciséis el número de niños de la hospedería, «fuera de los cantores»[49].

El hecho de tener buenos niños cantores era algo muy estimado en el monasterio, pues al margen de las necesidades vocales de la capilla, suponía para la comunidad un cierto prestigio ante los seglares (nobles y plebeyos) que visitaban el convento y también ante la orden jerónima. De hecho, en más de una ocasión (por ejemplo, en 1741[50]), el prior acudió al capítulo general acompañado de uno o varios niños cantores; sin duda era un buen escenario para el lucimiento del monasterio ante el resto de prelados y asistentes venidos de todos los monasterios de España.

Aunque nos parezca una monstruosidad, en el monasterio de El Escorial, al igual que en otros lugares, eran acogidos cantorcillos castrados o «capones», que por su condición mantenían la voz aguda, sin afectarles el cambio de voz. Su presencia la conocemos a través de diversas fuentes, como

48 Real Biblioteca del Monasterio de El Escorial, LIX, 106. *Discurso económico...*, p. 42.
49 *Libro de los Actos Capitulares...*, vol. I, p. 701. Acto Capitular de 12-VI-1648.
50 Real Biblioteca del Monasterio de El Escorial, 186-V-13. *Quentas de fabrica y memorial del Arca y estado de la Administ[raci]on. Año de 1734 [hasta 1764]*, ff. 63v-64r.

las *Memorias Sepulcrales* o ciertos libros de contabilidad. Así, conocemos la presencia de al menos tres niños cantores castrados, presentes en los años de 1644, 1659 y 1698[51].

Porterías: En las dos porterías del monasterio —la principal o del convento y la del colegio— había destinados varios niños para ayudar a los monjes porteros. Como ya se ha dicho, las tres plazas de la portería principal fueron creadas en 1567, pero se desconoce el origen exacto de las del colegio. En las *Costumbres de 1567* se advierte al padre portero que les enseñe a recibir a los visitantes con rostro alegre y con gracias, hablándoles con educación y humildad[52]. Pero

Relicarios de la basílica del monasterio. Patrimonio Nacional.

además de la función de guías, desempeñaban otras tareas como, por ejemplo: llevar zapatos a los pobres, barrer los claustros y ayudar al padre portero el día de las reliquias poniendo luces. Advierte, por último, que sea el padre portero quien se encargue personalmente de manipular las reliquias y que nunca entregue las llaves de los relicarios a los niños, pues «si nos faltase algún vaso sagrado o reliquia insigne, no se diga que ha faltado por fiar parte de este cargo a los niños»[53].

Procuración: Este colectivo debió de surgir probablemente en los últimos años del siglo XVI, ya que la primera referencia a él está fechada en 1601, en el marco de una actividad teatral[54]. El crecimiento de este grupo de niños pudo estar condicionado, tal y como sugiere el autor del *Discurso económico*, por el aumento del número establecido en 1648[55]. Dice haber solo uno hacia 1750, pero que en otras épocas llegaron a contarse cuatro o cinco; en opinión del autor, sobraban, ya que su única función era repartir

51 Real Biblioteca del Monasterio de El Escorial, 187-I-15. *Cartas quentas generales de la Ropería de St. Laur[enci]o el Real. Dende el año de 1618 en adelante [hasta 1712]*, ff. 103v, 147v y 260v.

52 Archivo General de Palacio, Patronatos de la Corona, Leg. 1792. *Costumbres de 1567*, p. 411.

53 Real Biblioteca del Monasterio de El Escorial, LIX, 106. *Discurso económico…*, pp. 7-8.

54 SEPÚLVEDA, fray Jerónimo de: *Historia…*, p. 268.

55 Real Biblioteca del Monasterio de El Escorial, LIX, 106. *Discurso económico…*, p. 26.

Claustro de la capilla del Sitio (actualmente, Santuario de Nuestra Señora de Gracia).

los regalos —es decir, fruta y otros manjares— con que la comunidad obsequiaba a los huéspedes del monasterio[56].

Compaña: A este colectivo también se le denominaba, según las épocas, «muchachos de la ración», «de capa» o manteístas, y estaba formado por los estudiantes pobres que acudían como oyentes al seminario o al colegio, a los que se les daba de comer y alojamiento en la Compaña, a cambio de ciertas tareas domésticas en dicho lugar. Su número se estableció en doce. Al principio dormían en la capilla del Sitio, pero hacia 1717 se decidió que fuesen a vivir y dormir a la Compaña, estando sujetos al padre administrador[57].

A cambio de lo que recibían, tenían obligación de ayudar en el refectorio de los pobres en la misma Compaña, y uno de ellos leía historias de santos mientras comían[58]. Esta particular tarea podía generar ciertas situaciones calificadas como «peligrosas» por el autor del *Discurso económico*, debidas a la presencia de «mujerzuelas de poca honra, de mucha libertad y de mayor desenvoltura, que provocan (y soy testigo) a los niños que las sirven con indecentes jocosidades y pulleros términos; y como de los muchachos ninguno es tan inocente como Abel, y que el de menos edad ya pasa de 18 años, ninguno de ellos se queda atrás, dando igual respuesta a la pregunta, y de una palabra colorada en otra puede resultar una gran ruina y levantarse grande llama entre gente moza y libre puesta en la ocasión»[59].

56 *Ibid.*, p. 10.
57 *Las Memorias Sepulcrales…,* vol. I, p. 484.
58 Almela, Juan Alonso de: *Descripción…*, p. 87.
59 Real Biblioteca del Monasterio de El Escorial, lix, 106. *Discurso económico…*, pp. 33-34.

HUÉSPEDES, HABITANTES EXTRAÑOS Y VISITANTES EXÓTICOS

Al monasterio acudían todo tipo de visitantes, muchos de ellos «turistas» de un único día, a los que se mostraba el edificio o parte de él. Pero a otros se les permitía el hospedaje en el edificio principal o en el de la inmediata Compaña por un determinado tiempo, que podía comprender desde un día hasta varias semanas.

Entre todos estos visitantes y huéspedes los había de condición religiosa o laica, regia o plebeya, de extraña o misteriosa naturaleza y de exótico origen; algunos vivían no en el edificio, sino en las tierras adyacentes (principalmente, la Herrería): los ermitaños; y, por último, hubo otros no siempre bien recibidos, sobre todo si se trataba de acceder a los lugares de clausura conventual: los seglares y, en especial, las mujeres.

HOSPEDERÍA Y HUÉSPEDES

En la orden jerónima tenían larga tradición y buena reputación las hospederías de sus monasterios. En ellas se recibía y alojaba a ciertos visitantes, por lo general miembros de la propia orden o familiares de los monjes. En el de San Lorenzo también existió una ubicada en el ala suroccidental (zona conventual) del edificio, en la primera planta, sobre la procuración. Almela ofrece una detallada descripción de la hospedería y sus diversas dependencias, así como la función de cada una de ellas:

> Por junto a la puerta de esta dicha procuración se sube por una graciosa y fuerte escalera, de mediana anchura, al primer alto y a los demás de este claustro, adonde con grande orden se reciben los huéspedes para solamente el comer y el cenar, si fuesen seglares, y esto a cada uno según su estado y merecimiento; porque en una pieza grande y principal del primer alto con sus dos principales ventanas de rejas y vidrieras al patio con su chimenea

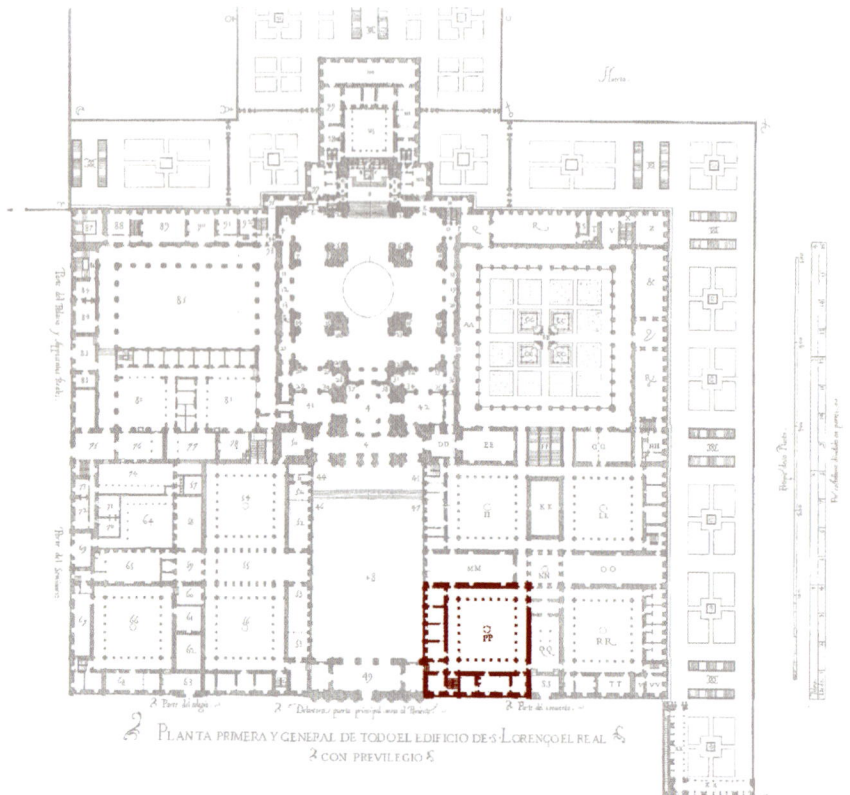

Juan de Herrera: *Planta primera y general de todo el edificio de San Lorenzo el Real*. Enmarcado en rojo el claustro de la hospedería.

para el regalo del fuego en su tiempo y entoldada de buenos paños y muchos cuadros de lienzo pintados de Flandes [...]. Son aposentados, en este
alto, embajadores, nuncios, obispos, catedráticos y doctores y caballeros y
parientes principales de los frailes. Y en otra pieza, en el mismo alto junto a
ésta, los criados de los tales y la gente un poco más baja. Y en otro aposento
de lo bajo, así como parientes pobres de frailes y los barberos del convento
que van a la rasura y otra gente así de esta traza.[1]

La hospedería estaba regentada por el **padre hospedero**, quien debía
encargarse de la limpieza y aseo de las celdas (con la ayuda de los **muchachos de la hospedería**), atender a todos los huéspedes con mucha
caridad y cortesía, y avisar «al administrador de la cocina y a los padres

---

1 ALMELA, Juan Alonso de: *Descripción...*, p. 57.

procuradores de los huéspedes que hubiere y de la calidad que son, para que según eso dispongan su asistencia y servicio de mesa»[2]. En un principio, el padre hospedero contaba con la ayuda de tres muchachos[3], pero más tarde, en el siglo XVII, creció su número hasta superar la docena, tal y como quedó dicho con anterioridad.

Por supuesto, se tenía un trato más considerado con los miembros de la propia orden, a los que se invitaba a comer con el resto de la comunidad y se les alojaba en las celdas de la hospedería. A los monjes de órdenes mendicantes se les servían las comidas en otro lugar (la conocida como «sala de cantos») y dormían en otra hospedería más humilde ubicada en la Compaña. También había ciertos huéspedes seglares especiales a los se ofrecía comida y alojamiento en la hospedería principal[4].

En cuanto al tiempo de permanencia, las normas eran curiosamente muy estrictas con los monjes, pero no tanto con los seglares. A los de la orden jerónima se les permitía pernoctar dos días y a los de otras tan solo uno; por el contrario, para los huéspedes seglares no existía límite, dejándolo a la «prudencia» del padre hospedero y, en todo caso, al tiempo necesario para visitar el monasterio[5].

Otra curiosidad, que nos resulta bastante familiar en los tiempos de nuestros modernos hoteles, es que a veces los huéspedes se llevaban por descuido (o malintencionadamente) las llaves. Para prevenir estas situaciones se advertía al padre hospedero que estuviese atento para «cobrar las llaves de las celdas porque no se las lleven (como ha sucedido)»[6].

La hospitalidad y buenas atenciones —sobre todo en el aspecto culinario— de los jerónimos de El Escorial con sus visitantes (al menos, los más ilustres) se deja traslucir en las impresiones de algunos de ellos, como es el caso de Norberto Caimo. En su estancia en 1755 afirma que el prior le confió «a dos religiosos, muy amables, a los que encargó de acompañarme, y que, comiendo conmigo, por su buen corazón y su alegría, daban en cierto modo un nuevo sazonamiento a los manjares que con profusión me servían»[7].

Por último, referimos una curiosa anécdota de este sacerdote italiano, en la que describe una divertida escena ocurrida en la hospedería del

2   Archivo General de Palacio, Patronatos de la Corona, Leg. 1715. *Costumbres de 1736*, Copia B, f. 68r.
3   *Costumbres de 1566*. Citado en *Las Memorias Sepulcrales...*, vol. I, p. 100.
4   Archivo General de Palacio, Patronatos de la Corona, Leg. 1715. *Costumbres de 1736*, Copia B, ff. 68r-68v.
5   *Ibid.*, Copia B, f. 68v.
6   *Ibidem*.
7   CAIMO, Norberto: *Viaje a España...*, p. 795.

monasterio, muy propia de reuniones de personas de distinto origen y cultura que carecen de los necesarios conocimientos de otras lenguas para poder entenderse con normalidad:

> Algunos momentos después del sermón sirvieron la comida. Tuve los más agradables entremeses del mundo en la conversación charlatana de un pintor vizcaíno con dos capuchinos polacos, un oficial irlandés y un recoleto canario. La dificultad en que se encontraron fue completamente divertida, y hubiera querido que hubiéseis podido ser testigo de ello. Comenzaron a hablar español, pero esos señores, viendo que lo despellejaban de una manera desagradable y no se entendían, pasaron al francés; aquello aún fue peor. Convinieron, pues, en atenerse al latín; ¡y qué montón de solecismos, de barbarismos y de faltas de toda especie! Eso, unido al desorden de su palabra, produjo una escena tan divertida, que hasta los criados que servían estaban muertos de risa. Por lo demás, se entendieron mejor y se regocijaron mucho durante toda la comida.[8]

LAS PORTERÍAS Y LOS GUÍAS DEL MONASTERIO

Eran cinco las porterías del monasterio: convento, colegio, seminario, cocina del colegio y cocina del convento.

Todas las porterías debían ser cuidadosamente vigiladas por sus respectivos **padres porteros** con el fin de controlar el acceso al monasterio. Pero era quizás la de la cocina conventual la más vigilada, pues daba acceso a las cocinas, despensas y bodegas, lugares vedados a los seglares y muy atractivos por los productos que allí se guardaban. En la documentación escurialense se advierte al padre encargado de esta portería que «no consienta entren seglares en las cocinas ni bodega y a todos los mozos y aun a cualquier seglar, como sea de respeto, y a los muchachos si viere van cargados pregunte y mire lo que llevan y adónde, y si no fuere lícito se lo quite»[9].

Otra importante función de los religiosos porteros era la organización y control de las visitas al monasterio, cuyo acceso estaba ubicado en la portería del convento, dentro del Patio de los Reyes. El religioso portero debía tener, además de buena conducta religiosa, muy buenos conocimientos del monasterio «para que pueda hablar con propiedad de términos y voces en lo que enseñare, y ha de poner muy especial cuidado en facilitarse en el uso de la lengua latina, porque habrá ocasiones en que la haya menester, tratando con sujetos que no le hablen en otra y con personas de todas jerarquías; y así se debe arreglar con discreción y prudencia a

8 *Ibid.*, p. 801.
9 Archivo General de Palacio, Patronatos de la Corona, Leg. 1715. *Borradores de Costumbres [s. XVII]*, Cuaderno Ia, f. 21r.

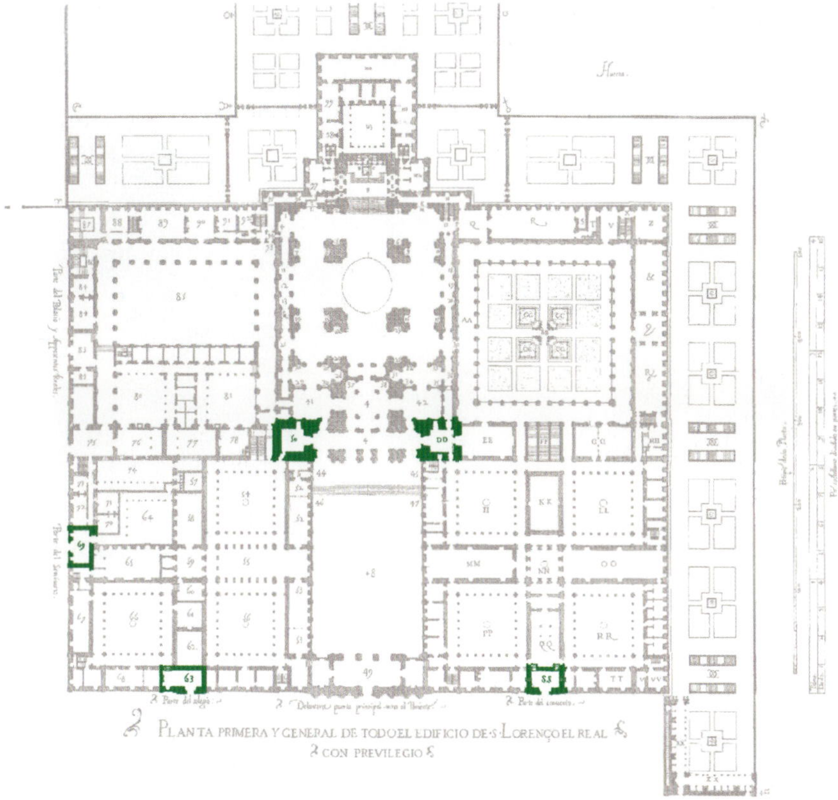

PLANTA PRIMERA Y GENERAL DE TODO EL EDIFICIO DE S. LORENÇO EL REAL
CON PREVILEGIO

Juan de Herrera: *Planta primera y general de todo el edificio de San Lorenzo el Real.* Marcado en verde las diferentes porterías.

José Gómez de Navia: *Vista de la fachada principal del real monasterio de San Lorenzo de El Escorial por la parte de poniente,* 1800. Detalle de la entrada a la cocina conventual, actual acceso a la Comunidad de Padres Agustinos.

Portería del convento. Foto: Luis Sánchez.

la persona con quien tratare, y hablar a cada uno en su lengua, en cuanto le sea posible»[10].

De la paciencia que debían tener los padres porteros con la multitud de visitantes del monasterio nos habla Sigüenza: «porque acontece a cada paso haberla andado a mostrar con unos y llegar luego otros, y luego otros y todos tan ganosos o tan impacientes si no les acuden con mucha puntualidad a su gusto, como si fueran solos ellos con quien se había de cumplir»[11].

Pero no solo era el padre portero quien mostraba el monasterio a los visitantes, pues habitualmente servían de guía los muchachos de la hospedería y, excepcionalmente, el prior, según fuese la categoría social y distinción del visitante. Según un documento de comienzos del XVII[12], a la gente principal les guiaba el padre portero «a cualquier hora del día, excepto mientras duerme el convento a mediodía»; y si fuere un personaje con título nobiliario, monjes de órdenes monacales y prelados de órdenes mendicantes «avisará a nuestro padre por si quisiere señalar algún religioso

10 Archivo General de Palacio, Patronatos de la Corona, Leg. 1715. *Costumbres de 1736*, Copia A, ff. 105r-105v.
11 SIGÜENZA, fray José de: *Historia…*, vol. II, p. 570.
12 Archivo General de Palacio, Patronatos de la Corona, Leg. 1715. *Borradores de Costumbres [s. XVII]*, Cuaderno Ia, f. 19r.

que ayude con él». Por último, «a la demás gente ordinaria la han de enseñar [la casa] los muchachos que para esto están en la puerta, y no permita
que les den dineros sino les avise a los muchachos no lo reciban aunque
se lo den, y si no lo guardaren los castigue y si no aprovecharen avise a
nuesto padre para que los despida».

Como se puede apreciar, los padres jerónimos eran bastante riguro-
sos con el asunto de las propinas. Pero existía una interesante excepción:
debían aceptarla cuando eran de muy alta cuna, en cuyo caso «parece se
podrá permitir si les diere alguna cosa que la reciban, digo los muchachos
que el padre portero claro está que de ninguna manera ha de recibir dinero alguno, aunque le importunen con ello, ni de mano de caballero ni de
príncipe ni de otro alguno»[13].

¿Qué partes o zonas del edificio se mostraban? Dependía del linaje del
visitante, de modo que, con respecto a los visitantes ilustres: «podrá entrar
en la sacristía y en la iglesia y subir con ellos al altar mayor y los capítulos, iglesia vieja y entrar en el coro y en las librerías y botica toda; y a los
más principales podrá enseñar las mangas pidiendo licencia primero a
uno de los sacristanes, y a todos el colegio, y si quisiere podrá enseñar la
Compaña, y sin licencia de nuestro padre no ha de enseñar otra cosa». Por
el contrario, a la «gente ordinaria» los muchachos podían mostrarles «el
claustro principal y capítulos, iglesia vieja, y no han de entrar en la sacristía y lleguen no más de a la entrada del coro y vean la iglesia por lo alto y
las librerías por las ventanas [...] y podrán bajar por la escalera de la botica
y no les enseñen otra cosa»[14].

Conocemos el nombre de alguno de los jerónimos que ejercieron de
guías del monasterio. Por ejemplo, de fray Baltasar de Soria (1631-1677)
se dice que fue «perpetuo acompañador de huéspedes y por tener natural
muy agradable para esto iban todos tan gustosos de su agrado, agasajo y
condición, que no venían ningunos que no viniesen encomendados a él
para que les enseñara las grandezas de esta maravilla, porque unos se lla-
maban a otros, con que no había ciudad en toda España, ni lugar donde
no hubiese gente a quien hubiese agasajado; hasta los extranjeros le conocían y le tenían mucha noticia del agrado y sumo cariño con que recibía a
todos lo que venían a visitar este santo templo y a gozar de su grandeza»[15].

No deja de causar admiración otro famoso guía, en este caso seglar,
llamado Cornelio Burgos, por su condición de invidente. Sobrevivió a la

13 *Ibid.*, Cuaderno Ib, ff. 2r-2v.
14 *Ibid.*, Cuaderno Ia, f. 19v.
15 *Las Memorias Sepulcrales...*, vol. I, pp. 566-567.

exclaustración y de él dice Quevedo que «tanto llama la atención por el buen modo con que acompaña a todos los viajeros, sirviéndoles de Cicerone para ver todas las preciosidades que encierra el monasterio»[16]. Cuando en 1842 visitaba el monasterio el viajero inglés Richard Ford, le sirvió de guía Cornelio, de quien habla en estos términos: «El mejor guía es Cornelio, un hombre ciego que guía a los ciegos, pero que ve claramente con su "ojo mental", conoce todos los rincones y señala particularmente las mejores vistas»[17]. Théophile Gaultier también fue acompañado en 1840 por este célebre guía, de quien asegura ser «algo maravilloso el ver con qué precisión se paraba delante de los cuadros, diciéndonos el tema y el pintor sin dudar y sin equivocarse jamás»[18].

Llaman la atención las malas costumbres de algunos visitantes —en este caso, nunca mejor dicho, gente ordinaria— que no dudaban en hacer sus necesidades en cualquier rincón del edificio. Tan desagradable y poco higiénica práctica debía ser impedida y extremadamente vigilada por los muchachos que enseñaban el monasterio, debiéndose colocar uno delante y otro detrás del grupo:

> Cuando los muchachos enseñaren la casa les advierta que al bajar de las escaleras se queden ellos detrás y la gente baje primero adelante para que no tengan lugar de orinarse en los rincones, y cuando entrare mucha gente a ver la casa haga que vayan entrambos muchachos, uno adelante y otro atrás, para que vaya toda la gente junta.[19]

Antiguo cartel prohibitivo, que bien hubiera podido estar en el monasterio para disuadir a ciertos visitantes sin escrúpulos.

16 QUEVEDO, José de: *Historia…*, p. 217.
17 FORD, Henry: *A hand-book for travelers in Spain and readers at home*, John Murray, Londres, 1845, p. 808.
18 GAULTIER, Théophile: *Voyage en Espagne. Tras los montes*, G. Charpentier, París, 1881, pp. 128-129.
19 Archivo General de Palacio, Patronatos de la Corona, Leg. 1715. *Borradores de Costumbres [s. XVII]*, Cuaderno Ib, f. 1r.

HABITANTES EXTRAÑOS DEL CONVENTO:
LA «FRAILA», LA CARBONERA...

Hubo algún caso excepcional en que la comunidad autorizó la estancia indefinida a ciertos huéspedes especiales que, por lo prolongado de dicha residencia, pasaron a ser más bien habitantes del mismo. Concretamente, en 1627, el convento dispuso «unos aposentos en la Compaña para hospedar a las mujeres, madres y parientes de los religiosos deste santo convento»[20]. Es el caso de la madre de fray Pedro de Tafalla, a la que se le concedió tal privilegio por su suma pobreza. La celda que ocupó estaba en la carbonera de la Compaña, por lo que «con ocasión de vivir en él la Tafalla, que así la apellidaban, se ha quedado con el nombre de Tafalla el almacén del carbón»[21].

Fachada este de la Compaña, donde estaba situada la celda Tafalla. Foto: Gustavo Sánchez.

Otro singular habitante que aparece en 1724 es «el Morillo», probablemente un niño apresado en las campañas del norte de África. No obstante, la naturaleza y precio de la indumentaria que le compró el convento

20 *Libro de los Actos Capitulares...*, vol. I, p. 415. Acto Capitular de 3-IX-1627.
21 RODRÍGUEZ, Francisco de Paula: *Monjes jerónimos...*, p. 94.

hacen pensar en un probable origen noble del niño: más de setecientos reales en «medias, corbatas, calcetas, zapatos, sombrero, espadín y otras menudencias»[22].

Pero el más extraño de los moradores del monasterio es el que aparece a mediados del siglo XVII bajo el nombre de «la fraila». Indudablemente se trataba de una mujer, pero todo un halo de misterio envuelve su función o presencia en el monasterio. Los únicos datos que tenemos de «la fraila» son la compra de un mandil en 1654 y la hechura de un vestido en 1655[23]. Después de esa fecha no se tienen más noticias sobre esta persona.

VISITANTES EXÓTICOS: JAPONESES, PERSAS, MARROQUÍES, PROTESTANTES...

Los primeros visitantes exóticos del monasterio llegaron cuando aún no estaban concluidas las obras del edificio, en 1584. Se trataba de cuatro nobles japoneses enviados a El Escorial «por mandado del rey», lo que demuestra la evidente intención que tenía Felipe II de difundir la grandeza de su obra por todo el orbe. Estaban visitando Europa guiados por unos padres jesuitas y se dirigían a Roma a ver al sumo pontífice. Eran muy jóvenes (quince y dieciséis años de edad) y en su visita al monasterio el prior «les regaló lo mejor que pudo y les enseñó todo lo que había que ver en ella, y comió con ellos en la hospedería y con los padres de la Compañía de Jesús que venían con ellos»[24]. En otro documento de la época también se hace mención de la visita de los caballeros japoneses a El Escorial, pero de una forma algo más extensa y detallada:

> Así los aposentaron y recibieron allí aquella noche, haciéndoles la honra y servicio posible; a la mañana oída misa, comenzaron a ver las cosas notables que hay en aquella real casa, y comenzaron por las santas reliquias, y después vieron la sacristía llena de muchas riquezas, y luego la librería con muchísimos libros en todas lenguas muy bien aderezados, y tras esto el edificio del monasterio, en que vieron cuatro cuartos, cada uno con su jardín, fuera del quinto, que es el propio aposento del rey, y en todos ellos grandísimo número de aposentos con seis altos cada cuarto, el uno sobre el otro. Quedaron maravillados de tanta grandeza en el edificio, estatuas, pinturas, columnas de finísimo mármol; y otras cosas sinnúmero de gran valor, y otro día después de haber comulgado, y tomado la refección corporal, que

---

22 Real Biblioteca del Monasterio de El Escorial, 186-IV-14. *Quentas de fabrica y mem[oria]l del Arca y esttado de la Administraz[ió]n. 1705 [hasta 1733]*, f. 148v.

23 Real Biblioteca del Monasterio de El Escorial, 187-II-17. *Gastos de la Procuracion. Año 1645 [hasta 1658]*, ff. 528v-529v.

24 SAN JERÓNIMO, fray Juan de: *Memorias…*, p. 395.

con mucha largueza se la tenía puesta en orden el padre prior, se volvieron a Madrid.[25]

Los príncipes japoneses en El Escorial. Recreación del siglo xix sobre la visita de dichos príncipes al monasterio en 1584, todavía en construcción. Grabado de la *Historia descriptiva...* de Rotondo, 1863.

Otra ilustre y un tanto atípica visita fue la que realizó en 1601 el embajador de Francia, porque el hecho de que fuese hugonote (protestante) —y, por tanto, considerado hereje— provocó una serie de situaciones y comentarios irónicos e incluso despectivos por parte de los cronistas jerónimos:

> Enseñáronle la casa y todo cuanto en ella había y él lo miró con mucha curiosidad, que parecía hombre de mucho juicio, y vio la sacristía y los ornamentos tan preciosos que allí hay, y cuando llegaron a querelle enseñar las reliquias, no pudieron abrir los relicarios, ni las llaves quisieron hacer su oficio. Túvose por permisión de Dios para que aquel pérfido hereje

---

25 Buxeda de Leyva: *Historia del Reino de Japón y descripción de aquella tierra, y de algunas costumbres, cerimonias, y regimiento de aquel reino, con la relación de la venida de los embajadores del Japón a Roma, para dar la obediencia al Sumo Pontífice, y a todos los recebimientos que los príncipes cristianos les hicieron por donde pasaron, y de las cartas y presentes que dieron a Su Majestad el Rey nuestro señor y a los demás príncipes [...]*, Pedro Puig, Zaragoza, 1591, ff. 44r–44v.

*Husain Ali Beg, embajador
persa en Europa* (1599-1602).
Grabado de la época.

no viese aquellas santas reliquias, y que no quiso que las llaves abriesen, aunque para esto se hicieron no pocas diligencias, como de ello fui buen testigo, donde se echó de ver que el Señor no quiso que este hereje viese las reliquias y huesos de almas que Él tanto quiso y quiere, a las cuales reliquias este hereje ha hecho tanto mal y ha perseguido tanto, ya que ahora no a lo menos no ha mucho que las perseguía con su rey y tenían jurado los dos por tres veces la secta o herejías de los hugonotes allá en su tierra, y defenderla de todo el mundo.[26]

Ese mismo año visitó el monasterio otro importante y exótico personaje: el embajador de Persia. No menos exóticas encontró él nuestras costumbres y modo de vida, y quedó maravillado por la majestuosidad y grandeza del edificio. Muy curiosa es la referencia a las músicas que interpretaron durante su estancia en la hospedería y, sobre todo, la forma de despedirse del prior:

> Mirábalo todo con mucha curiosidad. Fuimos a verlos a la Hospedería los religiosos de esta casa un día que estaban comiendo, y comían como unas bestias. Era el embajador muy hombre y representaba muy bien ser hombre de estima en su tierra. Era cuñado de su rey y de lo mejor de aquel reino. En acabando de comer pidió un discante o laúd que traía y tañó un rato tonos muy diferentes de los que acá tañemos. Dijo al faraute o lengua que nos dijese que nunca había visto semejante cosa, ni casa tan real, y que escribiesen a Su Majestad una carta y que en ella le dijesen que besaba a Su Majestad las manos y que en esta casa de San Lorenzo el Real se le había hecho mucha merced y gran regalo, y que iba espantado de cosa tan grandiosa [...]. Anduvo toda la casa y vio todo cuanto hay en ella y subió a ver las campanas y campanillas y por su respecto se tañeron. No acabaron de admirar y espantarse por ser cosa muy nueva para ellos aquélla, por no usar ellos de campanas en su tierra. Pidió la estampa de la casa, que está en veinte papeles [las Estampas de Herrera], para llevársela a su rey, y diéronsela muy bien envuelta y llevábala de muy buena gana y dio muestras de que la preciaba en mucho. A la despedida se mostró muy afable, particularmente con el prior de esta casa; rióse mucho con él y cuando se quiso despedir

de él le abrazó por detrás a su modo y usanza, y el prior se corrió mucho, y volvió y le abrazó por delante.[27]

Otro embajador, esta vez de Marruecos, visitó el monasterio en 1690, dentro del itinerario que trazó en su viaje a España. De sus experiencias e impresiones escribió una relación en la que refiere de forma muy peculiar su estancia en San Lorenzo. Quizás el fragmento que más llama la atención es la excesivamente imaginativa descripción de las torres y las campanas. Al igual que sucedió con el embajador persa, quedó fascinado por este instrumento, tan extraño a la cultura musulmana:

Pedro Pablo Montaña: *Carlos III y el embajador marroquí*, siglo XVIII. Pintura mural en la Delegación de Gobierno de Barcelona.

> Está dominada por nueve grandes campanarios muy altos que se lanzan al aire; cada uno de ellos está dotado de un reloj indicando las horas y de enormes campanas, que hacen sonar en ciertos momentos un número repetido de veces. El sonido que dejan oír se parece al que produciría un instrumento de música.[28]

Por último, hay una interesante intriga en torno a la visita que realizó al monasterio en octubre de 1766 otro embajador marroquí: Mohamed ben Otoman. El convento —siguiendo instrucciones de Palacio— quiso impedir a toda costa que viese los numerosos ejemplares del *Corán* conservados en la biblioteca, a excepción de uno, el más conocido y valioso, el cual podía consultar sin ningún inconveniente. De este modo se dieron órdenes desde Palacio para que fuesen retirados todos esos ejemplares del *Corán* y se llevasen a un «lugar reservado», y que si acaso preguntase por ellos se le dijese que se habían quemado «con otras muchas alhajas en el fuego que hubo tres años ha»[29].

27 *Ibid.*, pp. 253-256.
28 *Viaje a España de un embajador marroquí, 1690*, en *Viajes de extranjeros...*, vol. IV, p. 334.
29 Archivo General de Palacio, Administraciones Patrimoniales, Leg. 1830, Exp. 78: Carta del prior al Marqués de Grimaldi, 5-X-1766.

LOS ERMITAÑOS DE LA HERRERÍA

Hasta tres ermitas existieron en la dehesa de la Herrería, si bien en distintas épocas. La primera en importancia y antigüedad fue la de Nuestra Señora de la Herrería, ya existente cuando Felipe II adquirió la dehesa[30]. Quizás la referencia más antigua a ella y al ermitaño que la habitaba sea la proporcionada por fray Juan de San Jerónimo en el contexto de una excursión realizada por los monjes del monasterio en 1575:

> [...] fueron todos los dichos padres sin camino a la ermita de la Herrería de Fuente Lámparas pasando por los arroyos y por la espesura de las jaras, fresnos y robles y otras malezas que en ella hay, en la cual ermita estaba un ermitaño viejo y flaco, aunque sano, el cual abrió la puerta de la dicha ermita donde estaba la imagen de Nuestra Señora y entrando los dichos cantores comenzaron a cantar en fabordón la *Salve Regina*, que no solamente al dicho ermitaño pero a todos los demás padres que allí se hallaron movió a tanta devoción que los hacía llorar.[31]

Pero el monarca mandó derribar la ermita porque, al parecer, era lugar de reunión para gentes de mal vivir, amén de que la presencia continua de fieles perjudicaba la caza[32]. El Rey Prudente construyó en el mismo lugar otra «que llaman de San Juan, pero aunque se conserva y está buena, no sé que haya imagen de San Juan, ni veneración de ermita»[33].

En 1619 se hace referencia en un capítulo conventual a otra ermita situada junto a la huerta del Castañar, que estaba vacía desde hacía más de doce años. Es la segunda de las ermitas. El citado capítulo acordó ceder esta ermita a Gaspar de los Reyes, «criado desta casa más ha de treinta años, que ha servido y sirve muy fielmente de maestro de cocina sin que dél haya sonado queja ninguna, se quería agora recoger por ermitaño [...] pide se le dé una ración de pan y carne para su sustento en limosna y agradecimiento de sus servicios para pasar allí lo restante de su vida»[34].

Por último, al poco tiempo de ser derribada la antigua ermita de Nuestra Señora de la Herrería, comienzan a aparecer testimonios sobre la ermita de Nuestra Señora de Gracia o de los Ermitaños, ubicada junto al Castañar, no muy lejos de la anterior. Allí vivió, según refiere Almela, el «hermano Nicolás, hombre de gran ejemplo», entre los años 1567 y 1583,

---

30 Ramírez Altozano, José Javier: *Historia de los bosques reales...*, p. 157.
31 San Jerónimo: *Memorias...*, p. 148.
32 Ramírez Altozano, José Javier: *Historia de los bosques reales...*, p. 157.
33 *Ibid.*, p. 161.
34 *Libro de los Actos Capitulares...*, vol. I, p. 359. Acto Capitular de 12-IV-1619.

© Patrimonio Nacional

Anónimo: *El Castañar*, ca. 1640 (Monasterio de El Escorial, Patrimonio Nacional). Detalle de la ermita de San Juan.

retratado entre los santos de la Gloria del coro del monasterio[35]; aunque no sabríamos identificar su imagen con certeza. Lo que sí parece cierto es que, a su muerte, su cráneo fue cedido al monasterio, y aún muchos años después permanecía «entre los religiosos de esta casa con harta estimación»[36]. La ermita se deterioró y quedó casi en ruinas en el siglo XVII, pero un monje devoto de esta advocación, fray Diego de Trujillo (ca. 1626-1694), «hizo con limosnas que adquiría y su continua asistencia, se compusiese dicha ermita y reparasen las ruinas que el tiempo había hecho en ella, cual sucede en fábricas desiertas y poco habitadas»[37]. Pero poco pudieron ayudar estas reformas, pues en 1722 se determinó construir una nueva junto a la antigua, la cual se mantuvo en pie hasta que, por efecto de la desamortización, se arruinó por completo en el siglo XIX. Hoy en día tan solo se aprecian las ruinas —de una u otra ermita— en la finca de los Ermitaños[38].

Existe la curiosa noticia de un monje del monasterio, fray Pedro Marín (ca. 1593-1648), quien, aquejado de una enfermedad sospechosamente contagiosa, fue obligado por el prior a trasladarse a la ermita de de Nuestra Señora de Gracia, donde en pocos días murió. Allí mismo fue enterrado y en 1652 se ordenó trasladar sus huesos al monasterio[39].

En alguna de las dos ermitas que permanecieron activas vivieron varios ermitaños durante el siglo XVIII, sobre los que existen diversas referencias a limosnas de ropa. En 1726 se alude simplemente «al ermitaño» y en 1728 «al ermitaño de Nuestra Señora de Gracia», que debieron de ser el mismo. Pero en otra referencia de 1728 también se incluye a «un ermitaño extranjero», que no sabemos si era más bien un peregrino de paso por el

35 ALMELA, Juan Alonso de: *Descripción...*, p. 42. La referencia de los años procede de SABAU, Gabriel: *Historia del culto a la Virgen de Gracia y crónica de su romería*, Imprenta del Real Monasterio, San Lorenzo de El Escorial, 1959, pp. 33-38.
36 Citado por SABAU, Gabriel: *Historia del culto...*, p. 37.
37 *Las Memorias Sepulcrales...*, vol. I, pp. 455-456.
38 SABAU, Gabriel: *Historia del culto...*, pp. 23-144.
39 *Las Memorias Sepulcrales...*, vol. I, p. 545.

Bartolomeo Pinelli:
Mujer y ermitaño,
1809. Grabado.

monasterio o estaba realmente afincado en alguna de las dos ermitas de la Herrería[40].

Desgraciadamente, el final de los ermitaños de la Herrería fue un tanto escandaloso. En el año 1791 se hicieron unos *Autos sobre la vida y costumbres del ermitaño Vicente Ballester*[41]. Según este documento, el tal ermitaño fue apresado una noche cuando trataba de intimidar a una vecina del Sitio. Según los testigos, Vicente había venido a El Escorial hacia 1781, después de estar sirviendo en el convento de capuchinos de El Pardo y, aunque al principio parecía llevar una vida religiosa y penitente, al cabo de unos cuatro años empezó a relajarse y darse a la bebida. Para adquirir el vino o aguardiente vendía de forma ilegal los cabos de las velas que le daba la reina para el Santo Cristo que tenía en su cueva, según antigua tradición. Incluso intentó, aunque en vano, casarse con la hija del guardián de la ermita de Nuestra Señora de Gracia. Finalmente, se dictaminó enviarle a un convento de capuchinos de Toledo para intentar enderezar su vida y la cueva fue destruida, siendo trasladada la imagen del Santo Cristo al hospital del Sitio o de San Carlos.

SEGLARES Y MUJERES EN LA CLAUSURA

La clausura conventual tenía por principal misión salvaguardar los votos de castidad y abandono del mundo realizados por los religiosos, impidiendo la entrada de seglares —y, muy en especial, mujeres— al recinto

---

40 Real Biblioteca del Monasterio de El Escorial, 187-I-16. *Qventas de la Roperia de S. Lorenzo, año de 1713 [hasta 1770 inclusive]*, ff. 49v y 57r.

41 Real Biblioteca del Monasterio de El Escorial, LIX, Exp. 164. Autos sobre la vida y costumbres del ermitaño Vicente Ballester, 1791.

Zaguán de la portería del convento. Foto: Luis Sánchez.

monástico. Dicha entrada estaba regulada a través de las porterías del mismo y de sus habituales custodios, los padres porteros. Estos, como queda dicho, debían ser monjes ancianos y respetables, y celar que «no haya comunicaciones ni tratos con seculares»[42], de modo que cuando se acercasen mujeres a las porterías «hará que cuanto antes las despachen, porque no parecen bien a la puerta de los monasterios y no permitirá que entren dentro del atrio»[43].

Ni tan siquiera estaba permitida la entrada de mujeres al zaguán de la portería principal, lo cual debía vigilar de manera especial el padre portero, para que «no haya comercios ni conversaciones en aquella portería, especialmente con mujeres, y si alguna frecuentare el andar por allí la despida con modestia y discreción [...] no permitiendo que por ninguna ocasión o motivo entren mujeres en el zaguán de aquella portería, pues siempre se ha reputado por término de clausura»[44].

Pero, a pesar de lo estricto de las normas, el acceso de seglares (hombres y mujeres) a las zonas de clausura conventual parece que fue algo muy frecuente, sobre todo en los siglos XVIII y XIX, especialmente en tiempo de jornada. Buen ejemplo de ello son situaciones como la que relata el prior en un capítulo conventual de 1828, en el que se «reprendió públicamente (aunque sin nombrarlo ni sacarlo en capítulo) a un religioso que la tarde antes había ido de paseo con dos seglares, sin ir otro religioso, andando

42 Archivo General de Palacio, Patronatos de la Corona, Leg. 1715. *Costumbres de 1736*, Copia A, ff. 103v–104r.
43 *Ibid.*, Copia A, f. 104r.
44 *Ibid.*, Copia A, f. 107v.

Michel-Ange Houasse: *El jardín de los frailes en El Esco-rial*, 1720-1724. Madrid, Patrimonio Nacional.

con ellos mismos por jardines y huerta cuando la comunidad estaba en Maitines hasta las ocho de la noche»[45].

Incluso tuvo que intervenir el rey en alguna ocasión, como sucedió en 1800, advirtiendo «que en la Huerta y Bosquecillo no puedan entrar mujeres hasta dadas las cuatro de la tarde, ni puedan pasearse por los jardines, ni subir al coro, cornisas ni campanillas sin expresa orden de Su Majestad y de Su Reverendísima, y que cuando entren algunos señores con buleto, se atienda a que no vayan en su compañía mujeres de mala nota»[46]. De nuevo en 1807 emitió el monarca un decreto con una lista de lugares en los que con mayor asiduidad se faltaba a la clausura, entre los que llama especialmente la atención el relativo al coro, pues advertía que «estándose celebrando los divinos oficios o cantándose las horas canónicas, no puedan transitar por el coro las mujeres»[47], lo que ofrece una idea de la relajación en la que había caído el respeto a la clausura del monasterio.

Lo expuesto hasta ahora se refiere a la entrada de seglares en el monasterio, pero la clausura también puede ser considerada de puertas hacia afuera, es decir, aplicada a los monjes y sus salidas del recinto monástico. A tal punto parece que llegó este asunto en el siglo XVIII, que hubo de ser tratado repetidas veces en el capítulo conventual. Pero la relajación de

45 *Libro de los Actos Capitulares…*, vol. III, p. 185. Acto Capitular de 4-VIII-1828.
46 *Ibid.*, vol. II, p. 755. Acto Capitular de 10-X-1800.
47 *Ibid.*, vol. II, p. 811. Acto Capitular de 15-V-1807.

Michel-Ange Houasse: *El jardín del rey en El Escorial*, 1720-1724. Madrid, Patrimonio Nacional.

Fernando Brambilla: *Vista del interior del coro del real monasterio de San Lorenzo*, ca. 1824. Detalle donde se aprecia a dos mujeres en el balcón del órgano. Madrid, Patrimonio Nacional.

las costumbres monásticas en esta época en España fue algo general, que incluso suscitó la intervención de la Inquisición con un edicto sobre el quebrantamiento de la clausura en los monasterios. Dicho edicto fue leído en el monasterio de El Escorial en un acto capitular en agosto de 1777[48],

48 *Ibid.*, vol. II, pp. 525-526. Acto Capitular de 29-VIII-1777.

Celdas del claustro principal alto. Foto: Luis Sánchez.

tras lo cual el prior decretó una serie de puntos con el fin de garantizar tan importante precepto religioso:

- 1.º) Si alguien tenía copias de las llaves de la clausura, «que en el término de los tres días inmediatos entreguen a Su Reverendísima las llaves que acaso tuviesen o las echen por la ventana de la celda que sirve para el correo».
- 2.º) A lo anterior se exceptuaba «el tiempo de la jornada de Su Majestad, en que están abiertas las puertas de la clausura, y por consiguiente no se necesitan llaves para salir fuera de ella».
- 3.º) El prior se reservaba para sí la absolución del pecado de quebrantamiento nocturno de clausura, «respecto de todos los religiosos sus súbditos, así del monasterio como del Colegio y de Párraces, incluyendo también en esta reservación a los que hallándose de granja en la Fresneda, saliesen de ella a deshora de la noche o solos o de cuadrilla sin expresa licencia del que fuese presidente de la dicha granja, exceptuando solamente las madrugadas a pescar».

En relación con el segundo punto, hubo una serie de capítulos de culpas en vísperas de las jornadas de los reyes en el Real Sitio, en los que se advertía muy seriamente sobre la guarda de la clausura durante dicha estancia. Llaman la atención especialmente las advertencias de 1785, ordenando que ningún monje «fuese sin licencia a Palacio, ni a casa de la familia de los infantes»[49] y, sobre todo, la de 1792, en la que el prior dictaminó que ningún monje «diese de comer ni de cenar a ningún seglar en sus celdas, y que no pudiesen dormir en ellas»[50]. Todo lo cual da a entender a las claras que los monjes solían hacer aquello que se les estaba prohibiendo: iban sin permiso a palacio y a las casas de infantes, daban de cenar a seglares en sus celdas, e incluso dormían en ellas.

HUÉSPEDES NO DESEADOS: LOS FRANCESES

Como es sabido, las tropas de Napoleón Bonaparte y de su hermano José —a quien coronó como rey de España— invadieron la península en 1808, causando numerosos estragos en los lugares por los que pasaron y en los que residieron.

Joseph Flaugier: *José I Bonaparte*, 1808 (detalle). Museo Nacional de Arte de Cataluña.

El monasterio de El Escorial se vio seriamente afectado por esta situación, tal y como denuncia fray José Malagón —testigo ocular de la mayoría de los hechos— en el prólogo al tercer volumen de los *Actos Capitulares*[51]. Estos se podrían resumir de este modo:

El 1 de diciembre de 1808, presos del miedo ante las primeras voces de alarma de la inminente llegada de los franceses a Madrid, el prior y el vicario huyeron del monasterio. El 3 de diciembre entraron a caballo cuatrocientos dragones franceses en la villa de El Escorial, «donde incendiaron algunas casas, principiando por la del guarda mayor y capilla de San Lorenzo o iglesia antigua de casa del padre campero, donde estuvieron los fundadores monjes y casi todas las de la plaza».

Primera víctima: fray Silvestre Ruiz (ca. 1778-1808). Cuando los franceses subían por la calle de los alamillos, fray Silvestre, vestido de soldado, «salió a hacer frente a los franceses y estando en medio de la cuesta, junto a la pared del jardín del rey, más abajo del primer hito o mojón de los apeos, parece se le fue el tiro a uno de los paisanos, pues aún no se habían presentado los enemigos, y le entró la bala por los riñones saliendo por la

---

49 *Ibid.*, vol. II, p. 600. Acto Capitular de 3-X-1785.
50 *Ibid.*, vol. I, pp. 678. Acto Capitular de 14-IX-1792.
51 *Ibid.*, vol. III, pp. 7-18. Prólogo.

Monasterio de prestado. Grabado del siglo XIX.

ingle izquierda; le subieron al hospital del Sitio, se confesó con un religioso francisco gilito que allí asistía, y murió muy pronto».

El 4 de diciembre de 1808 sobre las 10 de la mañana entraron en el Sitio dos regimientos franceses y «penetraron hasta la puerta de las cocinas; aquí les dispararon desde las ventanas de la enfermería algunos soldados y paisanos que estaban dentro, y mataron un capitán y dos caballos; los franceses tiraron algunas descargas y quebrantaron la cerradura de la puerta del Seminario». Los pocos monjes que había fueron arrestados y expulsados del monasterio.

En 1809 comenzaron a volver los religiosos al monasterio, pero el 20 de agosto se decretó su salida, salvo la de los padres ancianos (catorce en total), que se quedaron en el claustro de mediodía, en la segunda planta. Según el relato del padre Malagón, «los franceses saquearon el monasterio, iglesia y palacio, pero con orden y conduciendo a Madrid las alhajas y efectos».

El principal responsable de este saqueo fue Frédéric Quillet, emisario de Napoleón, que «fingiendo ser emigrado de la Francia, se aposentó aquí y venía con frecuencia al monasterio [...] se acompañaba con el padre portero principal y éste se lo enseñaba todo, y Federico todo lo apuntaba en

© Patrimonio Nacional

Luca Giordano: *Batalla de San Quintín* (detalle). Este fresco, en la escalera principal fue objeto de un intento de destrucción por parte de Frédéric Quillet, durante la Invasión Francesa. Monasterio de El Escorial, Patrimonio Nacional.

© Patrimonio Nacional

su libro de memoria». Cuando llegaron los franceses consiguió una orden del rey José I para hacerse cargo de las obras de arte y llevarlas a Madrid, no sin antes desmontarlas con peligro de su deterioro e incluso destrucción, como sucedió con el tabernáculo, que sufrió importantes daños durante las cinco semanas que se emplearon en desmontarlo.

Tabernáculo de la basílica del monasterio, que sufrió diversos daños durante la Invasión Francesa. Patrimonio Nacional.

Además, cuenta Quevedo, que Quillet intentó acabar con todo lo que no se podía llevar, para lo cual pidió permiso al general «para destruir a balazos los hermosos frescos de la escalera principal y, particularmente, los que representaban la célebre jornada de San Quintín; y aunque esta absurda petición le fue negada, insistió en que se le dejase al menos disparar cohetes para mancharlo, pero el general volvió a negárselo».

El 7 de enero de 1810 vinieron trescientos soldados franceses, y el 12 de marzo intentaron llevarse las campanas y el carillón, para lo cual mandaron venir a cinco vizcaínos —es decir, vascos, famosos por su fortaleza

Aspecto de la antigua plaza del Real Sitio de San Lorenzo de El Escorial, con la Casa del Gobernador (más tarde, del Ayuntamiento) y su característica espadaña con la campana y el reloj, según una fotografía de comienzos del siglo XX.

física— los cuales, tras doce días de espera por las negociaciones, se impacientaron y, «sentados en los pretiles de la plaza del Sitio, hacían sones con los martillos, y decían con algazara: «Éste a la primera golpe hacer pedazos la más fuerte»». Pero, finalmente, el buen curso de las gestiones impidió que esto sucediera, por lo que «subiendo los criados del convento a la torre, las echaron a vuelo el Sábado Santo en que esto sucedió, y tocaron Aleluya de su triunfo».

El 24 de julio de 1812 se marcharon los franceses del monasterio para volver (de paso) el 30 de ese mes en número de seis mil y se alojaron en la Compaña. El 17 de agosto vinieron tras ellos cuarenta mil soldados portugueses e ingleses, hospedados en el monasterio y la Compaña. El 29 de agosto de dicho año murió en el palacio un general inglés —William Wheatley— al que «enterraron el día siguiente en los jardines frente la sacristía, junto a la pared que los divide»; otro capitán inglés fue enterrado en el mismo lugar, y tres soldados «en el Bosquecillo, en la calle que va a la puerta del jardín del rey». Quevedo señala que Wellington, a su paso por el monasterio en septiembre de 1812, «mandó que en la pared se pusiesen dos lápidas con inscripciones, que revelasen a la posteridad sus nombres y valor; mas por el poco tiempo que Wellington y las tropas se detuvieron en este Sitio no llegaron a poner-se»[52]. Tan solo se colocó una de estas lápidas, casi un siglo más tarde, en 1905, por orden del nieto del capitán Wheatley: el coronel Moreton Wheatley.

El 5 de octubre de 1812 se marcharon los soldados portugueses e ingleses, y el 3 de noviembre llegaron cinco mil franceses, que permanecieron un mes en el monasterio. Finalmente, el 28 de mayo de 1813 pasó por el Sitio una división de galos que venía de Toledo y ya no quedó ni un solo francés ni en Madrid ni en el monasterio. A partir de enero de 1814 comenzaron a hacerse las gestiones necesarias para restablecer la comunidad de jerónimos a su monasterio y, por fin, el 9 de febrero se verificó la entrega formal del monasterio, que concluyó con la orden del vicario de «que

To the Memory of
MAJOR GENERAL WILLIAM WHEATLEY,
FIRST GUARDS.
OF LESNESS, IN THE COUNTY OF KENT,
BORN 14TH AUGUST 1771,
DIED AT THE Escorial, 1ST SEPTEMBER 1812,
AND WAS BURIED AT THIS SPOT.
HE WAS PRESENT AT THE BATTLES OF
Corunna, Barossa, and Salamanca,
BESIDES MANY OTHERS,
Lord Wellington
DESIRED THAT A STONE TO HIS MEMORY
SHOULD BE PLACED IN THIS WALL.
IN CONSEQUENCE OF THE SHORT STAY OF
The English Army in Madrid
THIS WAS NOT DONE AT THE TIME
BUT WAS CARRIED OUT BY
COLONEL MORETON WHEATLEY, C.B., R.E.,
HIS GRANDSON, IN THE YEAR
1905.

Placa conmemorativa en el jardín del rey, en el lugar donde fue enterrado el general William Wheatley, fallecido en El Escorial en septiembre de 1812. La ordenó colocar su nieto, el coronel Moreton Wheatley en 1905. Foto: Gustavo Sánchez.

tocasen todas las campanas y campanillas para mostrar la alegría y avisar al pueblo de la clausura y habitación monacal». Por mucho que se intentó, no todo lo desaparecido pudo ser recuperado. Según Bermejo, de todo lo que había de plata, oro y piedras preciosas, tan solo quedaron «veinte y tantos cálices, dos copones, dos viriles, la caja del monumento y otras pequeñas alhajas»[53].

También hubo diversos daños inmuebles en el entorno inmediato al monasterio. Según señala Quevedo, la ballestería, las perreras y los cuarteles de guardias de corps, fusileros, guardias españolas y guardias valonas «fueron destruidos y quemados por los franceses, y hoy no son más que un montón de ruinas que afean muchísimo las entradas de aquel Sitio viniendo de Madrid o de Guadarrama»[54].

52 QUEVEDO, José de: *Historia...*, p. 224.
53 BERMEJO, fray Damián: *Descripción...*, p. 370.
54 QUEVEDO, José: *Historia...*, p. 193.

Ruinas de la Ballestería, lugar que ocupa actualmente el edificio del mismo nombre, donde está la oficina de correos. Grabado de la *Historia descriptiva* de Rotondo, 1863.

Pero uno de los misterios más sorprendentes y que apenas ha sido resuelto —quizás tan solo sea un mito más del monasterio—, es el que gira
en torno al lego fray Cristóbal de Tejada (ca. 1757-1811), quien escondió
muchas joyas y alhajas en lugares que solo él conocía, pero «que no pudo
declarar por su suma sordera, ni parecerán como no sea por un raro acontecimiento». José de Quevedo se suma al misterio sobre las joyas ocultas
al declarar que «poco tiempo antes de su muerte se había quedado tan
extremadamente sordo, que era imposible hacerle entender nada; y aunque los monjes, que sospechaban que había escondido algunas alhajas, se
lo preguntaban con afán, de palabra y por escrito, jamás manifestó darse
por entendido en aquel asunto; de modo que murió sin que diese indicio
alguno de aquello, ni entre sus papeles se encontró apuntación, ni decla-
ración de ningún género»[55]. Continúa el misterio…

55 *Ibid.*, p. 222.

EL ALOJAMIENTO DE LA CORTE

Siguiendo el ciclo estacional, la Corte se desplazaba de un palacio a otro durante todo el año: Palacio de Madrid (o El Pardo) en invierno, Aranjuez en primavera, San Ildefonso en verano y San Lorenzo en otoño. Acompañando a la familia real iba un numeroso séquito, compuesto por una considerable cantidad de personas que debían ser alojadas en el monasterio, en los edificios adyacentes (casas de oficios e infantes) y en diversas casas y posadas del entorno. Este acompañamiento creció a lo largo del siglo XVIII hasta llegar e incluso sobrepasar el millar de personas.

La **jornada** —así era como se le denominaba—, que solía durar de dos a tres meses (desde finales de septiembre hasta comienzos de noviembre), suponía un considerable impacto en la vida y rutina diarias de la comunidad religiosa y del resto de individuos que poblaban el monasterio y los lugares inmediatos. Un impacto que podía acentuarse aún más cuando los huéspedes eran especialmente exigentes o polémicos.

LAS JORNADAS REALES Y EL DESEMBARCO DE LA CORTE

La llegada de la Corte era algo bastante aparatoso por lo que implicaba de preparaciones previas, en las que se incluían arreglos de caminos, avituallamiento, medios de transporte y adecuamiento, y distribución de los aposentos para todos los individuos que venían al Escorial, tanto para los reyes y nobles, como para los criados[1]. También la propia estancia creaba

---

1   Véase CAMPOS, Francisco Javier: «La corte y la comunidad en las 'Jornadas' anuales del Real Sitio de San Lorenzo», en *Música en el monasterio de El Escorial. Actas del Simposium*, Instituto Escurialense de Investigaciones Históricas y Artísticas, San Lorenzo de El Escorial, 1992, pp. 147-168. LÓPEZ-CORDÓN CORTEZO, M.ª Victoria: "Servir y seguir al rey. Séquitos, desplazamientos y

Jeremias Falck (atr.): *Vista del monasterio de El Escorial*, 1662-1672. Grabado. Junto al edificio aparece representada la comitiva real a su llegada al monasterio.

una serie de circunstancias que precisaban una atención plena por parte de quienes acogían a la descomunal visita, para que todo fluyese lo mejor posible y no faltase lo más mínimo con respecto a la comodidad y agrado de los ilustres huéspedes.

El principal responsable de los preparativos y desarrollo de la jornada era el **padre obrero**, a quien se le exigía cierta edad y especial sensibilidad en el trato, pues debía relacionarse con las personas de la real familia y con los caballeros y nobles que les acompañaban. Sus funciones en tiempo de jornada aparecen muy especificadas en la documentación escurialense. De ellas llaman la atención la limpieza previa de la zona de palacio, haciendo «componer lo que viere fuere necesario, así en puertas como en ventanas» y ordenando al conserje que «barra todo el palacio y quite toda la inmundicia que hubiere en los rincones»; así como la revisión posterior, cuando se marchaba la Corte, procurando que le sean devueltas todas las llaves «y si dejaren algunas esteras u otra cosa en dichos cuartos hará se recojan y no se las lleven el conserje u otra persona alguna secular»[2].

---

alojamientos en las «jornadas»", en *Una Corte para el rey. Carlos III y los Sitios Reales*, Dirección General de Patrimonio Cultural, Madrid, 2016, pp. 64-81.

2 Archivo General de Palacio, Patronatos de la Corona, Leg. 1715. *Costumbres de 1736*, Copia B, ff. 73r-73v.

El desembarco de la Corte tenía una fuerte repercusión en el monasterio, pues en algún momento (sobre todo en el siglo XVIII) fueron ocupadas hasta noventa celdas, teniendo que ser desalojados muchos monjes de la suya, haciéndoles compartir con otro u otros (a veces hasta cinco) un aposento distinto al suyo, tal y como refiere Francisco de Paula Rodríguez sobre la jornada de 1725 y posteriores[3].

Sobre las jornadas hallamos advertencias muy curiosas, como la que hizo el prior en 1818, avisando a la comunidad «que se quitase de las ventanas todo cuanto pudiese ofender a la vista, que no se echasen aguas ni otras cosas por ellas»[4]. Lo primero que nos preguntamos es: ¿Qué es lo que tenían los monjes en las ventanas que podía ofender la vista? Unos años más tarde, en otro aviso similar obtenemos la respuesta: «que se quitasen de las ventanas los frascos, tiestos, etcétera»[5]. Es decir, que los monjes tenían la costumbre de adornar las ventanas del monasterio con macetas y que posiblemente las usaban como lugar de refresco para botellas y frascos; y, en efecto, si nos fijamos en la siguiente imagen, hallaremos alguno de estos elementos en varias de las ventanas.

José Gómez de Navia: *Vista de la fachada principal del real monasterio de San Lorenzo de El Escorial por la parte de poniente*, 1800. Detalle de algunas de las ventanas, con botellas y otros objetos.

No solo la familia real traía consigo un numeroso séquito, sino también otros personajes de la nobleza. Incluso podían llegar a superarla, como es el caso de la condesa de Lemos, pues, según Sepúlveda, en julio de 1602 vino al monasterio «con grandísimo acompañamiento [...], ella sola trae solamente ochocientos criados y así no caben de pies en El Escorial, ni en el Sitio no se ha visto tanta gente para siempre jamás; duermen en estos campos muchas gentes porque no caben en el pueblo»[6].

3 RODRÍGUEZ, Francisco de Paula: *Monjes jerónimos...*, p. 210.
4 *Libro de los Actos Capitulares...*, vol. III, p. 62. Acto Capitular de 16-X-1818.
5 *Ibid.*, vol. III, p. 179. Acto Capitular de 7-IX-1827.
6 SEPÚLVEDA, fray Jerónimo de: *Historia...*, pp. 293-294.

© Patrimonio Nacional

Juan Carreño de Miranda:
Carlos II, ca. 1675 (detalle).
Monasterio de El Escorial,
Patrimonio Nacional.

Otro aspecto de enorme interés es el grado de familiaridad al que se podía llegar entre los reyes y cortesanos y los monjes durante las jornadas. Son numerosos los ejemplos que se podrían ofrecer y, aunque en muchos casos suponen divertidas anécdotas, en otros también podían conllevar cierto peligro a la integridad religiosa de los monjes. En este sentido afirma Núñez que «una de las malas semillas que pudiera aumentar esas espinas y cambroneras en los hijos de San Lorenzo, es la familiaridad y trato de la Corte, que con sus acostumbradas jornadas frecuenta anualmente aquel Real Sitio y monasterio»[7].

De entre las divertidas escogemos una anécdota referida a Carlos II. El joven rey acostumbraba a pasear de noche por los claustros y a entrar en la celda prioral. En ella hacía abrir al prior todos los armarios y cajones, «y cargando con todos los dulces y cosas buenas que encontraba, se salía y, con mucho alborozo, las iba repartiendo a los monjes que hallaba más a mano». Pero un día ocurrió lo siguiente:

> Mandó al señor conde de Benavente, con quien de ordinario se acompañaba en estas rondas, que le buscase una tarjeta de cobre, dando orden a Juan Carreño, su pintor de cámara, que hiciese un retrato de una dama a todas luces bella, el cual hecho y perfeccionado, se le entregó a Su Majestad quien, con un disimulo grande, abriendo escritorios como otras veces solía, le metió en una cartera que Su Reverendísima tenía en una gaveta de ellos; fingió Su Majestad haberla hallado allí, y con un juicio muy cabal y soberanía grande de su mucho entendimiento, le dio una reprehensión muy áspera, como si verdaderamente hubiese sucedido el caso según lo refería. Todo, en fin, vino a parar en risa y entretenimiento.[8]

Esta otra anécdota tiene por protagonista a fray Juan de Cuenca (1729-1795) y, al margen de evidentes rasgos de humor, también parece tener ciertas connotaciones de peligro o exceso en lo que se refiere a la guarda de la clausura monástica, como el propio monje parece sugerir. Fray Juan de Cuenca era hábil músico y diestro en gran número de instrumentos,

---

7 Núñez, fray Juan: *Quinta parte de la Historia de la Orden de San Jerónimo (1676-1777)*, 2 vols., Francisco Javier Campos (ed.), EDES, San Lorenzo de El Escorial, 1999, vol. II, p. 280.
8 *Fray Marcos de Herrera y la reedificación...*, p. 110.

Francisco de Goya y Lucientes: *María Luisa de Parma*, 1789. Madrid, Real Academia de la Historia.

historiador y muy amigo del conde de Campomanes, a quien relata lo sucedido:

Esta mañana, a las ocho y media, estando en mi celda solo […], se entró impensadamente la reina en mi celda, con la condesa de Montijo y otros dos que no conocí […], me hizo tocar un pasaje de flauta travesera y que le pusiese en un papel todos los instrumentos que he tocado, y cuando vio que eran veinte, dijo que era imposible que hubiese hecho otra cosa en toda la vida, y con esto salimos de la celda; y ya no me falta más que poner cadena en la puerta.[9]

Vemos en esta anécdota una prueba irrefutable de la familiaridad con que se movía la Corte por el monasterio y sus lugares de clausura, llegando al punto de entrar la reina de forma inesperada en la celda de un monje.

Cuando finalizaba la jornada comenzaban los preparativos para la vuelta a Madrid, la cual podía generar ciertos problemas en el abastecimiento de medios de transporte, por lo que algunos precavidos trataban de evitarlo anticipando la salida. Así lo describe John Townsend cuando abandonó El Escorial:

El señor Liston, deseando dejar El Escorial antes de la marcha de la Corte, había ordenado a un coche de colleras el estar preparado para el día siguiente de la batida. Los ministros extranjeros toman esa precaución para asegurarse de las mulas,

Karel Dujardin: *La mula con campanas*, 1653 (detalle). Grabado.

9 Fundación Universitaria Española, AC, 29-28. *Carta de Cuenca a Campomanes, 17-X-1789*. Véase SÁNCHEZ, Gustavo: "Música para la real familia: Fray Juan de Cuenca y las jornadas de El Escorial en tiempos de Carlos IV", en *Estudios musicales del Clasicismo*, vol. III, Asociación Luigi Boccherini-Arpegio, Madrid-San Cugat, 2016, pp. 195-224.

porque cuando la Corte se pone en movimiento, como no hay menos de veinte mil para su servicio, todo el país se ve requisado, y ningún caballo ni ninguna mula puede ser empleado en otro uso.[10]

LAS «PRIMERAS VISITAS»

Entre las reales visitas al monasterio, gozaban de un especial relieve aquellas realizadas por primera vez por una determinada persona de la realeza. Según la documentación conservada[11], se procedía del siguiente modo:

- 1.º) Se preparaba una iluminación especial del monasterio (según se describió en otro capítulo), pues estos actos solían tener lugar al anochecer. Las lamparillas o luminarias se debían comenzar a encender dependiendo de la cantidad que se pusiere de ellas, tarea encargada a los pizarreros, tal y como se verá en otro capítulo. Los monjes podían encender «las de las rejas de la iglesia y coro», al tiempo que abrían los dos grandes relicarios de la iglesia «con las luces de cera acostumbradas». Solía sonar el carillón hasta que la comitiva llegaba a la calle de los álamos, momento en el que se tocaban las campanas «de vuelo».

- 2.º) Recibidos los avisos del padre campero y prevenida la cercanía de la persona o personas reales, se hacía una señal con la campana pequeña para que se juntase la comunidad en la iglesia y saliese en procesión al pórtico para recibir a la ilustre visita. Pero se colocaban en orden inverso, para luego estar correctamente situados al dirigirse al interior de la iglesia.

- 3.º) Al llegar al pórtico la persona o personas reales, besaban la cruz y se entonaba el *Te Deum*, al tiempo que se encaminaba la procesión a la iglesia. Al entrar, el prior les echaba agua bendita y se dirigía al altar mayor, donde decía unas oraciones y «se desnuda mientras se canta el villancico».

- 4.º) Acabado el villancico, los reyes se levantaban del sitial y se dirigían a sus aposentos acompañados por el prior y algunos ancianos «por la puerta que está a espaldas del relicario de Nuestro Padre San Jerónimo».

No debía entrar a la iglesia otra gente que no fuese de la familia real «sin permitir la entrada a otras personas, y menos si son mujeres, y para esto se valdrán del auxilio de los alabarderos para reprimir el concurso y tropelía, que suele ser numerosa por la ocurrencia»[12].

10 TOWNSEND, John: *Viaje a España…*, vol. VI, p. 129.
11 Archivo General de Palacio, Patronatos de la Corona, Leg. 1715. *Costumbres de 1736*, Copia A, ff. 11v-13r. Es el documento más extenso y detallado sobre esta ceremonia.
12 *Ibid.*, Copia A, f. 13r.

© Patrimonio Nacional

Fernando Brambilla: *Vista del patio de los reyes del real monasterio de San Lorenzo, en ocasión de la entrada del príncipe Maximiliano, padre de nuestra augusta reina*, ca. 1824. Madrid, Patrimonio Nacional.

VISITANTES EXIGENTES Y POLÉMICOS

Uno de los visitantes del monasterio que más inquietud causó fue probablemente Louis de Rouvroy, duque de Saint-Simon (1675-1755), quien en diciembre de 1721 pasó tres días en San Lorenzo en compañía de

Perrin Viger-Duvigneau:
*Louis de Rouvroy, duque
de Saint-Simon* (1675-1755).
Palacio de Versalles.

otros nobles[13]. Se le asignó un «fraile gordo» como perpetuo acompañante —quizás el padre portero o el padre hospedero—, incluso en las comidas. Con él se comunicaban en un «latín muy malo», porque no sabía francés ni ellos sabían español. El duque se empeñó en que le fuese mostrada la habitación de Felipe II, pero por más que insistió en que tenía permiso del rey y del nuncio para ver todo lo que desease, los monjes le negaron el acceso aludiendo que tan solo había entrado allí el rey y una única vez, de modo que no abrirían la habitación a nadie. Afirma el duque que no entendió nada de esta «especie de superstición» y decidió dejarlo estar.

Otra anécdota tuvo lugar cuando el monje que hacía de guía le mostró el panteón, con el pudridero y los panteoncillos. Al entrar en estos últimos y llegando al féretro de don Carlos, dijo el duque: «Este de aquí sé muy bien porqué murió». Al oír estas palabras se alteró el monje respondiendo que fue de muerte natural, y comenzó a declamar contra los cuentos que se habían difundido. El duque sonrió y dijo que no era verdad que se hubiese cortado las venas, lo que acabó de enfadar al monje, que se puso a parlotear con una especie de vehemencia. Esto causó diversión en el duque, que prosiguió argumentando que sabía a través de un amigo suyo, testigo de los hechos, que la cabeza estaba junto a los pies, ya que Felipe II había ordenado decapitarlo en su presencia. A esto el monje replicó hecho una furia: «¡Pues claro! Parece que lo había merecido y Felipe II tuvo permiso del papa para ello». Y prosiguió gritando con todas sus fuerzas sobre las maravillas de la piedad y la justicia de Felipe II, y sobre el poder sin límites del papa, y la herejía contra cualquiera que dudase de que no pueda ordenar, decidir y dispensar de todo. Continuó el monje con su enfado sin dejar de hablar hasta que se dio cuenta de que se estaban mofando de él y prosiguió mostrando los panteoncillos «fumando todo el tiempo». Afirma Saint-Simon que los días restantes continuó el monje muy malhumorado.

Otro visitante polémico fue la princesa de los Ursinos (1641-1722), de cuyas intrigas en la Corte parece que tampoco se vio libre el monasterio

13 ROVROY, Louis de (Duque de Saint-Simon): *Viaje a España, 1721-1722*, en *Viajes de extranjeros…*, vol. IV, pp. 706-708.

de El Escorial, pues se decía que «mejor fuera que esta princesa no hubiera venido a España que por ella ha padecido este monasterio muchos sinsabores»[14]. Sin duda, uno de estos sinsabores fue el ocurrido en 1713, en plena guerra de Sucesión, cuando llegó apresuradamente la familia real a El Escorial sin previo aviso y hubo de ser improvisado su alojamiento lo mejor que se pudo. La peor parte se la llevó la reina María Luisa Gabriela de Saboya, quien había dado a luz muy recientemente:

Juan Serra: *La princesa de los Ursinos*. Grabado del siglo XIX.

> Entre los muebles que hubo que llevar a palacio, por ir S. M. tan a la ligera, faltaban en el viaje, fueron camas. Lleváronse éstas, y crecido número de colchones del convento y colegio, al palacio. Pusieron una con la mayor decencia que se pudo para la reina. Y hubo la desgracia que, con la turbación, no previnieron el decir que aquella cama era para S. M., y así se metió en ella la princesa de los Ursinos, y la prudentísima reina se quedó vestida aquella noche sobre unos colchones con el serenísimo príncipe en el regazo. Esta culpa, que realmente la cometió la de los Ursinos, se aplicó al prior y comunidad, capitulándoles de malcontentos y archiduquistas. Mas Dios Nuestro Señor fue servido se descubriese efectivamente la verdad, quedando los monjes en el buen lugar que siempre habían ocupado en el corazón magnánimo de SS. MM.[15]

De signo muy distinto fueron las quejas y el malestar expresado por el famoso cantante castrado Carlo Broschi «Farinelli» (1705-1782), quien durante muchos años acompañó a la Corte en sus jornadas en los Reales Sitios. Para este hombre, acostumbrado a vivir en las suntuosas cortes y palacios europeos, no debió ser demasiado buena la experiencia de pasar un par de meses al año en el monasterio de El Escorial, al que denominaba «sagrada pocilga»[16]. Además, en cierta ocasión (la jornada de 1737) habitó una

14 RODRÍGUEZ, Francisco de Paula: *Monjes jerónimos…*, p. 195.
15 NÚÑEZ, fray Juan: *Quinta parte…*, vol. II, p. 317.
16 BROSCHI, Carlo ("Farinelli"): *La solitudine amica. Lettere al conte Sicinio Pepoli*, Sellerio, Palermo, 2000, p. 183. Carta al Conde de Pepoli, 13-XI-1742.

Corrado Giaquinto: *Farinelli*, ca. 1746. Bolonia, Civico Museo Bibliografico Musicale.

Jean Ranc: *Bárbara de Bragança*, ca. 1729. Madrid, Museo del Prado.

celda, al parecer, expuesta a los gases tóxicos que desprendía el carbón que allí cerca se almacenaba, lo cual movió al cantante a expresar sus quejas. Enseguida se tomaron medidas al respecto, dado el peligro que podían suponer estos gases para su garganta, y se ordenó inmediatamente habilitar otra celda «en el tránsito de más abajo, aunque para esto se desalojase alguno de los religiosos que viven, que se podrían acomodar en la que don Carlos dejaría, pues padeciendo el mencionado inconveniente, es muy factible se le deteriore la voz, cosa que discurro sería de grave disgusto a Sus Majestades»[17].

Por lo general, la dinastía borbónica no gustó excesivamente del monasterio. En algunos casos hubo un verdadero rechazo al edificio y a sus habitantes. Muestra de ello es la frase que, según Quevedo, repitió en más de una ocasión la reina María Bárbara de Braganza cuando se le anunciaba la jornada a El Escorial: «Vamos a la compañía de reyes difuntos y frailes amortajados»[18]. Según otra fuente jerónima, esta reina protagonizó una polémica orden, consistente en que «matasen todos los gallos del Sitio y que de sus criadillas le hiciesen un plato»[19].

Si bien sus acciones no llegaron a tanto, los comentarios de la infanta María Antonia, hija de Felipe V e

17 Archivo General de Palacio, Reinados, Felipe V, Leg. 159. *Carta del Mayordomo Mayor al Prior, 10-X-1738.*

18 QUEVEDO, José de: *Historia…*, p. 187.

19 RODRÍGUEZ, Francisco de Paula: *Monjes jerónimos…*, p. 228.

Jacopo Amigoni: *Infanta María Antonia*, ca. 1750. Madrid, Museo del Prado.

Isabel de Farnesio, podían llegar a ser muy ásperos y mordaces. A sus quince años de edad escribía a su hermana María Teresa «perlas» como éstas:

> Nosotros vamos el jueves al bendito Escorial, ¡que me ralla las tripas de pensarlo!
>
> [Estoy] muy triste y de muy mal humor en viéndome en este Sitio.
>
> Mañana tendremos los pedos del padre prior, que creo serán tan primorosos como siempre.[20]

LOS DISGUSTOS BORBÓNICOS

Al margen de pequeños comentarios o acciones hirientes, extraños o polémicos —casi siempre en un entorno íntimo—, en la etapa borbónica tuvieron lugar ciertos hechos por parte de los reyes que provocaron verdaderos disgustos en la comunidad jerónima de El Escorial.

Uno de los más duros varapalos fue la carta-orden de Fernando VI escrita en 1752 y leída ante el capítulo conventual el 1 de diciembre de dicho año. El texto hacía referencia a las cláusulas de Felipe II sobre los bosques del monasterio y su uso, ofreciendo a continuación una serie de aspectos presuntamente incumplidos por parte del convento, casi todos relativos a la caza y a su conservación. De los quince puntos presentados

---

20 *1744-1746. De una Corte a otra. Correspondencia íntima de los Borbones*, Margarita Torrione y José Luis Sancho (eds.), Patrimonio Nacional, Madrid, 2010, pp. 831, 834 y 835.

en el texto, seis hacían referencia a la excesiva presencia de ganados por los reales bosques, con el consecuente daño a la caza[21]. Llama la atención el número catorce:

> Que el religioso campero había dado licencia a don Pedro Polo para tirar las perdices dentro de los límites y que en Carnestolendas hacen los religiosos cacerías con diez o doce personas, algunas escopetas y veinte y cinco o treinta perros, y baten a Milanillo y Cuarto Carretero, la Solana de Navalquejigo, Prados de Alpedrete, Collado de Villalba, Prados del Arroyo de las Cañadillas, Prados de Barrera y Fuente Nueva; que en tiempo de granjas salen algunos religiosos con su escopeta a los cuarteles de Milanillo y Cuarto Carretero, y que casi siempre que nieva salen con algunos perros y gente a estos cuarteles, y cazan liebres y conejos y que, como son tan frecuentes y con tanta extensión estas cacerías, aunque no matan las reses, las espantan.

Tras la carta, el desolador comentario del prior no deja lugar a dudas sobre lo apesadumbrados que debieron de estar los monjes por el tono usado por su rey y patrón:

> Respecto de ser una materia tan grave y delicada y que tocaba cuando menos en la honra de esta comunidad, que se pusiese muy de veras en manos de Dios y que cada uno coadyuvase con sus oraciones, y asimismo con las noticias y especies que supiesen en esta materia, para que con los padres más inteligentes se respondiese con el mayor acierto.[22]

Compensando tan incomoda relación, en 1761 Carlos III emitió otra carta sobre el mantenimiento de los reales bosques, pero esta vez en un tono de absoluto respeto, colaboración y amistad con el monasterio. El capítulo conventual quiso agradecer el gesto del rey, y el prior encargó que «encomendasen todos muy de veras la persona del rey, así por éste como por los demás beneficios recibidos, y que esperaba recibir de su buena y piadosa inclinación, que tan desde sus principios había empezado a mostrar a esta comunidad»[23].

Otro disgusto causado por los borbones sucedió en 1791 de mano de Carlos IV. Al proponer el monasterio a los tres candidatos para prior, tal y como era costumbre y quedó confirmado por breve papal en 1781, el rey eligió a un monje ajeno a la lista, provocando la ira del convento, de modo que «la comunidad se negó a darle obediencia y por primera vez después de más de dos siglos se atrevió a oponerse a la voluntad de su patrono, declarándose en completa independencia». El monarca se vengó obteniendo

---

21 *Libro de los Actos Capitulares...*, vol. II, pp. 225-227. Acto Capitular de 1-XII-1752.
22 *Ibid.*, vol. II, p. 227. Acto Capitular de 1-XII-1752.
23 *Ibid.*, vol. II, p. 311. Acto Capitular de 13-I-1762.

Fernando Brambilla: *Vista general tomada de la portillera llamada del Cacerón, camino de Valdemorillo al levante y mediodía*, ca. 1824. Madrid, Patrimonio Nacional.

del papa, en 1791, una bula por la que establecía el derecho del rey a elegir como prior del monasterio a quien desease, independientemente del capítulo y de las costumbres de la orden[24].

Quizás el último gran disgusto creado por la estancia de los borbones en el monasterio fue el llamado «proceso de El Escorial», ya que buena parte del mismo tuvo como escenario el edificio laurentino. En resumen, lo que sucedió fue que Carlos IV y María Luisa de Parma, la tarde del 29 de octubre de 1807, mientras estaba el príncipe Fernando «en el coro cantando las Vísperas y Completas en compañía de los monjes», registraron su cuarto, hallando en su frac papeles cifrados y concernientes a una supuesta conjura contra la monarquía. Tras examinar e incautar todos los papeles que el príncipe tenía en su habitación, fue detenido y arrestado en la celda prioral, «en aquella pieza pequeña y no muy decente (porque era comunmente donde dormía el criado del prior)», cuya puerta fue firmemente custodiada por soldados. Al mismo tiempo fueron detenidos otros individuos afines al príncipe y arrestados en el noviciado, habilitado como cárcel. El 5 de noviembre fue liberado el príncipe, y a comienzos

24 Quevedo, José: *Historia...*, pp. 198-199.

de febrero de 1808 lo eran también todos los presos, aunque desterrados. Estas circunstancias produjeron al monasterio un gasto de más de cincuenta mil reales que, a pesar de las promesas de los reyes, nunca le fueron pagados[25].

---

25 *Ibidem*. Véase CAMPOS, Francisco Javier: "El monasterio de San Lorenzo el Real en la época del 'proceso de El Escorial', 1807-1808", en *Cuadernos de Pensamiento*, 19 (2007), pp. 269-313.

LA ECONOMÍA MONÁSTICA

Las cuestiones económicas eran un aspecto de suma importancia en el monasterio de El Escorial, tanto a nivel general e institucional como a nivel personal de los monjes[1]. La comunidad conventual dispuso desde su fundación de ciertos medios para mantener y hacer prosperar su economía a través de una serie de rentas y privilegios, así como de diversos negocios más o menos lucrativos, aunque no siempre había ganancias, por lo que también fueron frecuentes los préstamos, hipotecas, tomas de censo, etcétera. Junto a esta «macroeconomía», existió en el monasterio una «micro» economía consistente en ciertos ahorros que se permitía tener a los monjes pero que, debido al voto de pobreza que profesaban, no debía sobrepasar unas cantidades mínimas razonables.

Aparte de los pagos a los diversos criados y profesionales que trabajaban temporal o indefinidamente para el monasterio, el convento solía agasajar con regalos en especie a determinadas personas de distinto rango social: desde artesanos hasta reyes. Por último, se ofrece noticia acerca de diferentes hurtos en la comunidad —pequeños, en su mayoría, aunque alguno de mayor envergadura—, protagonizados por personas ajenas o incluso por los propios monjes. Esto, unido a otras infracciones de diversa índole y magnitud, explica y justifica que en el monasterio de El Escorial hubiese —al igual que en otros monasterios de la orden— algún espacio destinado a cárcel, en el que eran confinados por un tiempo los monjes que el capítulo conventual estimaba oportuno.

---

1 Véase el excelente estudio de SÁNCHEZ MECO, Gregorio: *El Escorial...*

RENTAS, PRIVILEGIOS, VENTAS, PRÉSTAMOS, HIPOTECAS...

El monasterio de El Escorial fue dotado por Felipe II de una serie de rentas y privilegios que fueron acrecentados por otros reyes o por los propios monjes, a través de diversas transacciones económicas. Algunas fueron muy rentables, otras no lo fueron tanto.

Las rentas y privilegios concedidas al monasterio por Felipe II aparecen muy bien resumidas por José de Quevedo[2]:

- La impresión de las bulas de la Cruzada de vivos y difuntos para la corte y Reino de Toledo.
- La impresión y venta exclusiva de los libros del Nuevo Rezado en Castilla y en las Indias occidentales.
- El privilegio de no pagar derechos de quince mil cabezas de ganado merino.
- Cobrar trescientas fanegas de sal en grano cada año.
- No pagar derechos de ninguna cosa que se trajese de acarreo al monasterio.
- Sacar cada año cien arrobas de cera blanca del Reino de Valencia sin pagar derechos.
- Privilegio para tomar los mantenimientos a los precios que valieron sin aumentarlos.
- Tener cincuenta yeguas de vientre y echarlas al garañón asno.
- Privilegio para recoger todos los años en Lisboa, en la alhóndiga y casa de contratación de la India: un quintal de pimienta, una arroba de clavo, otra de canela, otra de jengibre, dos arrobas de incienso, treinta libras de benjuí de Benín, cuarenta arrobas de azúcar, doce de conservas «y en principio de cada tres años una caja de ropa, con la obligación de pasarlo todo por el puerto de Elbas y no por otro, sin pagar derechos por ello ni allí ni en Badajoz».

Otra renta importante, otorgada por Felipe III, fue la de la sal: dieciocho mil ducados de renta fija en las salinas de Atienza, Espartinas y otras, distribuyéndolas del modo siguiente: diez mil ducados para el convento y ocho mil para aumentar las rentas de la fábrica[3]. Según el biógrafo de fray Nicolás de Madrid (1600-1660), esta renta suponía «los maravedíes más seguros que tiene esta casa»[4].

---

2 QUEVEDO, José de: *Historia…*, p. 100.
3 *Ibid.*, p. 106.
4 *Las Memorias Sepulcrales…*, vol. II, p. 812.

Con el tiempo, y ante las pérdidas y deudas que acumulaba el monasterio, la comunidad acordó en diversas ocasiones pedir préstamos, algunos de ellos a través de la hipoteca de algún bien raíz[5].

Asimismo, dentro del propio monasterio se efectuaban diversas ventas. Las principales se llevaban a cabo en la **tenería** que, a juicio de los propios jerónimos, era una de las pocas oficinas del monasterio que aportaba algún tipo de beneficio. De ahí que se encareciese al monje encargado de ella que cuidase muy bien de su administración y fuese afable con el trato a los compradores, «pues por haber faltado [algún género] en esta se han extrañado algunos compradores y se han ido a otras tiendas a comprar»[6].

Pero, sin duda, los negocios que mejores rendimientos económicos dieron al monasterio fueron los del Nuevo Rezado y las Bulas de Toledo.

NEGOCIOS LUCRATIVOS: EL NUEVO REZADO Y LAS BULAS DE TOLEDO

Uno de los negocios más rentables del monasterio fue el del Nuevo Rezado. En 1568 la Orden de San Jerónimo tuvo que ajustar sus lujosos libros cantorales a las nuevas directivas litúrgicas de Pío V (el «nuevo rezado»), con el enorme gasto que ello suponía. De tal reajuste estaban exentas las órdenes con más de doscientos años de antigüedad, pero la de San Jerónimo no pudo acogerse a este beneficio por tan solo cinco años, ya que fue fundada en 1373[7]. En compensación, el papa, por mediación de Felipe II, concedió a los jerónimos el privilegio de la impresión, distribución y venta de todos los libros litúrgicos en España y el Nuevo Mundo[8].

Fue un negocio, por lo general, lucrativo para la orden, pues suponía el monopolio de todos los misales, breviarios, etcétera. en todas las iglesias de España y sus distintas colonias. Su impresión se hacía en Amberes, pero en 1764 Carlos III ofreció su ayuda para conseguir que se imprimiese en España, pues al parecer no se veía con buenos ojos que un negocio tan rentable beneficiase a gente extranjera. El rey, por medio del marqués de Grimaldi, concluía así su carta al prior de El Escorial: «De este modo logrará el monasterio de San Lorenzo acallar al público a lo menos en punto

---

5 SÁNCHEZ MECO, Gregorio: *El Escorial...*, pp. 137-165.
6 Archivo General de Palacio, Patronatos de la Corona, Leg. 1715. *Costumbres de 1736*, Copia B, f. 78r.
7 Archivo General de Palacio, Patronatos de la Corona, Leg. 1790. *Libro de los Capítulos Generales de la Orden...*, vol. II, ff. 334r-337r.
8 CAMPOS, Francisco Javier: "Felipe II, el monasterio de El Escorial y el Nuevo Rezado (1573-1598)", en *Felipe II y su época. Actas del Simposium*, Instituto Escurialense de Investigaciones Históricas y Artísticas, San Lorenzo de El Escorial, 1998, vol. II, pp. 505-548.

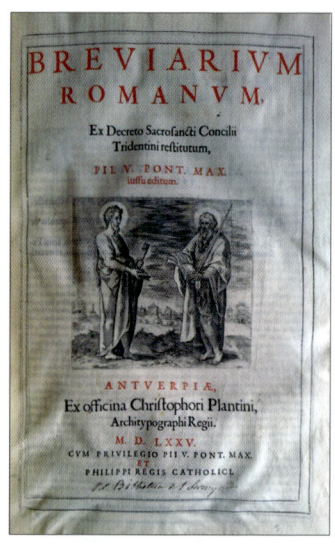

Portada del *Missale Romanum...*, Madrid, Imprenta Real, 1769.

Portada del *Breviarium Romanum* de Pío V, Plantino, Amberes, 1575.

al cargo que le hace de extraer el dinero de España y dejar de fomentar las fábricas del reino»[9].

Los beneficios obtenidos por el Nuevo Rezado, descontando los gastos, oscilaron entre veintiún mil y cincuenta y cinco mil reales, cantidades considerables, teniendo en cuenta que los beneficios por la principal explotación monástica, el ganado merino, giraban en torno a los treinta mil reales[10].

Pero no siempre fue rentable este monopolio. Por un lado, resultaba cara la impresión holandesa de Amberes —por ejemplo, en 1678 adeudaban los monjes a la Imprenta Plantiniana ochenta mil ducados[11]— y, por otro, se perdía mucho dinero y libros en los viajes de ultramar con motivo de temporales, naufragios y robos a manos de piratas.

La sede principal de la distribución de estos libros se hallaba en Madrid, en la que pronto se conocería como la «casa» o «cuarto» del Nuevo Rezado. En un principio, este cuarto estaba ubicado en una estancia contigua al monasterio de San Jerónimo de Madrid, pero en 1769, la comunidad accedió a la propuesta del conde de Aranda de conmutar ese espacio por

9   *Libro de los Actos Capitulares…*, vol. II, p. 332. Acto Capitular de 13-I-1764.
10 Véase Sánchez Meco, Gregorio: *El Escorial…*, pp. 127-128.
11 Zarco, Julián: *Los jerónimos…*, p. 28.

Antigua casa del Nuevo Rezado en la calle del León (Madrid), actualmente sede de la Real Academia de la Historia.

otro, ya que el conde lo necesitaba «para ensanchar el paseo que se dice del Prado de la Carrera de San Jerónimo»[12]. La nueva sede donde se instaló la oficina del Nuevo Rezado estuvo localizada en la calle del León, 21, y fue vendida en 1825, pues, según afirma Quevedo, el lujo con que fue construida —por el arquitecto Juan de Villanueva— fue motivo de escándalo para las gentes, que decían que «allí se trataba de hacer, no una casa para la imprenta del rezo, sino un palacio para los priores»[13]. Actualmente es la sede de la Real Academia de la Historia.

Para el control y la correcta administración del Nuevo Rezado en las posesiones de ultramar, eran periódicamente enviados algunos monjes de El Escorial a «las Indias». Tenían una casa en Lima (Perú) y debían encargarse, además, de la administración de las encomiendas de las Indias y de otros bienes que allí tenía el monasterio. Pero la distancia hacía muy difícil la fluidez de las relaciones y de los cobros, y por distintas razones se perdía mucho dinero antes de llegar a El Escorial[14].

En Sevilla, punto de partida y llegada para la navegación hacia el Nuevo Mundo, también existió una sede del Nuevo Rezado. En 1668 se ordenó comprar «unas celdillas en Santo Domingo de Portaceli, extramuros de la ciudad de Sevilla, para hacer la librería del Nuevo Rezado»[15]; y en 1737 la comunidad optó por cambiar el costoso alquiler que pagaba por la compra de una casa «en el centro de la ciudad y es muy capaz y del caso»[16].

12 *Libro de los Actos Capitulares…*, vol. II, p. 387. Acto Capitular de 26-I-1769.
13 QUEVEDO, José: *Historia…*, p. 197.
14 Véase CAMPOS, Francisco Javier: *La vida en el monasterio…*, pp. 236-241.
15 *Libro de los Actos Capitulares…*, vol. I, p. 770. Acto Capitular de 26-V-1668.
16 *Ibid.*, vol. II, p. 102. Acto Capitular de 26-VII-1737.

Alonso Sánchez Coello (atr.): *Vista de Sevilla*, ca. 1570. Madrid, Museo de América.

En cuanto al privilegio de la impresión de las «bulas de cruzada de vivos y difuntos», más comúnmente conocido como las Bulas de Toledo, se debe decir que fue concedido por Felipe II en 1574 y ratificado por sus sucesores. Durante el siglo XVII los beneficios adquiridos por este privilegio fluctuaron entre treinta mil y cuarenta mil reales al año, cifra que en el siglo XVIII se duplicó, «constituyendo esta renta con la del Nuevo Rezado unos ingresos constantes producto de un esfuerzo mínimo por parte de la comunidad»[17].

LOS «DEPÓSITOS» PARTICULARES DE LOS MONJES

La Orden de San Jerónimo era abierta y tolerante en lo que respecta a la posesión y uso de dinero por parte de los religiosos, algo en cierto modo comprensible, pues los monjes debían cubrir determinadas necesidades con peculio propio, tales como parte del chocolate y leche, el tabaco y el lavado de ropa, entre otros. En las celdas podían tener hasta cien reales[18], pero el resto debía estar guardado en el arca o «depósito» de la comunidad (distinta al arca del monasterio), así como los documentos de las deudas que tuviesen a favor o en contra[19].

Los jerónimos de El Escorial dejaron escritos varios libros de Depósitos, donde se consignan detalladamente todos estos pequeños datos de la economía personal de los monjes. También es un tema muy abundante en

17 SÁNCHEZ MECO, Gregorio: *El Escorial…*, pp. 128-130.
18 *Libro de los Actos Capitulares…*, vol. II, p. 507. Acto Capitular de 12-XII-1775.
19 CAMPOS, Francisco Javier: *La vida en el monasterio…*, p. 175.

Andreas Scheits: *El vendedor de gafas*. Grabado, 1690.

estos libros y en los libros de Actos Capitulares la tramitación de herencias, su recibo y/o traspaso a la comunidad, a familiares, etcétera. Además, en los libros de Depósitos hallamos numerosas anotaciones sobre las cosas y asuntos más variopintos como, por ejemplo, los cuarenta escudos que sacó en 1595 fray Andrés de San Jerónimo para «un clérigo de su tierra, para que le comprase un [órgano] realejo»; o los cuarenta reales sacados en 1600 por el prior fray Miguel de Santa María «para dar a su cuñado y sacarle de la cárcel»[20]. Pero, curiosamente, los que más abundan, y con mucha diferencia, son los gastos en anteojos (gafas) y en sacamuelas.

Todos estos pagos y pequeñas transacciones eran muy habituales, pero no lo era tanto, e incluso se tenía por muy reprobable, que un monje se excediese en la tenencia de más cantidad que la permitida en su propia celda, esto es, cien reales. Un ejemplo de este exceso fue el hallazgo en 1784 de, respectivamente, 8.817 y 2.750 reales más de la cantidad autorizada en las celdas de fray Atanasio de Prada y fray Juan de Soto. El capítulo conventual, además de quitarles el dinero y depositarlo en el arca de la comunidad, les condenó a privación de voz activa y pasiva durante tres años, dispensándoles «el acto de la disciplina de postrarse en tierra por un efecto de piedad y misericordia»[21].

20 Real Biblioteca del Monasterio de El Escorial, 187-II-1. *Depósitos de los monjes. Año 1610 [desde 1591 hasta 1620]*, ff. 62v y 175v.
21 *Libro de los Actos Capitulares…*, vol. II, p. 582. Acto Capitular de 23-III-1784.

REGALOS Y AGASAJOS

En diversas ocasiones y a determinados huéspedes o amigos, los jerónimos de El Escorial les agasajaban con regalos, cuya naturaleza variaba según las épocas y las personas destinatarias.

No cabe duda de que cuando venían los reyes al monasterio, la comunidad tenía especial cuidado en agradarles en todos los sentidos, pero en especial al del gusto, por lo que casi todos estos regalos y agasajos consistían en artículos comestibles. Uno de los ejemplos más tempranos es la adquisición de «catorce mantequillas de Maello [Segovia] para el servicio de los reyes» en 1577[22]. Otro llamativo ejemplo está fechado en 1666 y aparece referido en un acto capitular, donde se dispuso que «como la reina nuestra señora [Mariana de Austria] gustaba mucho de que le sirviesen a la comida unos cangrejos en los días de vigilia y, de orden de Su Majestad se enviaron a pedir a esta casa, y por no poder pescarlos en los estanques, fue necesario enviar por ellos a Valdemorillo, que esto tendría de costa en todo el año hasta 400 reales»[23].

No solo recibían los regios bienhechores estos presentes en el monasterio, sino también fuera de él, pues a partir de una determinada época se estableció por costumbre llevarles a su palacio madrileño en Navidad unas magníficas cestas de fruta fresca y frutos secos recolectados en las huertas y fincas del monasterio[24]. Para hacernos una idea, en un inventario realizado en el Castañar en 1720 había «173 cestillas de regalo para las Majestades»[25]. Entre las frutas que se regalaban a los reyes destacó la guinda garrafal, que según los testimonios jerónimos «es la mejor que se encuentra en España, pero sirve poco a la comunidad porque de muy antiguo se regala con ella a las personas reales y ministros»[26].

Por su parte, la familia real solía obsequiar a la comunidad de El Escorial con diversos productos. Uno de ellos, que parece repetirse año tras año, era las palmas para la Semana Santa. Fue una costumbre instituida por Felipe II, pues según Sigüenza, «cada año da cantidad de palmas al convento, las cuales le presenta la santa iglesia de Toledo y él las manda entregar al convento»[27]. A los porteadores de las palmas y en correspondencia por el

22 Real Biblioteca del Monasterio de El Escorial, 187-II-11. *Gastos de la Procuracion. 1576 [hasta 1578]*, s. f.

23 *Libro de los Actos Capitulares…*, vol I, p. 764. Acto Capitular de 20-VIII-1666.

24 Real Biblioteca del Monasterio de El Escorial, 187-II-17. *Gastos de la Procuracion. Año 1645 [hasta 1658]*, ff. 81v, 82r, 83r, 83v, 116v, 119r, 122r, 128r, 265v, 268v, 270r, 270v y 271v.

25 RAMÍREZ ALTOZANO, José Javier: *Historia de los bosques reales…*, p. 164.

26 *Ibid.*, p. 161.

27 SEPÚLVEDA, fray Jerónimo de: *Historia…*, p. 73.

regalo, la comunidad les entregaba ciertas flores para adorno de la capilla real: «Ha de prevenir el padre administrador de los jardines que las flores que se envían a la Capilla Real de Su Majestad estén prevenidas para que las lleven los que traen las palmas»[28].

En otro nivel muy distinto se hallaban las dádivas que la comunidad ofrecía a la monarquía, consistentes en joyas, alhajas o dinero, con el fin principal de ayudar al ejército en las diversas campañas contra Francia, Turquía, Inglaterra, etcétera[29]. Eran muchos los beneficios que desde su fundación había recibido y recibía la comunidad de El Escorial de sus patronos y bienhechores, por lo que resulta evidente que tratase de corresponder en todo momento y lo mejor posible a las ne-

Luis Egidio Meléndez: *Bodegón con plato de cerezas, ciruelas, jarra y queso*, ca. 1760. Madrid, Museo del Prado.

cesidades de la Corona. Dos de las ayudas que más llaman la atención son las ofrecidas en 1779 a Carlos III para la guerra contra Inglaterra —cincuenta mil ducados— y a Carlos IV en 1798, consistente en trescientos doce mil reales, doscientos mil en vales reales y ciento doce mil en plata y oro «para que esta real casa socorriese en el mejor modo a las urgencias de la corona»[30].

Otros agasajos y regalos de los monjes de El Escorial estaban destinados a distintos individuos, en correspondencia a determinados servicios prestados u obedeciendo a algún vínculo de amistad. Traemos dos ejemplos: uno de 1729, en que se dio media arroba de chocolate, seis libras de tabaco y seis pañuelos a fray Francisco de Montemayor, organista de San Jerónimo de Madrid, «por el tiempo que asistió a enseñar el órgano a dicho padre fray José del Valle»[31]; y otro de 1749, consistente en el regalo de

28 Archivo General de Palacio, Patronatos de la Corona, Leg. 1715. *Costumbres de 1736*, Copia B, f. 86r.

29 Véase un listado completo en ZARCO, Julián. *Los jerónimos…*, pp. 25-26.

30 *Libro de los Actos Capitulares…*, vol. II, pp. 543 y 731. Actos Capitulares de 27-X-1779 y 17-VII-1798.

31 Real Biblioteca del Monasterio de El Escorial, 186-IV-14. *Quentas de fabrica y mem[oria]l del Arca y esttado de la Administraz[ió]n. 1705 [hasta 1733]*.

Luis Egidio Meléndez: *Bodegón con chorizos, jamón y recipientes*, 1772. Madrid, Museo del Prado.

cuatro libras de tabaco, seis pañuelos de seda y media arroba de chocolate a Miguel Cassiri «en atención al trabajo que tuvo en la biblioteca de San Lorenzo»[32].

El muy actual tópico de regalar jamones ya era algo conocido en los tiempos de los jerónimos. Los perniles parece que formaron parte de una especie de «cesta de Navidad», con chorizos y otras menudencias, cuyos beneficiarios fueron los propios monjes; pero no los jóvenes, sino los ancianos. Por ejemplo, en 1779 el monasterio gastó seis mil ciento cincuenta y ocho reales y veintidós maravedís en «los perniles, chorizos y chumainas dados a los padres ancianos»[33].

ROBOS Y HURTOS EN LA COMUNIDAD. LAS CÁRCELES DEL MONASTERIO

Habitualmente, los robos cometidos en el monasterio eran protagonizados por gentes de afuera, maleantes, vagabundos, etcétera, que de un modo u otro accedían al interior del edificio y se apropiaban indebidamente de bienes ajenos. Junto a una considerable cantidad de pequeños hurtos de comestibles, bebidas y otras materias primas, también existía el peligro de robos mayores en los que los objetos podían ser de gran valor. En este sentido eran muy apetecibles las joyas que se custodiaban en la iglesia (relicarios, vasos sagrados, etcétera), de las que era responsable el **sacristán mayor**, de ahí el cuidado que debía tener con las llaves, especialmente

32 Real Biblioteca del Monasterio de El Escorial, 186-V-13. *Quentas de fabrica y memorial del Arca y estado de la Administ[raci]on. Año de 1734 [hasta 1764]*, f. 111r.
33 Real Biblioteca del Monasterio de El Escorial, 187-III-14. *[Procuración. Año 1779]*, f. 2r.

Antonio Joli: *Vista del monasterio de El Escorial*, ca. 1754. Detalle de lavanderas. Madrid, Patrimonio Nacional.

© Patrimonio Nacional

las «del sagrario y de la sacristía, las cuales no dará a nadie sin licencia del superior»[34].

Como es de suponer, la vigilancia monástica no era infalible y cada cierto tiempo tenía lugar algún robo de mayor o menor importancia. Uno de ellos ocurrió en 1737: alguien sacó de la sacristía un rosario de oro de diecinueve kilates y cerca de doscientos gramos de peso; al parecer, fue restituido a su lugar de origen, pero la comunidad tuvo que pagar su precio, mil seiscientos noventa reales con veintidós maravedís[35].

Aún más valor tuvieron las alhajas robadas en 1797 a Nuestra Señora del Patrocinio. En este caso no hubo de pagar la comunidad su valor, pero sí las costas del Juzgado del Sitio y del viaje a Valladolid (allí fueron a parar) para recobrarlas[36]. Total: novecientos setenta y nueve reales.

A modo de contraste, y volviendo a otras mercancías de menor valor y atractivo, resulta muy curioso el robo perpetrado una noche de 1637 a la lavandera de la Fresneda, Margarita Rubio, a quien le sustrajeron veintinueve sábanas, tres azalejas, siete paños de cabeza y dos mesas de manteles. La comunidad le perdonó todo ello por vía de limosna por «no haber podido cobrar de los ladrones más de doce sábanas de veinte y nueve que ellas eran»[37].

Todos estos robos eran seguramente perpetrados por individuos extraños a la comunidad religiosa pero, como queda dicho, también los propios

34 Archivo General de Palacio, Patronatos de la Corona, Leg. 1715. *Costumbres de 1736*, Copia A, f. 61r.

35 Real Biblioteca del Monasterio de El Escorial, 187-I-6. *Cuentas de la Sacristía. Año 1655 [hasta 1764]*, f. 94r.

36 Real Biblioteca del Monasterio de El Escorial, 187-I-10. *Cuentas de la Sacristía. Año 1765 [hasta 1807]*, f. 64v.

37 *Libro de los Actos Capitulares…*, vol. I, p. 546. Acto Capitular de 5-VI-1637.

habitantes del monasterio (incluidos los monjes) cometían a veces pequeños o grandes hurtos. Pequeñas sustracciones —quizás más bien despiste o confusión— fueron las desapariciones de mantos de la sacristía sucedidas, por ejemplo, en 1732, 1733 y 1781[38], los cuales hubieron de ser restituidos por la ropería a sus respectivos dueños.

También pequeños hurtos, incluso nimios, pero muy poco decorosos, eran los que el propio prior aseguraba haber presenciado desde la ventana de su celda en 1803: ciertos monjes «que no contentos con llenar las mangas de peras en la huerta, han bajado con talegas, y que a proporción ha visto lo mismo en la lucerna del refectorio cuando se sacan los cestos con el pan»[39].

Y como ejemplo de gran robo —quizás el mayor en la historia del monasterio, al margen de los perpetrados por los franceses— fue el protagonizado a mediados del siglo XVII por fray Diego de Chinchón (ca. 1622-1676). Su biografía es omitida en las *Memorias Sepulcrales* con la excusa de «ser forzoso escribir otras»[40], pero contamos con un par de testimonios sobre sus andanzas y fechorías. El primero, muy escueto pero sustancioso, ofrecido por Francisco de Paula Rodríguez:

> A este religioso le dejó Dios de su mano algunos años por sus altos juicios y así, una vez se fue fugitivo a Roma, conoció su culpa y volvió a casa, recibió el castigo con lágrimas de arrepentimiento y, ya libre de la prisión, reincidió en nueva mayor culpa hurtando el pectoral y otras joyas, haciendo fuga con ellas. Cogióle el alcalde de Alcorcón [véase a fray Juan de Santa María, hijo de este alcalde en el año de 1614], pusiéronle en cárcel perpetua y murió en el año de 1676.[41]

El pectoral al que se refiere era una magnífica joya —desaparecida definitivamente en 1799[42]— que llevaba al cuello el prior en los días solemnes «con algunas piedras y perlas de grande estimación, que son cinco diamantes finísimos, ocho esmeraldas, cuatro rubíes y cinco perlas, la una como un huevo de paloma»; añade Santos que costó cuarenta mil ducados, aunque algunos la valoraban en cincuenta mil[43].

---

38 Real Biblioteca del Monasterio de El Escorial, 187-I-16. *Qventas de la Roperia de S. Lorenzo, año de 1713 [hasta 1770 inclusive]*, ff. 73v y 77v. Real Biblioteca del Monasterio de El Escorial, 187-I-22. *Cuent[a]s de Roperia desde 1771 hasta 1808 y desde 1834 [hasta 1835]*, f. 62r.

39 *Libro de los Actos Capitulares…*, vol. II, p. 780. Acto Capitular de 3-X-1803.

40 *Las Memorias Sepulcrales…*, vol. II, p. 585.

41 RODRÍGUEZ, Francisco de Paula: *Monjes jerónimos…*, p. 111.

42 QUEVEDO, José: *Historia…*, p. 201.

43 SANTOS, fray Francisco de los: *Descripción…*, f. 43v.

Fray Diego fue capturado por el alcalde de Alcorcón, casualmente padre de otro monje de El Escorial, fray Juan de Santa María (ca. 1650-1683). Y es en la biografía de este monje donde más por extenso se narran las circunstancias del apresamiento y entrega de fray Diego de Chinchón al prior del monasterio:

Claudio Coello: *La Santa Forma*. Detalle del prior con el pectoral. Monasterio de El Escorial, Patrimonio Nacional.

> Venía de la Corte el dicho alcalde, adonde había ya llegado la fama del robo y fuga, y antes de llegar a su lugar, vio que andaba un religioso extraviado, y que habiéndole visto a él (y a otro compañero que venía con él) procuraba caminar más aprisa por aquellos barbechos; luego le dio en el corazón que era el que se anda buscando por diversas partes, y picando los caballos, los dos a pocos pasos le alcanzaron, y reconociendo ser el mismo le llevaron a su casa, y poniéndole a él y al tesoro a buen recado se partió al instante a dar noticia del hallazgo al prior desta casa, que se hallaba bien afligido con el impensado suceso. Llegó a la lonja a las diez de la noche en que todas las puertas estaban cerradas, y por reconocer que algunos religiosos no se habían acostado disparó una escopeta, a cuyo estruendo en hora tan excusada respondieron unos colegiales que estaban en vela, y él les dijo que necesitaba de hablar en secreto al padre prior, que si había orden de poder entrar lo estimaría. Luego sospecharon que era acerca del caso sucedido, que a todos les tenía tan lastimados. Pidieron al padre rector las llaves del corral de la leña y de la capilla, y con ellas le llevaron a la celda del prior […] y aunque estaba ya recogido para ir a Maitines no dormía con el cuidado del suceso; y así dio luego entrada al sobredicho, que le hizo relación por extenso de lo sucedido con el tal religioso.[44]

Finalmente, fray Diego acabó sus días en la cárcel, pero no en una cualquiera, sino en la del monasterio. No obstante, su probable enfermedad mental movió los corazones de sus compañeros de religión, de modo que en agosto de 1666 se decidió en capítulo conventual, pues «estaba con espíritus y que, para conjurarle, era necesario sacarle de la cárcel donde al

44 *Las Memorias Sepulcrales…*, vol. II, p. 662.

Francisco de Goya y Lucientes: *La seguridad de un reo no exige tormento*. Grabado, 1810-1815.

presente estaba y bajarle a otra más decente para que con más facilidad se pudiese acudir a su remedio».

En efecto, y aunque nos pueda parecer extraño, en el monasterio de El Escorial, y al servicio de la comunidad jerónima, existió una cárcel desde sus primeros años fundacionales. Esto no era nada excepcional, sino algo común al resto de monasterios de la orden jerónima. Allí iban a parar aquellos monjes cuyos delitos o faltas lo mereciesen, según la normativa interna de la propia orden. Ya existían cárceles jerónimas en 1486, pero el capítulo privado de dicho año, ante la facilidad con que se escapaban los allí confinados, mandó a los priores que «las cárceles que tienen sean tales que los que en ellas estuvieren no se vayan, y si no las tuvieren tales que las hagan de nuevo apercibiéndoles que si por su culpa se fueren serán puestos ellos en su lugar»[45].

¿Dónde se ubicó la cárcel o cárceles en el monasterio de El Escorial? Su existencia y uso es corroborada en la documentación escurialense, pero no el lugar exacto. Por ejemplo, en referencia al oficio de **camero**, se advierte que debía de tener, entre otras, «las llaves […] de las cárceles»[46].

Por último, cabe añadir que también existió una cárcel en la abadía de Párraces, un lugar al que, dicho sea de paso, solían ir monjes penitenciados o conflictivos. En un inventario de 1723 aparece citada un cárcel en cuyo interior había «tres pares de grillos, dos ropeas [sic] con sus sortijas, una cadena, dos candados, una barreta de cepo»[47].

45 Archivo General de Palacio, Patronatos de la Corona, Leg. 1790. *Libro de los Capítulos Generales de la Orden…*, vol. I/2, f. 85v.

46 Archivo General de Palacio, Patronatos de la Corona, Leg. 1715. *Borradores de Costumbres [s. XVII]*, Cuaderno Ia, f. 25r.

47 Real Biblioteca del Monasterio de El Escorial, 187-I-2. *Libro de los estados e inventarios, de administraciones y oficinas. Empeço desde el año de 1678 [hasta 1754]*, f. 280r.

LA ASISTENCIA A LOS NECESITADOS

Como muy acertadamente han señalado algunos autores, apenas se ha insistido ni se ha resaltado el valor y la importancia que Felipe II dio a la limosna como ejercicio de caridad evangélica y como consuelo para los necesitados de la comarca donde se ubica el monasterio. En la misma *Carta de Fundación* se designa anualmente un buen número de fanegas de pan —cocido y en grano— para repartir entre los pobres del lugar, además de cierta cantidad de dinero en efectivo que el prior entregaba en concepto de limosna ordinaria[1]. Los receptores de las limosnas eran principalmente pobres, aunque también hubo otro tipo de individuos de mayor o menor calidad ética: vagabundos, buscavidas, maleantes, peregrinos, viajeros, monjes mendicantes y un largo etcétera.

Mucho más triste era el hecho de que casi todos los años —y, a veces, en más de una ocasión—, eran hallados niños o niñas recién nacidos abandonados a las puertas del monasterio. Muchos de ellos lograban sobrevivir gracias a los cuidados intensivos de amas de leche pagadas por el monasterio o llevándolos a la Inclusa u orfanato de Madrid, pero otros no conseguían alcanzar varios días o semanas de vida y perecían lamentable e irremisiblemente.

LA SOPA BOBA

El concepto de «sopa boba» se aplica a la limosna que se ofrecía en los conventos a los pobres y necesitados, consistente en una frugal comida a base de sopa y pan. En el monasterio de El Escorial se ofrecía la sopa boba todos los días. Se llevaba a cabo en un refectorio que había en el lienzo sur de la Compaña, en las cantinas, debajo del refectorio de los criados

---

1 Campos, Francisco Javier: *La vida en el monasterio...*, p. 218.

Puerta de acceso al antiguo comedor de pobres del monasterio, hoy en día capilla del Real Centro Universitario Escorial-Maria Cristina. Foto: Gustavo Sánchez.

(hoy capilla del Real Centro Universitario Escorial-María Cristina) y, según Almela, los que no cabían en el refectorio de pobres «comen afuera, debajo de los siete arcos del tránsito de la gran calle a la dicha casa de Compañas»[2]. Para hacernos una idea del gasto que este ejercicio caritativo suponía para la comunidad jerónima, indicaremos que en 1615 acudían a la Compaña más de quinientos pobres a los que se les daba más de cuatro fanegas de pan cada día[3].

Según las *Costumbres de 1736*, la sopa boba se repartía después de comer la comunidad religiosa, y el mozo que ayudaba en la procuración debía ir delante de los que llevaban la olla con una vara para evitar disturbios entre los pobres, pues «como ministro que es puede prender algunos si se desmandaren con otros pobres o si reconociere que es gente de mal vivir o gente que se andan por aquí morosamente sin quererse apartar desta limosna»[4].

2 ALMELA, Juan Alonso de: *Descripción...*, p. 94.
3 ZARCO, Julián: *Los jerónimos...*, p. 31.
4 Archivo General de Palacio, Patronatos de la Corona, Leg. 1715. *Costumbres de 1736*, Copia B, ff. 79r-79v.

LAS LIMOSNAS

Aparte de la sopa boba diaria, el monasterio solía repartir todos los domingos doce pares de zapatos entre los pobres más necesitados, de los muchos que acudían con este objeto a la portería conventual[5]. Además, y con carácter excepcional, ofrecía dinero y otros artículos a determinados individuos de distintas clases y procedencias sociales que pasaban por el monasterio. Uno de los primeros ejemplos es el de un obispo de Irlanda que vino al monasterio en 1587; había salido de su país huyendo de los luteranos ingleses «porque le querían casar», y llegó a España en suma pobreza. El obispo de Burgos le acogió y le envío al monasterio de El Escorial, donde le recibió el prior «de muy buena gana y le hizo detener hasta que descansó y le procuró de regalar lo mejor que pudo [...], le dio cartas de favor para el rey nuestro señor y mas le dio diez ducados y camisas, pañizuelos, sombrero y cabalgadura y mozo para hasta Madrid, con lo necesario para la comida, de que fue muy contento»[6].

Otro ejemplo singular es el sucedido en 1594 con un «inglés» al que varios monjes a título particular dieron limosna, no sabemos con qué motivo ni para qué fin[7], aunque resulta probable que también viniese huyendo de su país por cuestiones religiosas.

Igualmente curiosa y exótica es la limosna ofrecida por el capítulo conventual a «unos griegos maronitas [que] pedían a la comunidad por medio de memorial les hiciese una limosna para sacar al monasterio y demás monjes del bárbaro poder y esclavitud de los griegos cismáticos en que habían caído»[8].

Otro tipo distinto de limosnas fueron las que se concedían a determinados familiares de los monjes: sobrinos, hermanos, padres o madres. Eran sobre todo estos últimos los que, afectados por la viudedad y la vejez (sobre todo en mujeres), mayor necesidad podían pasar. En otras épocas, estas personas dependían casi siempre de la caridad familiar o de alguna institución benéfica. El monasterio, sensibilizado con este hecho, dispuso en 1627 que se les diese alojamiento en el propio edificio, reservando «unos aposentos en la Compaña para hospedar a las mujeres, madres y parientes de los religiosos deste santo convento»[9]. Son bastante numerosos los ejemplos de limosnas —de dinero o alojamiento— concedidas por el

---

5 Núñez, fray Juan: *Quinta parte...*, vol. II, p. 317.
6 San Jerónimo, fray Juan de: *Memorias...*, pp. 411-412.
7 Real Biblioteca del Monasterio de El Escorial, 187-II-1. *Deposit[o]s de los monges. Año 1610 [desde 1591 hasta 1620]*.
8 *Libro de los Actos Capitulares...*, vol. II, p. 396. Acto Capitular de 13-VIII-1769.
9 *Ibid.*, vol. I, p. 415. Acto Capitular de 7-IX-1627.

monasterio durante varios años a los padres o madres de determinados monjes: la madre de fray Pedro Tafalla (1632)[10], el padre de fray Antonio Soler (1754)[11], el padre de fray Juan Serra (1762)[12], etcétera.

Pero quizás el mayor acontecimiento en torno a las limosnas del monasterio tenía lugar el Viernes Santo. Ese día el convento ofrecía una excelente comida a la que acudían a servir el prior, el vicario y otros monjes. Además, se servía en vajilla de porcelana, con manteles y servilletas. El prior iba repartiendo el pan conforme iban entrando los pobres, y después «los religiosos que sirven les van llevando a estos los platos y estos los ponen en las mesas a los pobres porque desta forma se quita toda equivocación y trampa»[13]. Por su parte, el administrador de la Compaña y los muchachos debían vigilar atentamente para que nadie se llevase alguna pieza de la vajilla. Se contaban por miles los individuos que acudían a esta limosna, de manera que hacia 1676 eran más de cuatro mil[14].

Entre tal cantidad de personas no es de extrañar que se mezclasen algunos individuos con distintos y oscuros fines, generando ciertos problemas en el entorno escurialense. La situación debió de llegar a un límite en 1761, cuando el alcalde mayor manifestó al rey las muchas incomodidades que creaba el crecido número de individuos ociosos y miserables. Según el alcalde, muchos acudían al monasterio «pretextando vienen a la limosna de los zapatos los domingos y a la regular de todo el año, otros a ver la fábrica y la mayor parte de ellos en todo el año asisten bajo de los árboles, por cima de el monasterio en la circunferencia de la Compaña, portal de la regalada, hospital de la Villa y otros parajes, de forma que desalojándolos de un lugar se mudan a otros y a algunas cuevas que están junto a el Castañar, Herrería y los ermitaños». Ante la impotencia y la escasez de medios, el alcalde solicitaba la presencia de «algunos soldados inválidos para que auxiliasen en lo que ocurra y de este modo se podía perseguir con mejor satisfacción […] y estando todos sujetos a su orden les manejaría para los fines que más conviniesen a el real servicio y con este auxilio tal vez se lograría el limpiar el Sitio de gente que se acoge a él»[15].

10 *Ibid.*, vol. I, p. 457. Acto Capitular de 19-III-1632.

11 *Ibid.*, vol. II, p. 237. Acto Capitular de 16-III-1754.

12 Real Biblioteca del Monasterio de El Escorial, 186-V-13. *Quentas de fabrica y memorial del Arca y estado de la Administ[raci]on. Año de 1734 [hasta 1764]*, ff. 219v y 217r-217v.

13 Archivo General de Palacio, Patronatos de la Corona, Leg. 1715. *Costumbres de 1736*, Copia B, ff. 79r-79v.

14 *Fray Marcos de Herrera y la reedificación…*, p. 99.

15 Archivo General de Palacio, Administraciones Patrimoniales, Leg. 1830, Exp. 23. *Carta de Nicolás de Vicente Yáñez a Ricardo Wall, 10-XI-1761.*

Unos meses más tarde volvía a escribir el alcalde manifestando su satisfacción por el desalojo de muchas de estas gentes ociosas y por la reubicación de ciertas familias (un total de treinta) en la villa de El Escorial, de modo que «al presente ha quedado el Sitio sin más familias que las que son de el servicio de la real fábrica, monasterio y bosques y demás oficinas». Por último, el magistrado informaba sobre el derribo de «todas las casuchas y barraquillas que de algunos años a esta parte se habían construido y eran albergue de muchas gentes»[16].

LOS NIÑOS EXPÓSITOS

En otras épocas los niños y niñas no deseados o de paternidad ilegítima eran abandonados a las puertas de iglesias y monasterios. Causa mucha tristeza imaginar a un bebé de pocos días, o incluso horas, solo y llorando en el silencio de la noche, el momento habitualmente elegido para tan reprochable acción. Los dejaban en las diferentes puertas o porterías del monasterio: principal, colegio, cocinas... Imaginamos que la sorpresa y compasión de los monjes no debió ceder ante la frecuencia con que esto sucedía.

El primer caso del que se tiene noticia está fechado en 1613, aunque es muy probable que hubiese otros antes no documentados. Se trataba de una niña para cuya alimentación se contrató a una mujer de El Escorial (la esposa de Esteban de Soto), que al poco tiempo falleció[17]. Otros muchos niños y niñas fueron dejados a las puertas del monasterio; la mayoría eran apenas bebés y no llegarían ni tan siquiera a vivir la infancia, y mucho menos la juventud y madurez de sus vidas. La comunidad jerónima se solía hacer cargo, normalmente, de pagar y organizar el traslado de la criatura a la Inclusa de Madrid y/o de buscar y pagar a un ama de cría para alimentar al bebé hasta que fuese llevado al referido orfanato[18].

Pero no era tan habitual que permaneciesen estos niños por más tiempo en el monasterio, como es el caso de una niña que aparece en 1618 y que permanece en allí hasta el año 1627. Comienza llamándosele «la niña expósita» y en 1627 figura como «la muchacha expósita»[19]. ¿Qué hizo la niña en el monasterio durante esos nueve años? Lo ignoramos, pero

---

16 Archivo General de Palacio, Administraciones Patrimoniales, Leg. 1830, Exp. 24. *Carta de Nicolás de Vicente Yáñez a Ricardo Wall, 21-II-1762.*

17 Real Biblioteca del Monasterio de El Escorial, 187-IV-8. *Salarios de Criados. 1611,* f. 235v.

18 Véase ESPINA PÉREZ, Pedro: *Historia de la Inclusa de Madrid,* Defensor del Menor en la Comunidad de Madrid, Madrid, 2005.

19 Real Biblioteca del Monasterio de El Escorial, 187-I-15. *Cartas quentas generales de la Ropería de St. Laur[enci]o el Real. Dende el año de 1618 en adelante [hasta 1712],* ff. 4r, 11v, 16r, 19v, 24v, 27r, 28v y 43v.

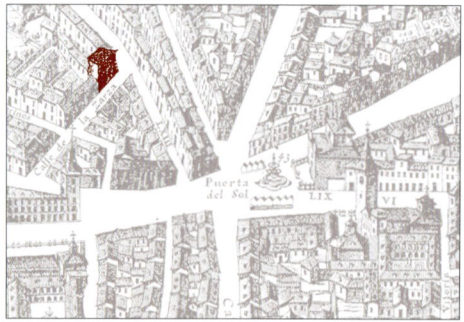

La Real Inclusa de Madrid o Nuestra Señora de la Inclusa, señalada en rojo. El nombre de Inclusa procede de una adaptación al español de «Enckussen», la ciudad holandesa de la que un soldado trajo una imagen de la Virgen con esa advocación. Fue el principal orfanato de la ciudad durante varios siglos.

Francisco Ortego: *Sala del torno de la Inclusa de Madrid*. Grabado, 1861.

resulta muy interesante pensar cómo se pudo gestionar este caso en una comunidad totalmente masculina, que por su voto de clausura impedía la entrada a mujeres.

En el monasterio se han contabilizado entre 1700 y 1799 (por acotar unas fechas completamente documentadas) un total de cincuenta niños expósitos: veintinueve varones y veinte niñas, además de uno del que no se detalla el sexo. Por supuesto, antes y después de esos años también hallamos niños abandonados, pero no es posible documentarlos fehacientemente debido a la inconsistencia y lagunas en la documentación, si bien es muy factible que superasen el centenar.

EL CORO Y LA LITURGIA

En la Orden de San Jerónimo tenía un gran peso el oficio divino, al que dedicaban los monjes más de ocho horas diarias. A esto, en el caso escurialense, se añadían las obligaciones de decir o cantar misas a los diferentes miembros de la familia real —tanto vivos como muertos— y una liturgia muy especial establecida en toda España por Felipe II en 1576 y mantenida más tarde solo en el monasterio: la Vela al Santísimo, un culto consistente en la presencia y oración de cuatro monjes por turnos durante las veinticuatro horas del día ante el Santísimo Sacramento.

Por estas tres razones, principalmente las dos primeras, eran muchas las horas que los jerónimos de El Escorial pasaban en el coro y en la iglesia (hasta doce algunos días), tratando siempre de que la calidad no quedase nunca por debajo de la cantidad, de tal modo que la liturgia laurentina se distinguiese en todo momento por su riqueza y solemnidad. Para que todo estuviese a la misma altura, Felipe II ordenó hacer unos ricos cantorales —muchos de ellos iluminados— para el canto llano de los oficios divinos y las misas; una colección de doscientos veintitrés libros que aún hoy en día llaman la atención por su perdurable calidad, frescura y viveza de colores.

EL NÚMERO DE MISAS

Lo que más sorprende en la liturgia de El Escorial es la gran cantidad de misas que estaban obligados a decir los monjes. La razón: se trataba fundamentalmente de misas por las almas de los difuntos reyes, reinas y demás personas reales enterrados en el panteón del monasterio. Lógicamente, el número de misas iba creciendo con el paso del tiempo de forma paralela al de cuerpos reales depositados en las bóvedas escurialenses.

Tabla de los aniversarios, misas, sufragios y obligaciones que han impuesto a este real monasterio de San Lorenzo el católico rey Felipe II su fundador, como demás señores reyes, sus sucesores y patronos. Basílica del monasterio, ca. 1740.

En 1603 se decían un total de diez mil misas al año por los doce cuerpos de la realeza que había en esa fecha en el monasterio[1]. Pero hacia 1740, cuando se hizo la tabla de los aniversarios del coro (ver imagen), se contabilizaban veinticinco personas reales difuntas, por lo que el número de misas anuales aumentó hasta catorce mil aproximadamente. Y, según Rotondo, en 1861 eran un total de diecisiete mil quinientas treinta y ocho las misas que se habían de decir por los reyes enterrados en el monasterio, si bien este número podría haber sido mucho mayor debido a que varios de los reyes —Felipe V, Luis I, Fernando VI, Carlos III y Carlos IV— con sus respectivas esposas no dejaron mandas para misas[2]. Y todo esto sin contar

---

1 SEPÚLVEDA, fray Jerónimo de: *Historia…*, p. 368.
2 ROTONDO, Antonio: *Descripción de la gran Basílica del Escoria*, Galería Literaria, Madrid, 1861, pp. 271-273.

las misas conventuales y privadas que a diario se decían en el monasterio por los reyes vivos y por otras personas y necesidades, lo cual, sumado todo a lo anterior, habría podido alcanzar fácilmente el número de veinte mil misas al año. En definitiva: una pesada carga litúrgica que se unía a las largas horas del oficio divino laurentino, entre ocho y doce al día.

En cuanto al modo de celebrar la misa, siendo muchas las cuestiones y aspectos que se suscitan, nos limitaremos a presentar un par de curiosas noticias. En primer lugar nos llama la atención una crítica interna sobre la celebración eucarística de determinados ministros, efectuada en 1825 por el mismo prior. El prelado señalaba «el poco miramiento y respeto que han observado los diáconos en las misas mayores, sirviendo de escándalo aun a las personas reales cuando han asistido a ella desde sus tribunas»[3].

La segunda noticia parece guardar relación con el preceptivo sermón u homilía que se solía (y suele) incluir en las misas de domingos y festivos. Al parecer, y con el fin de evitar excesos en la duración de los sermones, la comunidad adquirió en 1576 «un reloj de arena para los sermones»[4]. Pero algo más difícil de controlar que el tiempo de los sermones era su contenido y el modo de declamarlos: la oratoria. Este aspecto es duramente criticado por Norberto Caimo, trayendo como ejemplo al sacerdote que predicó el sermón el día de San Lorenzo, descrito de este modo tan cómico:

> ¡Cómo me hubiera gustado que lo oyéseis! Habríais, seguramente, tenido mucha diversión oyendo un compuesto extraño de grandes expresiones llenas de énfasis, frases ampulosas, pensamientos aventurados, figuras afectadas y pueriles, juegos de palabras y alusiones ridículas, contradicciones manifiestas e indignantes, fábulas extravagantes y prodigios de toda especie, sin hablar de las descripciones poco verosímiles, impertinentes y muy contrarias a la gravedad de un discurso cristiano y a la dignidad de la cátedra. Allí los santos eran llevados a la fuerza y contra su intención. En lugar de Moisés, de Josué, de David y de los otros héroes del Antiguo Testamento, eran los Alejandros, los Ptolomeos, los Césares y otros impíos de la gentilidad los que proporcionaban los ejemplos, las imágenes y los rasgos brillantes del discurso; y por todas partes el orador se inflamaba, hasta el punto de que parecía más bien defender a un acusado que haber el panegírico de un santo, incluso alguna vez ponía en ello tanto calor y arrebato, que se le habría más bien tomado por un loco furioso que por un predicador. A pesar de todo eso, pasa entre los suyos por un Demóstenes.[5]

3 *Libro de los Actos Capitulares...*, vol. III, p. 143. Acto Capitular de 31-I-1825.
4 Real Biblioteca del Monasterio de El Escorial, 187-II-11. *Gastos de la Procuracion. 1576 [hasta 1578]*, s. f.
5 CAIMO, Norberto: *Viaje a España...*, p. 800.

Escena que representa un sermón. Grabado de la *Retórica cristiana*, de fray Diego de Valadés, 1579.

LA VELA AL SANTÍSIMO

Entroncando con el Concilio de Trento, firme impulsor del culto de adoración al Santísimo Sacramento, y en directa relación con el ejercicio de las «Cuarenta Horas», estableció Felipe II en 1576 en España la Vela al Santísimo con el principal propósito de pedir «por las necesidades urgentes»[6]. Se trataba de un culto de adoración al Santísimo Sacramento consistente en la presencia y oración continua de grupos de cuatro monjes por turnos de dos horas durante las veinticuatro horas del día[7]. Al propio Rey Prudente, según refiere Sigüenza, «no había religioso que le hiciese ventaja, ni en la devoción con que allí iba, ni en la asistencia delante del Sacramento en el término de aquellas veinticuatro horas»[8].

Pero lo que parecía que iba a quedar en toda España por costumbre, sobrevivió tan solo en el monasterio de El Escorial y por expreso deseo de Felipe II, quien estableció en su Segundo Codicilo nuevas indicaciones al respecto. En dicho texto, redactado en agosto de 1598, el monarca

6 CAMPOS, Francisco Javier: «Doscientos años de Vela al Santísimo Sacramento en el monasterio de El Escorial (siglos XVII-XVIII)», en *Religiosidad y ceremonias en torno a la Eucaristía. Actas del Simposium*, Instituto Escurialense de Investigaciones Históricas y Artísticas, San Lorenzo de El Escorial, 2003, vol. I, pp. 7-70.
7 CAMPOS, Francisco Javier: *La vida en el monasterio…*, p. 133.
8 SIGÜENZA, fray José de: *Historia…*, vol. II, pp. 472-473.

Facistol del coro con dos monjes en actitud orante, posiblemente realizando su turno de Vela al Santísimo. Grabado de la *Descripción* de Jiménez, 1764.

determinó que fuesen no cuatro monjes sino solo dos (un sacerdote y un corista), repartidos cada dos horas en doce turnos, pero «todo el tiempo que no se gastare en los oficios divinos, y que se hiciesen descansos de tres días». Habían de ser, por consiguiente, un total de sesenta y cuatro frailes, ocupándose cuatro días seguidos y dejando tres libres[9].

Seguramente por intercesión de la comunidad y su prior, en 1628 Felipe IV rebajó la Vela al Santísimo a tan solo una vez al mes[10]. Pero diez años más tarde, en 1638, solicitaba que de nuevo hubiese no dos monjes, sino cuatro; la comunidad trató de eludir esta nueva carga, pero todo fue en vano, pues, en palabras del prior, «la voluntad de Su Majestad se había de cumplir»[11]. No obstante, unos años más tarde consintió el monarca conmutar los dos monjes que había añadido en la Vela por ocho ancianos que pidieran por él durante las horas de coro. Así parece que perduró este culto durante los siglos siguientes, si bien, en el siglo XVIII se codificó con más exactitud todo el horario y organización de los turnos[12].

9 *Codicilo de las cosas tocantes a San Lorenzo el Real, otorgado en dicho monasterio por el católico rey don Felipe II, a veinticinco de agosto de mil quinientos noventa y ocho*, en *Documentos para la historia del monasterio de San Lorenzo el Real de El Escorial*, vol. II, Imprenta Helénica, Madrid, 1917, pp. 53-54.
10 *Libro de los Actos Capitulares…*, vol. I, p. 423. Acto Capitular de 3-XI-1628.
11 *Ibid.*, vol. I, pp. 560-561. Acto Capitular de 1-VIII-1638.
12 Véase *Apuntaciones para el mejor gobierno e instrucción del padre Vicario*, en *Música y culto divino en el Real monasterio de El Escorial (1563-1837)*, Luis Hernández (ed.), EDES, San Lorenzo de El

La Vela al Santísimo se efectuaba en el coro, desde donde se ve perfectamente el tabernáculo, lugar en el que se custodia el Santísimo Sacramento. En la imagen (página 223) se aprecia a dos monjes junto al facistol —el enorme atril del coro— en actitud orante, posiblemente realizando su turno de Vela al Santísimo.

LOS LIBROS DE CORO

La magnífica colección de libros cantorales o de coro del monasterio de El Escorial tiene su origen en 1564. Pero una vez comenzada su elaboración sufrieron diversos cambios por dos razones principales: 1.º) el pergamino originalmente utilizado no fue del agrado del rey por su excesivo color amarillento, y 2.º) la reforma del misal y del breviario ocurridos en 1568 y 1570, respectivamente, hicieron variar el contenido de los mismos. De este modo, y una vez subsanados ambos inconvenientes, la actual colección comenzó a escribirse en 1577 y fue finalizada en 1586, pocos días antes de la consagración de la basílica escurialense.

El número de libros en 1586 era de doscientos doce, según la entrega oficial de los mismos[13], pero ascendió hasta doscientos veintitrés con el paso del tiempo debido a las diferentes reformas litúrgicas y a la incorporación de nuevos santos y fiestas al calendario litúrgico. Sus dimensiones son de 108 x 75 centímetros y contienen unas cincuenta o sesenta hojas de pergamino, aunque a veces superan ese número, por lo que su peso puede oscilar, dependiendo del número de hojas, entre quince y veinte kilos. Por alguna razón o error, Sigüenza asegura que el total de libros era doscientos dieciséis, al tiempo que ofrece una somera descripción y valora su coste en cuarenta y cuatro mil ochocientos cuarenta y cuatro ducados[14].

A lo largo de los años los cantorales sufrieron el consiguiente deterioro de su uso diario, unos más que otros. Por esta razón, la documentación escurialense recoge abundantes datos sobre gastos en reparaciones o «aderezos» de estos libros. Por lo general, se trataba de intervenciones en la encuadernación, algo lógico teniendo en cuenta la pesadez de los libros y lo complicado de su manejo. En alguna ocasión, como en 1789, se llegó a contratar a un profesional (el platero Francisco Martín) para que realizase su labor de restauración residiendo en el monasterio por espacio de un mes[15].

Escorial, 1993, vol. II, pp. 430-441.

13 Archivo General de Palacio, Patronatos de la Corona, Cª 83, N.º 2. *1586. Entrega Quinta*, pp. 47-74.

14 Sigüenza, fray José de: *Historia…*, vol. II, p. 699.

15 Real Biblioteca del Monasterio de El Escorial, 187-I-9. *Diario de Sachristia. Años 1764-1791*, f. 45r.

Cantoral del monasterio, con sus cuatro pentagramas por página y letra capital iluminada. Monasterio de El Escorial, Patrimonio Nacional.

El traslado de libros corales de sus cajones al facistol era realizado habitualmente por dos monjes (ver imagen): el **cantor** y el **sustentor**. Lógicamente, debían tener una estatura similar, pues de lo contrario se podía hacer muy incómodo el traslado; de ello trae cuenta la biografía de fray Diego de Illescas (1698-1767), quien siendo ya anciano hizo improvisadamente de sustentor un día que se hallaba el cantor solo, ayudándole «a poner y quitar los libros, cargándolos sobre sus hombros, sin embargo de la desproporción de estaturas, por ser la de su paternidad superior a la del cantor, muy ínfima, de que forzosamente le resultaría la más penosa molestia y mortificación»[16].

Otro aspecto interesante de los libros corales era su limpieza y mantenimiento diarios. Para ello se daban indicaciones muy exactas de lo que se debía y no se debía hacer, siendo la más reiterada la limpieza previa de las manos de quien hubiese de pasar las hojas, algo que, a la vista del aspecto mugriento que presentan muchos de sus bordes, no parece que fuese observado con la atención requerida. Son varios los documentos que recogen este tipo de indicaciones; ofrecemos quizás la más completa de ellas:

Traslado de un cantoral a hombros de dos monjes, habitualmente, novicios. Grabado de la *Historia descriptiva...* de Rotondo, 1863.

Los versicularios tienen mucha diligencia de tratar las hojas de los libros con mucha limpieza, y porque no les manchen con el sudor de los dedos, en entrando en el coro se han de ir a lavar las manos a la fuente del coro y limpiar muy bien en las azalejas que habrá allí, y nunca han de llegar con las manos a la letra o punto para allanar las hojas porque se desfloran; mas cuando fuere necesario asentarlas, hácenlo con la halda del escapulario, apretándolo hacia adentro y no corriéndole por la hoja.[17]

La fuente del coro aún sigue en el mismo lugar que en el siglo XVI, si bien ya no se usa y está oculta tras una puerta. Almela la describe como «una fuente con tres caños metida en la pared, bien curiosa y galana»[18].

Otros daños mucho más graves sufridos por los cantorales del monasterio fueron las mutilaciones de las preciosas imágenes que contienen, a manos de seglares e individuos ajenos a la comunidad. Para evitar esto se encomendaba al hermano **corista**, encargado de los libros del coro, que tuviese cuidado «de que seglares no puedan hacer daño en ellos, ni cortar o quitar imágenes e iluminaciones»[19].

Por último, cabe citar un curioso y desconocido aspecto del que también era responsable el corista, consistente en quitar y poner determinados cuadros o pinturas en el facistol en algunas festividades:

> Terná cargo de las imágenes y tablas de pinturas, que habrá diversas, para poner encima del facistol en su lugar en los días precipuos, y de quitarlos y poner la ordinaria que suele estar, y que delante della se ponga el libro de las Vísperas y de la misa para que esté el oficio y la imagen delante el coro.[20]

---

17 Archivo General de Palacio, Patronatos de la Corona, Leg. 1715. *Costumbres de 1575*, f. 79r.
18 ALMELA, Juan Alonso de: *Descripción...*, p. 41.
19 Archivo General de Palacio, Patronatos de la Corona, Leg. 1715. *Costumbres de 1575*, ff. 91v-92r.
20 *Ibid.*, f. 92r.

Lugar donde estaba ubicada la fuente del coro. Foto: Luis Sánchez.

Página de libro cantoral del monasterio, con viñeta y márgenes iluminados. Monasterio de El Escorial, Patrimonio Nacional.

LA MÚSICA Y LA CEREMONIA LITÚRGICA

Como ya se ha señalado, en el coro de El Escorial, al igual que en otros monasterios jerónimos, los monjes pasaban entre ocho y diez horas cada día, e incluso en algunas fiestas hasta once o doce horas. Tanto es así que ya en el siglo XVI la gente llamaba a la orden no «orden jerónima», sino «coro de jerónimos»[21]. Es por eso que la música y la ceremonia litúrgica tienen tanta importancia en la orden jerónima y, más en especial, en el monasterio de El Escorial[22].

La duración de los oficios se seguía a rajatabla y estaba cuidadosamente ordenada en los diferentes libros normativos, principalmente en el *Directorio del Corrector del Canto*. Los jerónimos de El Escorial eran muy escrupulosos en este aspecto, describiendo y prescribiendo con muy poco margen

21 Archivo General de Palacio, Patronatos de la Corona, Leg. 1790. *Libro de los Actos de los Capítulos Generales*, vol. II, f. 334r.

22 Son muchos los trabajos sobre este tema, pero citaremos tres de ellos, donde se puede hallar información bibliográfica adicional. NOONE, Michael: *Music and Musicians in the Escorial Liturgy under the Habsburgs, 1563-1700*, University of Rochester Press, Rochester, 1998. HERNÁNDEZ, Luis: *Música en el monasterio de El Escorial (1563-1837). Liturgia solemne*, EDES, San Lorenzo de El Escorial, 2005. SÁNCHEZ, Gustavo: *La música en el monasterio de El Escorial: Los niños del Seminario de los Jerónimos (1567-1837)*, Servicio de Publicaciones de la Universidad Autónoma de Madrid, Madrid, 2015.

Fernando Brambilla: *Vista del interior del coro del real monasterio de San Lorenzo*, ca. 1824. Detalle. Madrid, Patrimonio Nacional.

de libertad la duración de cada hora canónica, misa, etcétera, señalando exactamente la hora a la que debía acabar y prescribiendo incluso la aceleración o ralentización del *tempo* o velocidad del discurso musical, en caso necesario. Por poner un ejemplo, citaremos lo referido a los Maitines «de prior» (es decir, los más solemnes):

> Los Maitines regulares de prior con Laudes, que son siempre cantados, duran [desde las 12 de la noche] hasta las 3. […] Para salir pues a las 3, y siendo los Maitines de suyo, ni largos ni cortos, se llevan en un compás pausado […]. De este modo han de dar los 3 cuartos para la una acabando el himno. Luego, se echa un cuarto de hora para cada 3 cosas. Esto es: dichos los 3 salmos, la una; dichas las 3 lecciones con sus responsos, el cuarto; y así se prosigue. De este modo, dan las 2 al Evangelio […]. En medio del *Te Deum*, que va ligero, y el organista toca muy breve, da el cuarto. Al acabar el *Deus, Deus meus*, la media […]. Al principio del himno, no habiendo conmemoración, los 3 cuartos; y cantando la antífona de *Benedictus* muy despacio, como se acostumbra, se sale a las 3.[23]

---

23 *Directorio del Corrector del Canto 1780*, en *Música y culto divino…*, vol. II, p. 195.

Vista la rigidez de los horarios, no ha de resultarnos extraño que si algún corrector —el monje que dirigía el coro de monjes— se excedía con el tiempo establecido fuese muy mal visto por sus compañeros de coro. Este es el caso de fray Juan Franco (ca. 1710-1774), de quien se dice que en los años en que ejerció el cargo de corrector mayor «siempre daba la hora cabal antes de salir y por más que se le gruñó nunca tuvo remedio»[24].

El principal estilo musical en los oficios divinos del monasterio era el canto llano —para que nos entendamos, canto gregoriano—, en el que participaban todos los monjes, apoyados por el sonido del órgano o de algún instrumento grave como el bajón (antiguo fagot), y que era dirigido por el corrector del canto. En menor proporción se cantaba música polifónica —también llamada «canto de órgano»— acompañada por instrumentos, según se verá un poco más adelante.

En relación con al canto llano existía otro aspecto de suma importancia: el tratar de evitar que el coro se bajase de tono en algunos cantos. Esto sucedía, por ejemplo, con la hora Tercia en los días «de vicario y rector», pues al ser «larga y pausada, por lo ordinario se baja mucho el coro si no hay algunas voces buenas que lo sostengan, que sucede pocas veces, pues aunque haya voces caen por lo común en haraganes que no quieren apretar»[25]. Como se puede apreciar, el autor atribuía tales descuidos a algunos monjes vagos que no se esforzaban en cantar.

Pero, ciertamente, eran muchas las horas que pasaban cantando en el coro los jerónimos de El Escorial, y cualquier pequeño detalle de comodidad era muy agradecido. Por ejemplo, en invierno se colocaban esteras y corchos —«en derecho de cada silla, un gran corcho cuadrado»[26]— en el pavimento del coro para tratar de aislar los pies del frío y, por supuesto, se recurría a un determinado número de braseros estratégicamente colocados por todo el ámbito del coro.

Volviendo a la música polifónica, se observa que el empleo de este estilo fue incrementándose con el tiempo por diversas razones: estéticas, fundamentalmente, adoptando los criterios y estilos musicales de cada época; pero también había otras razones más prosaicas, ya que por un lado solían ser más breves los oficios con música polifónica que con canto gregoriano y, por otro, suponía un descanso para la mayor parte de la comunidad jerónima, pues la música polifónica era interpretada por un pequeño grupo especializado: la capilla.

---

24 *Apuntaciones del Vicario...*, p. 392.
25 *Apuntaciones para el mejor gobierno...*, p. 403.
26 ALMELA, Juan Alonso de: *Descripción...*, p. 42.

Brasero del monasterio. Monasterio de El Escorial, Patrimonio Nacional. Foto: Luis Sánchez.

© Patrimonio Nacional

La capilla del monasterio de El Escorial nació prácticamente con el propio edificio. En su origen se trataba de un pequeño grupo de al menos cuatro cantores, lo justo y necesario para la música polifónica (soprano, contralto, tenor y bajo), con órgano y quizás algún instrumento más. Pronto se sumaron más cantores y otros instrumentos como el cornetto o corneta, arpa, bajón, violón (antiguo violonchelo), los cuales permanecieron a lo largo del siglo XVII. Por último, durante el siglo XVIII se fueron añadiendo progresivamente violines, oboes, flautas, contrabajo, trompas y clarines (antigua trompeta). Normalmente, los músicos —sobre todo, los cantantes— se solían colocar en los balcones de los órganos del coro, mandados alargar por Felipe IV para su mayor comodidad[27]. El conjunto era dirigido por el maestro de capilla.

En el grupo vocal, a pesar de estar integrado exclusivamente por hombres, había, además de tenores y bajos, voces agudas como las de sopranos y contraltos. ¿Quiénes las hacían? También los hombres: las de contralto, hombres cantando en falsete, y las de soprano, niños (los «cantorcillos») y hombres cantando en falsete o castrados. Es pues, la voz de soprano —tiple, según la terminología de la época— la más variopinta e interesante a nuestros ojos.

Los niños «cantorcillos» ya nos son conocidos (ver capítulo correspondiente), pero no tanto los hombres castrados —*castrati*, en italiano— o, como se conocían popularmente en la época, «capones». Son varios los ejemplos que hallamos a lo largo de los dos siglos y medio de historia jerónima en el monasterio, algunos de ellos monjes e incluso sacerdotes —por ejemplo, fray Vicente Pérez (ca. 1754-1773)—, a pesar de la expresa

27 SANTOS, fray Francisco de los: *Quarta parte de la Historia de la Orden de San Geronimo*, Bernardo de Villa-Diego, Madrid, 1680, p. 210.

© Patrimonio Nacional

Fernando Brambilla: *Vista de la sacristía del real monasterio de San Lorenzo, en ocasión de adorar SS. MM. la Santa Forma*, ca. 1824. Detalle de la capilla de música. Madrid, Patrimonio Nacional.

José Gómez de Navia: *Vista de una parte del coro desde la entrada conventual, en el templo del real monasterio de San Lorenzo del Escorial*, 1800. Detalle de los músicos en el balcón del órgano.

prohibición de este tipo de individuos en las filas jerónimas, como ya se vio en otro lugar.

La magnificencia de la liturgia escurialense es ensalzada por diversos autores jerónimos, como Sigüenza, quien la destaca dentro del conjunto de monasterios de la orden, asegurando «que en lo que es el culto eclesiástico, los cantos y loores de Dios, la policía y ornato de la iglesia, la compostura del coro, sagrarios, altares, misas, ninguna religión le ha igualado y a todos sin agravio ha excedido»; seguidamente invita a quien lo desee a que «vea lo que allí pasa el día más festival y véngase uno de los días más moderados a esta casa de San Lorenzo el Real, donde esto se escribe, y verá como no me adelanto nada»[28].

28 Sigüenza, fray José de: *Historia…*, vol. I, pp. 91-92.

Son muy similares y abundantes los testimonios jerónimos (siempre ensalzando lo propio), pero no tanto los ajenos a la orden o al monasterio. Es por eso que revisten un especial interés impresiones como la del barón de Bourgoing, quien a pesar de su aparente irreligiosidad y cierto rechazo al edificio y su fundador, expresa el sobrecogimiento que le produjeron sus estancias en el coro durante los oficios divinos, donde se mezclan sentimientos estéticos y espirituales:

> Allí he ido a menudo para impregnarme de los profundos sentimientos que se apoderan de las almas (aun de las menos devotas), ante el aspecto imponente de un templo. Préstase el de El Escorial más que ningún otro a estas meditaciones. Su masa enorme, cuya solidez ha sobrevivido ya casi dos siglos y sobrevivirá durante más de veinte a su fundador, dormido en su recinto; el recuerdo del monarca imperioso que, de mucho tiempo acá, recibe sólo fúnebres homenajes de plegarias y cuyo espectro parece vagar por el sombrío monumento que su devoción y austeridad emplazaron; el ruido de cien voces que resuenan en la extensa nave alabando al Señor, todo contribuye a imbuir en el alma ese recogimiento melancólico mil veces más placentero que la vana disipación del mundo.[29]

ASISTENCIA, COMPOSTURA Y SILENCIO EN EL CORO

La asistencia al coro fue encarecida con cierta frecuencia, sobre todo en los tiempos en los que por alguna razón descendía el número total de monjes en el monasterio. Es el caso de lo ocurrido en 1827, cuando, ante la inminente jornada del rey a El Escorial, el prior avisó «que si los padres exentos del coro querían ir a él a causa de que somos pocos, se alegraría, aunque no lo mandaba»[30].

Pero según el anónimo autor del *Discurso económico*, aunque el total de monjes alcanzase habitualmente la cifra de ciento ochenta, eran muchos los que por unas causas u otras no podían asistir a los divinos oficios, quedando muy reducido su número:

> [...] pues cuando legítimamente se ocupan ocho o diez monjes, enferman, o llega el tiempo de las lícitas honestas recreaciones dispuestas por la orden, queda el coro sin el debido número de religiosos para llevar el grave solemne peso de su canto; y como el coro es grande, aun cincuenta monjes llenan poco su vacío y parecen pocos, fuera de que más de la mitad, unos por voces débiles y otros por ancianos, solo sirven de abultar; cuyo defecto

---

29 Bourgoing, Jean-François de (Barón de Bourgoing): *Un paseo por España durante la Revolución Francesa, 1777-1795*, en *Viajes de extranjeros...*, vol. V, p. 475.

30 *Libro de los Actos Capitulares...*, vol. III, p. 179. Acto Capitular de 7-IX-1827.

Detalle de varias sillas del coro, unas con el asiento arriba y otras abajo.
Estas piezas, al caer, podían generar un considerable estruendo, habida cuenta
de la espléndida reverberación de la basílica escurialense. Foto: Luis Sánchez.

admiran y tienen muy notado los de afuera (enemigos nuestros) al paso
que saben que el cuerpo de comunidad suele ser su regular número 180
monjes, con que extrañan dicha falta y aun la murmuran con descoco en
presencia nuestra.[31]

Aparte de la asistencia, dos de las normas básicas del coro eran el silencio
(cuando no se cantaba, claro) y la compostura, a menudo no observadas
por los monjes de El Escorial, según se desprende de las frecuentes advertencias al respecto, sobre todo en los últimos cincuenta años de la etapa
jerónima. Una de ellas procede de un capítulo de 1792 en el que el prior
señaló que «no se hablase en el coro palabra alguna sin grave necesidad y
se estuviese con la compostura y modo que en el noviciado se nos enseña»;
otra tuvo lugar en un capítulo de 1793, en el que el prior advirtió sobre
estos mismos aspectos, previniendo además «que en el coro no se levan-
tasen las sillas hasta después de la mediación del *Gloria Patri* etc., cuando
hay fabordón, con otros puntos sobre el estar en el coro con la devoción
posible»[32].

31 Real Biblioteca del Monasterio de El Escorial, LIX, 106. *Discurso económico...*, p. 3.
32 *Libro de los Actos Capitulares...*, vol. II, pp. 678 y 689. Actos Capitulares de 14-IX-1792 y
12-VIII-1793.

Pasillo lateral de la basílica a la altura del coro, en la parte de palacio. Foto: Luis Sánchez.

La cuestión de las sillas es un detalle aparentemente baladí, pero resulta de suma importancia, ya que a veces, al levantar los asientos del coro podían caer de nuevo por descuido, produciendo un fuerte y desagradable golpe.

Otra curiosa advertencia sobre el silencio en el coro procede de un decreto de Carlos IV referente a la clausura del monasterio, en el que ordena que «para amueblar los aposentos del príncipe nuestro señor y sus infantes no se haga tránsito por el coro desde la Sala de Batallas, ni se permita que pasen por él muebles de ninguna clase, los cuales se tomarán en el patio de Palacio y conducirán por el patinejo, portería del convento y escalera principal»[33]. Evidentemente, ese tipo de transportes en una sala inmediata al pasillo del coro podía producir molestos ruidos en la basílica, notoriamente amplificados por su acusada reverberación, que interferían en el oficio divino.

33 *Ibid.*, vol. II, p. 811. Acto Capitular de 15-V-1807.

LAS DISTRACCIONES DEL MONJE

A pesar de las numerosas obligaciones y cargas, no todo eran penas y trabajos en el monasterio: también había momentos de expansión, por supuesto, siempre dentro de unos límites. Los monjes de El Escorial podían disfrutar desde unos minutos u horas al día en la chimenea o en los jardines del monasterio hasta un mes entero de vacaciones en su lugar de origen, pasando por algunos días de «granja» o asueto en la cercana finca de la Fresneda.

¿Qué se debía observar en estas distracciones? Básicamente había que evitar el contacto con seglares y la presencia en lugares públicos, como pueblos, ferias, espectáculos de toros, comedias y algunos juegos, como los dados. Pero, por otro lado, había un buen número de prácticas y diversiones totalmente «lícitas», como el consumo de tabaco, la pesca, la caza, el ajedrez, damas, bolos, argolla, etcétera.

Además de participar en la mayoría de los juegos y diversiones de los monjes, los niños del monasterio se entretenían también volando cometas, y los príncipes e infantes haciendo experimentos con globos aerostáticos. Toda una variedad y cantidad de distracciones que permitían asegurar que en el monasterio, a veces, también se lo pasaban bien.

DESCANSO MONÁSTICO: CHIMENEA, DÍAS «DE GRANJA», RECREACIONES, BALNEARIOS...

Los monjes de El Escorial, junto a los duros y largos trabajos espirituales y temporales a que estaban obligados, también tenían derecho a ciertos momentos, e incluso días y semanas de descanso, como se ha dicho.

El principal y más visitado lugar de descanso de los monjes dentro del monasterio, sobre todo en días invernales, era la sala de la **chimenea** o,

Una de las numerosas chimeneas del monasterio. Foto: Luis Sánchez.

simplemente, «la chimenea». A ella acudían en los momentos que les estaba permitido para calentarse y relajarse; pero siempre se recomendaba que no se dedicasen a conversar ni a perder el tiempo, sobre todo a los novicios, a quienes quedaba restringida la chimenea a contadas ocasiones y siempre que no hubiese monjes ancianos[1].

Al menos un día a la semana se daba **campo** a los monjes y dos días **huerta**, a excepción del tiempo de Cuaresma y Adviento, en que solo se concedía un día de huerta en Cuaresma y uno de campo en Adviento[2]. La diferencia entre huerta y campo era que la primera se hacía en el lugar así llamado, debajo de los jardines del monasterio, donde podían gozar de diversos juegos (bolos, argolla, etcétera) y pescar en el estanque; y el campo consistía en una salida algo más lejos, es decir, en las inmediaciones de la Herrería y los bosques inmediatos al monasterio. Para poder salir al campo tenía que haber un mínimo de seis monjes, algo que no resultaba sencillo cuando la comunidad era menos numerosa; así sucedió tras la ocupación francesa, por lo que en 1817 se decidió en capítulo conventual que «pudiesen salir cuatro, yendo juntos, estando juntos y volviendo juntos, comportándose con el honor y buen ejemplo que corresponde»[3].

1 Archivo General de Palacio, Patronatos de la Corona, Leg. 1715. *Costumbres de [1575]*, f. 146v.
2 Archivo General de Palacio, Patronatos de la Corona, Leg. 1715. *Costumbres de 1736*, Copia B, ff. 85r-85v.
3 *Libro de los Actos Capitulares…*, vol. III, p. 55. Acto Capitular de 28-VI-1817.

Michel-Ange Houasse: *Vista del monasterio de El Escorial desde el sur*, ca. 1720-1724. En la parte de la derecha se aprecia a un grupo de cuatro monjes jerónimos paseando por el campo. Madrid, Patrimonio Nacional.

José Gómez de Navia: *Vista del real monasterio de San Lorenzo del Escorial desde la entrada a la huerta por la parte de mediodía*, 1800. Detalle de la huerta y el estanque, con monje pescando.

Casa de los frailes en la Fresneda, adonde se dirigían en sus periodos vacativos, conocidos como «granjas».

Todos estos días de campo y huerta aparecen regulados en la documentación del siglo XVIII, y en ellos se advierte sobre la prohibición de «detenerse a parlar en los lavaderos de abajo y de arriba, ni atravesar la calle de los álamos»[4] o también sobre la separación de los novicios con el resto de monjes «pues tienen cada uno sus lugares determinados para sus divertimentos (salvo si hubiere alguna casualidad)»[5].

Por otro lado, la **granja** consistía en unos días de descanso que disfrutaban los monjes (dependiendo de su cargo, tiempo de hábito, etcétera) y que habitualmente tenían lugar en la finca de la Fresneda, razón por la que también se conocía —y se conoce hoy en día—como la Granjilla.

Todos los monjes (salvo los novicios con menos de cuatro años de hábito) tenían derecho a dos granjas al año —excepto en Cuaresma y Adviento—, las cuales estaban reguladas por el padre vicario, quien las anotaba en un libro destinado a ello. Uno de los monjes, normalmente el más anciano, ejercía la función de presidente de la granja. Salían el sábado después de comer y volvían el jueves por la tarde o viernes por la mañana,

4 Archivo General de Palacio, Patronatos de la Corona, Leg. 1715. *Costumbres de 1736*, Copia B, f. 85v.
5 *Ibid.*, Copia B, f. 85v.

«de manera que no falten a capítulo»[6]. Por lo tanto, las granjas tenían una duración de seis o siete días, ocho en el caso de los músicos, pues necesitaban más tiempo para ensayar el repertorio de las principales fiestas del año: Navidad, Semana Santa y Corpus.

Los aspectos referidos a la limpieza, alimentación y otros detalles de las granjas estaban a cargo del procurador mayor, quien asimismo debía vigilar que la chimenea ardiese en invierno de día y de noche «y para eso tendrá prevención de leña a própósito»[7]. Pero parece que estas reuniones alrededor de la chimenea a menudo terminaron en jarana y baile de unos monjes con otros, actividad, por supuesto, no permitida y nada decente para los que vestían el hábito, incluso practicada en presencia de seglares. Para evitar la tentación, se prohibieron también ciertos instrumentos de música popular como la guitarra:

> No permita el padre presidente bailen unos con otros en la chimenea ni en otra parte, que es cosa muy ajena de religiosos y de la decencia de nuestro hábito, y en particular delante de seglares lo tengan por sacrilegio, y para quitar la ocasión no se permite que lleven guitarras ni otros instrumentos de cuerdas.[8]

Por último, las **recreaciones** solían tener lugar una vez cada tres años, y consistían en la visita de un monje a su tierra natal. La primera recreación se hacía una vez cumplidos los siete años de noviciado, y para poder afrontar los gastos del camino la comunidad daba a los monjes cierta cantidad de dinero en concepto de «limosna». Pero para determinados religiosos, por enfermedad o mero privilegio, también existían otro tipo de recreaciones, con destino a **balnearios** más o menos cercanos al monasterio.

¿Dónde estaban los balnearios? Tenemos conocimiento de algunos de ellos: por ejemplo, los de Alhama y Baza (Granada), adonde fue enviado fray Antonio de León (ca. 1559-1623) para intentar sanarle de su perlesía[9]. También se citan «las aguas de Trillo y de Buendía», adonde enviaron dos veces a fray Francisco Javier (ca. 1683-1747)[10], así como a otros monjes de El Escorial. Estas aguas de Buendía no son otra cosa que el balneario de Sacedón o Real Sitio de La Isabela, junto al río Guadiela, un lugar ya conocido por los romanos. En 1666 fue construido un palacio al que se

---

6 Archivo General de Palacio, Patronatos de la Corona, Leg. 1715. *Costumbres de 1575*, f. 127r.

7 Archivo General de Palacio, Patronatos de la Corona, Leg. 1715. *Costumbres de 1736*, Copia B, f. 84v.

8 Archivo General de Palacio, Patronatos de la Corona, Leg. 1715. *Borradores de Costumbres [s. XVII]*, Cuaderno Ia, f. 39r.

9 *Las Memorias Sepulcrales…*, vol. I, p. 439.

10 *Ibid.*, vol. I, p. 484.

Fernando Brambilla: *Vista del Real Sitio de la Isabela y baños del Sacedón*, ca. 1830. Madrid, Patrimonio Nacional.

© Patrimonio Nacional

agregó un poblado de unas cincuenta casas, con el fin de facilitar alojamiento a los residentes y visitantes que iban a disfrutar de los beneficios de las aguas termales del balneario. Hoy en día todo el conjunto se halla bajo las aguas del embalse de Buendía.

LOS LUGARES PROHIBIDOS

Los lugares prohibidos para los monjes de El Escorial eran principalmente aquellos en los que había o podía haber presencia de seglares y, sobre todo, de mujeres. Se contaban entre estos lugares las ferias y las fiestas de comedias y toros, así como otros más triviales, como los mesones y casas de particulares en las poblaciones cercanas al monasterio. La documentación escurialense está salpicada de noticias y advertencias sobre estas prohibiciones. Pondremos algunos ejemplos.

Todos los años tenía lugar una feria en la villa de El Escorial el día de San Lorenzo, desde que en 1568 ordenase Felipe II su institución. Tenía lugar cuatro días antes de la fiesta y cuatro días después, sumando un total de nueve. El modo de llevar a cabo esta feria aparece detalladamente descrito en el documento de su creación[11].

Uno de los monjes que tenía cierta licencia en la entrada a la villa de El Escorial era el padre **campero**, pues tenía forzosamente que tratar con seglares para la gestión de las fincas del monasterio (Campillo y Monesterio, principalmente) y el comercio de los productos procedentes de ellas. Con todo, se le advertía severamente de que no se quedase a comer o a otras instancias más de lo estrictamente necesario:

---

11 CAMPOS, Francisco Javier: *La vida en el monasterio...*, pp. 110-112.

Manuel de la Cruz Vázquez: *La feria de Madrid en la plaza de la Cebada*, ca. 1770-1780. Madrid, Museo del Prado.

Las entradas en la villa de El Escorial siempre han sido permitidas al padre campero por razón de sus dependencias, pero siempre ha sido muy reprehensible el quedarse a comer en ella sin licencia del prelado, y así tendrá mucho cuidado de no hacerlo ni detenerse en dicha villa más de lo necesario para dar las órdenes para sus dependencias y mucho menos se dejará obligar de convites o instancias que le hicieren para detenerse en sus casas, pues esto será causa de faltar al cumplimiento de su obligación como conviene.[12]

En este mismo documento también se advierte al padre administrador de la Fresneda sobre similares excesos, y que de ningún modo se quedase a dormir fuera del monasterio, sobre todo en tiempos de fiesta, «pues

12 Archivo General de Palacio, Patronatos de la Corona, Leg. 1715. *Costumbres de 1736*, Copia B, f. 83v.

Martín Rico y Ortega: *Vista de El Escorial con la iglesia de San Bernabé*, 1852-1858. Madrid, Museo del Prado.

teniendo tan cerca el refugio así arriba como abajo es muy reparable se quede en casa ajena y así a sus fiestas y festejos, así de iglesia etcétera.»[13].

En cuanto a los espectáculos de toros y comedias, tan denostados por la literatura religiosa —e incluso civil— de la España de siglos pasados, también la Orden de San Jerónimo prohibió a sus religiosos la asistencia, principalmente por razón de la afluencia y cercanía de mujeres. Un ejemplo procede del Capítulo General de 1678:

> Prohibimos que ningún monje pueda ver fiestas de toros y comedias en la Corte ni en otro cualquier lugar populoso, especialmente donde hubiere monasterios de nuestra orden, pena de seis meses de clausura *intra claustra*, y los que tales días de toros se hallaren en lugares donde hay monasterios de la orden estén obligados a asistir en ellos aquel día desde mediodía adelante.[14]

13 *Ibid.*, Copia B, f. 85r.
14 Archivo del monasterio del Parral (Segovia). *Libro Cuarto de los Actos Generales de la Orden…*, f. 212r.

Pero, aunque los jerónimos de El Escorial se abstuvieron de ver las corridas de toros que se celebraron en las cercanías del monasterio, curiosamente no se abstuvieron de ver comedias —incluso interpretadas por mujeres— dentro del propio recinto monástico, como se comprobará más adelante.

EL TABACO

El descubrimiento de la planta del tabaco en las posesiones de ultramar hizo que pronto despertase el interés en su consumo y se comercializase en los países occidentales, de modo que en el siglo XVIII los monjes de El Escorial lo consumían, y en cantidades considerables.

Ahora bien, no todos los habitantes del monasterio tenían acceso al tabaco, ya que los seminaristas debían abstenerse de fumar; pero, curiosamente, tan solo se permitía su consumo a todo aquel que «por enfermedad lo necesite, precediendo certificación del médico, bajo juramento y no de otra manera, y entonces lo usará con tal recato que no ofenda a otros, ni menos les enseñe semejante vicio»[15].

Los monjes recibían, según sus méritos y antigüedad de hábito, cierta cantidad de tabaco en concepto de limosna, del mismo modo que percibían chocolate u otros alimentos extraordinarios (véase «La despensa conventual»).

Francisco de Goya y Lucientes: *El resguardo de tabacos*, 1780. Cartón para tapiz. Madrid, Museo del Prado.

Con el consumo y comercio del tabaco nació el contrabando, y al monasterio y sus alrededores llegaron contrabandistas, según alertaba el ministro de Hacienda al convento en 1780. Por esta razón el prior exhortó a todos que «no compren ni tomen cosa que no sea de los puestos o estancos de Su Majestad [...], sacando por falta la especie [...] de que tomando tabaco de hoja casi todos los religiosos,

---

15 Real Biblioteca del Monasterio de El Escorial, LXV, 30. *Normas que da el prior para atajar ciertos abusos y desórdenes introducidos en el Seminario, 20-I-1764.*

eran pocos o ningunos los que acudían al estanco a comprarlo»[16]. Y lo que es más: ya un siglo antes había contrabandistas en el propio monasterio, incluso entre los religiosos, pues hacia 1677 los arrendadores de tabaco de la Villa y Corte de Madrid se quejaron al rey de que «se introducían subrepticiamente muchas cargas de tabaco en el real monasterio de San Lorenzo, y que en especial tal día entraron ciento seis cargas»[17].

CAZA, PESCA Y NAVEGACIÓN

No fue la **caza** una actividad precisamente consentida o lícita para los monjes jerónimos, a tenor de las constantes advertencias y prohibiciones en torno a ella, pero a ciertos religiosos y en determinadas condiciones les estaba permitida su práctica. Uno de los momentos de permiso cinegético era el tiempo de granja, cuando los monjes descansaban en la finca de la Fresneda; incluso podían cazar más allá de la cerca, pero siempre que fuesen al menos cuatro monjes juntos[18]. Otro de los tiempos permitidos era el de Carnavales, según se deduce de un gasto en «pólvora para las cacerías de Carnestolendas»[19].

La especie más abundante en la Fresneda parece que fue el conejo, siendo el único animal para cuya caza tenían licencia los monjes, sobre todo, el padre granjero, aunque también existieron algunas restricciones o vedas, principalmente «en el tiempo que están preñadas las conejas»[20]. Para que nos hagamos una idea de la abundancia de conejos en la Fresneda traemos una noticia en la que se cita a una tendera de Madrid a la que se le arrendaron en 1589 «todos los conejos que se cazasen» en la citada finca; pues bien, en dicho año se habla de nada menos que de tres mil doscientos cuarenta y un conejos capturados en la Fresneda[21].

Para la caza de conejos se contaba habitualmente con la ayuda de perros y hurones[22]. Además, al padre granjero le asistían en sus cacerías un casero y un mozo; el primero de ellos debía mantener bien alimentado a los perros de caza «para los cuales le han de dar el pan que es costumbre en la Compaña», si bien en los días de granja los canes disfrutaban de un menú

16 *Libro de los Actos Capitulares…*, vol. II, p. 551. Acto Capitular de 17-VI-1780.
17 *Fray Marcos de Herrera y la reedificación…*, pp. 197-198.
18 Archivo General de Palacio, Patronatos de la Corona, Leg. 1715. *Borradores de Costumbres [s. XVII]*, Cuaderno Ia, f. 38v.
19 Real Biblioteca del Monasterio de El Escorial, 187-III-5. *Gastos de Procurac[i]on. Da principio año de 1715 hasta el de 1749*, s. f.
20 Archivo General de Palacio, Patronatos de la Corona, Leg. 1715. *Borradores de Costumbres [s. XVII]*, Cuaderno Ia, f. 34v.
21 *Libro de los Actos Capitulares…*, vol. I, p. 116. Acto Capitular de 26-X-1589.
22 Archivo General de Palacio, Patronatos de la Corona, Leg. 1715. *Costumbres de 1736*, Copia B, f. 84v.

Francisco de Goya y Lucientes: *Perros en traílla*, 1775. Cartón para tapiz. Madrid, Museo del Prado.

algo más elaborado: «el residuo de caldo y huesos y mendrugos de pan hágalo todo calentar y dar a los perros de caza»[23].

Sobre los hurones, presentes al menos desde 1657 —dicho año se compraron dos ejemplares[24]—, contamos con una curiosa noticia del siglo XVII, y es que se les alimentaba con las sobras del queso del monasterio, quienes las habían de compartir con los muchachos de la hospedería o de la Compaña: «y tenga cuidado [el padre bodeguero] de cobrar las sobras del queso de convento y Colegio y délas a la Hospedería o a la Compaña o a los hurones de la granja»[25].

Al contrario que sucede con la caza —destinada principalmente a los reales patronos—, la **pesca** en el monasterio fue una actividad casi exclusivamente practicada por los monjes. Dos fueron los principales lugares de pesca en el entorno del monasterio: los estanques de la Fresneda y el de la huerta. En todos ellos pronto fueron echados peces para su cría y posterior recolección. La primera noticia de ello es ofrecida por Almaguer en 1567, aunque ya parece que los peces estaban desde antes. Al tenor de lo referido en su carta, se había roto uno de los estanques de la Fresneda y se estaba procediendo a su reparación. Almaguer aseguraba haber contado treinta y ocho carpas y ciento cuatro tencas[26].

23 Archivo General de Palacio, Patronatos de la Corona, Leg. 1715. *Borradores de Costumbres [s. XVII]*, Cuaderno Ia, ff. 35r-36r.

24 Real Biblioteca del Monasterio de El Escorial, 187-II-17. *Gastos de la Procuracion. Año 1645 [hasta 1658]*, f. 272r.

25 Archivo General de Palacio, Patronatos de la Corona, Leg. 1715. *Borradores de Costumbres [s. XVII]*, Cuaderno Ia, f. 13v.

26 Archivo General de Simancas, Casas y Sitios Reales, 260, 416. *Carta de Andrés de Almaguer a Pedro de Hoyo, 16-XII-1567.*

Estanque grande de la Fresneda. Foto: Entorno Escorial.

Otro importante lugar para la pesca fue el estanque de la huerta. De su cuidado era responsable el **padre hortelano**, debiendo vigilar que no entrase nadie ajeno a la comunidad a pescar[27]. Uno de los monjes que asiduamente pescaba en este estanque era el padre enfermero, quien gozaba de permiso para pescar carpas «para los enfermos que viere tienen necesidad por tener hastío y mala gana de comer y advierta que él use bien desta licencia de pescar porque no se la quiten»[28].

Como queda dicho, la pesca era al mismo tiempo un medio de alimentación y una diversión, pero estaba terminantemente prohibida a otros que no fuesen religiosos, como criados o muchachos, «pues es divertimiento para los religiosos, y si viere que algún seminario o otro secular pesca, le rompa la caña y le quite los anzuelos, y le amenace y dará cuenta a su rector para que ponga enmienda en ello, y de no haberla dará cuenta al superior»[29].

Por último hablaremos de la **navegación** en el monasterio de El Escorial, queremos decir, en las aguas de sus estanques. Poco después de ser adquirida la finca de la Fresneda, encargó Felipe II unas barcas para disfrutar de pequeños paseos en sus estanques. Aunque esta diversión estuvo inicialmente reservada a la familia real y a los cortesanos que les acompañaban, más adelante también pudieron disfrutar de este pasatiempo los monjes jerónimos durante sus estancias en la Fresneda.

27 Archivo General de Palacio, Patronatos de la Corona, Leg. 1715. *Costumbres de 1736*, Copia B, f. 77v.

28 Archivo General de Palacio, Patronatos de la Corona, Leg. 1715. *Borradores de Costumbres [s. XVII]*, Cuaderno Ia, f. 7r.

29 Archivo General de Palacio, Patronatos de la Corona, Leg. 1715. *Costumbres de 1736*, Copia B, f. 84r.

José Gómez de Navia: *Vista del real monasterio de San Lorenzo del Escorial desde la entrada a la huerta por la parte de mediodía*, 1800. Detalle del estanque de la huerta con monjes pescando.

Sepúlveda advierte en 1603 que había varios barcos en el estanque mayor y en el de arriba «y tienen dos muy hermosas galeras muy pintadas y doradas»[30]. Unos años más tarde, en 1608, autorizó el convento la corta de tres o cuatro robles de la Herrería para hacer un barco para el estanque grande, puesto que «los dos barcos que se habían hecho para el estanque de la isleta […] habían salido tan buenos» y de nuevo en 1637 se dio licencia «para cortar la madera necesaria (árboles forzosos) para hacer un barco nuevo para la isleta de la Fresneda»[31]. En efecto, tal y como confirma Santos, era este el lugar donde había un barco «que da ocasión gustosa con sus remos, a andar todo lo que se explaya el agua»[32].

La siguiente referencia a la flota de El Escorial corresponde al priorato de fray Marcos de Herrera (entre 1672 y 1678), el cual ordenó construir para disfrute de los reyes «un bizarro bergantín de veintidós pies de largo […], una góndola de diez y ocho pies, de famosa arquitectura, obra todo de Carlos de Rabasquier, que fue el artífice que ejecutó los del Retiro; asimismo se hizo un batel o barco, para que cuando Sus Majestades se embarcasen, fuesen en él los músicos de su capilla, para su mayor diversión y gusto»[33]. En 1685 la Reina Madre dio orden de trasladar las góndolas de la Fresneda al estanque del Buen Retiro[34]. El último barco del que se tiene noticia fue mandado construir en 1690, dando licencia la comunidad

30 SEPÚLVEDA, fray Jerónimo de: *Historia*…, pp. 379-380.
31 *Libro de los Actos Capitulares*…, vol. I, pp. 216 y 549. Actos Capitulares de 11-III-1608 y 21-VIII-1637.
32 SANTOS, fray Francisco de los: *Descripción*…, f. 95v.
33 *Fray Marcos de Herrera y la reedificación*…, pp. 96-97.
34 Citado por RAMÍREZ ALTOZANO, José Javier: *Historia de los bosques reales*…, p. 190.

Estanque de la isleta en La Fresneda, con su desaparecida pérgola. Grabado de la *Historia descriptiva... de* Rotondo, 1863.

Louis Meunier: *Naumaquia en el estanque del Buen Retiro,* ca. 1630. Museo de Historia de Madrid.

«para cortar madera para hacer el barco del estanque de la presa en la Fresneda»[35].

No siendo expertos marineros, sino más bien gente «de secano», resulta lógico que fuesen advertidos los monjes sobre la cautela de debían tener al usar de este pasatiempo acuático, de modo que el padre granjero «no permita salgan de noche a los estanques ni a otra parte si no fueren de comunidad y que cuando entren en el barco vayan con quietud y sosiego porque sin él puede suceder una desgracia»[36].

---

35 *Libro de los Actos Capitulares...*, vol. I, p. 871. Acto Capitular de 12-I-1690.
36 Archivo General de Palacio, Patronatos de la Corona, Leg. 1715. *Borradores de Costumbres [s. XVII]*, Cuaderno Ia, f. 38v.

NAIPES, DADOS Y OTROS JUEGOS

Los **juegos de cartas** no estaban habitualmente permitidos en el monasterio, pero existían ciertos momentos y periodos del año en que los monjes tenían licencia para disfrutar de este tipo de distracción, principalmente en las Pascuas de Navidad y Resurrección y en Carnavales.

Francisco de Goya y Lucientes: *Jugadores de naipes*, 1777-1778. Cartón para tapiz. Madrid, Museo del Prado.

Aunque no se tiene certeza sobre la fecha del origen de estas prácticas, son muy numerosas las compras de «mazos» o barajas de cartas («naipes») en las cuentas conventuales a partir de 1728, contabilizándose un total de ciento ocho barajas entre dicho año y 1764, lo que ofrece una media de algo más de tres barajas por año: sin duda, las cartas se iban desgastando y era necesaria una reposición periódica. Con las cartas o naipes practicaban los monjes diversos juegos, entre los que se contaban el truque, el matarrata y el burro[37].

A los alumnos del seminario, por su condición seglar, también se les permitían los juegos de naipes y **dados**, pero solo en Pascuas y Carnaval, «con tal que lo que jueguen sea una cosa que no exceda los límites de una mera diversión, pues lo contrario es contra la buena crianza y fines de la fundación»[38].

Pero aparte de estos juegos, no siempre permitidos o considerados lícitos, existieron otros plenamente admitidos, como el **ajedrez**, las **damas**, los **bolos**, la **argolla** y los **trucos**, entre otros. Uno de los lugares donde más se practicaban era la Fresneda, por ser un lugar destinado al descanso y ocio de la comunidad conventual.

---

37 *Las Memorias Sepulcrales…*, vol. I, p. 379.

38 Real Biblioteca del Monasterio de El Escorial, LXV, 30. *Normas que da el prior para atajar ciertos abusos y desórdenes introducidos en el Seminario, 20-I-1764.*

© Patrimonio Nacional

Bartolomé Esteban Murillo: *Niños jugando a los dados*, 1665-1675. Múnich, Bayerisches Nationalmuseum.

Alfonso X el Sabio: *Libros del ajedrez, dados y tablas*. Real Biblioteca del Monasterio del Escorial, Patrimonio Nacional.

El juego del **ajedrez** ya está presente desde los primeros años del monasterio, siendo así que ya en 1591 había en la Fresneda «dos tablas de ajedrez»[39]. Pero parece que las partidas de ajedrez causaron furor entre los monjes y se alargaban a veces hasta altas horas de la noche, de modo que el presidente de la granja no debía consentirlo, «porque no sirve sino de despertar a los demás y de que a la mañana no se concierten con el rezo ni en decir misa ni aún en venir a comer»[40]. También el juego de **damas** fue practicado por los monjes de El Escorial, siendo por primera vez mencionado en un documento de 1648[41].

Pero es quizás el juego de **bolos** el primero en aparecer en la documentación del monasterio, pues en 1577 la comunidad compró un «juego de bolos para la granja»[42], es decir, para la Fresneda; pero también hubo bolos en la huerta del monasterio. Estos juegos se compraban y también se reparaban, como sucedió en 1737, pues se pagaron ciento setenta y siete

39 Real Biblioteca del Monasterio de El Escorial, 187-I-1. *Libro del estado de los officios desta casa de Sant Lor[enz]o el Real que se hiço en primero de julio del año de mill y qui[nient]os y nouenta y vno al prinçipio del priorazgo de Nro. Pe. fray Diego de Yepes [hasta 1672]*, f. 9r.
40 Archivo General de Palacio, Patronatos de la Corona, Leg. 1715. *Borradores de Costumbres [s. XVII]*, Cuaderno Ia, f. 38v.
41 Real Biblioteca del Monasterio de El Escorial, 187-I-1. *Libro del estado de los officios desta casa de Sant Lor[enz]o el Real que se hiço en primero de julio del año de mill y qui[nient]os y nouenta y vno al prinçipio del priorazgo de Nro. Pe. fray Diego de Yepes [hasta 1672]*, f. 162r.
42 Real Biblioteca del Monasterio de El Escorial, 187-II-11. *Gastos de la Procuracion. 1576 [hasta 1578]*, s. f.

Ramón Bayeu y Subías: *Juego de bolos,* ca. 1786. Cartón para tapiz. Madrid, Museo del Prado.

reales por «diez y siete maderos de a ocho para componer el juego de bolos de la huerta»[43].

En 1700 y a solicitud de la reina, el convento ordenó la construcción de un juego de bolos y otro de **argolla** en la Fresneda, «adornados de arcos y cubiertos que tuviesen sombra», para lo cual se requería «cortar tres o cuatro álamos negros y álamos blancos que llaman chopos, los que fueren menester»[44].

Otro juego muy practicado en el monasterio fue el de los **trucos,** muy similar al moderno billar, que ya debió de existir desde el siglo XVI, pues en la biografía de fray Antonio de Sonsoles (ca. 1615-1656) se dice que estando a cargo de la Fresneda, «puso una mesa de trucos en un aposento de los camaranchones, por haberse perdido otra que antiguamente había en el palacio»[45]. Más tarde, en 1700, se hace mención a una reparación de la mesa de los trucos[46], pero esta vez en el monasterio, seguramente

---

43 Real Biblioteca del Monasterio de El Escorial, 187-III-5. *Gastos de Procurac[i]on. Da principio año de 1715 hasta el de 1749,* s. f.

44 *Libro de los Actos Capitulares…,* vol. I, p. 898. Acto Capitular de 22-I-1700.

45 *Las Memorias Sepulcrales…,* vol. II, p. 596.

46 Real Biblioteca del Monasterio de El Escorial, 186-IV-14. *Quentas de fabrica y mem[oria]l del Arca y esttado de la Administraz[ió]n. 1705 [hasta 1733],* f. 88r.

Maxime Lalanne: *Jugado-res de billar*, 1866.

ubicada en la zona conventual. Otra más existió en la torre del Seminario (por ello también llamada «torre de los trucos») y, por último, una que estuvo alojada en la celda prioral baja para disfrute del príncipe Fernando —más tarde Fernando VII— y los infantes, según refiere Agustín Bonacasa en su *Descripción* de El Escorial: «En el medio de esta cuadra hay una mesa de trucos para diversión honesta y ligera del príncipe nuestro señor y señores infantes, que regularmente se han aposentado durante el tiempo de la jornada en la celda alta del prior»[47].

En último lugar mencionaremos otro juego muy practicado en el monasterio de El Escorial, tanto por los cortesanos como por los monjes: el **juego de la pelota**. En 1569 se alude a este juego en referencia a don Juan (imaginamos que se trata de don Juan de Austria): «Y el juego de pelota del señor don Juan en buenos términos»[48]. También jugaba a la pelota Felipe III en 1602[49]. Pero, ¿dónde estaba ubicado este juego? En 1569 y 1602 lo desconocemos, pero en 1807 se practicaba en... ¡el Patio de los Reyes! Esto fue terminantemente prohibido por Carlos IV, seguramente a instancias de la comunidad conventual:

> Para evitar el juego de pelota que se forma en el Patio de los Reyes, con irreverencia al templo e incomodidad a las gentes que entran y salen de él, ha resuelto el rey que el gobernador de ese Real Sitio fije un edicto prohibiendo en aquel paraje, celando su observancia por medio de sus dependientes.[50]

La práctica del juego de la pelota por parte de los monjes parece quedar confirmada a través del testimonio de fray Juan de Valhermoso (ca.

47 Biblioteca Nacional de España, Mss. 18.046. BONACASA, Agustín: *Descripción de El Escorial*, ca. 1805, p. 77.
48 Archivo General de Simancas, Casas y Sitios Reales, 259, 399: *Carta de Andrés de Almaguer a Martín de Gaztelu, 10-I-1569*.
49 SEPÚLVEDA, fray Jerónimo de: *Historia...*, pp. 286-287.
50 *Libro de los Actos Capitulares...*, vol. II, p. 812: Acto Capitular de 15-V-1807.

Francisco de Goya y Lucientes: *El juego de pelota a pala*,
1779. Cartón para tapiz. Madrid, Museo del Prado.

1592-1659), a quien «le dio una calentura que tuvo principio de un pe-
lotazo que le dieron jugando en Palacio con otros religiosos, este fue
agravando el sujeto, que a pocos lances se conoció que era su última enfermedad»[51]. Tenía sesenta y siete años.

COMETAS Y GLOBOS AEROSTÁTICOS

El vuelo de cometas ha sido desde siempre una diversión muy atractiva
para niños y jóvenes, como los que vivían en el monasterio de El Escorial.
Desde el momento de su preparación y diseño hasta el arranque de su vuelo en los frecuentes días de viento del monasterio y su entorno, los niños
disfrutaban con la excitación de conseguir el artefacto ideal para surcar
los aires lo más alto posible. En la biografía de fray José de Camarena (ca.
1670-1730) se cuenta una interesante anécdota sobre una cometa, que debió tener lugar hacia 1680 y en la que él mismo tuvo parte activa:

> Una tarde que el temporal no permitió que ninguno saliese a campo por
> causa de aire muy fuerte, estando juntos todos los muchachos en el claus-
> tro inventó uno hacer un cometa. Buscaron unos cartones muy fuertes y
> por breve que le concluyeron no pudieron echar al aire porque tocaron a
> estudio, a cenar y a recogerse. Los muchachos que no habían visto jamás
> semejante cosa, rogaron al que la hizo que respecto que el aire subsistía y
> la noche estaba clara, se levantasen luego que la comunidad se recogiese y

51 *Las Memorias Sepulcrales…*, vol. II, p. 642.

Claude-Joseph Vernet:
La cometa, 1781-1782.
Madrid, Museo del Prado.

que la echasen al viento. A cosa de las once se levantaron los muchachos y la echaron al viento. Divirtiéronse de modo que llegó el toque de Maitines; como estaba hecha de fuertes cartones, el aire era furioso y no tenía más largo la cuerda que hasta igualar con el caballete el empizarrado, bramaba el aire que toca en ella, con tanto ruido que se oía por toda la casa; de lo cual, escandalizada la comunidad, buscaban los más animosos la causa. Como los claustros entonces no tenían ventanas, alcanzaron a ver los que venían hacia la Hospedería el bulto que había sobre el caballete (a quien pusieron muchos nombres) y en fin brevemente se vio lo que era, y quedaron todos los muchachos sentenciados a azotes para la mañana.[52]

Bastante más complicado era el funcionamiento de los globos aerostáticos, un invento que se puso de moda a finales del siglo XVIII en toda Europa tras la demostración pública de los hermanos Montgolfier en Francia en 1783. Tan solo un año después, en 1784, se intentaba la primera ascensión en el Real Sitio de Aranjuez (página 255).

Seguramente se hallaba presente la real familia, incluido el infante Gabriel de Borbón, cuyo espíritu ilustrado le proporcionó una fuerte inquietud y atracción por el aprendizaje de todo lo relativo al mundo de la física y la química. Según un testimonio inédito, el infante realizó hasta cuatro experimentos con globos aerostáticos en el monasterio, aunque todos ellos sin tripulación: dos en la lucerna del refectorio, otro en la Casita de Abajo o del Príncipe y uno de mayores dimensiones en la Casita de Arriba o del Infante:

52 Rodríguez, Francisco de Paula: *Monjes jerónimos…*, pp. 156-157.

Antonio Carnicero Mancio: *Ascensión de un globo Montgolfier en Aranjuez*, ca. 1784. Madrid, Museo del Prado.

Casita de arriba o del infante.

Además de estos estudios se ocupaba también en la maquinaria; por su
dirección se echaron en la lucerna del refectorio dos globos aerostáticos,
y otro en la casita del príncipe nuestro señor, que está entre la huerta y la

villa del Escorial. Estos eran de tripa de vaca y sólo para prueba. Luego se hizo otro más grande de tafetán encarnado y se echó en la casa de este señor infante, que está en el camino de Las Navas, y subió hasta perderse de vista y fue a parar a Castilla la Vieja, en donde descendió luego que se le acabó la fuerza del gas.[53]

53 Archivo General de Palacio, Histórica, Fallecimientos y Entierros, Cª 56, Exp. 5: *En este qua-derno estan escritos los nombres de las Personas R[eale]s que estan enterradas en este monast[eri]o, con vna br[ev]e relaçion del dia de sus nacim[ien]tos, muertes y translacion a este monast[eri]o*, s. f.

LAS PENITENCIAS DEL MONJE

Entre las actividades de los monjes de El Escorial, como sucedía en cualquier otra comunidad monástica de la época, se contaba la **penitencia**, que se podía ejercitar de muy diversas maneras: con ayunos, con privación del sueño, con castigos corporales, etcétera. Los castigos corporales se llevaban a cabo tanto en actos comunitarios —la «disciplina» de los viernes— como en actos privados, en la propia celda del monje o en otro lugar apartado. Todos ellos tenían un objetivo común: mortificar la carne para elevar el espíritu.

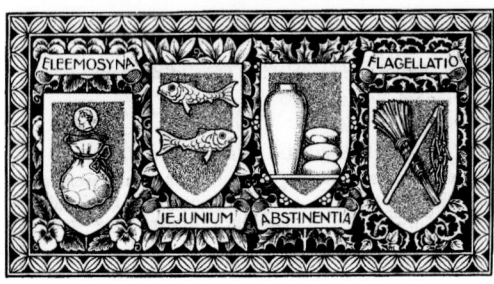

Grabado del siglo XIX en el que se representan las cuatro formas de penitencia más comunes en la religión católica: limosna, ayuno, abstinencia y flagelación.

Pero, con frecuencia, el exceso de este tipo de castigos físicos podía llevar a enfermedades que incluso desembocaban en la muerte. Sigüenza refiere que muchos santos mueren tísicos —es decir, de tuberculosis— «por tratar mal su cuerpo, durmiendo poco, en el suelo o en una tabla, vestidos por no embarazarse a la presteza de la obediencia, comiendo mal, enfriándose, resfriándose, sudando, haciendo muchas disciplinas y al fin no teniendo ningún cuidado con el pobre asno de este cuerpo, y caen con tantas sobrecargas y llévaselos Dios llenos de días en pocos días»[1].

CILICIOS, DISCIPLINAS Y OTROS INSTRUMENTOS Y MODOS DE PENITENCIA

El uso de cilicios y disciplinas para castigar la carne eran elementos que formaban parte de la vida ascética, ya desde los primeros años del cristianismo. Los novicios jerónimos confeccionaban estos instrumentos de penitencia en sus ratos libres, tal y como se confirma en la biografía de fray Francisco de Guevara (ca. 1677-1749) quien «en el año de noviciado se ocupó, como todos los demás, en hacer disciplinas, cilicios de cerda y aún de tomiza y pleita»[2].

Además de los cilicios y disciplinas, existían otros instrumentos para el castigo corporal, la mayoría inventados por los propios monjes. Por ejemplo, fray Manuel de la Encarnación (ca. 1689-1738), además de disciplinas y cilicios, tenía «una cruz como de un palmo de largo poco menos toda llena de puntas agudas que, según tengo entendido, le servía para el pecho»[3].

De fray Francisco de Olmeda (ca. 1648-1701) se cuenta que además de practicar diversas formas de ayuno y abstinencia, «en sus zapatos echaba garbanzos y usaba otras invenciones raras, que todas no bastaban a saciar el gran apetito de su continua penitencia»[4]. Otro «inventor de penitencias» fue fray Matías de Algete (ca. 1643-1703), quien «no pasaba día en que no inventase alguna nueva para añadirla a las ordinarias: las holandas de su lecho eran dos esteras entre las que tomaba su corto sueño y tener más tiempo para la oración vocal y mental toda la noche, avisado de los espartos que se le imprimían fuertemente en las carnes»[5].

Por otro lado, en el monasterio se llevaban a cabo actos de disciplina comunitaria todos los viernes de Adviento y Cuaresma (y algunos otros) en el trascoro. Los monjes se desnudaban de cintura para arriba y se disciplinaban en la oscuridad al tiempo que cantaban el salmo *Miserere*. Por su parte, los nuevos y novicios tenían la disciplina todos los viernes del año por separado del resto de monjes —en verano después de Maitines y en invierno después de Completas—, excepto en julio, agosto y septiembre

1 SIGÜENZA, fray José de: *Historia…*, vol. II, p. 716.
2 *Las Memorias Sepulcrales…*, vol. I, p. 377.
3 *Ibid.*, vol. I, p. 548.
4 NÚÑEZ, fray Juan: *Quinta parte…*, vol. II, p. 304.
5 *Ibid.*, vol. II, pp. 312-313.

Trascoro del monasterio, un espacio que además de servir como librería del coro, era ocupado ciertos días del año por los monjes para sus disciplinas comunitarias. Foto: Luis Sánchez.

Disciplina usada para la flagelación.

Cilicios de metal, con pequeñas puntas afiladas.

«y los días que se hace en el convento y algún día que por alguna causa le pareciere al maestro que es bien dejarla»[6].

Otro lugar donde se ejercitaban los castigos corporales, según Santos, era en una capilla, llamada del Santo Cristo, situada en un lugar retirado del Noviciado, en lo más alto del edificio a la parte sur, donde los novicios «suelen recogerse a tener oración y a hacer algunas penitencias, como lo dan bien a entender las salpicaduras de la sangre»[7]. Tras los diferentes incendios y reformas, en la actualidad tan solo existen algunos restos de la estructura de esta capilla.

En cuanto a las penitencias individuales o privadas, corrían por cuenta de cada monje, si bien no estaba permitido a ningún novicio hacer «otras

6 Archivo General de Palacio, Patronatos de la Corona, Leg. 1715. *Costumbres de [1575]*, f. 147v.
7 SANTOS, fray Francisco de los: *Descripción…*, f. 74v.

disciplinas extraordinarias sin licencia del prelado o de su maestro»[8]. Aquí ofrecemos algunos ejemplos de este tipo de manifestaciones privadas, recopiladas por los cronistas jerónimos siempre con el fin de despertar la admiración y emulación de otros compañeros de hábito.

LA EJEMPLARIDAD DE LA SANGRE

En las biografías de los monjes de El Escorial abundan los ejemplos de monjes penitentes, llegando a escenas bastante duras de imaginar, con profusión de detalles y, sobre todo, con mucha sangre. Traemos aquí algunos:

José de Sigüenza (1544-1606):

> Refieren dos religiosos cuerdos y de crédito, el uno a quien nuestro fray José contó el caso y el otro que fue el que lo ejecutó, que estando en oración, considerando la Pasión de Nuestro Redentor, propuso de recibir por mano ajena tantos azotes como al mismo Señor habían dado. Para esto hizo una disciplina muy cruel, llamó a un religioso que era hermano lego de quien él se fiaba, y de buenas fuerzas, y díjole que le había de ayudar a cumplir un voto que había hecho a Nuestro Señor; comenzóse la obra con harto sentimiento del ejecutor rehusándolo mucho, y por todos los viernes de un año le dio tantos azotes (y también los miércoles) que certifica serían más de cinco mil y quinientos, diciendo a cada uno Gloria, Patri, etc., y eran con tanta fuerza que de ninguno dejaba de salir sangre y que parecía la parte de la celda donde esto se hacía un rastro o carnicería, tanto que este religioso se excusó y no quería ir, de ver tan lastimado cuerpo tan flaco.[9]

Andrés de los Reyes (ca. 1594-1638):

> De una cosa la vi abundante [su celda], y fue de disciplinas, porque tenía cuatro, y tan ensangrentadas y gastadas que daban bien a entender no las tenía, como muchos, para que los tengan por penitentes.[10]

Juan de Plasencia (1601-1668):

> Estuvo muchos años quebrado en el cuerpo, y así más entero el espíritu. Las tripas se le desencuadernaban de su sitio, y así usaba de muchas ligaduras de ovillos ásperos y fuertes, que eran juntamente remedio y ejercicio.[11]

Antonio de San José (ca. 1693-1752):

> El día 24 del mes de marzo del año de 1752 en que se celebraban los dolores de María Santísima, viernes de la *Dominica Passionis*, le notaron los

---

8 Archivo General de Palacio, Patronatos de la Corona, Leg. 1715. *Costumbres de [1575]*, f. 147v.
9 *Las Memorias Sepulcrales…*, vol. II, p. 236.
10 *Ibid.*, vol. I, p. 400.
11 *Ibid.*, vol. II, p. 762.

religiosos que todo el día le tuvo con más afabilidad y alegría de la que acostumbraba y donde más la manifestó fue a entrar en Completas (como quien caminaba al cielo con su pie). Acabadas las Completas, que se sigue la disciplina, se despojó como todos los demás y comenzando el *Miserere* comenzó a disciplinarse hasta el verso *Tibi soli peccavi* que cayó en tierra. Acabado el salmo trajeron luz y le ha-

Disciplinantes. Grabado del siglo xv.

llaron caído en tierra sin habla y sin otra acción que la de querer cubrirse honestamente. Sacáronle del coro para llevarle a la enfermería, pero antes de llegar a ella entregó su alma a su Criador. Y difunto fueron [a] desnudarle y hallaron aquel cadáver ceñido de cilicios y mortificaciones, dando a todos motivo de envidiar y esperanzas suficientes para creer que desde el coro pasó su alma a los celestiales.[12]

Por último, y para culminar esta sección, ofrecemos un notabilísimo ejemplo de penitencia claustral, recogido en la obra de fray Juan Núñez bajo el sugerente título de «Vida del ejemplo y pasmo de penitencia del padre **fray Simón Moreno** [1726-1765] del citado real monasterio»[13]. Escogemos las partes más impactantes:

Si alguna vez se creyó culpable y enfadoso a sus hermanos, les pedía perdón con la mayor humildad, y rogaba lo hiciesen por Dios, tomándose después asimismo una cruel residencia, en que se condenaba a más tiempo de oración, y a retirarse por las noches en horas excusadas a un salón de la torre de las campanas, que llaman de los alambres, o a un ángulo, el más retirado del claustro principal bajo, llevando los pies descalzos, ya por padecer mayor mortificación, y ya por no ser sentido de nadie. Allí tomaba tan frecuentes y crueles disciplinas de sangre que dejaba salpicadas las paredes, de que aún quedarán algunos monumentos y señales, y asimismo un copioso charco de sangre, en que algunas veces se vieron a la mañana siguiente estampados los pies desnudos. […]

12 RODRÍGUEZ, Francisco de Paula: *Monjes jerónimos…*, pp. 191-192.
13 NÚÑEZ, fray Juan: *Quinta parte…*, vol. II, pp. 404-411.

En algún lugar de la torre de las campanas (la de la izquierda) acostumbraba fray Simón Moreno a infligirse sangrientas flagelaciones. Foto: Luis Sánchez.

En esta clase de mortificación fue tan extremado, que varios religiosos reprendían tanto exceso; pero en medio de esto con el más leve motivo de imperfección, en que le parecía había incurrido, repartía iguales disciplinas en dichos lugares ocultos, entrándose también en el dormitorio de los nuevos los viernes por la noche, al tiempo que estos la tienen de comunidad,

Anónimo: *Procesión de flagelantes en España*. Grabado que se encuentra en *Religious rites and ceremonies of all nations*, Londres, 1780.

echándose allí de ver, aun cuando no le hubiesen visto entrar, que estaba
allí fray Simón por el ruidoso estrépito del azote, con que a todos animaba
y confundía. Lo mismo acontecía en el coro en los días de Cuaresma, en
que toda la comunidad tiene este santo ejercicio de penitencia. También se
advirtió algunas veces, que sintiéndose con los pies desnudos y ensangren-
tados, se volvía camino de las necesarias, en que iba dejando bien señalados
sus pasos, valiéndose sin duda de este medio para lavarlos allí, y volver a su
celda, sin que alguno pudiese sacarle ni conocerle por la rastra.

NIÑOS DISCIPLINANTES

Algo que hoy en día sería ineludiblemente desaprobado, en otras épocas
se permitía e incluso se alababa: que los niños se infligiesen castigos corporales a sí mismos. En el monasterio de El Escorial hallamos al menos
un par de casos.

Uno de los más impresionantes es el de José Fernández (más tarde, fray
José de Camarena), un niño de la hospedería a quien el padre hospedero
iba a azotar como castigo a una travesura —la del vuelo de la cometa (ver
el capítulo anterior)—, pero que se libró porque hablando aparte al padre
hospedero le dijo:

«Ea padre, dé por donde pueda», y vio que de arriba abajo estaba lleno de cilicios y llagas. Enternecióse el padre hospedero y mandándole vestir, le preguntó que para qué hacía aquello, y respondió que para alcanzar a Dios le concediese vestir aquí el hábito de nuestro padre San Jerónimo. Admirado el hospedero pasó a participárselo al prior, quien al punto le concedió el hábito.[14]

No menos impresión habría causado ver a niños disciplinantes junto a los adultos en la procesión penitencial celebrada en 1588 para rogar por el éxito de la Armada Invencible. La procesión hizo su recorrido desde la villa de El Escorial hasta el monasterio «y fue muy de ver; y así el Rey Católico con su hijo el príncipe y la señora infanta se pusieron en una ventana para verlo; venían muchos niños azotándose y niñas en otra renglera haciendo lo mismo»[15].

14 RODRÍGUEZ, Francisco de Paula: *Monjes jerónimos…*, p. 157.
15 SEPÚLVEDA, fray Jerónimo de: *Historia…*, p. 51.

EL LUGAR DE LOS MUERTOS

En el monasterio de El Escorial se podían distinguir básicamente dos tipos de ceremonial funerario: por un lado, el de los **reyes** y miembros de la **familia real** y, por otro, el de los **monjes jerónimos**. Si bien la liturgia era prácticamente la misma en ambos casos, existían diferencias muy sustanciales en el protocolo y boato llevados a cabo, más complejo y rico en el caso de los miembros de la familia real. Además, estos eran enterrados bajo el altar mayor de la basílica, en el panteón de reyes o en el de infantes, mientras que los religiosos se inhumaban en el llamado «claustro de los enterramientos», en una especie de tumbas colectivas.

ENTIERROS REALES

El ceremonial funerario de las «personas reales» estaba basado en la etiqueta borgoñona importada por Carlos V en España. Desde las disposiciones de su hijo Felipe II para el traslado de varios cuerpos reales en 1574 al monasterio de El Escorial —todavía en fase de construcción— hasta las establecidas por Felipe IV en 1654 para la traslación al nuevo panteón, asistimos a un proceso caracterizado por la acumulación de decretos, mandatos, «ejemplares» y costumbres que acabaron configurando un ceremonial que se ha perpetuado hasta prácticamente nuestros días[1]. En este ceremonial se distinguían dos clases de entierro real: el de adulto (con ligeras diferencias entre rey y reina) y el de párvulo o infante.

Nada más fallecer la persona real, el mayordomo mayor de palacio avisaba al prior de El Escorial y organizaba todo lo referente a la comitiva que había de acompañar al cuerpo hasta el monasterio de El Escorial,

---

1 Véase VARELA, Javier, *La muerte del rey: el ceremonial funerario de la monarquía española, 1500-1885*, Turner, Madrid, 1990, pp. 27-29 y 91-92.

Entrega del cadáver de la reina Mercedes de Orleans en el monasterio de El Escorial. Grabado publicado en *La Ilustración Española y Americana*, 8-VII-1878.

compuesta por unos doscientos individuos. El cortejo fúnebre iniciaba su marcha desde el Palacio de Madrid y se detenía en los diversos pueblos por los que pasaba. El sacerdote los recibía a la puerta de la iglesia y los cantores de la Real Capilla entonaban un responso. El trayecto solía hacerse de noche y eran necesarias doce horas para cubrir los cincuenta kilómetros que distan entre Madrid y El Escorial, afrontando en numerosas ocasiones las inclemencias del tiempo: lluvias, vientos, nieves, etcétera.

Cuando el cuerpo llegaba a la Fresneda el **padre campero** avisaba a la comunidad para que se fuese preparando la procesión en el pórtico de entrada. Las campanas del monasterio comenzaban a sonar desde que se alcanzaba a ver el cortejo desde las torres o cuando se escuchaban las campanas de la iglesia de El Escorial. En el caso de personas reales adultas se tañían las campanas grandes y cuando se trataba de niños sonaba el carillón.

A la llegada del cuerpo a la calle de los álamos —es decir, la subida que une la villa de El Escorial con el monasterio—, se congregaba la comunidad para formar la procesión a la entrada del pórtico. Bajo el pórtico se recibía el ataúd, que era colocado sobre una mesa con un tapete negro, y se procedía a la lectura de la carta de entrega del cuerpo y un decreto de

Interior del templo del monasterio de El Escorial. Grabado de *Recuerdos y bellezas de España,* de Javier Parcerisa, 1833-1850. En el margen inferior izquierdo se aprecia un túmulo funerario; en este mismo lugar se colocaba el féretro en los entierros reales.

Felipe IV del año 1662, en el que se prevenía que la Real Capilla se había de colocar en la entrada de la iglesia sin sobrepasar los dos primeros pilares, junto al altar de San Jorge, advirtiendo que la jurisdicción era del convento y las ceremonias debían ser celebradas por el prior de El Escorial[2].

Leídos la carta de entrega y el decreto, los músicos de la Real Capilla entonaban un responso, al que seguía el salmo *Miserere*, cantado por la comunidad al tiempo que se dirigía en procesión al interior del templo, en cuyo centro —aproximadamente, bajo el cimborrio— era colocado el ataúd cubierto con un rico paño que traía de palacio.

Una vez situado el féretro en dicho lugar, la comunidad conventual subía al coro para cantar el Oficio de Difuntos. Tras el último responsorio daba comienzo la misa de cuerpo presente, cuando la había; después se cantaban Laudes, a las que seguía la absolución sobre el túmulo. Comenzando la antífona *In paradisum* se movía la procesión hacia el panteón, donde se hacía el acto de entrega del cuerpo y de las llaves del ataúd al prior. Para el reconocimiento del cadáver se solía practicar una pequeña ventana de vidrio en el féretro y evitar de este modo su apertura[3].

2 Real Biblioteca del Monasterio de El Escorial, 130-IV-4, N.º 20. *Real Decreto de 3-XI-1662.*
3 Véase PALMA, fray Juan de, *Carta y sumaria relacion de la enfermedad, y muerte de la reyna nuestra señora [Isabel de Borbón], que Dios aya, su vida, y heroycas virtudes [...],* [Madrid], 1644, s. f.

Último responso en el panteón de reyes y refrendación del acta de entrega del cadáver [de Alfonso XII] a la comunidad de agustinos. Grabado de La Ilustración Española y Americana, 8-XII-1885.

Una vez concluido el acto de entrega y marchado el séquito o «acompañamiento», el prior ordenaba el traslado del cuerpo al **pudridero** (sobre su ubicación se trata más adelante), para lo cual «baja el padre obrero y algunos religiosos y oficiales de la fábrica para abrir o tabicar lo que fuere necesario poniendo en el nicho solo la caja de plomo y haciendo lo demás que está dispuesto por los señores reyes antecesores»[4]. Las referidas disposiciones no son otras que las establecidas por Felipe IV en 1654, con motivo del traslado de los cuerpos reales al nuevo panteón:

> [...] después a vuestras solas (supuesto que es forzoso que el olor del cadáver embarace a los que entraren en aquel sitio) le pondréis en alguna parte reservada de aquellas bóvedas que están dentro de la primer puerta, hasta que no ofenda, y entonces se pasará reservadamente a la urna que le tocare.[5]

Hasta aquí lo oficial de los actos, pero a través de diversos documentos nos han llegado interesantes testimonios y curiosidades sobre algunos de los entierros ocurridos en el monasterio de El Escorial.

Uno de ellos tuvo lugar en 1771, en el entierro del infante Francisco Javier (hijo de Carlos III), en el que hubo muy pocos religiosos en el

---

4 Archivo General de Palacio, Patronatos de la Corona, Leg. 1715. *Costumbres de 1736*, 11v.
5 Archivo General de Palacio, Histórica, Etiquetas, Cª 56, Exp. 7. Real Orden de 12-III-1654.

monasterio para celebrar las ciento diez misas que se habían de decir por el alma del infante, «por andar algunos de cascabelada»[6], es decir, de parranda.

Otra curiosa circunstancia aconteció en 1817, durante el entierro del infante Antonio Pascual de Borbón, en el que la comunidad tuvo que aligerar el canto de la ceremonia litúrgica con motivo del enorme peso del ataúd, estimado en unos trescientos cuarenta kilos:

Torre del carillón. Foto: Luis Sánchez.

> En el día 20 de abril de 1817 murió en Madrid el señor infante don Antonio Pascual. A las dos de la tarde trajeron a enterrarle a este monasterio [...]. Llegó aquí el cadáver a las 7 y cuarto [de la mañana del 22], se hicieron las ceremonias acostumbradas debajo de la librería, y después que los músicos de la capilla cantaron su responso, empezamos nosotros como se acostumbra en los entierros de los religiosos; fuimos algo ligeros, porque los que llevaban el cadáver se cansaban, que eran los pizarreros, porque los de Corte no podían, pues decían que la caja de plomo pesaba más de 30 arrobas.[7]

Con la comitiva de Madrid, a veces venía otra gente (curiosos, principalmente), que podían protagonizar lamentables e indecorosas situaciones, como la acontecida en 1818 durante el entierro de Isabel de Braganza, segunda esposa de Fernando VII:

> También advierto que vino mucha gente de Madrid además de la comitiva; y como no tenían qué hacer subieron al órgano de campanillas [es decir, el carillón] mientras el entierro, lo tocaron, y los de [la] comitiva lo extrañaron, echando la culpa a quien no sabía nada.[8]

---

6 Real Biblioteca del Monasterio de El Escorial, 186-I-3. *Libro manual de esta Arca de San Lorenzo del dinero que se recibe de sus rentas y administ[racio]nes y del que se entrega. Empieza este año de 1764 siendo arqueros los padres fray Juan de Colmenar y fray Leon de Guadalupe. Hasta 1793 inclusive,* f. 406v.

7 *Apuntaciones para el mejor gobierno…*, p. 508.

8 *Ibid.*, p. 510.

PANTEÓN, PANTEONCILLOS, PUDRIDEROS E INFIERNOS

El **panteón** de reyes tal y como lo conocemos hoy en día fue finalizado en 1654. El original debió de ser bastante diferente, según refiere Sigüenza[9], si bien es fray Francisco de los Santos quien mejor describe el primitivo panteón y explica los inconvenientes que en él halló Felipe II, y que indujeron a sus sucesores a la construcción del actual panteón:

> Formóse debajo del altar mayor, que es el sitio del panteón, en los más hondos cimientos, una iglesia redonda, con su capa o cúpula proporcionada, donde pudiese estar sentado el altar y una tribuna enfrente donde se hiciese el oficio, y por los lados concavidades donde acomodar los ataúdes. […] Mudó después el fundador de intención; parecióle que esto estaba muy distante, triste, oscuro y dificultoso de ir y venir; y así mandó que entre esta iglesia o capilla baja y entre la principal y alta, se hiciese una bóveda que viniese a estar el medio della, debajo del altar mayor. Ejecutóse así y se repartió en tres cañones, que toman toda la mesa que está encima de las gradas del altar, adonde por entonces quiso se trasladasen los cuerpos reales. Mas sin duda no tomó semejante resolución para que fuese la última, porque salió esta obra tan estrecha y de tan poco vuelo, respecto de las extendidas alas de sus intentos, que no es posible fuese a su gusto, sino para que poniendo allí los cuerpos reales estuviesen como en depósito, hasta tanto que en la iglesia o capilla más profunda se allanaban las dificultades, dándole mejor disposición; que aunque se hallaron las que vimos, era la que estaba elegida para el propósito, no se trató de eso por entonces. Trasladáronse los cuerpos reales a la bóveda intermedia, que fue la segunda traza, el año mil y quinientos y ochenta y seis; y quedóse la primera en aquel estado triste, oscura, dificultosa y distante, circunstancias que no le parecieron bien al prudentísimo monarca.[10]

Felipe II se mantuvo con la esperanza de poder volver a este importante asunto para buscarle una solución definitiva, pero no lo consiguió. Según Santos, dijo «que él había hecho habitación para Dios, que su hijo, si quisiese, la haría para sus huesos y los de sus padres». Al fallecer el monarca fundador, su hijo y sucesor, Felipe III, tuvo en cuenta esta insinuación y se determinó a satisfacer los deseos de su padre. Dio comienzo la obra en 1617, pero cuatro años después, en 1621, fallecía el rey, quedando la obra inacabada. Al comienzos del reinado de Felipe IV se realizaron algunas intervenciones, pero pronto aparecieron tres graves inconvenientes que hicieron ralentizar la obra, e incluso plantear el abandono de la misma:

9 SIGÜENZA, fray José de: *Historia…*, vol. II, p. 654.
10 SANTOS, fray Francisco de los: *Descripción…*, ff. 110v-113r.

Fernando Brambilla: *Vista del panteón de nuestros augustos reyes en el real monasterio de San Lorenzo*, ca. 1824. Madrid, Patrimonio Nacional.

1.º) un manantial de agua que provocaba continuas inundaciones, 2.º) la falta de una entrada de luz natural y 3.º) la traza de una entrada y una escalera suficientemente cómodas. Finalmente, y gracias a la intervención de fray Nicolás de Madrid, se halló solución a los tres problemas, de modo que en 1647 se retomaron los trabajos con bastante agilidad para por fin rematar la obra en 1654.

Además del panteón de reyes existieron unas bóvedas o **panteoncillos** muy cercanos a aquel, en los que se daba sepultura a los infantes y a otros miembros de la familia real, diferentes de los reyes y de las reinas que engendraron hijos reyes. Según Santos (y así es, en efecto), la entrada a esta bóveda se encuentra, según se sale del panteón, a la derecha, en el séptimo escalón. A través de una puerta se accede a una cámara de unos diez metros de largo por cuatro y medio de ancho y otro tanto de alto, con un total de cincuenta y un nichos «en jaspes y mármoles fingidos», distribuidos en tres niveles. Al final de la estancia hay una escalera de caracol que daba acceso a otra cámara idéntica en la que se ponían los cuerpos que no cabían en la principal[11]. Con el tiempo, parece que la sala de abajo se usó como pudridero y los cuerpos fueron depositados en la de arriba.

11 *Ibid.*, ff. 127r-127v.

Juan de Herrera: *Quinto Diseño. Sección longitudinal del templo, palacio y convento.* Detalle del panteón y panteoncillos, señalados en verde.

Una curiosa descripción del duque de Saint-Simon, a quien se le mostró el panteón, pudridero y panteoncillos en 1721, le lleva a comparar la disposición de los nichos con una biblioteca. Asimismo, advierte que estaban los ataúdes a la vista, con la cabeza a la parte del muro y los pies a la parte de afuera[12].

Por su parte, José de Quevedo criticó ásperamente la factura de esta obra, señalando que «el local era muy poco a propósito y sin duda escasearían ya mucho los fondos, porque se hizo de madera de pino pintada; y todo él es mezquino, indecente e indigno de las cenizas que han de ocuparlo». Él mismo ofreció una posible solución que fue la que más tarde, en 1862, se adoptó para la nueva construcción del actual panteón de infantes, finalizado en 1888: «Tal vez con la insignificante cantidad de cinco a seis mil duros podría en una de las bóvedas de la sacristía hacerse un panteón, sino de gran lujo, al menos decoroso y correspondiente al rango de las personas que han de ocuparlo»[13].

Todavía queda otra estancia por describir en el ámbito del panteón. Su entrada se encuentra enfrente de la puerta de los panteoncillos y, tras un pasillo de cinco metros de largo, se accede a una habitación de ocho por

---

12 SAINT-SIMON, Duque de: *Memoires*, Chéruel y Regnier (eds.), Librairie Hachette et Cie., París, 1874, vol. XVII, pp. 433-434.
13 QUEVEDO, José de: *Historia…*, pp. 113 y 300.

ocho metros, con bóveda y ventana al sur. Es la **sacristía del panteón**, que Felipe IV mandó habilitar con todo su adorno de muebles, pinturas y ornamentos litúrgicos necesarios para los oficios religiosos[14]. Pero al poco tiempo —quizás a raíz de unas importantes inundaciones en 1691— y debido a las continuas humedades del lugar, fue cayendo en desuso —Ponz asegura en 1777 que después de sacar algunas pinturas, «quedó sobre los cajones un crucifijo de marfil y lo demás son ornamentos de altar»[15]— y acabó convirtiéndose en uno de los pudrideros.

Los **pudrideros** aparecen por primera vez detalladamente descritos por Quevedo, con el ánimo de «desvanecer las muchas patrañas que sobre ellos se cuentan». Eran tres cuartos «sin luz ni ventilación alguna» situados uno en lo que fue la sacristía del panteón y los otros dos en el panteoncillo bajo[16]. Quevedo procede a explicar una vez más, pero con mayor detalle, el proceso del depósito de difuntos en el pudridero:

> Luego que se concluyen los oficios y formalidades de entrega del real cadáver que ha de quedar en uno de los panteones, el prior, acompañado de algunos monjes ancianos [...] bajaba al panteón donde había quedado el cadáver llevando consigo los albañiles y algunos otros criados. Estos sacaban de la de tisú o terciopelo que la cubre, la caja de plomo sellada que contiene el cadáver y la conducían junto al pudridero. Mientras los albañiles derribaban el tabique, los otros abrían cuatro o más agujeros en la caja de plomo, la colocaban dentro del cuarto o alcoba sobre cuatro cuñas de madera, que la sostienen como dos o tres pulgadas levantada del suelo, y en el momento los albañiles vuelven a formar el tabique doble que derribaron. Allí permanecen los cadáveres treinta o cuarenta o más años, hasta que consumida la humedad, y cuando ya no despiden mal olor, son trasladados al respectivo panteón. Las cajas exteriores de las personas reales que han de pasar al de infantes permanecen en la sacristía del dicho panteón, hasta que vuelve a colocarse en ellas la de plomo con el cadáver, según vinieron. Las de los reyes se deshacen y se aprovechan para ornamentos, porque ya no han de tener uso, pues sus restos se colocan en las urnas de mármol.[17]

Se ha venido llamando los **infiernos** a las tres pequeñas bóvedas localizadas debajo del altar mayor, donde descansaron los cuerpos reales desde 1586 hasta 1654, cuando fueron trasladados al nuevo panteón y panteoncillos. Sigüenza describe el lugar de este modo:

14 SANTOS, fray Francisco de los: *Descripción...*, ff. 129v-130r.
15 PONZ, Antonio: *Viaje de España...*, p. 99.
16 SAINT-SIMON, Duque de: *Memoires...*, p. 434.
17 QUEVEDO, José de: *Historia...*, pp. 299-300.

Juan de Herrera: *Quinto Diseño. Sección longitudinal del templo, palacio y convento.* Detalle de los «infiernos», señalado en rojo.

Debajo de la mesa del altar mayor, entre ella y una capilla redonda que está debajo de todo el suelo, se hace un pieza que sirve para poner los cuerpos y ataúdes reales. Está repartida en tres como callejones de bóveda y encima de unos bancos de madera se atraviesan los ataúdes.[18]

A pesar del misterioso nombre que se ha asignado a este lugar, nada de especial ni secreto tiene su uso actual, limitado a ejercer la prosaica función de trasteros de la sacristía[19].

ENTIERROS DE RELIGIOSOS

Como ya se ha señalado, en los entierros de religiosos jerónimos, el ceremonial litúrgico era casi idéntico al de las personas reales —de hecho, la comunidad jerónima utilizaba los mismos libros litúrgicos—, salvo en las cuestiones de protocolo. El voto de pobreza de los monjes obligaba a que, con excepción de ciertos religiosos de probados méritos en la orden (priores, generales, etcétera), a su muerte tuviesen un entierro sencillo en lo que se refiere al aparato y el lugar de celebración y enterramiento: solo acudían los miembros de la comunidad religiosa, la liturgia tenía lugar en

---

18 Sigüenza, fray José de: *Historia...*, vol. II, p. 654.
19 Véase Vega Loeches, José Luis: "Los *Infiernos* de El Escorial. Reflexiones acerca de las opiniones del P. Santos sobre el Panteón del Monasterio", en *Anales de Historia del Arte*, 17 (2007), pp. 155-178.

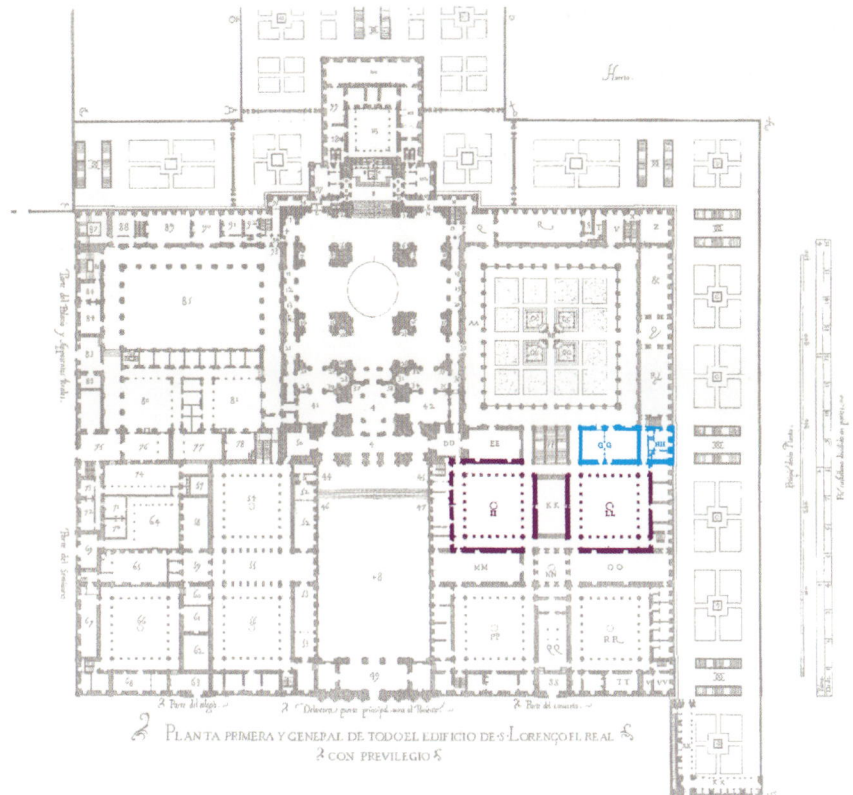

Juan de Herrera: *Primer Diseño. Planta primera y general de todo el edificio.* Detalle de la zona del convento, con la iglesia vieja (en azul) y los claustros de enterramientos (en morado).

la iglesia vieja y la sepultura estaba localizada en los dos claustros pequeños inmediatos a dicha iglesia, llamados «claustros de los enterramientos».

La iglesia vieja o «de prestado» se encuentra en la banda sur, en la planta baja, y, tras hacer la función de iglesia principal durante la construcción del monasterio, cambió la disposición inicial de su espacio y uso. Allí, en una bóveda, debajo de las gradas y del altar, estuvieron alojados los cuerpos reales de Carlos V y otros hasta la conclusión de la iglesia principal (es decir, entre 1574 y 1586). El padre Santos describe del siguiente modo la función litúrgica de esta iglesia:

> Hácense en esta iglesia y se celebran los entierros y obsequias de los religiosos, por estar acomodada y vecina al claustro donde están las sepulturas.

Iglesia vieja del monasterio. Foto: Luis Sánchez.

Y no es lo menos que hay que ver el modo con que se celebran. Concurren aquí en esas ocasiones todos los monjes y también los del Colegio, aunque no es de obligación, si no es cuando es de allá el difunto; pero hácelo la consideración de que son hermanos y han vivido en una misma casa; y como son tantos, hay para que vengan unos y otros para que se queden, porque no se falte a la Constitución. Júntase con esto una comunidad gravísima, con que es muy de admirar en estas funciones la religiosa grandeza con que se hacen y se celebran. Rezan también aquí el *De profundis* antes de comer por los bienhechores.[20]

¿Cómo se procedía en los entierros de los monjes? Según se advierte en las *Costumbres de 1567*, al fallecer, «los enfermeros lavan los pies del difunto y cualquier otra parte de las secretas que vieren que hay necesidad porque no haya mal olor, y átanle una venda o cuerda al muslo izquierdo o a ambos porque no vacíe alguna cosa, y también le ponen otra venda por encima de la cabeza y por bajo la barba porque no se le abra la boca, y átanle los pulgares de los pies y amortájanle en una manta». A continuación se ponía el cuerpo en unas andas y se llevaba a la iglesia vieja, precedido por una cruz y dos cirios. Allí se rezaban las oraciones y misas

20 Santos, fray Francisco de los: *Descripción…*, f. 50v.

Antigua bóveda de la iglesia vieja, donde descansaron los restos de Carlos V
y su esposa durante la construcción del monasterio. Foto: Luis Sánchez.

pertinentes —había un cantoral específico de difuntos en la iglesia vieja—,
tras lo cual se procedía al entierro, que podía ser el mismo día o al día
siguiente, en cuyo caso habían de velarlo por la noche los monjes nuevos.
Para el entierro se llevaba el cuerpo en procesión al sepulcro acompañado
por aquellos monjes que no estuviesen ocupados y los que guardaban una
especial relación con el difunto. No solía ser una participación numerosa,
dependiendo de la personalidad del fallecido; a veces, incluso, concurrían
el rey y/o personas de la Corte, cuando se hallaban de jornada en el monasterio[21].

A veces, las muertes de los religiosos sucedían en especiales circunstancias, con lo que se procedía de manera extraordinaria con el ritual. Uno
de estos casos —bastante curioso— fue el de fray Francisco de Villarejo
(ca. 1704-1754), fallecido durante el martes de Carnaval. Estando a punto
de morir y todo preparado para su entierro, la comunidad no esperó al
desenlace y optó por acudir a una función teatral que habían dispuesto los
alumnos del seminario. Y no solo eso, sino que una vez muerto el monje,
se pospuso su entierro para el día siguiente, no sin antes preparar el cuerpo
(ya en muy mal estado) con ciertos ardides contra la corrupción y el hedor,

---

21 *Costumbres de 1567.* Citado en *Las Memorias Sepulcrales…*, vol. I, p. 124.

Anónimo: *Retrato funerario de fray Juan de la puebla* (†1651). Uno de los pocos retratos que existen de monjes difuntos, realizado por su fama de santidad. Monasterio de El Escorial, Patrimonio Nacional.

© Patrimonio Nacional

que consistieron en echarle «por la boca cierta cantidad de aguardiente mezclada con mirra y vinagre rosado, y rociándole la pierna gangrenada con lo mismo, y poniéndole en las plantas unos escarpines mojados también en lo mismo»[22].

EL CLAUSTRO DE LOS ENTERRAMIENTOS

Como queda dicho, el lugar de enterramiento de los religiosos estaba dispuesto en dos claustros menores vecinos a la iglesia vieja. Allí, identificadas con un número grabado en el granito, se localizan todavía hoy las tumbas. En las *Memorias Sepulcrales* se registraban los óbitos, el lugar exacto de su inhumación y una breve (o larga, según los casos) biografía del difunto, escrita habitualmente por el vicario o por un monje amigo o cercano al finado. Lo curioso de estas tumbas es que, por la referida sencillez de la vida monástica, servían de depósito a varios monjes, a modo de pequeña fosa colectiva u osario, de manera que transcurrido el proceso de descomposición del cuerpo (unos ocho o diez años, como mínimo), la tumba quedaba dispuesta para un nuevo enterramiento.

No siempre se tenía certeza de dicha descomposición, lo que daba lugar a desagradables sorpresas, como así lo atestiguan diversos testimonios. Uno de estos casos sucedió en 1651, cuando para enterrar a fray Juan de San Agustín (ca. 1599-1651) se abrió la sepultura donde diecinueve años antes había sido enterrado fray Antonio de San Buenaventura (ca. 1604-1632), siendo cerrada de nuevo «por causa de haber hallado casi entero

22 *Apuntaciones para el mejor gobierno…*, p. 461.

el cuerpo del padre fray Antonio de Buenaventura»[23].

Por último añadiremos una interesante particularidad sobre la tumba número 1, de la cual se dice en las *Memorias Sepulcrales* que era muy pequeña y que, por lo tanto, no cabía allí ningún cuerpo. Sin embargo, se advierte en dicho documento que hubo un monje de tan corta estatura que sí pudo ser enterrado en ella: fray Francisco del Campo (ca. 1655-1731)[24]. Y no fue el único, sino que antes y después de él fueron enterrados otros siete religiosos, lo que hace pensar que todos ellos eran individuos de pequeña estatura, como lo fue fray Francisco.

Uno de los claustros de enterramientos del monasterio, con tumba en primer plano. Foto: Gustavo Sánchez.

OTROS MUERTOS Y OTROS LUGARES DE ENTERRAMIENTO

Según se ha podido comprobar a través de la documentación conservada, fue costumbre que en los primeros años del monasterio los criados y niños fuesen enterrados en la iglesia de la villa de El Escorial. Quizás el primer ejemplo sea el de un muchacho de la procuración fallecido en 1575[25]. El siguiente caso tuvo lugar en 1578 y fueron pagados veinticuatro reales «al cura del Escurial por la sepultura y enterramiento de un seminario sobrino de fray Pedro de Burgos»[26].

Iglesia de San Bernabé, en la villa de El Escorial. Grabado de la *Historia descriptiva... de Rotondo, 1863.

23 *Las Memorias Sepulcrales...*, vol. II, 710.
24 *Ibid.*, vol. I, 200.
25 Real Biblioteca del Monasterio de El Escorial, 187-II-10. *Gastos de la Procurac[ió]n. 1575*, f. 516v.
26 Real Biblioteca del Monasterio de El Escorial, 187-II-11. *Gastos de la Procuracion. 1576 [hasta 1578]*, s. f.

Capilla del Sitio, actual Santuario de Nuestra Señora de Gracia. Grabado de la *Historia descriptiva...* de Rotondo, 1863.

Claustro de la capilla del Sitio. Las dos cruces de las columnas podrían señalar los enterramientos de los niños del Seminario. Foto: Gustavo Sánchez.

Pero, a partir de cierto momento, y por inverosímil que parezca a algunos, los niños y donados del monasterio comenzaron a ser enterrados en la capilla del Sitio (actual Santuario de Nuestra Señora de Gracia, en la céntrica calle Floridablanca). Son varios los documentos que lo acreditan, de los que escogemos el escrito por el archivero del monasterio, fray Andrés de los Reyes, en 1635: «En esta capilla se entierran los donados desta casa y los niños del Seminario y no otros, sin especial licencia del prior»[27].

Por último, había una serie de individuos que morían en el hospital del monasterio (en la Compaña), la mayoría pobres, y en buen número de casos «pobres de solemnidad». A estas personas se les enterraba en El Escorial de abajo y se procedía escrupulosamente en los asuntos del testamento y gastos del funeral, de lo que debía llevar buena cuenta el padre administrador de la Compaña. Para su enterramiento, una vez producido el óbito, «se avisa al

27 Archivo General de Palacio, Patronatos de la Corona, Leg. 1789. REYES, fray Andrés de los: *Relaçión de los beneficios curados, y simples, prestamos, rentas, heredades, posesiones, terminos y iuridiçion que tiene S[an]t Lorenço el Real, su prinçipio y origen, cuios fueron primero, quien los dio, con que cargas y obligaçiones, y los pleitos que sobre ellos se han mouido. Sacado todo de las escrituras del Archiuo, con su indiçe para maior façilidad; hecho todo y acabado año de 1635. Por el P[adr]e fray Andres de los Reyes su Archivero, que está en Gloria*, f. 59v.

cura del lugar de abajo y el cuerpo se baja abajo después de la escalera en su caja, se pone un Cristo y dos velas con su acetre de agua bendita para que los religiosos que pasan digan un responso»[28].

CURIOSIDADES Y LEYENDAS FÚNEBRES

¿Santidad o condiciones naturales? Sin ánimo de responder a esta pregunta, presentamos varios casos de religiosos que, al abrir su tumba después de un considerable número de años, fueron hallados incorruptos. Describiremos un par de estos curiosos ejemplos, sin entrar en cuestiones científicas o sobrenaturales.

El primero corresponde a **fray Antonio de Villacastín** (ca. 1512-1603), el obrero mayor del monasterio. Según Santos, su cuerpo «fue hallado entero, veinticinco años después de su muerte y por eso no se ha habilitado para otro alguno esa sepultura como los demás, que la fama asentada de su santidad ha causado en todos respeto y veneración»[29]. El otro caso es aún más impactante, pues cuando se abrió la tumba de **fray Miguel de Santa María** (ca. 1583-1636) cuarenta y dos años después de su muerte para enterrar a otro religioso, se halló su cuerpo incorrupto «y un religioso, descosiéndole por un lado el escapulario y túnica, con un cuchillo le cortó de un muslo un pedazo de carne tan fresca y tratable como si acabara entonces de morir, viéndose en la piel el vello y pelo natural, y envolviéndola en un papel le llenó de grasa y jugo como si fuera de veras pierna de carnero; acudieron a la novedad toda la comunidad y todo el número de seglares de Palacio, Sitio y forasteros que se hallaban en esta casa en esta ocasión y daban gracias a Dios, que así honraba a su siervo»[30].

Por el contrario, otros, ya fuesen personas reales o monjes, llegaban al trance de la muerte en un lamentable estado físico que rayaba en la putrefacción corporal, lo que podía hacer muy desagradable su manipulación para el entierro. Uno de los casos más llamativos corresponde a **fray Juan del Castillo** (ca. 1694-1732), quien murió de viruela, con tanto deterioro del cuerpo que «confesaban los religiosos que le amortajaron (que no pudieron hacerlo y le envolvieron en una sábana y desde la cama le enterraron en las sepulturas), que donde le asían se quedaban con un pedazo de carne en las manos»[31].

---

28 Archivo General de Palacio, Patronatos de la Corona, Leg. 1715. *Costumbres de 1736*, Copia B, ff. 80r-80v.

29 SANTOS, fray Francisco de los: *Quarta parte…*, p. 692bis.

30 *Las Memorias Sepulcrales…*, vol. I, 311.

31 RODRÍGUEZ, Francisco de Paula: *Monjes jerónimos…*, p. 193.

Otra de las curiosidades que llaman la atención en el ámbito fúnebre escurialense es la apertura de las tumbas o sarcófagos de los reyes, por un motivo u otro, en diferentes épocas. Las razones: ¿curiosidad? ¿respeto? ¿veneración? ¿cuestiones prácticas? Quizás un poco de todo.

La primera de estas situaciones sucedió cuando Felipe II, varios días antes de morir, «mandó a los religiosos que tenían la llave viesen en secreto el ataúd de su padre el gran emperador **Carlos V**, le midiesen y abriesen para ver cómo estaba amortajado para que le pusiesen a él de la misma manera»[32]. De nuevo fue abierto el sarcófago de Carlos V en 1654, esta vez por orden de Felipe IV y con el fin de preparar la traslación de los cuerpos de la antigua bóveda al nuevo panteón. El monarca había ordenado a los monjes que mudasen los antiguos y maltratados ataúdes por otros nuevos. Santos advierte que el cuerpo del emperador se hallaba entero y casi sin huellas de corrupción después de noventa y seis años de su muerte, «sólo la nariz le faltaba un poco». También advierte que las causas de tan buen estado de conservación pudiera deberse a «las sales, ungüentos, aguas y bálsamos con que se suele ungir los cadáveres de los poderosos». Por último, señala la existencia de unas ramas de tomillo en el ataúd, allí colocadas por los monjes de Yuste, «que se estaban tan en la viveza de su agradable olor como pudieran por la primavera»[33]. Informado Felipe IV de tal circunstancia, quiso él mismo ver el cadáver de su bisabuelo e incluso permitir que estuviese abierto el ataúd para que lo contemplase todo aquel que lo desease. Seguramente vieron todas aquellas personas una imagen similar a esta (página 283), tomada doscientos cincuenta años después:

Otra curiosidad relativa precisamente a **Felipe IV** es que a su muerte en 1665, y por estar su cadáver «cuidadosamente embalsamado, no hubo necesidad de llevarle al pudridero, sino que desde luego fue colocado en la urna más baja del primer nicho al lado del Evangelio»[34], donde continúa en la actualidad. El hecho de que estuviese o no embalsamado el cuerpo debe de ser la razón por la que podía ir directamente a la urna o al pudridero, respectivamente.

Y esto nos lleva a otra interesante cuestión, la del embalsamamiento, si así lo disponía el difunto en su testamento. Esta operación la llevaban a cabo los médicos y cirujanos de cámara, extrayendo las vísceras y colocándolas «en una caja de plomo dentro de otra de madera, forrada en brocado y guarnecida con galones de oro»[35].

32 SIGÜENZA, fray José de: *Historia…*, vol. II, p. 547.
33 SANTOS, fray Francisco de los: *Descripción…*, ff. 133r-134r.
34 QUEVEDO, José de: *Historia…*, p. 121.
35 *Ibid.*, p. 249.

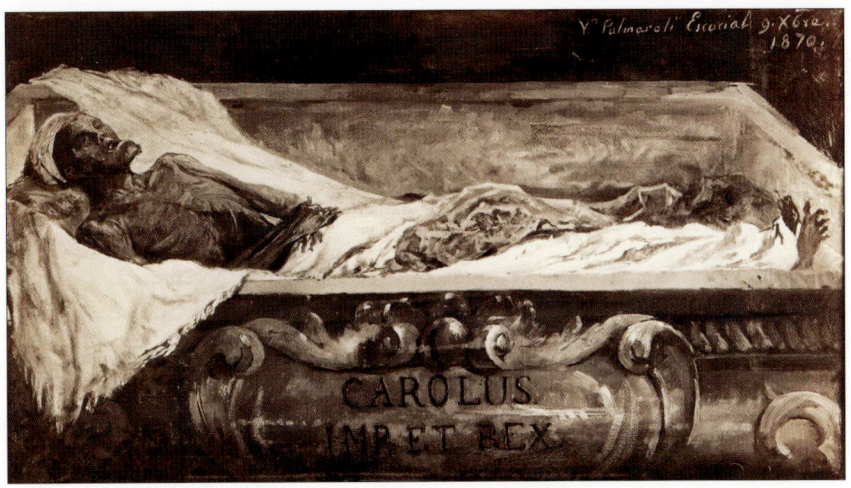

Vicente Palmaroli: *La momia de Carlos V,* 1870-1872. Albúmina sobre papel fotográfico.

Sin duda, esta es la razón por la que muchos de los difuntos —como el anterior caso de Carlos V— se hallasen años más tarde en un estado de conservación óptimo, incluso sin apenas corrupción. Otro ejemplo podría ser el de **Mariana de Austria**, fallecida en 1696. Tres años después, en presencia y por orden de su hijo Carlos II, «se abrió la urna donde estaban los restos mortales de doña María Ana de Austria y la encontraron sin ningún género de corrupción ni mal olor, y tan natural que parecía estar dormida; el rey no pudo contener las lágrimas a vista de su augusta madre»[36].

En cuanto a las leyendas en torno a los enterramientos de El Escorial, traemos una sobre Felipe II, generada, según determinados autores, a lo

Alcoba de Felipe II. Monasterio de El Escorial, Patrimonio Nacional. Foto: Luis Sánchez.

36 *Ibid.*, p. 171.

largo del siglo XVIII. Al parecer, el fantasma de Felipe II vagaba por el monasterio por las noches. El origen de esta leyenda o superstición parece estar relacionado con la completa clausura de la habitación del monarca, a la que nadie podía acceder, a excepción de los reyes. Así lo refiere el viajero inglés Edward Clarke, quien visitaba El Escorial en 1760, dando cuenta de la citada leyenda:

> Algunos son todavía tan supersticiosos, que creen incluso ahora, que su inquieto y perturbado espíritu todavía visita por las noches su mansión favorita y acecha siniestro los largos pasillos y travesías del Escorial. Tengo entendido que cierta princesa dio órdenes el pasado octubre, de que la guardia patrullase por la noche los claustros para ver si realmente vagaba por allí el fantasma de Felipe II o no.[37]

---

37 CLARKE, Edward: *Letters concerning the spanish nation*, Becket & De Hondt, Londres, 1763, p. 137.

EL LUGAR DE LAS RELIQUIAS

L a devoción que tuvo Felipe II por las reliquias llegó a un punto tal que se convirtió en una especie de coleccionismo sacro, adquiriéndolas por todas partes y en gran número. Designó el monasterio de El Escorial como lugar para su depósito, cuidado y veneración, donde los monjes jerónimos cumplirían a la perfección sus deseos[1]. El ya de por sí enorme número de reliquias adquiridas por el monarca fundador fue aumentado por sus sucesores hasta llegar a la cifra de siete mil cuatrocientas treinta y dos, según se aprecia en una tabla que hay a la entrada del coro, escrita en 1754 (página 286).

Para hacernos una idea, había doce cuerpos enteros, ciento cuarenta y cuatro cabezas, unos cuatrocientos cincuenta brazos y piernas, y más de cinco mil fragmentos y huesos pequeños, junto a otros cientos de objetos de distinta naturaleza, como cabellos, trozos de ropa, instrumentos de tortura o martirio, etcétera.

Felipe II trató incluso de instituir una fiesta para todas estas reliquias, que solo pudo llegar a ver su hijo Felipe III en 1617. Según advierte Santos, dicho año «hízose la fiesta el domingo inmediato a la de Nuestro Padre San Jerónimo (y quedó asentado ese día para siempre) asistiendo todas las personas reales, con el acompañamiento de muchos grandes, y caballeros y damas»[2]. El papa Pablo V, bajo la intercesión del monarca, aprobó en 1620 el oficio que ex profeso realizó un monje de El Escorial, y el mismo

---

1 Véase *Las reliquias del real monasterio del Escorial*, Benito Mediavilla Martín y José Rodríguez Díez (eds.), EDES, San Lorenzo de El Escorial, 2004, 2 vols.
2 SANTOS, fray Francisco de los: *Quarta parte...*, p. 99.

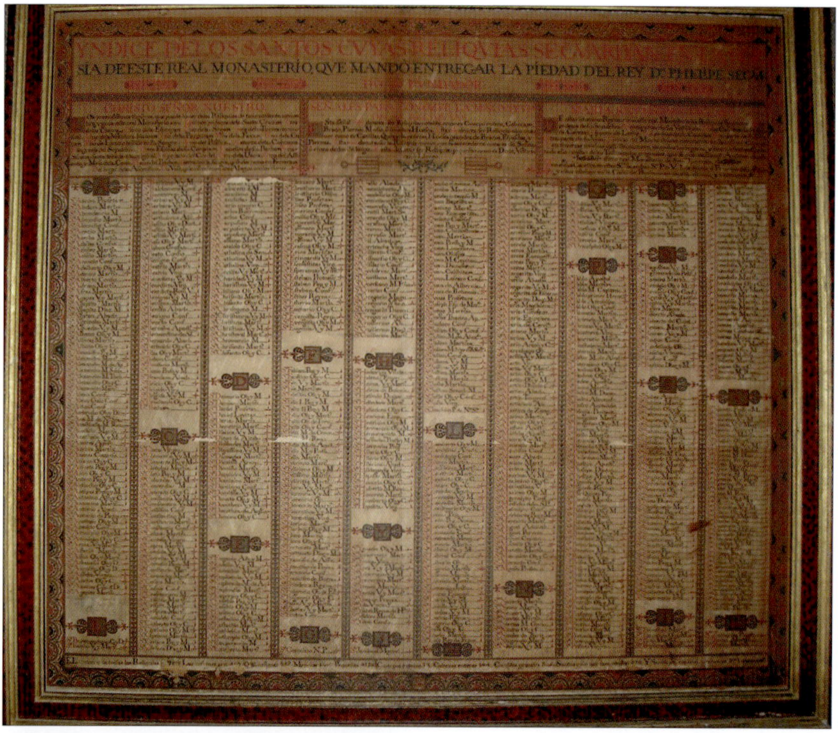

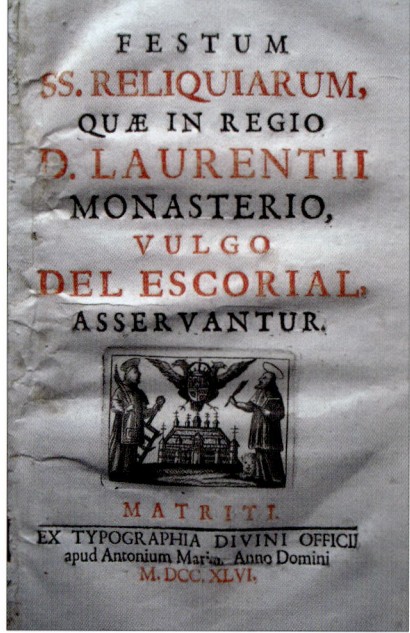

Tabla de las reliquias conservadas
en el monasterio de El Escorial.
Basílica del monasterio, Patrimonio
Nacional. Foto: Gustavo Sánchez.

Portada del Oficio para la fiesta de las reliquias del monasterio
de El Escorial, Madrid, 1746.

papa «concedió jubileo por diez años que se ganase ese día; y después le concedió perpetuo el papa Gregorio XV a petición de el mismo rey»[3].

Veamos ahora los pormenores, misterios y curiosidades de la magna colección de reliquias del monasterio de El Escorial.

LOS ALTARES DE LAS RELIQUIAS

Los dos principales lugares donde se custodian las reliquias del monasterio de El Escorial son los altares de la Anunciación de Nuestra Señora y de San Jerónimo, a izquierda y derecha del altar mayor de la basílica. Según refiere Sigüenza, «se cierran por la parte de la iglesia con las puertas que sirven de retablo, y por las espaldas con otras muy grandes de caoba y ácana, y por allí se ponen, quitan, aderezan, limpian». Y prosigue describiendo los tesoros que guardan en su interior:

> En abriéndose las puertas y corridos los velos de seda que tienen delante, se descubre el Cielo. Vense por sus hileras y gradas, unos más dentro, otros más afuera, vasos muy hermosos de artificio y de precio; parte de oro, otros de plata, piedras singulares, cristales, vidrios cristalinos y otros metales dorados, que todo junto reverbera y deslumbra los ojos, enardece el alma y pone en ella juntamente amor y reverencia, que hace luego como naturalmente o sobrenatural, que es lo más cierto, inclinar la rodilla, derribar el cuerpo hasta la tierra.[4]

En tiempos de Felipe II se proyectó hacer otros dos relicarios encima de los mencionados, pero según Sigüenza se desestimó, «porque hace una notable fealdad en la iglesia, quitando la luz, que importaba mucho en aquellas dos naves, por ser las ventanas de oriente y porque los mismos relicarios quedan sin ella y la iglesia, que es lo peor, pierde su tamaño y buena correspondencia»[5]. Sin embargo, finalmente se hicieron estos dos relicarios por orden de Felipe III «en dos cajas de madera, al modo de los órganos, doradas y estofadas»; el mismo rey percibió la referida fealdad y «tuvo determinación de hacer dos retablos como el del altar mayor en estos dos altares [...] y cuando se empleó en dar principio a la fábrica del Panteón, hizo traer muchos finísimos jaspes y mármoles para este efecto;

---

3   *Ibid.*, p. 102: Dicho oficio (sólo el texto, sin música) fue publicado en Amberes en 1621 (*Festum SS. Reliquiarum quae in Regio D. Laurentii monasterio vulgo de El Escorial asservantur*, Amberes, Officina Plantiniana, 1621) y en Madrid en 1746 (*Festum SS. Reliquiarum quae in Regio D. Laurentii monasterio vulgo de El Escorial asservantur*, Madrid, Typographia Divini Officii apud Antonium Marin, 1746). Aparte, se incorporaron los cantos propios de la procesión en el Procesionario jerónimo editado en 1729 (*Processonarium secundum ritum S. Romanae Ecclesiae. Ad usum monachorum S. P. N. Hieronimi*, Madrid, Ioannis García Infanzón, 1729, pp. 167-170).

4   SIGÜENZA, fray José de: *Historia...*, vol. II, p. 662.

5   *Ibid.*, vol. II, p. 669.

© Patrimonio Nacional

Altar de San Jerónimo abierto mostrando las reliquias en su interior. Monasterio de El Escorial, Patrimonio Nacional.

faltóle la vida y quedóse todo suspendido»[6]. No se llegó a realizar tal obra jamás, quedando los referidos armarios-relicarios de madera, tal y como se aprecian en la actualidad.

Según Santos, «las cajas y vasos donde se veneran son 515, unos de oro, otros de plata y cristales y de otras piedras preciosas»[7]. Tras el expolio de la invasión francesa y otros avatares de las primeras décadas del siglo XIX —incluida la exclaustración de los jerónimos en 1837— afirma Rotondo en 1863 que había un total de cuatrocientos veintidós relicarios repartidos entre los cuatro altares y armarios de reliquias[8].

EL CAMARÍN DE SANTA TERESA

Esta pequeña estancia inmediata al Aula de Sagrada Escritura —hoy en día, se la conoce como Aula de Moral—, aparece por primera vez descrita

6 SANTOS, fray Francisco de los: *Descripción…*, ff. 35v-36r.
7 *Ibid.*, f. 105v.
8 ROTONDO, Antonio: *Historia descriptiva…*, pp. 230-231.

© Patrimonio Nacional

Altar de la Anunciación abierto mostrando las reliquias en su interior. Monasterio de El Escorial, Patrimonio Nacional.

por Santos. Además de diversas pinturas, esculturas e iluminaciones de gran valor y pequeño tamaño, en el camarín se guardaba buena parte de las reliquias adquiridas por Felipe II, que no estaban en los altares de reliquias de la iglesia. La causa de no estar en dicho lugar, según Santos, es «porque no estaban guarnecidas conforme a las otras»[9]. A pesar de no ser citado por el padre Sigüenza, este camarín fue dispuesto por Felipe II, según advierte el padre Sepúlveda[10].

A mediados del siglo XVII las paredes del camarín fueron embellecidas con pinturas al fresco por fray Baltasar de Soria (1631-1677), quien por su condición de portero y apasionada devoción por las reliquias consiguió reunir muchas limosnas para poder financiar su obra[11].

Allí se encuentran el cuerpo del Santo Niño Inocente, un trozo de las parrillas donde asaron a San Lorenzo, una ánfora (hidria) de las que usó

9 Santos, fray Francisco de los: *Descripción…*, f. 73v.
10 Sepúlveda, fray Jerónimo de: *Historia…*, p. 370.
11 Rodríguez, Francisco de Paula: *Monjes jerónimos…*, p. 119.

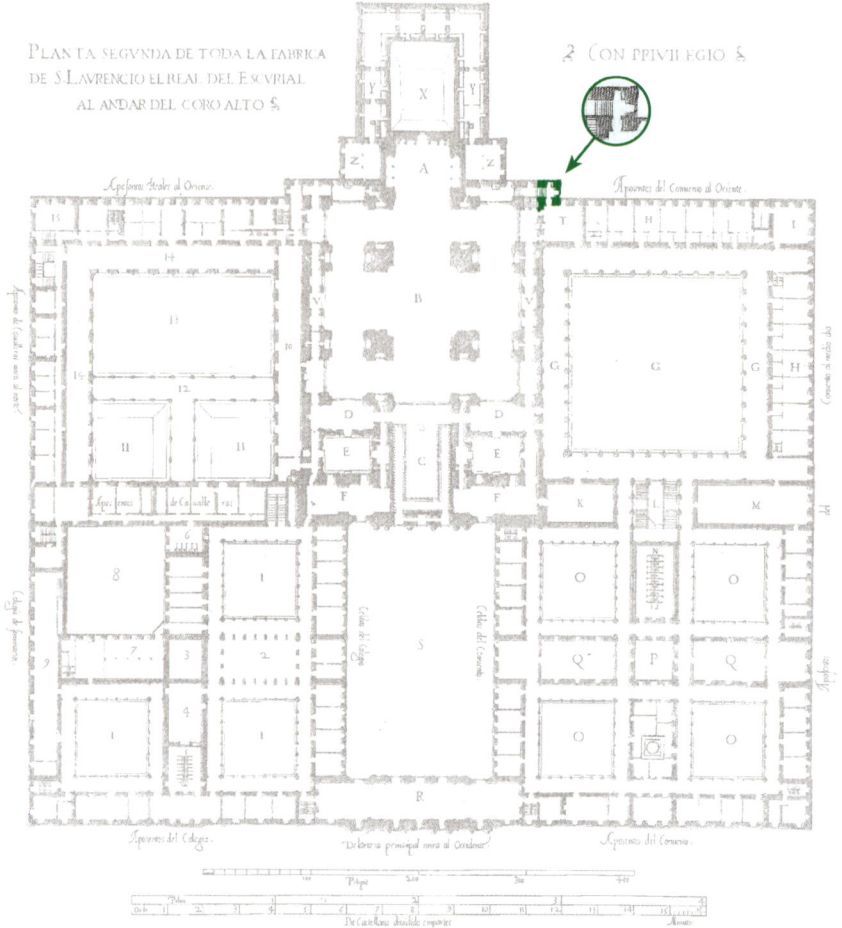

Juan de Herrera: *Segundo Diseño. Planta segunda*. Detalle del lugar donde está ubicado el camarín de Santa Teresa (en verde), junto al Aula de Moral (letra T).

Jesús en el milagro de las bodas de Caná, varios trozos de la Cruz (*lignum Crucis*), diversos libros de santos como Juan Crisóstomo, Amadeo y Teresa de Jesús —de ahí el sobrenombre dado al camarín—, con muchas otras, «que sólo esta pieza era bastante para satisfacer el deseo y devoción de los que vienen a ver esta casa»[12].

La autenticidad del libro de San Amadeo —un *Apocalipsis*, conservado durante mucho tiempo en el camarín— es puesta en tela de juicio por

12 SANTOS, fray Francisco de los: *Descripción…*, ff. 73v-74r.

Norberto Caimo en su visita al monasterio en 1755, arguyendo que «este libro, que ha sido corrompido o falsamente atribuido a ese santo religioso, no es sino un conjunto extraño de extravagancias y de errores escritos en latín por alguno que tuvo la loca vanidad de pasar por inspirado, como el apóstol San Juan; está en papel de Italia»[13].

Entre los fragmentos de *lignum Crucis*, había uno custodiado en una cruz de oro, «que tiene la especialidad de haberse jurado en ella los príncipes de España, hijos de Felipe II es el mismo, y es la misma que lleva el prior y adoran las personas reales cuando hacen entrada pública en esta casa»[14].

Interior del camarín de Santa Teresa.

De las numerosas miniaturas que se guardaban en el camarín, destaca Norberto Caimo «un *Descendimiento de la Cruz* en porcelana, rodeado de perlas finísimas, que ha sido hecho por un religioso de la casa»[15].

El camarín de Santa Teresa podía ser admirado por los visitantes y peregrinos que acudían al monasterio, aunque debido a la estrechez del lugar, se advertía al padre portero (el encargado de estas visitas guiadas) que llevase mucho cuidado al enseñar las reliquias «por estar tan a la mano y no todos los que entran suelen ir con buen fin»[16].

RELIQUIAS CURIOSAS Y RELICARIOS RICOS

Entre las reliquias que más llaman la atención, sin duda, se encuentran las pertenecientes a Jesucristo, así enumeradas y descritas por Sigüenza:

- Un cabello de su santísima cabeza o de su barba, dentro de una rica bujeta.

13 CAIMO, Norberto: *Viaje a España…*, p. 809.
14 JIMÉNEZ, fray Andrés: *Descripción…*, p. 121.
15 CAIMO, Norberto: *Viaje a España…*, p. 809.
16 Archivo General de Palacio, Patronatos de la Corona, Leg. 1715. *Costumbres de 1736*, Copia A, ff. 106r-106v.

- Muchas partes de santísima Cruz, todas admirablemente guarnecidas en oro, en plata, en piedras, vasos y cajas y cruces preciosas.
- Once espinas de su corona [...]. Cinco de ellas están juntas en un joyel de cristal, alto con su pie y guarniciones de oro esmaltado. [...] Otras dos espinas tienen en sus manos en unas pirámides o puntas de cristal dos ángeles de plata [...]. Las otras están en guarniciones ricas, no me acuerdo bien qué son.
- Un pedazo de la soga con que tuvo atadas o las manos, o la garganta aquel inocentísimo Cordero.
- Una parte de uno de sus clavos que pasaron y traspasaron sus pies y manos.
- Una parte también de la esponja que pusieron en su boca llena de vinagre cuando estaba en la cruz.
- Parte de las vestiduras y un poco de lienzo.
- Algunos pedacillos de la columna donde le ataron para azotarle.
- Y también otros del pesebre en que nació.[17]

A estas reliquias del Salvador, habría que añadir otras que aparecen en la tabla de reliquias, y de naturaleza bastante peculiar, como por ejemplo un pedazo del asiento y de la mesa de la Santa Cena y un vaso de los que le ofrecieron los Reyes Magos.

También describe Sigüenza algunas reliquias de la Vírgen María:

- Tres o cuatro partes, si no me acuerdo mal, de sus vestiduras están juntas, yo las puse en un hermoso relicario [...]. Tiene dos ángeles puestos de rodillas el vaso de cristal en que están estas reliquias, con su tapador o sobrecopa y algunas guarniciones de oro.
- Un poco de lienzo que, dice el testimonio que vino con él, es reliquia de aquél con que enjugaba los ojos, cuando estaba al pie de la cruz.
- También hay un cabello suyo.[18]

Pero parece que con el tiempo fueron aumentando en número y naturaleza las reliquias de la Virgen, pues en la tabla de reliquias figuran no tres o cuatro, sino veintitrés trozos de sus vestiduras y, entre otras cosas, ¡un poco de leche!

Entre las reliquias más destacadas se encuentran doce cuerpos enteros de santos, de los que nos llama la atención el de un Santo Niño Inocente, así descrito por Sigüenza: «un Santo Niño Inocente, natural de Belén, de la misma tribu y descendencia de Judá; está en una caja guarnecida de muchas flores y torzales de oro, es tan chiquito que parece de un mes»[19].

---

17 Sigüenza, fray José de: *Historia…*, vol. II, p. 663.
18 *Ibid.*, vol. II, p. 664.
19 *Ibidem.*

Por su significado para la orden jerónima y para el monasterio, sobresalen la cabeza de San Jerónimo, «sana, madura y grave cabeza» y un muslo de San Lorenzo «con su pellejo tostado y asado, y se conocen en él las aberturas y los agujeros que le hicieron con los hurgones y garfios de hierro para que se torrase bien sobre la parrilla»[20].

Pero quizás una de las reliquias más curiosas y sorprendentes sea una pluma del ala del arcángel Gabriel. En 1787 fue excepcionalmente mostrada al viajero inglés William Beckford, quien la describe como «de tres pies [=83'5 cm.] de larga, en un tono colorado más suave y delicado que el de la más preciosa rosa». Beckford dice que deseó preguntar «en qué preciso momento este inestimable tesoro fue cogido, si en el aire, en el espacio abierto o entre los muros de la humilde casa de Nazareth; pero reprimí estas preguntas tendenciosamente indiscretas»[21].

Por último, existe otra importante reliquia, venerada aparte del resto en la sacristía de la basílica: la Sagrada Forma. Santos la describe como «una Forma consagrada de más de trescientos años, con señales de sangre en tres roturas que le hicieron los herejes, que la pisaron en la ciudad de Gorcamia en Holanda», para la cual dio Carlos II en 1678 «una caja de plata sobredorada de más de tres varas de alta, formada de tres cuerpos, sembrada de filigrana e innumerables piedras preciosas y con otros adornos admirables»[22]. Esta valiosa reliquia llegó a El Escorial en 1592 como regalo del emperador de Alemania a Felipe II, y, en 1684, por orden de Carlos II, fue enriquecido soberbiamente su altar, incluyendo un cuadro de Claudio Coello (realizado hacia 1691) en el que se aprecia, a modo de espejo, la consagración del altar en su nueva disposición, ceremonia llevada a cabo en 1684[23]. El rico relicario, realizado a partir de la caja de un reloj desapareció, como era de suponer, durante la invasión francesa[24]. Además había una custodia más pequeña, donde se colocaba la reliquia, desaparecida en tiempos más recientes.

Aparte del relicario de la Sagrada Forma cabe destacar otros dos de forma muy especial por su sorprendente riqueza. Uno era una estatua de San Lorenzo realizada por orden de Carlos II para alojar un fragmento de la espalda del santo español, en la que se emplearon nada más y nada

20 *Ibid.*, vol. II, pp. 665- 667.
21 BECKFORD, William: *Italy, with sketches of Spain and Portugal*, 2 vols., Richard Bentley, Londres, 1834, vol. II, p. 325.
22 SANTOS, fray Francisco de los: *Descripción…*, f. 32r.
23 Véase MEDIAVILLA, Benito: *La Sagrada Forma de El Escorial*, EDES, San Lorenzo de El Escorial, 2001.
24 QUEVEDO, José de: *Historia…*, p. 159.

© Patrimonio Nacional

Antigua caja de reloj convertida en relicario para la Santa Forma, desaparecido durante la invasión francesa. Dibujo de Eustasio Esteban publicado en *La Sagrada Forma...*, 1911.

Claudio Coello. *La Sagrada Forma*. Detalle de la custodia con la reliquia. Monasterio de El Escorial, Patrimonio Nacional.

Antigua fotografía de la custodia regalada por Carlos II para la Sagrada Forma, desaparecida en el siglo xx.

menos que doscientos siete kilos de plata y más de ocho kilos de oro[25]. Aún más asombroso era el otro relicario: «la Mesina», una estatua de una mujer de plata «que representa a la ciudad de este nombre, poco menor del natural, con las reliquias de San Plácido y sus compañeros, en una custodia de oro que tiene en la mano derecha, que pesa una arroba; y corona, collar y apretador de oro también, con preciosísimas perlas y diamantes»; fue regalada por dicha ciudad italiana a Felipe III[26]. Así pues, este rico relicario contenía once kilos y medio de oro y, según Bermejo, más de cien kilos de plata; el San Lorenzo y la Mesina desaparecieron durante la invasión francesa con otros ochenta y tres relicarios[27]. No obstante, según

---

25 Jiménez, fray Andrés: *Descripción...*, p. 284.
26 Santos, fray Francisco de los: *Descripción...*, f. 35v.
27 Bermejo, fray Damián: *Descripción...*, p. 75.

Rotondo, del San Lorenzo quedó un barrote de hierro que supuestamente perteneció a las parrillas en que fue quemado el santo[28].

EXPOSICIÓN DE LAS RELIQUIAS

Felipe II quería que sus reliquias fuesen admiradas y veneradas por los fieles que visitaban el monasterio, para lo cual dispuso que en las principales fiestas del año fuesen expuestas a los peregrinos y visitantes. La reliquias, custodiadas en los enormes armarios de los altares de la Anunciación y San Jerónimo, podían ser contempladas por los seglares a través de las puertas laterales de los patinejos —actualmente tabicadas—, que tenían en los postigos «unas rejas grandes de hierro para que abiertas vean desde allí los seglares los relicarios que están de frente, y se abren para este propósito las fiestas principales, aunque como la distancia es tan grande, se gozan poco», refiere Sigüenza[29]. Más adelante, se determinó abrir la puerta que está junto a la antigua portería del convento en caso de fuertes vientos[30].

El primer día en que fueron mostradas las reliquias a los seglares fue el día de la consagración de la basílica, el 10 de agosto de 1586. Como la gente no podía entrar en la iglesia, se colocaron en el trascoro de manera que pudiesen ser vistas desde el Patio de los Reyes: «enseñáronse las reliquias antes de la misa mayor en el altar del crucifijo que está detrás del coro, estando toda la gente en el patio del pórtico […]; enseñáronse también a las dos horas de la tarde y la tercera vez se enseñaron después de Vísperas y antes de Completas, porque tuviesen lugar de irse a sus tierras los que venían de los lugares vecinos». Un detalle que añade el cronista es que uno de los monjes que las mostraron «las publicaba en alta voz», es decir, que las iba presentando y describiendo[31].

De nuevo, en 1587, el día de San Lorenzo fueron expuestas las reliquias, pero en esta ocasión se presentaron «en sus mismos relicarios, teniéndolos abiertos todo el día salvo mientras comía el convento, y la gente las veía por las puertas de los dos claustricos que están a los lados de la iglesia». Y concluye el texto: «así mandó Su Majestad que siempre se enseñen desta manera, y que no anden con ellas de una parte a otra por la reverencia que se les debe, y porque no las hurten andando de mano en mano»[32]. En efecto, así se hizo en adelante.

28 ROTONDO, Antonio: *Historia descriptiva…*, p. 167.
29 SIGÜENZA, fray José de: *Historia…*, vol. II, p. 634.
30 Archivo General de Palacio, Patronatos de la Corona, Leg. 1715. *Borradores de Costumbres [s. XVII]*, Cuaderno Ia, f. 18r.
31 SAN JERÓNIMO, fray Juan de: *Memorias…*, p. 406.
32 *Ibid.*, p. 423.

Juan de Herrera. *Primer Diseño. Planta primera y general de todo el edificio.*
Detalle de la basílica con la línea visual (en rojo) desde los patinejos a los altares
de reliquias; actualmente, las puertas de los patinejos se encuentran tabicadas.

¿Cuáles eran los «días de reliquias», es decir, los días en que los armarios
de reliquias se abrían para mostrar su interior a los fieles? Como se dijo
con anterioridad, los principales días de fiesta, que venían a coincidir con
los llamados «días de prior», y siempre antes de la procesión, cuando la
hubiere[33]. Aunque no los conocemos con exactitud, al menos tenemos
seguridad de que las reliquias eran mostradas en las fiestas de: Todos los
Santos, Navidad, Resurrección, Corpus y San Lorenzo, entre otros.

---

33 *Las reliquias del real monasterio…*, vol. I, p. 36.

RELIQUIAS EN LAS TORRES Y CIMBORRIO

El temor a la caída de rayos y centellas —con el consecuente peligro de incendio— durante las tormentas en el monasterio llevó a la comunidad religiosa y a su real patrono a situar estratégicamente ciertas reliquias en los lugares más altos del edificio, esto es, en las torres y en el cimborrio.

El principal relicario de este tipo se encuentra en el cimborrio, en la pirámide que lo remata. Allí, hacia la mitad, se puede ver una plancha de cobre dorado a fuego con una cruz y algunas oraciones, «donde Felipe II mandó colocar metidas en una caja de madera forrada de plomo, varias reliquias, en particular de los santos apóstoles San Pedro y San Pablo, y de Santa Bárbara»[34]. Popularmente, se cree que es un «ladrillo de oro», a causa de la falsa leyenda de que Felipe II quiso demostrar al embajador de Francia, dudoso de que le alcanzara el dinero para la construcción del monasterio, que al final «le faltó la piedra y le sobró el oro»[35]. Finalmente, cabe decir que no hay reliquias en dicho lugar, sino dentro de la bola de bronce, metidas en un saquito de seda, según se pudo apreciar en las últimas obras de reparación de la cúpula[36].

Detalle del cimborrio de la cúpula de la basílica, con el relicario dorado en la aguja. Foto: Luis Sánchez.

34 Quevedo, José de: *Historia…*, p. 309.
35 Vicuña, Carlos: *Anécdotas de El Escorial…*, pp. 27-28.
36 *Ibid.*, p. 29.

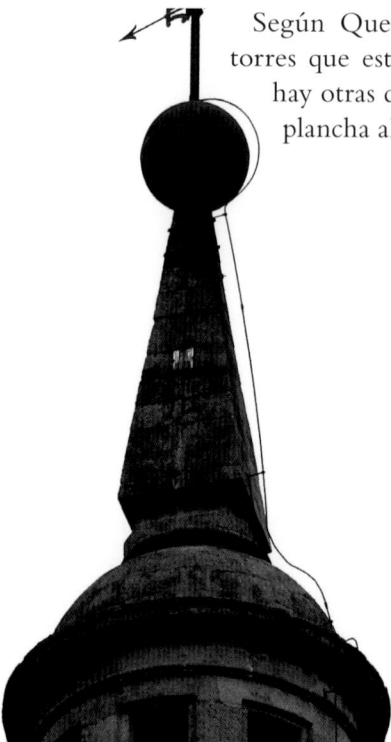

Según Quevedo, «en las otras dos agujas de las torres que están al extremo del Patio de los Reyes, hay otras dos cajas de reliquias, cubiertas con una plancha algo más pequeña»[37].

Detalle de relicario en la aguja de la torre de las campanas. Foto: Luis Sánchez.

37 QUEVEDO, José de: *Historia...*, p. 309.

EL LUGAR DE LOS LIBROS

S e ha destacado la curiosa circunstancia de que, siendo un lugar tan importante en la institución laurentina, no aparece ni una sola referencia a la biblioteca en la *Carta de Fundación*[1]. Pero, por otro lado,

Antiguo dormitorio de novicios —actualmente Aula Magna—, depósito de los primeros libros de la biblioteca del monasterio entre 1576 y 1587. Foto: Luis Sánchez.

1 Véase CAMPOS, Francisco Javier: *La vida en el monasterio…*, pp. 141-142.

Fachada principal del monasterio, con la biblioteca marcada en amarillo.

son muy frecuentes las referencias a la célebre librería en las primeras crónicas jerónimas del monasterio, sobre todo en relación con las visitas que
el monarca realizaba solo o acompañado de personas ilustres, y a la adquisición de nuevos y valiosos ejemplares por parte del prestigioso erudito
Benito Arias Montano, exclusivamente llamado por el rey para dotarla,
inventariarla y ordenarla. Refiere Sigüenza que la biblioteca se asentó
originalmente en la pieza «que ahora sirve de dormitorio a los novicios
y el doctísimo Arias Montano, como quien tenía tan cabal noticia de las
lenguas y disciplinas, la fue dividiendo, asentando cada lengua por sí»[2].

Esta primera ubicación se realizó en 1576, fecha de la entrega oficial del
primer contingente de libros para la biblioteca[3]. Allí estuvo hasta 1587,
año en que se ordenó el traslado a su lugar definitivo, encima del pórtico
de la entrada principal del monasterio.

LA BIBLIOTECA Y SUS RAREZAS.
LOS LIBROS PROHIBIDOS

Aunque la primera entrega oficial tuvo lugar en 1576, los primeros libros
llegaron realmente en 1565 y fueron enviados por Felipe II. Eran cuarenta
y dos, la mayor parte de materias sagradas para uso de los predicadores jerónimos. Pero pronto se agregaron otros de distintas materias y gran valor,
alcanzando la cifra de mil cuarenta y cuatro volúmenes a finales de 1568,

2 SIGÜENZA, fray José de: *Historia…*, vol. II, p. 623.
3 *Entrega de la Librería Real de Felipe II (1576)*, en *Documentos para la historia del monasterio de San
Lorenzo el Real de El Escorial*, vol. VII, Imprenta del Real Monasterio, San Lorenzo de El Escorial,
1962, pp. 13-14.

lo cual daba a entender que el monarca pretendía fundar en el monasterio una suntuosa y magnífica biblioteca[4]. En la referida entrega de 1576 envió Felipe II de su biblioteca personal cuatro mil libros, aunque unos ochocientos se repartieron en las celdas de los religiosos, «por ser muchos de ellos de impresiones antiguas»[5].

Poco a poco se fueron adquiriendo otros procedentes de diferentes compras y donaciones, y en 1603 había ya siete mil libros en lengua latina, griega y hebrea, todos ellos en la sala principal. A la sala alta (encima de la principal) se destinaron los libros en «lenguas vulgares, castellana, italiana, francesa, alemana, portuguesa, lemosina o catalana», además de otros en lengua latina duplicados o de ediciones antiguas[6]. En esta última sala era donde se conservaban los libros «prohibidos», en una zona separada por una reja, según se verá más adelante; hoy en día este espacio ha sido habilitado para aulas del Real Colegio Alfonso XII.

Todavía existía una tercera sala, donde se custodiaban los manuscritos, que estaba «muy junto de la principal, pared en medio, en el claustro alto de la Hospedería; las puertas casi juntas, que se echa de ver es ésta como la recámara de la grande, lo guardado y que no se comunica a todos»[7]. El espacio que ocupaba es el que sirve hoy en día de sala de lectura a los investigadores que acuden a estudiar los fondos de la biblioteca escurialense.

Daremos algunos datos sobre el número de libros y sus variaciones a través de los tiempos. En 1603 dice Sigüenza que había, entre libros en lenguas clásicas y vulgares, un total de catorce mil o quince mil, «que si estuvieran como en otras librerías, encuadernados y puestos como se hallaron y como se trajeron, pasaran de dieciocho mil»[8]. Santos advierte en 1681 que el número total de libros era el mismo[9] —seguramente aumentó hasta 1671 para luego descender a causa del incendio—, pero que podía haber muchos más, porque el monasterio «tiene privilegio concedido de los señores reyes desde el fundador acá, para que perciba un libro de todos los que se imprimieren de nuevo y se registraren por el Consejo». Al parecer hubo descuido en ello y no se cumplió, por lo que Felipe IV «reparando en esta falta ha dado a la librería cuatrocientos ducados de renta para que se vayan comprando y juntamente se encuadernen los que se fueren cobrando»[10]. Por último, Quevedo

4 Véase ZARCO, Julián: *Catálogo de los manuscritos castellanos de la Real Biblioteca de El Escorial*, 3 vols., Imprenta Helénica, Madrid, 1924, vol. I, pp. IX-X.
5 SIGÜENZA, fray José de: *Historia…*, vol. II, p. 625.
6 *Ibid.*, vol. II, p. 622.
7 *Ibidem.*
8 *Ibid.*, vol. II, p. 629.
9 SANTOS, fray Francisco de los: *Descripción…*, f. 91r.
10 *Ibid.*, f. 88v.

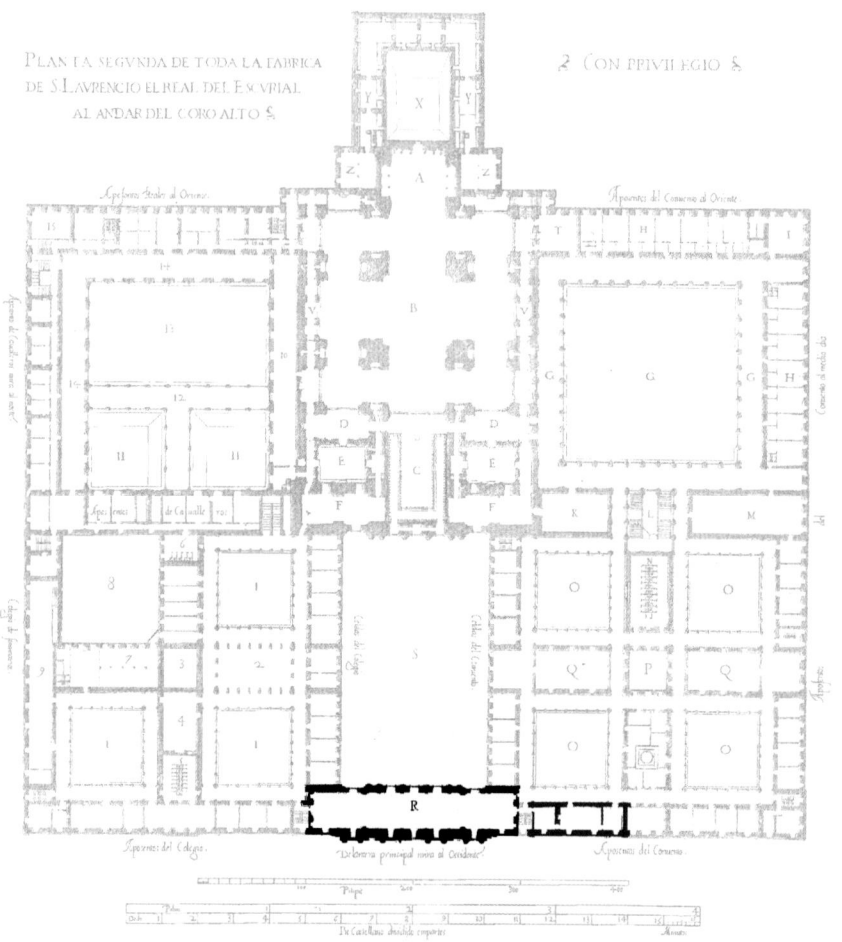

Juan de Herrera: *Segundo Diseño. Planta segunda.* Detalle de la biblioteca (R) con la sala adyacente (en azul) destinada por un tiempo a custodiar los manuscritos; en la actualidad sirve como sala para los investigadores.

afirma en 1848 que había en la biblioteca unos treinta y cinco mil volúmenes, advirtiendo que «se encuentra hoy menos rica que dos siglos atrás»[11].

Un aspecto curioso de la colocación de los libros es que están no con el lomo, sino con los cortes de las hojas hacia afuera y dorados. Esto se debe, según explica Sigüenza, a que «así parece toda la pieza hermosa, porque desde el suelo a la cumbre está o pintada o cubierta de oro»[12].

11 Quevedo, José de: *Historia…*, p. 330.
12 Sigüenza, fray José de: *Historia…*, vol. II, p. 621.

Estantes de la biblioteca del monasterio, donde se observan los cortes dorados de los libros. Foto: Luis Sánchez.

Anónimo: *Incendio del monasterio
de El Escorial en 1671*. Detalle de
monjes arrojando libros desde la
biblioteca. Madrid, Museo del Prado.

¿Quién estaba a cargo de la biblioteca? Eran dos los monjes que estaban
al frente de la biblioteca del monasterio: el **bibliotecario mayor** y el
bibliotecario segundo. El primero debía ser anciano y el segundo de
menor edad, y a ambos se les exigía tener buenos conocimientos literarios
y erudición, pues «tendrán lances en que la hayan menester»[13].

Una enorme desgracia cayó sobre la biblioteca laurentina en 1671, cuando el fuego se apoderó del monasterio, haciendo desaparecer para siempre
unos seis mil manuscritos árabes, latinos, griegos, hebreos y castellanos,
sin que de bastantes de ellos quedase copia[14].

El fondo de los libros árabes tiene prácticamente su origen en 1614,
cuando Felipe III ordenó que se llevase al monasterio la biblioteca del
rey de Marruecos, compuesta por más de cuatro mil manuscritos árabes,
turcos y persas de todas las materias. La había incautado la flota española en las costas magrebíes en 1612, y el monarca, después de tratar en
vano de intercambiar tal tesoro literario por cristianos cautivos, la envió
a la biblioteca laurentina[15]. Muchos de estos manuscritos se quemaron
en el gran incendio de 1671, aunque alguno sobrevivió a la tragedia. Según Santos, «abrasólos el fuego cuando el incendio, menos el Alcorán y
otros que pudieron rescatarse; habíanlos puesto en parte segura, pero allí

---

13 Archivo General de Palacio, Patronatos de la Corona, Leg. 1715. *Costumbres de 1736*, Copia B, f.
70v.

14 ZARCO, Julián: *Los jerónimos…*, p. 40.

15 QUEVEDO, José de: *Historia…*, pp. 104-105.

Primera página del *Corán* de Muley Zaydán, 1599. Facsímil a partir del original de la Real Biblioteca del Monasterio.

los buscaron las llamas»[16]. Aunque fray Andrés Jiménez asegura que quedaron mil ochocientos veinticuatro manuscritos arábigos, cuando se interesaba algún huésped o visitante musulmán por alguno de ellos —sobre todo, por el famoso «Alcorán» o *Corán*—, le decían que se había quemado en 1671. Pero no todos lo creían, como por ejemplo el embajador marroquí que visitó el monasterio hacia 1685 y que afirmaba que los jerónimos «han pretendido que habían sido enteramente quemados, hace de eso cerca de diez años»[17].

Aparte de este rico ejemplar del *Corán*, en la biblioteca se encuentra un libro escrito, según Sigüenza, por el mismo San Agustín, *De baptismo parvulorum*, que perteneció a Felipe II y mandólo colocar «en la librería en un escritorio cerrado, entre las cosas preciosas que hay en él». Es el más antiguo de la biblioteca (ss. V-VI), si bien la atribución a San Agustín parece ser errónea. Otro libro de gran valor era el «*Apocalipsis* de San Juan, escrito de mano, iluminado harto bien, con una glosa de letra colorada de la misma forma». Y, por último, «un libro en que están escritos los cuatro evangelios enteros, todos con letra de oro, en un pergamino hecho con mucho cuidado, encuadernado en tablas, con una cubierta de brocado, iluminado con la mayor curiosidad de aquellos tiempos»[18]. Es el conocido como *Códice áureo*, mandado escribir en el siglo X por el emperador Corrado y acabado en tiempos de su hijo, Enrique II.

El aspecto más misterioso de la biblioteca laurentina es, sin duda, la sección de «libros prohibidos». Básicamente, eran aquellos libros que la Inquisición publicaba periódicamente en el *Index librorum prohibitorum*, por ser heréticos o contrarios a la fe católica. En el monasterio de El Escorial

---

16 SANTOS, fray Francisco de: *Descripción…*, f. 90r.
17 *Viaje a España de un embajador marroquí…*, p. 335.
18 SIGÜENZA, fray José de: *Historia…*, vol. II, p. 626.

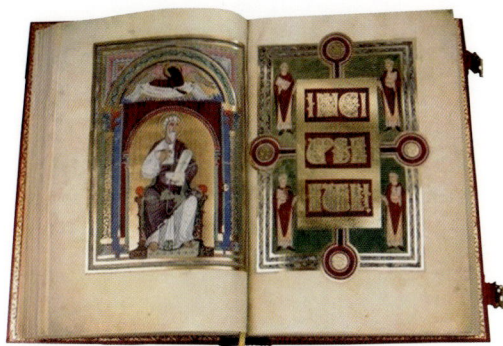

Códice Áureo. Facsímil a partir del original de la Real Biblioteca del Monasterio.

Portada del Índice de libros prohibidos de 1612.

parece que se obtuvo una licencia hacia 1616 para tener en su biblioteca estos libros prohibidos, a los que tan solo tenían acceso cinco monjes: el prior, el bibliotecario y los tres catedráticos del colegio de religiosos[19]. Tal y como se dijo anteriormente, los libros prohibidos se dispusieron en la librería alta, «de suerte que nadie puede leerlos, ni aun tocarlos, porque hay una reja que divide esta librería, cerrada siempre por este motivo»[20].

Sabemos por la biografía de un librero mayor, fray Antonio de San José (ca. 1693-1752), que hacia 1731 estaban todos los libros prohibidos en completo desorden, sin ningún tipo de índices. Esta laboriosa empresa, a la que nadie se había atrevido antes, pues la sala alta era un «agregado de cadáveres» o una «gran selva de libros», la acometió este monje con éxito. En la sala alta, junto a los libros prohibidos por la Inquisición, se guardaban muchos duplicados de estos y otros libros, los dos mil volúmenes del rey de Marruecos, junto con los manuscritos que sobrevivieron al incendio de 1671. El biógrafo de fray Antonio concluye diciendo que «sin miedo a los fríos, calores ni otras destemplanzas a que está ocasionada aquella pieza, apenas salió de ella, sino para lo muy preciso, en muchos meses y

19 *Las Memorias Sepulcrales…*, vol. I, p. 294.
20 SANTOS, fray Francisco de los: *Descripción…*, f. 89v.

Taller de Nicolas de Lar-
gillière: *Voltaire* (detalle).
París, Museo Carnavalet.

pienso que mejor dijera años, afanando solo con los libros, lleno de polvo y broza y telarañas»[21].

Cuando Beaumarchais describió esta sección de la biblioteca en su visita al monasterio en 1764, además de lamentar el descuido y abandono de los libros, señaló la condena, entre otros, de las obras de su amigo Voltaire, pero no solo las escritas sino también las que en el futuro escribiese, «no pudiendo salir sino cosas malas de una pluma tan abominable»[22].

CONSULTAS, INTRIGAS Y ROBOS

Felipe II puso los libros de la biblioteca del monasterio al alcance de cualquier individuo, seglar o religioso, que desease acceder a su consulta, y si alguna vez se negó la copia o estudio de alguno de ellos, se debió exclusivamente a la orden o deseo del rey, su legítimo dueño. Por supuesto, también tenían acceso a la biblioteca todos los monjes que lo solicitasen, salvo los nuevos y novicios[23].

Pero, por si acaso, y con el fin de disuadir a los visitantes de la biblioteca a la extracción indebida de libros, en 1626 el cardenal Barberini —de visita en el monasterio— estableció la amenaza de excomunión a todo aquel que sacase libros de la biblioteca sin el debido permiso. Desgraciadamente, y a pesar de tan severa advertencia, se dieron muchos robos por parte de los seglares que acudían al monasterio, sobre todo en tiempos de jornada.

Esta es la razón que llevó a que en 1756 se colocase una rejilla de alambre en todos los plúteos o estanterías que circundan todo el perímetro de la sala «para con este medio impedir quiten otros en adelante»[24].

Fueron muchos los estudiosos que consultaron en otro tiempo la Real Biblioteca, y casi siempre tuvieron una buena impresión de sus fondos, aunque no siempre de la atención recibida por los monjes. Uno de los testimonios positivos en todos los sentidos procede del barón de Bourgoing, quien destaca la excelente experiencia que tuvieron los eruditos daneses Moldenhauen y Tyschen en su consulta de los libros —en su mayor parte,

21 *Las Memorias Sepulcrales…*, vol. I, pp. 533-534.
22 BEAUMARCHAIS, Pierre Augustin Caron de: *Carta al Duque de la Vallière (Madrid, 24-XII-1764)*, en *Viajes de extranjeros…*, vol. V, p. 42.
23 Archivo General de Palacio, Patronatos de la Corona, Leg. 1715. *Costumbres de [1575]*, f. 147r.
24 *Libro de los Actos Capitulares…*, vol. II, p. 261. Acto Capitular de 13-VIII-1756.

Detalle de estante
de la biblioteca con
rejilla de alambre en sus
puertas, colocada en
1756 para evitar robos.
Foto: Luis Sánchez.

Decreto de excomu-
nión emitido por el
papa Gregorio XIII para
aquellos que extrai-
gan indebidamente
libros de la biblioteca.
Foto: Luis Sánchez.

AY,
EXCOMVNION
DEELPP. GREG. XIII.
RESERVADA A SV SAN
TIDAD, PARANO SACAR
LIBROS NI OTRA COSA
DE ESTA LIBRERIA.
DADA EN ROMA, EN
XV. D OCTVBRE. D
M.D.LXXII.

José de Quevedo, uno de los últimos bibliotecarios jerónimos del monasterio. Grabado de la *Historia descriptiva...* de Rotondo, 1863.

prohibidos— de la biblioteca a finales del siglo XVIII:

A su llegada al monasterio, para dedicarse a sus trabajos, fueron bien acogidos por estos frailes, a pesar de la diferencia de costumbres, de idioma y sobre todo de religión. Se los alojó en el convento y se proveyó a todas sus necesidades con hospitalario celo. Todos los tesoros de la biblioteca fueron puestos a su disposición y pasaron dos meses hojeando y extractando todos los manuscritos que movían su curiosidad. El generoso trato que recibieron era tanto más de agradecer, porque de tales manuscritos solo se habían dado a la luz unos extractos hechos por un español llamado Casiri, en dos volúmenes in-folio, que distan mucho de ultimar la tarea que dicho sabio se había impuesto y que actualmente continúa uno de los frailes que allí residen. Estos manuscritos no se conservan en la parte de la biblioteca que durante la estancia de la Corte en El Escorial está abierta todo el día, sino en otra sala, siempre cerrada, en donde se archivan los libros que prohíbe la ortodoxia española.[25]

Otro visitante que ensalzó la biblioteca y sus fondos, a pesar de tener impresiones negativas del resto del monasterio, fue Émile Bégin. Este viajero francés aseguraba que «sólo una cosa captó nuestra atención en el palacio de El Escorial, la biblioteca», al tiempo que califica de «sabio bibliotecario» al monje que les atendió en su visita: fray José de Quevedo[26].

Por el contrario, mucho menos positiva fue la experiencia del inglés Edward Clarke cuando visitó el monasterio y su biblioteca en 1763. Sorprendido por los tesoros literarios contenidos en ella, afirmaba que «toda esta riqueza está depositada en manos de unos pocos monjes analfabetos, pobres jerónimos, pero que son tan celosos de estos tesoros como si entendieran su verdadero valor». Continúa refiriendo que mientras consultaba algunos manuscritos, «si tomaba alguna nota o cotejaba documentos se sentían recelosos, pues arguyen que si dejan copiar los manuscritos, no

25 Bourgoing, Jean-François de (Barón de Bourgoing): *Un paseo por España...*, p. 477.
26 Bégin, Émile: *Voyage pittoresque en Espagne et en Portugal*, Belin-Leprieur et Morizot, París, 1852, p. 356.

valdrán nada los originales; lo que es como decir que si los originales son de alguna utilidad, perderán su valor»[27].

MÁS QUE LIBROS: LA PIEDRA IMÁN, Y OTRAS PIEZAS CURIOSAS

Además de libros, en la biblioteca del monasterio se guardaban (y algunos todavía se conservan) varios objetos curiosos. Sigüenza habla en su *Descripción* de globos terrestres y celestes, cartas y mapas de provincias, diversos instrumentos matemáticos, esferas, astrolabios, ánulos, armillas de muchas diferencias y «otras cien buenas alhajas de esto»[28]. Era, en resumen, una especie de «Wunderkammer» o «cámara de las maravillas»[29].

También se custodiaban en la biblioteca el estandarte real y los dos fanales (faroles) de la galera capitana turca vencida en la batalla de Lepanto[30]. Según el padre Villacastín, el estandarte vino en 1571 y los fanales (que fueron cuatro) en 1573, pero después se llevaron dos, «el uno a Guadalupe y el otro a Monserrate»[31]. Santos refiere que todo lo quemó «el incendio con los libros arábigos que aquí había»[32].

Almela —como hombre versado en ciencias— es más preciso en su descripción, ofreciendo números y ubicando la mayor parte de estos objetos en la sala alta de la biblioteca: «hay también en esta pieza seis globos, dos muy grandes y cuatro medianos muy vistosos y curiosos; los globos de madera y escritos y pintados y los extremos y círculos de bronce y tres astrolabios de bronce [...], y hay también a los dos lados de los dichos escritorios dos grandes fanales de bronce de la galera real de la armada del gran turco, que por memoria allí se trajeron y pusieron». Por último, en una sala contigua a la principal —la «tercera» sala a la que hicimos antes referencia— ubica «una esfera del Emperador Carlos V, la mayor y mejor y más vistosa que se puede pensar, toda de madera muy dorada y escrita y notada de sus significaciones de círculos y zonas y climas»[33].

Otro interesante objeto era la piedra imán «o calamita, que otros llaman, bien grande, que pesará siete libras; es su virtud atractiva tan eficaz,

---

27 CLARKE, Edward: *Letters concerning...*, p. 134.
28 SIGÜENZA, fray José de: *Historia...*, vol. II, p. 622.
29 MORÁN TURINA, José Miguel – CHECA CREMADES, Fernando: *El coleccionismo en España: de la cámara de maravillas a la galería de pinturas*, Cátedra, Madrid, 1985.
30 SIGÜENZA, fray José de: *Historia...*, vol. II, p. 456.
31 VILLACASTÍN, fray Antonio de: *Memorias...*, p. 15. El estandarte se conserva actualmente en el monasterio de Las Huelgas (Burgos).
32 SANTOS, fray Francisco de los: *Descripción...*, f. 91r.
33 ALMELA, Juan Alonso de: *Descripción...*, p. 61.

Esfera armilar. Real Biblioteca del Monasterio de El Escorial, Patrimonio Nacional. Foto: Luis Sánchez.

que en dos puntos de acero puede sustentar una arroba y más de peso»[34]. Es decir, que este enorme y potente imán pesaba unos 3,2 kilos y podía sostener más de once kilos. Pero un anónimo viajero francés le restaba importancia asegurando que había visto «después en París otras mucho más fuertes y varias hermosas experiencias seguramente ignoradas por esos buenos padres»[35].

De mucho interés es asimismo una colección de monedas y medallas localizada en la antigua sala de manuscritos (hoy en la sala principal), que tuvo su origen en el monetario de Carlos V y, más allá, en el de Alfonso V de Aragón. Felipe II lo aumentó de forma extraordinaria con nuevas adquisiciones y diversas donaciones[36]. En el siglo XVIII fueron puestas

Piedra imán. Real Biblioteca del Monasterio de El Escorial. Foto: Luis Sánchez.

estas monedas en orden por el jesuita Alejandro Xavier Panel (1699-1777) «en algunas de las jornadas que aquí vino con la Corte […] y para que las así coordinadas estuviesen con claridad y buen orden logró se hiciese el escritorio que hoy está en la segunda ventana de hacia la lonja»[37]. El monetario escurialense fue devastado en diversas ocasiones, destacando el expolio sufrido durante la invasión francesa. Resulta prácticamente imposible conocer su composición en la época de mayor esplendor, por no contar con descripciones pormenorizadas anteriores a tal suceso. Entre las monedas de

34 SANTOS, fray Francisco de los: *Descripción…*, f. 91r.
35 *Viajes hechos en diversos tiempos en España, en Portugal, en Alemania, en Francia y en otras partes, 1700*, en *Viajes de extranjeros…*, vol. IV, p. 458.
36 Véase GARCÍA DE LA FUENTE, Arturo: "Catálogo de las monedas y medallas de la Biblioteca de San Lorenzo de El Escorial", en *Boletín de la Real Academia de la Historia*, 103 (1933), pp. 463-562. RUIZ DE AZÚA MARTÍNEZ, Elena: "El monetario de San Lorenzo de El Escorial. Un ejemplo del coleccionismo en Época Moderna y su relación con las artes", en *Literatura e imagen en El Escorial. Actas del Simposium*, Instituto Escurialense de Investigaciones Históricas y Artísticas, San Lorenzo de El Escorial, 1996, pp. 889-902.
37 *Las Memorias Sepulcrales…*, vol. I, p. 537.

© Patrimonio Nacional

Siclo hebreo de la Real Biblioteca del Monasterio de El Escorial, según aparece representado en el *Atlas géographique et iconographique du course complet d'Ecriture Sainte*, de Théophile Blanchard, 1844.

Monetario de la Real Biblioteca del Monasterio con sus puertas abiertas y los cajoncillos donde se custodian las monedas. Patrimonio Nacional. Foto: Luis Sánchez.

la colección destacaba especialmente una, conocida como «el siclo santo» o «el siclo del santuario», una valiosa moneda hebrea detalladamente descrita por Sigüenza y desaparecida durante la ocupación francesa[38]. El monetario se halla custodiado en un precioso armario de maderas finas del siglo XVIII, con sus cajoncillos y tablas con agujeros para las monedas.

De Felipe IV había también en la biblioteca —desapareció durante la invasión francesa—, sobre una de las mesas de la sala principal, una estatua ecuestre de plata de gran valor, descrita por Jiménez como «una estatua de plata del señor Felipe IV, que se mira armado sobre un caballo hermoso del mismo metal, en una postura natural y artificiosa; a los pies se ven despojos de cajas, clarines, armaduras y otros trofeos militares. Sienta el pie el caballo sobre una gran pedestal de lapislázuli guarnecido de filetes, frisos y molduras de plata, que tiene de alto dos pies; y se representa caminando

---

38 SIGÜENZA, fray José de: *Historia…*, vol. II, p. 626.

Alhaja de la genealogía de Mariana de Neoburgo, conservada en la Biblioteca del monasterio hasta su desaparición en la Invasión Francesa. Grabado que aparece en la *Descripción...* de Jiménez, 1764.

sobre él con naturalidad. La altura del jinete algo más de pie y medio; y el caballo de cuerpo y proporción correspondiente; mírase todo obrado con buen acierto. Tiene el pedestal cortado el vivo de las esquinas, y así ofrece lugar a cuatro estatuas de plata, que representa las cuatro estaciones del año; y todo se ve por unos cristales en buena correspondencia»[39].

Otra magnífica pieza de gran valor que desapareció para siempre y que se guardaba en la biblioteca del monasterio —en otra de las mesas— es una alhaja realizada en oro, plata y piedras preciosas (lapislázuli, diamantes, rubíes) que representaba de forma alegórica la genealogía de Mariana de Neoburgo, esposa de Carlos II. La pieza fue traída al monasterio por orden de Isabel de Farnesio en 1756 y su valor debió de ser altísimo, pues tenía más de un kilo de oro, cincuenta y tres kilos de plata y más de nueve kilos de lapislázuli, además de otras piedras preciosas[40]. Lo único que nos

39 JIMÉNEZ, fray Andrés: *Descripción...*, p. 201.
40 *Ibid.*, pp. 201-205.

ha quedado de esta exhuberante alhaja es un grabado de la misma insertado en la *Descripción* de Jiménez.

Pero, riquezas aparte, quizás la pieza más curiosa e increíble de todas las que se conservaban en la biblioteca era la figura de un hombre diminuto (de unos dieciocho centímetros de altura), al parecer, disecado. Su descripción nos ha llegado a través de Norberto Caimo quien, a pesar de los diferentes certificados que le mostraron los monjes sobre la supuesta autenticidad de esta especie de antropoide minúsculo —por más señas, egipcio—, no creyó en absoluto en su veracidad, tachando de excesivamente crédulos a los jerónimos:

> Una prueba bien sensible de la facilidad con que creen aquí que las cosas son antiguas es que se ve desde hace mucho tiempo en esta biblioteca la figura de un hombre vestido a la manera de los orientales que no tiene más de ocho pulgadas de alto, y sin embargo, está muy bien proporcionado, que me aseguran haber verdaderamente vivido y que, me dicen, entendía, hablaba, razonaba y mostraba en todo una rara inteligencia. Me presentaron, para hacérmelo creer, la pretendida cabeza de este hombre, que es del tamaño de una avellana. Hice cuanto pude para desengañarles; les dije, entre otras cosas, que era una cabeza artificial de hueso, de boj o de alguna otra materia; no hubo manera de persuadirlos. Me hicieron leer un escrito, detrás de la figura, que dice que ese enano era egipcio, que vivía en tiempo del emperador Teodosio y de San Ambrosio, y que su cabeza había sido dada a la biblioteca por don Francisco Rojas, obispo de Ávila, a quien el antipapa Pedro de Luna se la había regalado. Al pie de ese escrito están los nombres de varios autores, citados en confirmación de esa historia inventada y hecha a gusto. No repliqué otra cosa sino que todos esos autores eran demasiado miserables para merecer ser creídos sobre un hecho que el testimonio y la autoridad de San Ambrosio mismo no harían más creíble, si los hubiese dicho.[41]

---

41 CAIMO, Norberto: *Viaje a España...*, p. 808.

EL LUGAR Y LAS FUNCIONES DEL ARTE

El monasterio de El Escorial acogió una gran cantidad de obras de arte (sobre todo, pintura), la mayoría de gran calidad, contando para ello con los mejores artistas del momento. Los reyes patronos, sobre todo Felipe II, quisieron dotarlo de todo tipo de riquezas artísticas para que destacase por encima de otras instituciones similares de su época, como un evidente rasgo de poder.

La doble función religiosa y palaciega del monasterio correspondió respectivamente a dos funciones del arte bien distintas:

- 1.ª) **Religiosa**, ayudando a la meditación y comprensión de los misterios divinos por medio de pinturas y esculturas, distribuidas principalmente en la iglesia y en la zona conventual y el colegio. La obra pictórica, ya sea en forma de cuadros o de pinturas murales, es abrumadoramente mayor a la escultórica: más de mil cuadros frente a unas cincuenta esculturas.

- 2.ª) **Profana o lúdica**, buscando el mero placer contemplativo, hedonista y ornamental. Obviamente, esta función se aprecia mayormente en la zona palaciega aunque, en menor medida, también existen obras de arte con temática profana en la zona conventual y el colegio. Una vez más domina la pintura, si bien es más abundante la escultura de este género en el palacio, junto a otros objetos de arte, como relojes, porcelanas, etcétera.

Otro aspecto muy interesante es el continuo movimiento de obras de arte en el monasterio: adquisición y encargos de nuevas obras, cambios de ubicación de un sitio a otro en el interior del edificio, enajenaciones (sobre todo, durante la invasión francesa), relativamente recientes traslados a museos españoles (principalmente, el Prado) y lamentables desapariciones, bien por efecto de los muchos incendios, bien por misteriosos motivos o personas[1].

En un tema muy amplio, y dado el formato de este libro no nos es posible entrar de lleno y con la profundidad que requiere, pero sí trataremos algunos aspectos anecdóticos referidos a diversos artistas y obras, así como otras curiosidades pictóricas y escultóricas poco o nada conocidas.

ANÉCDOTAS SOBRE PINTORES EN EL MONASTERIO: CAMBIASSO, ZUCARRI, TIZIANO...

Luca Cambiasso ha sido un pintor bastante denostado, antes y ahora, con unos resultados artísticos muy variables y a veces, incluso, cuestionables. De él se conservan en el monasterio dos de los cinco frescos que realizó en el claustro principal, al pie de la escalera, pues no contentaron tres de las pinturas y «se quitaron y las pintó Pellegrini»[2]. Pero la gran obra de Cambiasso fue la monumental bóveda del coro en la que se representa la gloria y que, según Sigüenza, fue pintada por él solo en quince meses: «así se cree le costó la vida, como trabajó tanto en una postura tan penosa y continua, en una bóveda donde el cuerpo, cabeza y brazo habían de andar tan violentos y el frío y humedad del yeso, del agua y de la cal o estuco siempre tan cerca, no fue mucho le quitasen la vida»[3].

Sobre **Pellegrino Tebaldi** y sus frescos del claustro principal hace una curiosa referencia Sigüenza cuando advierte que en la escena de Cristo echando a los mercaderes del templo tomó el pintor «alguna demasiada licencia en introducir personas desnudas, que con la afición del arte y la gana de mostrarla, se pierde muchas veces el decoro y la prudencia»[4].

Pero, por el contrario, el mismo Sigüenza califica de «grosera consideración», la falsa ropa que le pusieron en la pierna a Santa Margarita saliendo del dragón, cuadro de **Tiziano Vecellio**[5]. Parece que en algún momento

1 Véase sobre estos aspectos una interesante obra del siglo XVIII, convenientemente contrastada con información de finales del siglo XX por Ángel Custodio Vega: *Relación histórica de las pinturas de El Escorial por su orden riguroso de colocación hecha en 1776*, en *Documentos para la Historia del monasterio de San Lorenzo el Real de El Escorial*, vol. V, Imprenta del Real Monasterio, San Lorenzo de El Escorial, 1962, pp. 227-270. Fundamental para el estudio de la pintura en el monasterio es la obra de POLERÓ Y TOLEDO, Vicente: *Catálogo de los cuadros del Real monasterio de San Lorenzo, llamado de El Escorial, en el que se comprenden los del Real Palacio, Casino del Príncipe y Capilla de la Fresneda*, Tejado, Madrid, 1857. Recientemente, algunos autores han tratado de reconstruir la decoración pictórica del monasterio en los siglos XVII-XVIII a partir de diversas fuentes contemporáneas; es el caso de BASSEGODA, Bonaventura: *El Escorial como museo*, Memoria Artium, Barcelona, 2002.
2 SIGÜENZA, fray José de: *Historia...*, vol. II, p. 582.
3 *Ibid.*, vol. II, p. 641.
4 *Ibid.*, vol. II, p. 580.
5 *Ibid.*, vol. II, p. 672.

Luca Cambiasso: Gloria del coro de la basílica. El autor, en solitario, tardó quince meses en completar este fresco. Monasterio de El Escorial, Patrimonio Nacional.

Pellegrino Tebaldi: *La expulsión de los mercaderes del templo*. Fresco del claustro principal del monasterio de El Escorial, Patrimonio Nacional.

Tiziano Vecellio: *Santa Margarita y el dragón*. Según Sigüenza, alguien ordenó pintar un tejido sobre la pierna desnuda de la santa que posteriormente fue retirado. Monasterio de El Escorial, Patrimonio Nacional.

© Patrimonio Nacional

le quitaron el añadido y lo devolvieron a su estado original, pues no da la impresión de que el cuadro haya sido manipulado en ninguna manera.

Federico Zucarri vino al monasterio a sustituir a Luca Cambiasso tras su fallecimiento en 1585, pero Felipe II, al parecer, no quedó contento con ninguno de los dos italianos. Cuando Zucarri presentó al rey la *Adoración de los Reyes* que realizó para el retablo mayor sucedió lo siguiente:

> No le respondió [Felipe II] ninguna cosa, mostrándole aquel buen semblante y gracia que daba por respuesta a todos, que jamás lo supo dar malo a nadie. De allí a un rato que las estuvo mirando le preguntó si eran huevos los que tenía allí en una cesta un pastor asiendo de ellos a dos manos para presentarlos a la recién parida Virgen Madre. Respondió que sí. Notáronlo los que allí se hallaron, entendiendo había hecho poco caso de lo demás y que parecía cosa impropia de un pastor que venía de su ganado a medianoche, y aun corriendo, pudiese haber allegado tantos huevos, si no guardaba gallinas.[6]

6 *Ibid.*, vol. II, p. 600.

Una vez colocados los cuadros —este y un Nacimiento— en el altar, y bien pagado y despedido el pintor, mandó quitarlos, junto con el del *Martirio de San Lorenzo*, que también era de su mano. Pero, antes de volver a Italia, aún intervino en otra obra: los frescos del claustro principal, de los que resulta otra interesante anécdota.

> Iba pintando al fresco con los oficiales que trajo de Italia la mitad de las historias del claustro principal. Las cuatro o cinco que estaban hechas, desde la Concepción de la Virgen hasta la de la Visitación, descontentaban tanto al rey y a cuantos las veían, que se le dijo al mismo Zuccaro. Él se excusó que no las había labrado de su mano, sino unos mancebos que se las habían echado a perder. Diose traza que pintase él una de su mano, que fue la primera de la Concepción de la Virgen; salió tan perdida cosa, que aun parecían las otras mejores.[7]

Por fin, el rey le pagó lo acordado, y una vez que se marchó, mandó picar todos estos frescos y que los pintase de nuevo Pellegrino Tebaldi, como así sucedió.

LOS FRESCOS DE LUCAS JORDÁN

Resulta de una extraordinaria riqueza la documentación epistolar intercambiada entre el rey y el prior durante la estancia del pintor en el monasterio —desde agosto de 1692 hasta julio de 1694—, con motivo de la realización de las pinturas de la escalera principal y de la iglesia[8] (se ha de advertir que, en su origen, las bóvedas de la iglesia estaban pintadas de azul y decoradas con estrellas, algo de lo que no nos ha llegado ninguna imagen). En dicha correspondencia, además de mostrar el enorme interés del prior por el trabajo del artista, se encuentran curiosas anécdotas, de las que destacamos dos.

La primera sucedió un frío día de enero de 1694 —sin duda, con valores negativos dentro de la iglesia—, en el que al ir a trabajar halló el pintor los colores congelados, teniendo que mandar a los oficiales a calentar agua para deshelarlos, en lo que perdió casi toda la mañana[9].

La otra anécdota tuvo lugar ese mismo mes, trabajando en la bóveda inmediata al coro: «pintó otra figura o cuerpo entero de medio abajo cadáver y la otra mitad vestida de carne y sacada por el natural; para que

---

7 *Ibidem.*
8 Una detallada descripción de estas pinturas puede leerse en JIMÉNEZ, fray Andrés: *Descripción…*, pp. 254-273.
9 Publicado por Gregorio de Andrés en *Correspondencia epistolar entre Carlos II…*, pp. 255-256.

Luca Giordano: *Juicio Final*. Detalle del fresco, en la basílica. En el centro se aprecia la figura de un joven saliendo de la tumba, que bien podría ser el mozo que sirvió de modelo al pintor. Monasterio de El Escorial, Patrimonio Nacional.

dispuso don Lucas se desnudase un mozo de medio cuerpo arriba y la copió tan propia que parece que está viva»[10].

EL BOSCO Y SUS INTERPRETACIONES

Fue Felipe II un gran admirador de El Bosco y su pintura, a pesar de ser un artista que criticaba abiertamente en sus obras a la religión y a las altas jerarquías. Con sus seres fantásticos e infernales —las «diablerías»— retrata los pecados de la humanidad. Se dice que fue precisamente el hecho de pintar al hombre tal y como era lo que entusiasmó al monarca y le convirtió en uno de los principales coleccionistas de su obra en su época. Por esta razón no es de extrañar que también en el monasterio hubiese diversos

10 *Ibid*., pp. 257-258.

cuadros del pintor holandés, repartidos por todo el edificio, incluyendo su propio dormitorio.

Sigüenza dedica un extenso fragmento a elogiar y defender la obra de El Bosco, tachado por algunos de hereje, algo que si hubiese sido así, según declara el cronista, no habría admitido el rey «las pinturas dentro de su casa, de sus claustros, de su aposento, de los capítulos y de la sacristía; todos estos lugares están adornados con ellas». Prosigue declarando que sus pinturas no son disparates, «sino unos libros de gran prudencia y artificio, y si disparates son, son los nuestros, no los suyos, y por decirlo de una vez, es una sátira pintada de los pecados y desvaríos de los hombres». Y concluye afirmando que, en su opinión, la diferencia que hay de sus pinturas con las de otros «es que los demás procuraron pintar al hombre cual parece por de fuera; éste sólo se atrevió a pintarle cual es dentro»[11].

Tras esto pasa a describir los cuadros de El Bosco conservados en el monasterio, distribuidos en tres géneros o diferencias, añadiendo además su número y en qué lugares estaban[12]:

- 1.°) Cosas devotas, como son pasos de la vida de Cristo y su Pasión, la adoración de los Reyes Magos y cuando lleva la cruz a cuestas, «donde no se ve ninguna monstruosidad ni disparate».
- 2.°) *Tentaciones de San Antonio*, «por ser sujeto en donde podía descubrir extraños efectos. De una parte se ve a aquel santo príncipe de los eremitas con rostro sereno, devoto, contemplativo, sosegado y llena de paz el alma; de otro las infinitas fantasías y monstruos que el enemigo forma para trastornar, inquietar y turbar aquella alma pía y aquel amor firme. Para esto finge animales, fieras, quimeras, monstruos, fuegos, muertes, gritos, amenazas, víboras, leones, dragones y aves espantosas y de tantas suertes, que pone admiración cómo pudo formar tantas ideas». Dice haber cinco pinturas de este género: en las salas capitulares, en la celda prioral, dos en la «galería de la infanta» y otra «en mi celda». Incluye también en este género la *Mesa de los pecados capitales*, obra localizada en la habitación de Felipe II.
- 3.°) Cuadros «de grandísimo ingenio y no de menor provecho, aunque parecen más macarrónicos». Según Sigüenza, «el pensamiento y artificio de ellos está fundado en aquel lugar de Isaías, en que por mandado de Dios dice a veces: «Toda carne es heno y toda su gloria como la flor del campo»». En este grupo de pinturas se encuentra *El carro del heno*.

11 Sigüenza, fray José de: *Historia...*, vol. II, pp. 676-677.
12 *Ibid.*, vol. II, pp. 677-679.

El Bosco: *Mesa de los pecados capitales*. Madrid, Museo del Prado.

El Bosco: *El carro del heno*. Madrid, Museo del Prado.

EL GRECO Y EL MARTIRIO DE SAN MAURICIO

En 1580 Felipe II encargó al Greco el cuadro del *Martirio de San Mauricio y la legión tebana* para una de las capillas laterales de la basílica. El pintor entregó la obra en 1582, pero no fue del agrado del rey, quien le pagó la sustanciosa cifra de ochocientos ducados, y el cuadro quedó relegado a la sala de capas. Sigüenza narra lo acontecido con esta pintura y su autor, reflexionando sobre las circunstancias y razones por las que no debió gustar al rey:

El Greco: *El Martirio de San Mauricio y la legión tebana*. Monasterio de El Escorial, Patrimonio Nacional.

> De un Domenico Greco, que ahora vive y hace cosas excelentes en Toledo, quedó aquí un cuadro de San Mauricio y sus soldados, que le hizo para el propio altar de estos santos; no le contentó a Su Majestad (no es mucho) porque contenta a pocos, aunque dicen es de mucho arte y que su autor sabe mucho, y se ve en cosas excelentes de su mano. En esto hay muchas opiniones y gustos. A mí me parece que ésta es la diferencia que hay entre las cosas que están hechas con razón y con arte a las que no lo tienen: que aquéllas contentan a todos y éstas a algunos, porque el arte no hace más de corresponder con la razón y con la naturaleza, y está en todas las almas ésta impresa, y así con todos cuadra. Lo mal hecho, con algún afeite o apariencia puede engañar al sentido ignorante, y así contentan a los poco considerados e ignorantes. Y tras esto (como decía en su manera de hablar nuestro Mudo) los santos se han de pintar de manera que no quiten la gana de rezar en ellos, antes pongan devoción, pues el principal efecto y fin de su pintura ha de ser ésta.[13]

El hecho de que la pintura fuese bien pagada y quedase en el monasterio parece dar a entender que, de algún modo, el monarca apreció el trabajo y categoría artística del Greco, pero que no lo encontró adecuado para su plan iconográfico de la basílica. En este plan debía primar el espíritu de

13 *Ibid*., vol. II, p. 675.

la Contrarreforma, según el cual la iconografía debía ser clara y verosímil con el fin de mover a la piedad y devoción, como decía Juan Fernández de Navarrete «el Mudo». Sin embargo, el Greco hizo un alarde de dominio técnico y capacidad inventiva para impresionar al rey y, realizó una propuesta estética en la que la escena del martirio —el asunto principal del cuadro— quedaba relegada a un segundo plano[14].

OTRAS CURIOSIDADES PICTÓRICAS

Junto a las más conocidas y valiosas pinturas del monasterio, también existieron otras de menor valor y con un carácter, digámoslo así, más funcional que estético. A este grupo pertenecían, por ejemplo, los retratos de reyes, de los que existió una especie de galería de la familia real española en la celda prioral alta, según advierte Santos: «las pinturas y retratos de personas reales son muchas, por ofrecer las paredes dilatado campo para que vistosamente se multipliquen»[15].

De gran interés son ciertas pinturas directamente relacionadas con el monasterio, hoy en día desaparecidas. En especial, llama la atención un cuadro que, según refiere Sepúlveda, mandó realizar Felipe II a Bartolomé Carducho, representando la solemne procesión de reliquias que hubo en junio de 1598, a la que no pudo asistir el monarca a causa de su enfermedad. El cuadro estuvo colgado en el Palacio de Madrid y, sin duda, fue víctima de las llamas en el incendio de 1734. Así lo describe el padre Sepúlveda:

> El Rey Católico, que estaba en Madrid, se le figuró todo esto que hemos dicho; envió a mandar se lo escribiesen todo como fue, y Carducho, famoso pintor y único en el arte, de los que viven, que se lo pintase en una tabla grande y se lo enviasen, y ansí se hizo, y holgó infinito con ello y le dio mucho contento ver tanto niño seminario con sus sobrepellices y velas blancas encendidas en sus manos, tanto religioso con tanta compostura, tanta luz, tanta riqueza de ornamentos, y en remate de la procesión iban el preste y los ministros altamente vestidos, y diera harto el buen rey por estar bueno para hallarse él al entregarlas en esta su casa, pero no fue posible, y ansí se alegraba mucho el espíritu y se deleitaba el buen rey en mirar este cuadro, y le mandó poner en su sala real de Madrid entre otras muchas pinturas que allí tiene, y no es ésta de las peores que [hay] allí.[16]

14 Véase DE ANTONIO, Trinidad: «Los pintores españoles del siglo XVI y El Greco», en *El monasterio de El Escorial y la Pintura. Actas del Simposium*, Instituto Escurialense de Investigaciones Históricas y Artísticas, San Lorenzo de El Escorial, 2001, pp. 211-242.
15 SANTOS, fray Francisco de los: *Descripción…*, f. 71r.
16 SEPÚLVEDA, fray Jerónimo de: *Historia…*, pp. 186-187.

Seguramente pudieron admirar durante más tiempo el cuadro sus sucesores, pues Felipe II murió en septiembre de ese mismo año.

Otro aspecto pictórico curioso versa sobre el cuidado que tenían los jerónimos de El Escorial con las diversas pinturas murales. Por ejemplo, respecto a las del coro, el **sacristán cuarto** debía estar atento al brasero, «previniendo que esté la puerta cerrada, porque el humo no dañe las pinturas, y nunca le encenderá arriba»[17]. Pero quizás la medida que más llama la atención en este aspecto es la que vino a través de Carlos III quien, en 1783, decidió suprimir las iluminaciones en el interior de la basílica por ser «muy perjudiciales a la primorosa pintura, fábrica y excelente coro y altares»[18].

Por fin, cabe mencionar la existencia de algunos monjes aficionados a la pintura. Sobre uno de ellos conocemos una curiosa anécdota. Se llamaba fray Juan de Flores (ca. 1729-1761) y pintó varias obras para el refectorio —«unos ramilletes y niños»— y para las sacristías de Párraces y Campillo. Pero, según su biógrafo, tenía la costumbre o manía de chupar los pinceles, de donde «dicen que le vino su accidente; mucho ayudaría esto al ejercicio de cantar, y así todo concurrió a que se hiriese el pecho, lo que no quiso manifestar hasta que no tuvo remedio»[19].

EL CRISTO DE CELLINI Y OTRAS ESCULTURAS RELEVANTES

De todas las esculturas del monasterio destaca especialmente por su belleza y singularidad el *Cristo* de Benvenuto Cellini[20]. Un Cristo crucificado a tamaño natural en mármol blanco y sobre una cruz de mármol negro, que descansa a su vez en otra de madera para darle mayor consistencia. La obra fue realizada por Cellini en 1562 y perteneció al duque de Toscana, quien la regaló a Felipe II.

Según Sigüenza, cuando llegó a España «vino hasta aquí en hombros, a lo menos en los pasos todos difíciles, y en otros muchos que no lo eran, porque no padeciese algún encuentro»[21]. El padre Villacastín detalla el camino recorrido por el Cristo desde El Pardo hasta El Escorial: «Batista Cabrera partió luego con 50 hombres que le trujesen a hombros, y así se

17 Archivo General de Palacio, Patronatos de la Corona, Leg. 1715. *Costumbres de 1736*, Copia A, ff. 71r-71v.

18 *Libro de los Actos Capitulares…*, vol. II, p. 579. Acto Capitular de 11-XII-1783.

19 *Las Memorias Sepulcrales…*, vol. II, p. 664.

20 Véase *La escultura en el monasterio de El Escorial. Actas del Simposium*, Instituto Escurialense de Investigaciones Históricas y Artísticas, San Lorenzo de El Escorial, 1994.

21 SIGÜENZA, fray José de: *Historia…*, vol. II, p. 643.

Benvenuto Cellini: *Cristo*. La escultura en su estado original. Monasterio de El Escorial, Patrimonio Nacional.

hizo»; salió el 9 de noviembre y llegó el 11 de dicho mes[22]. Del gran peso del Cristo da cuenta la anécdota ocurrida durante la ocupación francesa, referida por Quevedo. Afirma el cronista que el comisionado Quillet pretendió llevárselo, para lo cual le mutiló los brazos y, «metido en un cajón, yacía tirado en la portería, gracias a que ningún carro se atrevió a cargarlo por su enorme peso»[23].

Durante la estancia de los jerónimos en el monasterio estuvo colocado en un altar que hay detrás del coro y que se hace visible desde el Patio de

22 VILLACASTÍN, fray Antonio: *Memorias…*, p. 19.
23 QUEVEDO, José de: *Historia…*, p. 221.

los Reyes a través de una ventana. Hoy en día se muestra una copia en dicho altar del trascoro, mientras el original está en la capilla que hay a la izquierda, nada más entrar en la iglesia.

Un aspecto polémico sobre el Cristo en ciertas épocas fue el paño de pureza que le añadieron los jerónimos, pues fue modelado originalmente desnudo. En su descripción de El Escorial, el inglés Richard Twiss se muestra contrariado al ver el enorme paño de pureza que los monjes habían colocado al Cristo, de terciopelo color púrpura con un lazo dorado y que llegaba más abajo de las rodillas, a lo que según el autor, «si Cellini todavía viviese ¿qué imprecaciones no habría expresado?»[24]. Hoy en día muestra un discreto paño blanco que casi podría pasar desapercibido.

De monumentales se podrían considerar las estatuas de los seis reyes de piedra que presiden la fachada de la iglesia, extraidos todos ellos de un descomunal bloque de granito, a excepción de las cabezas, manos y pies, que son de mármol blanco. Para cada uno de los reyes se necesitaron fortísimos carros tirados por cuarenta pares de bueyes. De aquella enorme piedra se hizo también el *San Lorenzo* del pórtico de la entrada. Todo ello fue obra de Juan Bautista Monegro. Según Quevedo, la piedra de donde se extrajo está en Peralejo, y en ella alguien escribió: «Seis reyes y un santo / salieron de este canto / y quedó para otro tanto»[25]. Sobre estos seis reyes afirmaba irónicamente el viajero francés Emile Bégin que «tienen el ademán de ejecutar un paso de minué»[26].

Los seis reyes del Antiguo Testamento en la entrada a la basílica del monasterio. Foto: Luis Sánchez.

24 Twiss, Richard: *Travels through Portugal and Spain in 1772 and 1773*. Robinson, Becket & Robson, Londres, 1775, p. 104.

25 Quevedo, José de: *Historia...*, p. 267. Anécdota detalladamente narrada por Vicuña, Carlos: *Anécdotas de El Escorial...*, pp. 52-54.

26 Bégin, Émile: *Voyage pittoresque...*, pp. 353-354.

Retablo del altar mayor de la basílica del monasterio. Foto: Luis Sánchez.

Pompeo Leoni: Cenotafio de Felipe II y su familia. Monasterio de El Escorial, Patrimonio Nacional.

© Patrimonio Nacional

Las esculturas del retablo del altar mayor son obra de Leone Leoni y de su hijo Pompeo Leoni, realizadas en bronce dorado a fuego. Son un total de quince figuras colocadas en cuatro alturas diferentes: las cuatro de la primera altura miden 1,70 metros aproximadamente, las cuatro siguientes 1,95 metros; las dos siguientes unos 2,22 metros, y las cinco últimas cerca de dos metros y medio. Este aumento gradual se hizo con la intención de compensar el efecto de la perspectiva al ser contempladas desde abajo; pero, en opinión de Sigüenza, «como de ordinario no se ven sino desde el coro o desde el medio cuerpo de la iglesia, queda la composición muy fea, porque disminuyen poco menos las bajas que las altas y parece que el retablo está al revés, lo de arriba abajo»[27].

De estos mismos autores son los dos grupos de figuras orantes, realizados en bronce dorado a fuego y a tamaño poco menor que el natural, y situados a la derecha e izquierda del altar mayor. El de la derecha, según se mira, corresponde a Felipe II, sus mujeres (a excepción de María I de Inglaterra) y su hijo don Carlos. En el de la izquierda se puede apreciar al emperador Carlos V, su mujer e hija, y a sus dos hermanas. Delante del emperador queda un espacio vacío en el que figura esta inscripción: «Si alguno de los descendientes de Carlos V sobrepujare las glorias de sus hazañas, ocupe este lugar primero; los demás absténganse con reverencia»[28]. Algo similar está escrito en el lado de Felipe II.

Por último dos curiosas esculturas, cada una con su peculiaridad especial. Una es el *San Lorenzo* que hay a la entrada del coro, una estatua de mármol blanco hallada en unas ruinas de Roma y enviada a Felipe II; al

---

27 Sigüenza, fray José de: *Historia…*, vol. II, p. 647.
28 *Ibid.*, vol. II, p. 652.

San Lorenzo, a la entrada del coro del monasterio. Foto: Luis Sánchez.

La Roldana: *San Miguel Arcángel*. Monasterio de El Escorial, Patrimonio Nacional.

parecer, originalmente representaba a un patricio romano, pero con unos ligeros retoques se convirtió en el santo que ahora podemos admirar[29].

La otra es un *San Miguel Arcángel* con el demonio a sus pies, cuya autoría corresponde a una mujer: Luisa Roldán (1652-1706), conocida popularmente como La Roldana. Natural de Sevilla, se trasladó a la Corte y estuvo al servicio de Carlos II y Felipe V como escultora de cámara. La obra fue encargada a la artista por Carlos II, y estuvo ubicada durante mucho tiempo en la sacristía del coro o sala de capas[30]. Se dice popularmente que ella se autorretrató en la cara de San Miguel y a su marido lo retrató en la del demonio.

29 *Ibid*., vol. II, p. 644.
30 Jiménez, fray Andrés: *Descripción…*, p. 428.

EL LUGAR DE LA FIESTA

omo ya se ha referido con anterioridad, eran muchas, y a veces muy pesadas, las cargas temporales y espirituales que tenían que afrontar diariamente los jerónimos de El Escorial. Pero al mismo tiempo tuvieron múltiples momentos y ocasiones de esparcimiento. Ya se habló de las más triviales —días de campo, granjas, etcétera—, y ahora corresponde presentar otras más especiales, ligadas principalmente a las diversas fiestas del calendario litúrgico. Eran celebraciones de muy diversa naturaleza en las que, aunque no pudiesen participar directamente por sus votos de clausura, los monjes eran activos organizadores y espectadores, sobre todo cuando se hallaba el rey o algún personaje ilustre en el monasterio.

Hubo fiestas durante la construcción —improvisadas y organizadas—, soberbias iluminaciones del edificio por dentro y por fuera, fuegos de artificio, fiestas de toros, representaciones teatrales, música, danza, entradas (o entronizaciones) de prior… Todo ello realizado en los más variados e insospechados escenarios. Incluso algunas de estas manifestaciones, como es el caso de la música, fueron a finales del siglo XVIII uno de los principales pretextos para la construcción de las «casitas» del príncipe Carlos y del infante Gabriel: las casitas de abajo y arriba, respectivamente.

FIESTAS DURANTE LA CONSTRUCCIÓN

Fueron varias las fiestas celebradas durante la construcción del monasterio, principalmente por dos motivos: la finalización de alguna parte del edificio y la llegada de reliquias a El Escorial.

Una de las primeras y más importantes fiestas durante la construcción del monasterio tuvo lugar el 7 de marzo de 1575. Fue improvisada y promovida por el obrero mayor fray Antonio de Villacastín con motivo de la llegada de las piedras del enlosado de la iglesia, y es descrita de este modo por fray Juan de San Jerónimo:

> Venían diversas danzas de enmascarados y unos negros que lo hacían muy bien. [...] En otro carro venían unos niños hermosos en hábito mujeril que denotaban las virtudes cardinales cantando cantares de devoción en alabanza de Nuestra Señora y de su hijo y el mayor traía una espada en la mano que era insignia de la justicia. Y en el otro carro venían tres mujeres con sus diademas en las cabezas que representaban las tres Marías que iban al sepulcro a buscar a Cristo. Después que hubieron descargado las piezas en sus lugares, todos los soldados puestos en orden y concierto de guerra hicieron su zoiza alrededor de la iglesia y en el entretanto trujeron un novillo y le corrieron el cual regocijó mucho la fiesta de que resultó gran contentamiento con el cual se fueron todos a recibir la colación que el dicho fray Antonio les tenía aparejada.[1]

La siguiente fiesta de la que se tiene noticia es la ocurrida en 1582, cuando se puso la cruz del cimborrio, si bien el padre Villacastín es el único que cita este hecho, y tan solo dice: «gran fiesta»[2].

Entre las numerosas fiestas de recepción de reliquias, destacaremos las dos primeras, ocurridas en 1569 y 1570.

En la de 1569 las reliquias llegaron a la Fresneda, y de allí se trasladaron a la villa de El Escorial, donde estaban los monjes en el monasterio de prestado. Se juntaron hasta veinte cruces con sus pendones, correspondientes a otras tantas iglesias y cofradías de los lugares cercanos y, según fray Juan de San Jerónimo, había seis mil almas. Tras las pertinentes oraciones del coro de jerónimos, procedió Pero Sánchez, natural de Guadarrama y sobrestante de la obra, a representar una obra sobre «el Martirio de los dos hermanos San Justo y San Pastor, con otras cosas de mucha consideración, las cuales cosas decían por tal estilo que a todos hacían llorar»[3].

Al año siguiente, en mayo de 1570, hubo otra fiesta y procesión de reliquias a la que concurrió también mucha gente de los pueblos cercanos. Partió de la Fresneda hacia El Escorial, pero a pesar de lo soleado del día, al llegar a los estanques de dicha finca se formó una terrible tormenta de lluvia, viento y granizo. Refiere fray Juan de San Jerónimo que «viéndose así acosados, les fue compelido a todos dejar la procesión y echar a huir cada uno como podía a ampararse de las paredes del dicho parque, en el cual hallaron el refugio que querían». Pasada la tormenta, que duró una

---

1   SAN JERÓNIMO, fray Juan de: *Memorias...*, pp. 121-123.
2   VILLACASTÍN, fray Antonio de: *Memorias...*, p. 26.
3   SAN JERÓNIMO, fray Juan de: *Memorias...*, pp. 52-53.

Luca Giordano: *Felipe II con sus arquitectos inspeccionando las obras de El Escorial*, ca. 1692. Madrid, Museo del Prado.

hora, se volvieron a juntar para la procesión «yendo delante los danzantes, serranas y gitanas con las demás invenciones y disfraces, bien cosa de mirar, los cuales habían venido de diversas partes para alegrar la fiesta y recibimiento de las santas reliquias»[4].

ILUMINACIONES Y PIROTECNIA

La especial iluminación de un determinado edificio para fechas y ocasiones señaladas fue una práctica conocida y desarrollada ya por los primeros Austrias en España, así como en diversas cortes europeas. La masiva colocación de velas y alcuzas realzaba la belleza y magnificencia interior y exterior de los edificios. En el caso del monasterio de El Escorial esta espectacular puesta en escena gozaba de un especial relieve, y quedaba reservada para eventos muy exclusivos. Por supuesto se hacía siempre que lo ordenaba el rey, pero solía coincidir con la «primera» visita de una persona real o un visitante de similar categoría.

La primera de estas iluminaciones tuvo lugar el 30 de agosto de 1595, tras la ceremonia de consagración de la basílica:

Quiso también el rey regocijar la fiesta y el gozo que ardía en su pecho despertarlo en el de todos: mandó que se pusiesen por todo el templo y por la casa luminarias, y que la noche que esperaba tan solemne día no fuese oscura. Hiciéronse muchas, no conciertan los oficiales en el número, unos dicen seis mil, otros cinco mil, otros más, otros menos; éstas eran unas

4 *Ibid.*, pp. 60-61.

lámparas de barro llenas de aceite rodeadas de papel aceitado para defenderlas del aire, tenían unas mechas o torcidas.[5]

El interior de la iglesia del monasterio se llenaba de velas y lámparas de aceite, y en el exterior los pizarreros se encargaban de colocar pesadas alcuzas con aceite que habían de vigilar muy de cerca para evitar el nada deseado peligro de incendio. En ningún caso se debía permitir a los monjes que «enciendan las que estuvieren en lo alto o algún puesto peligroso, como son las de las cornisas y altar mayor»; tan solo se les permitía encender «las de las rejas de la iglesia y coro»[6]. Por supuesto, las iluminaciones quedaban descartadas en días de fuertes vientos.

Dada la enorme cantidad de luminarias en el exterior (cinco mil, seis mil o incluso más), no es de extrañar que el espectáculo se hiciese visible desde Toledo y Ocaña, según asegura Sigüenza. Pero la relación de Sepúlveda llega aún más lejos: más de catorce mil luminarias, que hicieron que muchos vecinos de Toledo y Madrid tomasen «la posta para venir a ayudar a apagar el fuego, que pensaron que se abrasaba la casa»[7]. Otro curioso y divertido comentario que añade Sigüenza sobre los que subieron a colocar las luminarias es que fue un milagro que no hubiese ninguna desgracia, «porque se pusieron aquellas luces y lámparas en lugares tan altos y peligrosos, que pone pavor mirarlos de día, y subieron a ellos de noche muchos peones de la fábrica y otra gente torpe, tan provistos de vino como las lámparas de aceite»[8].

Los libros de cuentas del monasterio proporcionan datos concretos sobre los objetos adquiridos para estas iluminaciones, entre los que llaman la atención la compra de papeles de colores —rojo, entre otros— para la iluminación interior de la iglesia en un par de ocasiones durante el siglo XVIII[9].

Curiosamente, en 1783 decidió Carlos III suprimir este tipo de manifestaciones festivas, al menos en el interior de la iglesia, por ser «muy perjudiciales a la primorosa pintura, fábrica y excelente coro y altares y [...] que para evitar dichos perjuicios se excusen en adelante las citadas

5 SIGÜENZA, fray José de: *Historia...*, vol. II, pp. 519-520.
6 Archivo General de Palacio, Patronatos de la Corona, Leg. 1715. *Costumbres de 1736*, Copia A, f. 12r.
7 SEPÚLVEDA, fray Jerónimo de: *Historia...*, pp. 173-174.
8 SIGÜENZA, fray José de: *Historia...*, vol. II, p. 520.
9 Real Biblioteca del Monasterio de El Escorial, 186-V-13. *Quentas de fabrica y memorial del Arca y estado de la Administ[raci]on. Año de 1734 [hasta 1764]*, f. 296v.

iluminaciones, a que, en caso de hacerse, sea en el Patio de los Reyes o en la fachada principal del mencionado monasterio»[10].

Pero de nuevo en 1814 fue resucitada la luminosa costumbre con motivo de la primera entrada del rey Fernando VII al monasterio, en octubre de dicho año. Lo que más llama la atención es que se estimó en cincuenta mil reales el coste del evento —sufragado en su totalidad por el convento—, una cantidad bastante elevada para la época y más teniendo en cuenta las penurias en las que todavía se hallaba el monasterio[11].

En cuanto a otras prácticas luminarias, cabe destacar la compra de pólvora y cohetes (o «voladores»), que eran empleados en todo tipo de festejos, sobre todo en las visitas y efemérides reales. Para hacernos una idea, tomando una horquilla de veinte años, entre 1731 y 1750, donde contamos con una documentación completa, hallamos que en ese tiempo la comunidad se gastó un total de cuarenta y cuatro mil doscientos setenta y siete reales en pólvora y cohetes, lo que ofrece una media de dos mil doscientos catorce reales por año. Ciertamente, los jerónimos de El Escorial fueron buenos aficionados a la pirotecnia.

LAS «ENTRADAS» DE PRIOR

Aunque desconocemos el origen de este tipo de celebraciónes, en el siglo XVIII hallamos muchas referencias a diversos festejos relacionados con las «entradas de prior», correspondientes a la elección (o reelección) de un determinado monje para el priorato de San Lorenzo. Lo que más abunda en los libros de cuentas son los pagos referidos al «vítor», una tradición procedente de las universidades españolas, en las que un personaje era pomposamente acompañado a su llegada al lugar de destino, casi siempre para tomar posesión de un determinado cargo. A los enjaezados caballos, estandartes con los vítores y lemas al ilustre personaje, se unían elementos de la música heráldica o militar, como pífanos, clarines y tambores, además de alguna esporádica función de pólvora. Más allá de esto, a veces continuaban los festejos con comedias, danzas u otro tipo de manifestaciones festivas, según aparece reflejado en las crónicas escurialenses y confirmado a través de algunos textos y partituras.

En los libros de cuentas del monasterio hallamos durante el siglo XVIII (ni antes ni después se han encontrado noticias al respecto) un buen número de anotaciones sobre gastos en alquileres de jaeces para los caballos, vestidos y pelucas para los muchachos (habitualmente tres) que llevaban el

---

10 *Libro de los Actos Capitulares…*, vol. II, p. 579. Acto Capitular de 11-XII-1783.
11 *Ibid.*, vol. III, p. 37. Acto Capitular de 10-X-1814.

Anónimo: *Sebastián de Emparán y Azcúe (fray Sebastián de la Victoria)*, prior del monasterio de El Escorial y, más tarde, obispo de Urgel.

vítor, así como pagos al clarín y tambor y para funciones de pólvora o, en menor medida, «cosas» para las comedias. Los gastos referidos a entradas de prior podían suponer desde gastos simbólicos, como los veinticuatro reales de 1714, hasta un buen desembolso, como los más de mil quinientos reales de 1762.

Hubo alguna ocasión en la que se hizo un recibimiento similar a un jerónimo ilustre, como es el caso de aquellos nombrados obispos. En 1745 fray Sebastián de Victoria (1683-1756) fue nombrado obispo de Urgel, y en 1747 visitó el monasterio de El Escorial, siendo recibido de un modo similar a como se hacía a los priores, con su correspondiente vítor, para cuya confección se pagaron cuarenta y cinco reales[12].

REPRESENTACIONES TEATRALES

El teatro era una de las diversiones de las que más gustaban los monjes. Casi siempre eran intérpretes principales los niños del seminario o los de la hospedería, tal y como refiere Sigüenza en más de una ocasión. Él mismo fue autor de este tipo de obras y promotor del «teatro de colegio» practicado en el monasterio, del que también disfrutaron en numerosas ocasiones Felipe II y sus sucesores, según el propio Sigüenza refiere:

> A vueltas de esto, les servía la casa con algunas fiestas de representaciones de cosas santas que componían religiosos, y puestas en las bocas de los niños del Seminario parecían bien y provocaban a devoción porque aun los juegos y los entretenimientos fuesen lo que es razón sean en los conventos y

---

12 Real Biblioteca del Monasterio de El Escorial, 186-V-13. *Quentas de fabrica y memorial del Arca y estado de la Administ[raci]on. Año de 1734 [hasta 1764]*, f. 95v.

Octave Denis Gironnet: *Seises de Sevilla*, 1900. Detalle de dos niños bailando y tocando las castañuelas.

Coro del monasterio de El Escorial, lugar donde se representaban los autos sacramentales de Navidad.

monasterios, donde vienen los príncipes a recrear el alma con cosas de otro género que las nacidas en las cortes y ciudades de sus reinos, de que muchas veces desean perder el ahíto.[13]

Las representaciones teatrales más frecuentes del monasterio fueron los autos de Navidad, celebrados prácticamente todos los años y casi siempre interpretados por los seminaristas. Para ellos se solían alquilar vestidos, pelucas, espadas y otros elementos de atrezo o utilería, y se compraban ciertas telas (listón, seda…), guantes, e incluso castañuelas, elemento que confirma la inclusión de bailes en estas obras. Los gastos podían oscilar entre unos pocos reales y más de seiscientos.

También se representaron autos sacramentales en la fiesta del Corpus Christi, al menos en los siglos XVI y XVII. No siempre aparecen citados de forma explícita, sino como «representaciones devotas y santas», tal y como sucede en la primera de estas referencias, del año 1578[14]. Existen noticias similares durante los últimos años del siglo XVI y primeros del XVII, siendo quizás la última una de 1633, descrita en una carta del prior al rey Felipe IV, en la que lamenta que no hubiese podido ver la «danza y auto del Santísimo Sacramento, que tenían prevenido para Vuestra Majestad»[15].

---

13 SigüEnza, fray José de: *Historia…*, vol. II, p. 465.
14 *Ibid.*, vol. II, p. 484.
15 Archivo General de Palacio, Patronatos de la Corona, Cª 15, Exp. 2. *Carta del prior al rey, 3-VI-1633.*

Portada de la partitura para la loa y comedias representadas en 1743 con motivo de la visita del obispo de Segovia, Diego García de Medrano, antiguo seminarista de El Escorial. RBME, 157-15.

Francisco de Goya y Lucientes: *Los cómicos ambulantes*, 1793. Óleo sobre hojalata. Madrid, Museo del Prado.

Pero también hubo otras fiestas no religiosas en las que los estudiantes del seminario o los muchachos de la hospedería realizaban representaciones teatrales: 1.º) en presencia de los reyes o de otros personajes ilustres y 2.º) en las fiestas de Carnaval.

A las primeras pertenecen todas las interpretadas ante ciertos prelados eclesiásticos que visitaban el monasterio. Es el caso del obispo de Segovia, Diego García de Medrano, antiguo seminarista y beca de San Lorenzo, quien de camino a Segovia tras su nombramiento en 1743 fue festejado en el monasterio con «comedias y otras diversiones de que quedó muy gustosísimo»[16]. Prueba de ello son las partituras para la música de dichas representaciones, conservadas en la biblioteca del monasterio.

Sobre las segundas existen diversas partidas de gastos en decorados, ropas y diversos elementos de atrezo, así como algunas partituras u otros documentos que confirman la representación de comedias en las fiestas

16 RODRÍGUEZ, Francisco de Paula: *Monjes jerónimos…*, p. 223.

de Carnaval, si bien todos estos datos se enmarcan exclusivamente en el siglo XVIII.

Además de las actuaciones de los niños del seminario y de la hospedería, a veces recurría la comunidad jerónima a la contratación de actores profesionales. Y no solo para agasajo de reyes o visitantes ilustres, sino también para su propio disfrute. Así lo confirman diversos contratos a «comediantes» o incluso «comediantas» en los años 1638, 1655, 1657, 1658 y 1720[17], por poner algunos ejemplos. Probablemente se trataba de compañías de actores ambulantes, como la que muestra el cuadro de Goya: *Los cómicos ambulantes*.

MÚSICA Y DANZA

Ya se habló en otro lugar de la música en el monasterio, pero en un contexto estrictamente religioso y litúrgico. Ahora la consideraremos junto a la danza y con uso o carácter profano, si bien a veces resulta un tanto difícil distinguir la frontera entre lo litúrgico o paralitúrgico con lo profano. Ambas disciplinas artísticas, música y danza, solían estar presentes en las comedias, autos sacramentales y demás representaciones escénicas[18], pero también en otros contextos, y siempre con un acusado carácter festivo y popular.

Quizás el primer ejemplo de músicas profanas en el monasterio fuese el episodio narrado por fray Juan de San Jerónimo sobre la excursión (o «día de campo») que tuvieron los monjes en julio de 1575. Según el cronista, al llegar a la huerta del monasterio, varios monjes músicos —seguramente en la habitual formación polifónica a tres o cuatro voces— cantaron «unas villanescas honestas y regocijadas, que parecía que se habían hecho para aquel lugar»[19].

La existencia de instrumentos habitualmente usados en la música profana desde los primeros años fundacionales parece confirmar que los monjes se entretenían a veces tocando un repertorio distinto al sacro. Por ejemplo, en 1565 compró la comunidad un clavicordio y cuerdas para vihuela[20], y

---

17 El primer caso aparece en: *Libro de los Actos Capitulares...*, vol. I, p. 535. Acto Capitular de 5-V-1638. Los tres siguientes en: Real Real Biblioteca del Monasterio de El Escorial, 187-II-17. *Gastos de la Procuracion. Año 1645 [hasta 1658]*, ff. 269v, 272r y 272v. El último en: Real Biblioteca del Monasterio de El Escorial, 187-III-5. *Gastos de Procurac[i]on. Da principio año de 1715 hasta el de 1749*, s. f.

18 SIERRA PÉREZ, José: *La música escénica de Antonio Soler en el marco del monasterio de San Lorenzo de El Escorial*, Tesis Doctoral, Universidad de Alcalá, 2006.

19 JERÓNIMO, fray Juan de: *Memorias...*, p. 148.

20 Real Biblioteca del Monasterio de El Escorial, 186-II-12. *Gastos de Procuracion. Año 1565*, ff. 1v y 3r.

Octave Denis Gironnet: *Seises de Sevilla*, 1900.

Jan Brueghel el Viejo – Peter Pauls Jan-Rubens: *El oído*, 1617-1618. Detalle de viola de gamba. Madrid, Museo del Prado.

en 1611 fueron adquiridas en Toledo varias «vihuelas de arco [violas de gamba] con sus arcas y mesa»[21].

Confirman, además, la práctica de este repertorio las relativamente numerosas obras profanas conservadas en el archivo musical del monasterio. Quizás las más singulares sean los ochenta «tonos humanos» —es decir, canciones profanas, a diferencia de los «tonos divinos» o canciones sacras—, conservados en unos cuadernos escritos en la segunda mitad del siglo XVII. La interpretación de este tipo de repertorio por parte de los religiosos jerónimos no deja lugar a dudas por el hecho de que un buen número de ellas están firmadas por dos conocidos monjes músicos de El Escorial: fray Juan Durango (1632-1696) y fray Manuel del Valle (1638-1676)[22].

21 Archivo General de Palacio, Patronatos de la Corona, leg. 1794. *Libro de las quentas de las misas que se diçen en esta casa ansi de las Personas Reales como por las hermandades y otras obligaçiones que tiene desde el año de 1583 hasta el de 1614*, s. p.

22 SIERRA PÉREZ, José: «El cancionero musical de El Escorial», en *Revista de Musicología*, 16/5 (1993), pp. 2542-2552.

Anónimo: *Danza noble acompañada de flauta y tambor*, 1494.

La danza, siempre acompañada por algún tipo de música, está presente en el monasterio desde sus años fundacionales. En otros tiempos era una disciplina fundamental en la educación de los príncipes y nobles, de ahí que fuese cultivada en el seminario laurentino. Fue sobre todo en el reinado de los Austrias cuando con mayor intensidad se practicó la danza en el monasterio, en un contexto predominantemente paralitúrgico, como era el de las danzas del Corpus, de un modo similar a como lo hacían los seises de Sevilla u otras catedrales en épocas pasadas.

Se danzaba o bailaba la danza baja, la danza alta, la danza de espadas, la contradanza, la pavana, la gallarda, la jácara, el minué, el fandango y las seguidillas, entre otros. La música de buena parte de ellas se conserva en la biblioteca del monasterio, pero muy a menudo se trataba de música improvisada o de tradición oral, de la que no nos han llegado partituras, aunque sí referencias documentales. Los instrumentos acompañantes, aparte del pequeño o mediano grupo instrumental del monasterio de los siglos XVII y XVIII, podían ser una simple flauta, un violín, una guitarra, etcétera. Pero casi siempre había presente algún instrumento de percusión para marcar bien el ritmo: tamboril, pandereta, pandero, castañuelas..., de todos ellos existe alguna referencia en la documentación escurialense.

James Gillray: *El maestro de danza alemán*, 1851. El maestro enseñaba a danzar ayudándose habitualmente con un violín o con un «pochette» (violín de menor tamaño que cabía en el bolsillo).

Quizás la referencia más curiosa e interesante sobre danza en el monasterio es la protagonizada por dos sobrinos del prior fray Marcos de Herrera (1628-1682), quienes con tan solo diez y once años eran tan diestros que conocían toda la «escuela de danzar», compuesta por más de diez danzas diferentes, además del torneo y matachines (otros dos tipos de danza). Por tales habilidades y a tan corta edad actuaron en privado ante el rey Carlos II:

> Tenía su reverendísima del padre fray Marcos de Herrera dos sobrinillos de edad el uno de diez años y el otro de once, tan diestros en el danzar que eran admiración de los que los miraban. Llegó a noticia de Sus Majestades y dieron a entender gustarían de verlos. Y habiendo ido el rey nuestro señor y reina madre a la celda de su reverendísima, salieron los niños y después de haberlos besado las manos, hicieron un torneo con grandísimo primor y valentía, siguiéndose a esto el danzar treinta y seis mudanzas de matachines con sus libreas de botarga. Por no cansarles más aquella tarde dejaron para el siguiente día el verlos hacer toda la escuela de danzar, como lo hicieron con grandísimo desembarazo, primor y destreza.[23]

Como es natural, estas danzas y bailes las interpretaban los niños y jóvenes del monasterio, y no estaban permitidas a los monjes. Y, precisamente, la existencia de advertencias recordando tal prohibición es un claro e inequívoco indicio de que en más de una ocasión los monjes se divirtieron con músicas y bailes, como ya se ha visto en otro capítulo.

23 *Vida de fray Marcos de Herrera…*, p. 92.

LAS CASITAS DE ARRIBA Y ABAJO

El origen de las casitas de arriba y abajo, del infante Gabriel y del príncipe Carlos (luego Carlos IV), respectivamente, está fechado en el año 1772. Ambas fueron construidas por Juan de Villanueva para acoger sus diversiones y pasatiempos artísticos, sobre todo los de tipo musical, pues eran músicos de notable destreza: Gabriel con el clavicémbalo y Carlos con el violín. Además, la del príncipe fue decorada con un buen número de excelentes pinturas. Allí iban a pasar el día, pero nunca a dormir, pues las casas carecían de alcobas.

La casita de abajo o del príncipe fue mandada construir por el propio príncipe Carlos. Pero no parece que fuese su intención inicial construir una casa, pues, según refiere Quevedo a través de diversos testimonios orales, su primera idea fue hacer un palomar; después quiso construir una plaza de toros, pero enterado y enojado el rey mudó el príncipe su parecer y ordenó deshacer las obras rápidamente y convertir el lugar en un jardín. Su padre quiso ver las obras, y cuando bajó, «ni aun rastro quedaba de que se hubiese intentado la plaza de toros, porque lo que encontró fue un

© Patrimonio Nacional

Fernando Brambilla: *Vista de la casa de campo de abajo, del príncipe, y ahora del rey nuestro señor, en el Real Sitio de San Lorenzo*, ca. 1824. Madrid, Patrimonio Nacional.

© Patrimonio Nacional

Fernando Brambilla: *Vista de la casa de campo de arriba, como estaba anteriormente en San Lorenzo de El Escorial*, ca. 1824. Madrid, Patrimonio Nacional.

jardín, y su enojo fue agradablemente reemplazado por una sorpresa que no esperaba»[24].

La casita de arriba fue ordenada edificar por el infante don Gabriel y, a diferencia de la de abajo, carecía prácticamente de pinturas y estaba adornada con sencillez. María Amalia de Sajonia, enamorada del lugar, solicitó a la comunidad en 1828 más terreno para rodearla de bosque y jardín, que quedó sin concluir por la muerte de la reina al año siguiente[25].

Tras la guerra de la Independencia fueron valorados todos los daños y desperfectos del monasterio y sus posesiones. También las dos «casas de campo» se vieron afectadas, según informaba el mayordomo mayor de palacio al prior en febrero de 1815:

> Habiendo hecho presente a S. M. don Fernando Martínez de Viergol, encargado de los reales jardines de las casas de campo de este sitio, que el estanque de la de abajo donde están los peces de color tiene muchas roturas por donde se va el agua, no pudiéndose recoger la necesaria para el riego de verano, estando igualmente inservibles los demás estanques para el mismo efecto, y que si no se componen es temible perezcan los árboles y plantas

24 QUEVEDO, José de: *Historia...*, p. 192.
25 *Ibid.*, p. 231.

del jardín; y que en el de arriba con motivo de las aguas y nieves se han recalado la mayor parte de las bóvedas de la casa, que si no se reparan pueden amenazar ruina; y no habiendo fondos al presente en el mismo Sitio para ejecutar los reparos necesarios en una y otra casa, ha resuelto S. M. se recomiende a V. S. este asunto porque teniendo los artífices y materiales necesarios, podría no serle de gran perjuicio el atender por ahora a la rehabilitación de los expresados jardines, haciendo este servicio a S. M.[26]

En pocos días contestó el prior al mayordomo mayor en tono afirmativo, poniendo al servicio de la Corona los escasos medios con que contaba la mermada economía conventual[27]. Las casas sobrevivieron al paso del tiempo, si bien la del infante fue objeto de ciertas alteraciones estructurales en los años 1930 y 1940[28].

MANIFESTACIONES TAURINAS: CORRIDAS DE TOROS, NOVILLOS Y CAPEAS

En el entorno de El Escorial, y al cuidado de los monjes y sus criados, ya desde los primeros años del monasterio hubo ganadería de toros bravos. Al mismo tiempo, y siguiendo el uso y costumbres de la época, se celebraron diversos festejos taurinos. La primera referencia está fechada en 1576

Toros bravos en las dehesas cercanas al monasterio de El Escorial.

26 Real Biblioteca del Monasterio de El Escorial, L, 1-4. *Carta del Mayordomo Mayor al Prior, 11-II-1815.*

27 Real Biblioteca del Monasterio de El Escorial, L, 1-5. *Carta (copia) del Prior al Mayordomo Mayor, 18-II-1815.*

28 Véase SANCHO, José Luis: «La casa de campo del infante don Gabriel o Casita de Arriba en El Escorial», en *Reales Sitios*, 199 (2014), pp. 26-51.

Martín Rico y Ortega: *Plaza de una población en fiesta de toros*, 1852-1858. La población es, sin duda, El Escorial. Madrid, Museo del Prado.

y tuvo lugar con motivo del feliz parto de la reina Isabel de Valois, para cuya fiesta dispuso el duque de Feria que se corriesen toros en la villa de El Escorial[29]. Un mes más tarde se organizó otra corrida, esta vez bajo el patrocinio de don Juan de Austria, y con el fin de «regocijar a las personas reales y a toda la tierra». Según el cronista, Felipe II «tenía Breve del papa Gregorio XIII para poderlos hacer correr donde quiera que quisiese»[30].

Aunque criaban los toros, los monjes no estaban autorizados a disfrutar de los festejos taurinos. Por el mismo motivo tampoco se permitía realizar tauromaquias en el entorno del monasterio, sino en la villa de El Escorial. Hasta allí se desplazaban los alumnos del seminario, pues por su condición seglar les estaba permitido presenciar estos espectáculos y, de hecho, ya a comienzos del siglo XVII disfrutaban de un tablado especialmente preparado para ellos en la plaza del pueblo. El tablado fue sustituido en 1609 por «un portalillo y encima dél un corredor en una de estas casas [propiedad del monasterio], a propósito para que los seminarios estén en él cuando van a ver las fiestas»[31].

Hubo un intento en 1663 por parte de los vecinos de El Escorial, con la excusa de ser demasiado pequeña la plaza de la villa, para que se corriesen toros frente al monasterio, en la lonja, suponemos. Aunque eran las fiestas

---

29 Archivo General de Simancas, Casas y Sitios Reales, 260, 397. *Carta de Andrés de Almaguer a Pedro de Hoyo, 2-VIII-1566.*
30 SAN JERÓNIMO, fray Juan de: *Memorias…*, pp. 170-171.
31 *Libro de los Actos Capitulares…*, vol. I, p. 238. Acto Capitular de 7-IX-1609.

Patio de la Compaña. Grabado de la *Historia descriptiva...* de Rotondo, 1863.

del Primer Centenario, tampoco tuvo efecto esta razón, pues el prior y su comunidad alegaron que «nunca fue bien visto que a las puertas de un monasterio tan observante como éste se corriese una fiesta de toros, delante de las celdas de los monjes y de sus mismas ventanas, cuando tienen expedidas tantas bulas los pontífices, en que excluyen de ver estas fiestas a los eclesiásticos»[32].

Algo más permisivos parece que fueron los monjes en el caso de otros espectáculos con novillos en el patio de la Compaña, en los que fueron protagonistas los alumnos del seminario. Quizás el tono alegre y desenfadado de esta diversión hizo ceder la rigidez de la normativa al respecto. No sabemos con certeza cuándo dio comienzo esta práctica, pero la primera noticia procede del año 1676, con motivo de la primera entrada de Carlos II como rey al monasterio:

---

32 SANTA MARÍA, fray Luis de: *Octava sagradamente Culta, Celebrada de Orden del Rey Nuestro Señor, en la Octava Maravilla. Festiva Aclamación: Pompa sacra, Célebre, religiosa. Centenario del Único Milagro del Mundo San Lorenzo el Real de El Escorial*, Madrid, Imprenta Real, 1664, pp. 22-23.

Salieron los muchachos en medio de la plaza con lindo brío y bizarro aire, pero con el mismo daban gentiles vueltas a los golpes de los novillejos andando tan presto rodando por la tierra como volando por el viento, siendo de mucho gusto esta manera de fiesta para Sus Majestades.[33]

Este tipo de diversiones debieron repetirse en más de una ocasión; quizás antes de esa fecha y, sin duda, más tarde, pues de nuevo en 1707, y para festejar el nacimiento del príncipe Luis, hubo «corridas de novillos en la gran plaza de la Compaña»[34]. A buen seguro fueron los seminaristas los protagonistas de la fiesta, tal y como venía siendo habitual desde años atrás.

Aparte de la Compaña, se tiene certeza de la existencia de otro lugar para capeas y picadero, situado en el bosquecillo del monasterio. Debió tratarse de una construcción rústica, seguramente en piedra, descrita por el padre Núñez como «la plaza o picadero del Bosquecillo», en el contexto del elefante enviado por Carlos III en 1773[35]. Ya es mencionada esta plaza un siglo antes, en 1676, como escenario de un encierro de dos o tres toros con unos dogos que habían traído de Inglaterra a Carlos II, cuya fiereza quería poner a prueba[36].

Tanta afición taurina debió de despertar sin duda el espíritu taurino no solo en los seminaristas, sino también en algunos monjes, según se desprende de la advertencia al padre campero de que «no haya capeos por el daño y perjuicio que se hace al ganado y por lo poco que son decentes a nuestra profesión y estado estos divertimentos, que aunque no son de los que están prohibidos por bulas apostólicas, son de poca edificación a los seculares»[37].

Por último, referimos un curioso y divertido espectáculo pseudo-taurino celebrado en 1663, en el trascurso de las fiestas del Primer Centenario. Los alumnos del seminario prepararon una corrida de toros «fingida» y en clave humorística en el Patio de los Reyes. He aquí el relato, con todo lujo de detalles:

Resolvieron hacer una imitación y un gustoso remedo de las fiestas de toros de la Corte. Para no faltar en alguno de los puntos, entró en esta plaza del festejo una tropa de seminarios haciendo el papel de los soldados de la guarda, imitándolos aun en el traje y las alabardas al hombro. A estos seguía

33 *Fray Marcos de Herrera y la reedificación*…, pp. 102-103.
34 Núñez, fray Juan: *Quinta parte*…, vol. I, p. 227.
35 San Jerónimo, fray Juan de: *Memorias*…, folios insertados entre 172 y 173.
36 *Fray Marcos de Herrera y la reedificación*…, pp. 91-92.
37 Archivo General de Palacio, Patronatos de la Corona, Leg. 1715. *Costumbres de 1736*, Tít. 4.º, [Cap. XVIII], f. 82r.

Ramón Bayeu y Subías: *Niños jugando al toro*, siglo XVIII. Madrid, Museo del Prado.

un caballo en uno destos que he dicho de tramoya, el que representaba el capitán de la guarda. Paseó con mucha gravedad (que esto lo hacía todo de más donaire) hasta el balcón donde estaba el reverendísimo padre prior (que no se dignó con su comunidad de asistir a esta niñería). Y aseguro que la hicieron tan gustosa que los cortesanos que se hallaron a verla, por lo bien imitado, la celebraron mucho. Hizo el fingido capitán de la guarda una reverencia cortés al balcón del reverendísimo padre prior y fue muy fácil hacer arrodillar su caballo. Despejaron los alabarderos la plaza y tomaron su puesto debajo del balcón que he dicho. Siguiendo la gustosa imitación, entraron luego por diversas puertas cuatro caballeros con sus tropas de lacayos delante, cada tropa vestía libreas de distintos colores. Fueron también a hacer su cortesía al reverendísimo y después pasearon la plaza, porque no se perdiese circunstancia ninguna. Por lo mismo entraron luego algunos toreros de a pie con sus bandas y vestidos a la ligera. No faltaron los cuatro que hacían el papel de los alguaciles de Corte, y así entraron a caballo y ocuparon el debido puesto. Corrió el uno dellos a pedir la llave del toril y hecha la ceremonia partió de otra carrera a entregarla. Salió el primer toro (que era de la casta misma de los caballos) y luego se vieron suertes, vueltas, caídas y todos los sucesos que se siguen a lo verdadero. Aun no faltaron empeños y duelos de los caballeros porque no faltase cosa. Tocaron los clarines a desjarretar el toro y acudieron los toreros a ensangrentar la espada en aquel toro sin sangre. Y como si se hubiese de acuchillar la piel, hubo quien la defendiese de las cuchilladas con bastones. Pero lo que hizo notable risa fue ver entrar dos mozuelos muy ágiles con tres caballitos, en orden, que suplían por las mulas de la villa, para sacar de la plaza el toro muerto. Salió otro y otros, deudos todos de éste; y hubo lanzadas a pie y otros mil embustes. Acabóse la fiesta gustosamente con un toro encohetado, que con el tropel de cohetes que de sí despedía dividió el concurso de unos y otros, rematando en risa, lo que empezó en lo mismo.[38]

38 SANTA MARÍA, fray Luis de: *Octava sagradamente culta…*, pp. 20-21.

LA DESPENSA CONVENTUAL

El aspecto alimentario en una población tan grande como la que habitaba el monasterio de El Escorial, sobrepasando a menudo las doscientas cincuenta personas entre monjes, criados, mozos y niños, era algo de suma importancia y que precisaba de una organización e infraestructura bastante complejas. Cocinas, productos, despensas, utensilios…, todo ello formaba parte de una maquinaria en la que el resultado final debía satisfacer a todos los comensales, sobre todo a los más exigentes. El organismo u «oficina» que organizaba y regulaba la provisión y distribución de los alimentos era la **procuración**.

Los jerónimos de El Escorial tuvieron fama —merecida o no— de glotones. Son varias las referencias a ello en la documentación de la época, si bien a veces se cargan las tintas despectivas y el tono burlesco contra su apetito, rozando casi la caricatura. Por otro lado, nos han llegado detalladas relaciones de lo que había en la mesa conventual escurialense y, en honor a la verdad, estaba muy bien surtida de todo tipo de alimentos, con predominio de carnes y grasas animales. Tampoco faltaron postres y otros «regalos» o «platillos» extraordinarios, que incluían chocolate, turrón, e incluso ostras.

COMIDAS Y COMILONAS

A pesar de las críticas recibidas, en realidad la dieta alimenticia de los monjes de El Escorial no era muy diferente a la de cualquier hogar español acomodado[1]. El problema residiría más bien en que quizás resultaba un tanto excesivo el menú jerónimo, tratándose de individuos que habían hecho voto de pobreza. Y, por otro lado, las cantidades ingeridas eran,

---

1 ZARCO, Julián: *Los jerónimos…*, p. 52.

© Patrimonio Nacional

Fernando Brambilla: *Vista de la biblioteca del Real Monasterio de San Lorenzo*, ca. 1824. Detalle en el que se aprecia, en el centro, a un monje de una manifiesta obesidad. Madrid, Patrimonio Nacional.

por lo general, un tanto desmedidas; es decir, que comían más de lo que realmente necesitaban.

En este sentido, curiosamente algunas de las críticas más duras a la glotonería de los jerónimos de El Escorial salieron incluso de sus propias filas. Es el caso de fray Manuel de la Encarnación (ca. 1688-1738), de quien se dice que predicaba «muy desnudamente, sin artificios ni delicadezas, sino directamente al bien de las almas». Fray Manuel dedicó un sermón en una de las fiestas del calendario litúrgico «al abuso de comidas y refrescos, y concluyendo diciendo por consecuencia que no había más Dios ni más santos que sus vientres»[2].

Diversos testigos de la época a menudo describen a los jerónimos con aspecto obeso. Y, aunque no se debe generalizar, ciertamente hubo casos de obesidad en el monasterio. Uno de ellos, un tanto extremo, fue el de fray Juan de los Reyes (ca. 1691-1750), quien según Rodríguez «enfermó de pura grosez, pues llegó a pesar más de 13 arrobas [150 kg.] y como no se podía mover, se llenó obstrucciones y murió»[3]. Su anónimo biógrafo en las *Memorias Sepulcrales* asegura que «padecía bastantes incomodidades por lo obeso de su naturaleza, necesitando en los ultimos años de quien lo vistiese y desnudase»[4].

Como ya hemos apuntado, la «carta» del refectorio escurialense era, sobre todo en días de fiesta, muy variada y abundante. Una de las primeras descripciones de este tipo de menú corresponde a una merienda ofrecida en 1576 para festejar a don Juan de Austria y a la real familia, que consistió nada más y nada menos en: «una ensalada de diversas cosas hecha y seis melones, cuatro capones asados, dos tortillas de huevos con torreznos e

2 RODRÍGUEZ, Francisco de Paula: *Monjes jerónimos…*, p. 183.
3 *Ibid.*, p. 187.
4 *Las Memorias Sepulcrales…*, vol. I, p. 434.

Refectorio conventual del monasterio de El Escorial. Foto: Luis Sánchez.

higadillos, ocho aves salpimentadas, cuatro gansos empanados, dos piernas de carnero acecinadas, dos platos grandes de membrillos, otros dos
platos grandes de peras y otros dos platos de camuesas, dos platos de con-
fitura y media docena de salseras de jalea y sus buñuelos, y dos grandes
y buenos quesos con sus rábanos, con más tres perniles de tocino y dos
lenguas de vaca»[5].

Todo lo referente a las comidas —servicio, cubertería, vajilla, modo de
proceder, etcétera— corría a cargo del **padre refitolero**. La hora de la
comida solía ser a las once de la mañana. La cena se servía a las cinco de la
tarde, si bien en 1720 determinó el convento mudarla a las seis en invierno
y a las siete en verano, pues se había comprobado que a las cinco «muchos
religiosos no asistían al refectorio, de que se siguen duplicados gastos a la
comunidad»[6]. Esto nos lleva a un interesante aspecto, y es que muchos
monjes ancianos o con privilegios (sobre todo, a partir del siglo XVIII)
acostumbraban a comer o cenar en sus celdas. Y, como a menudo sucede,
lo que comenzó siendo un privilegio de unos pocos acabó convirtiéndose
en abuso de muchos; los monjes se llevaban comida a su celda, y allí la
calentaban o incluso cocinaban, de ahí lo de los «duplicados gastos».

5 SAN JERÓNIMO, fray Juan de: *Memorias…*, p. 171.
6 *Libro de los Actos Capitulares…*, vol. II, p. 38. Acto Capitular de 14-VII-1723.

Uno de los púlpitos del refectorio conventual, destinado a las lecturas espirituales durante las comidas. Foto: Luis Sánchez.

Los aspectos básicos del ritual religioso de las comidas —bendición previa, lectura espiritual durante el transcurso de la misma, gracias al acabar, etcétera— coincidían en lo básico con las costumbres de otras órdenes religiosas. Pero había algunas curiosidades y prácticas propias de El Escorial, como por ejemplo la referida a la lectura espiritual que solía acompañar a las comidas. Corría a cargo de un monje joven (nuevo o novicio, por lo general) y era supervisada por el corrector de la letra. Hasta aquí, todo normal, pero lo curioso era el modo en que era avisado el lector por el corrector de la letra cuando erraba en su lectura:

> El corrector de la letra tiene asiento señalado en el refectorio en la cabecera de las segundas mesas, que están junto a las puertas de los púlpitos, adonde tiene una cuerda, cuyo extremo tiene el lector atado el dedo de una lazada, para que cuando le tiraren lo entienda. […] Han de estar advertidos los que leen en el refectorio que cuando el corrector tirare de la cuerda, sin mirarle, ni preguntarle, vuelvan a repetir la cláusula, que acabaron de leer con advertencia para ver si entienden en lo que erraron; y entonces el corrector tiene en la mano la cuerda, para hacerle señal al tiempo que pronuncie la dicción o acento en que erró, y si cae en ello lo enmienda y si no oye al corrector lo que le enmienda.[7]

Otra curiosidad de las comidas del monasterio tenía lugar cuando se hallaba presente el rey en el refectorio conventual, lo que también ocurría

---

7 Archivo General de Palacio, Patronatos de la Corona, Leg. 1715. *Costumbres de 1736*, Copia A, ff. 36v-37r.

en las fiestas más importantes del año. En estas grandes ocasiones se tenía particular cuidado en el ornato de las mesas y el refectorio, colocando en el suelo algunos cuadros de flores que debían realizar los jardineros. Pero siempre debía estar atento el padre refitolero que los jardineros «no se lleven alguna cosa y tendrá el mesmo cuidado de echar los gatos fuera porque no desbaraten las flores»[8].

LAS COCINAS: HORNOS, UTENSILIOS...

Aunque había cinco cocinas en todo el edificio —una en el colegio, otra en el convento, otra en la enfermería y dos en palacio—, la más importante y activa fue la cocina conventual.

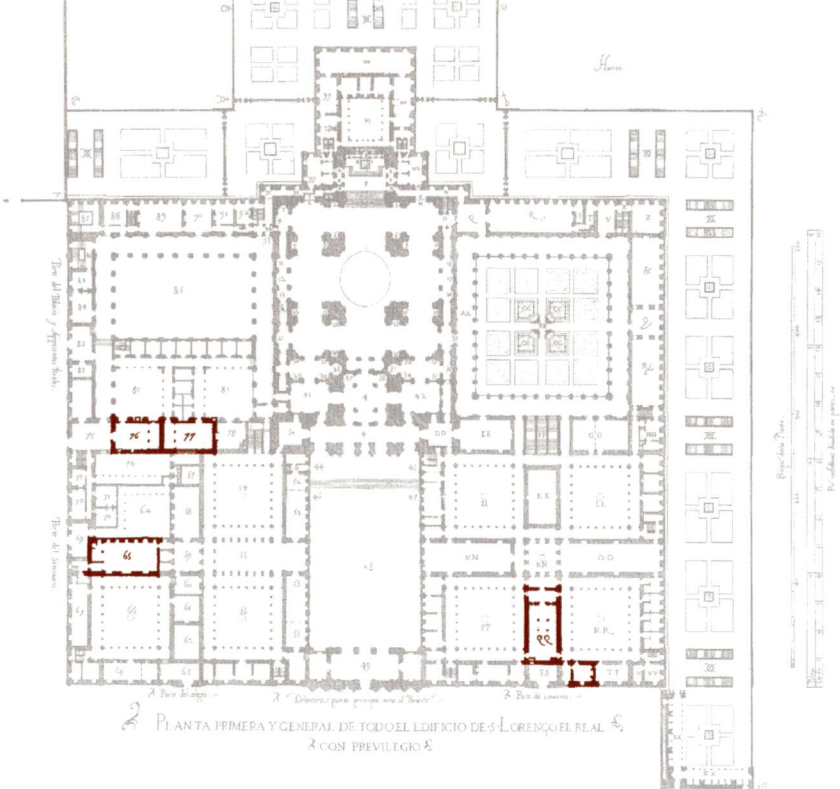

Juan de Herrera: *Primer Diseño. Planta primera y general de todo el edificio*. Distribución de las cinco cocinas del monasterio (según Santos). La del colegio (65), las dos de palacio (76 y 77), la del convento (QQ) y la de la enfermería que, al no estar señalada en la estampa, suponemos que es el espacio que hemos marcado junto al refectorio de la enfermería (TT).

8 *Ibid.*, Copia B, f. 76r.

Cocina conventual en su estado actual, tras su habilitación como zaguán o recibidor. Todavía se aprecia (margen superior) el antiguo tiro de la chimenea.

La cocina conventual estaba situada en la primera sala al entrar a la zona del convento por la fachada principal (la puerta de la izquierda, según se mira al edificio), actualmente recibidor de la comunidad de agustinos. Según Sigüenza, era una «pieza cumplida, con sus fuentes de agua caliente y fría para la limpieza»[9]. Pero es quizás Almela quien realiza la más detallada descripción de la cocina conventual; extraemos y resumimos lo más destacado del texto:

- 1.º) Lo más llamativo era la chimenea que había enmedio, asentada sobre seis pilares, con un gran fogón «con sus recibidores en lo alto, redondos, para grandes ollas de cobre, a las cuales se les echa por debajo fuego como si fuese a seis ollas puestas en sus trébedes».
- 2.º) También había un horno «para pasteles cuando son menester y para asar admirablemente las carnes en dos maneras» con unas graseras de cobre donde se meten las carnes y se les da la vuelta a su tiempo, y con seis grandes asadores «metidos todos, espetados de carnes, en un tornillo que una sola persona los menea con mucho descanso».
- 3.º) Existía una gran caldera arrimada al horno, en la que «caben más de 50 cántaros de agua», que proporcionaba continuo servicio de agua caliente a la cocina.
- 4.º) Tenía siete «grandes alacenas de repositorios de platos y escudillas y almireces y para miel y especias y algunas herramientas y ministerio de ella».

9 SIGÜENZA, fray José de: *Historia...*, vol. II, pp. 573-574.

Refectorio de la enfermería. Foto: Luis Sánchez.

- 5.°) Por último, había dos tornos, a través de los cuales se servía la comida a la hospedería y a la botica[10].

Sin embargo, Quevedo afirma que a pesar de su grandeza y excelente equipación, «está mal situada y era tan humosa que afeaba muchísimo la fachada exterior»[11].

Había otra cocina al lado de la conventual, que daba servicio a la enfermería. Estaba situada según se entraba en el zaguán, a mano derecha, y contaba con todo un ajuar de utensilios y «con su fuente de un caño de agua para el servicio de ella y con su cocinero particular muy curioso para los manjares de los enfermos, y una correspondencia por donde se les da la comida»[12], dado que junto a ella estaba el refectorio de la enfermería, una bella réplica del conventual, pero en menor tamaño.

Son muchos los vecinos de San Lorenzo de El Escorial que poseen alguna pieza de vajilla o utensilio de la antigua cocina jerónima del monasterio. Cuándo salieron de su lugar aquellas piezas y si fue de manera lícita o ilícita nos es totalmente desconocido. Pero es muy probable que durante el siglo XIX, tras el abandono del monasterio por parte de los jerónimos, muchos particulares accediesen de algún modo a estas piezas y las recibiesen como regalo o, simplemente, las cogiesen indebidamente. Pero esto último ya ocurría en siglos anteriores, pues en algún documento

---

10 ALMELA, Juan Alonso de: *Descripción…*, p. 64.
11 QUEVEDO, José de: *Historia…*, p. 338.
12 ALMELA, Juan Alonso de: *Descripción…*, pp. 64-65.

Colección de diferentes utensilios de la antigua cocina del Monasterio de El Escorial. Patrimonio Nacional. Foto: Luis Sánchez.

se advertía al **padre administrador de la cocina** que tuviese «mucho cuidado con los platos y fuentes que salen de la cocina y enviar al mozo a cobrarlos y hacer con el procurador que pase algunas veces a dar vuelta a las casas del Sitio, para recuperar la vajilla de casa que suelen tener allá»[13].

Los cubiertos de los monjes eran de madera, aunque existía una cubertería de plata para los huéspedes ilustres, que se solía poner en la celda del prior, donde se servían las comidas para estos visitantes especiales. De ello tenemos noticia a través de la biografía del prior fray Francisco de Fontidueña (1691-1761) de quien se dice que «cuando comía o cenaba en la celda, que fueron pocas veces, a fuerza de grande necesidad o precisión, aunque ponían cuchara y tenedor de plata a los que con él sentaban, le ponían en su asiento cuchara de palo, de las que usa la comunidad en el refectorio»[14].

13 Archivo General de Palacio, Patronatos de la Corona, Leg. 1715. *Costumbres de 1736*, Copia B, ff. 100r-100v.
14 *Las Memorias Sepulcrales...*, vol. II, p. 867.

Mucho más lujosos eran los cubiertos y los manjares en las cocinas del rey, en la parte de palacio. Remitimos al excelente libro que ha elaborado Gregorio Sánchez Meco sobre la cocina del monasterio en tiempos de Carlos III[15].

LAS DESPENSAS: PROCURACIÓN, CANTINAS, COMPAÑA...

Como queda dicho, era la procuración la oficina encargada del acopio, distribución y conservación de los alimentos. Las principales despensas del monasterio estaban situadas en el claustro de la procuración, en sus cantinas o sótanos y en la Compaña. Además, existieron otros lugares de almacenamiento de ciertos productos, como los camaranchones o buhardillas del convento y de la Compaña, en los que solían depositarse frutas para su secado (uvas y albaricoques) o mejor conservación (manzanas, peras...).

El claustro de la procuración tenía, según Almela, «cuatro aposentos a forma de cuadras cubiertos de madera, con sus ventanas de rejas y vidrieras, que salen al patio mayor, con muchas tajas a forma de armarios que sirven de repositorios de lienzos y de conservas y vidrios y alforjas y cauzas y jergas y miel y especias y muchas otras cosas necesarias al ministerio de la casa»[16].

Las cantinas del monasterio estaban en buena parte habilitadas para la conservación y almacenaje de diversos productos alimenticios. Uno de los principales accesos estaba debajo de la cocina conventual, y consistía en una rampa —que todavía existe— con escalones «entrepicados y con un grueso rostro o bocel levantado para que las bestias que entran y salen de allí cargadas de leña y otras cosas hagan presas los clavos de las herraduras [...] y estriben los pies que no resbalen»[17].

Eran tres las bodegas que se localizaban en estos sótanos: una para la leña, inmediata a la rampa; y otras dos al fondo de esta, con una entrada en medio. En conjunto, la entrada y las tres bodegas formaban una cruz. En la de la izquierda se almacenaban diecisiete grandes tinajas de vinagre, y en la de la derecha había cuarenta enormes cubas para el vino[18].

Por otro lado, nada más entrar en la cocina, a la izquierda hay una escalera por la que se baja a una «cantina grande, hecha de bóveda, que llaman la pescadería, donde hay un gran caño de agua, de una fuente

15 SÁNCHEZ MECO, Gregorio: *Sabores del pasado. La cocina en tiempos de Carlos III*, Sar Alejandría, Madrid, 2017.
16 ALMELA, Juan Alonso de: *Descripción...*, pp. 56-57.
17 *Ibid.*, p. 65.
18 *Ibidem.*

Rampa de acceso a las cantinas debajo de la cocina, vista desde abajo, con el detalle de los «escalones entrepicados» para que «las bestias no resbalen». Foto: Luis Sánchez.

que hinche cinco grandes pilas para remojar los pescados con mucha limpieza». Tras la pescadería se hallaba otra estancia «donde hay once grandes tinajas de aceite»[19].

La Compaña era otro lugar donde se almacenaban, e incluso manufacturaban, alimentos y otros artículos de primera necesidad, como, por ejemplo, el calzado. Fue construida entre 1591 y 1593 por Francisco de Mora y constaba de varios edificios, el principal de los cuales era un claustro grande cuadrado; junto a él «hay otro gran pedazo de edificio, aunque en más baja forma, donde también hay patios, cobertizos y corrales para bestias de labor y de servicio, carnicerías, herrerías, caballerizas, y otras cien cosas forzosas en una casa grande y puesta en un desierto»[20].

En el claustro grande, en los lienzos sur y oeste, había varias estancias para diversos oficios, y en el norte estaban las trojes del trigo, el molino y el horno[21]. Santos habla además de «dos cedazos que a un mismo movimiento dan harina para cuatro diferencias de pan»[22]. Incluso hubo una serrería, mandada construir en 1645 por el capítulo conventual, «porque sería de mucho provecho y ahorro»[23].

19 *Ibid*., p. 64.

20 Sigüenza, fray José de: *Historia…*, vol. II, p. 686. Véase Rodríguez Díez, José: *La obra de la Compaña (de casa de servicios a Centro de Estudios Superiores)*, Estudios Superiores de El Escorial, San Lorenzo de El Escorial, 1992.

21 Sigüenza, fray José de: *Historia…*, vol. II, p. 686.

22 Santos, fray Francisco de los: *Descripción…*, f. 94v.

23 *Libro de los Actos Capitulares…*, vol. I, p. 682. Acto Capitular de 29-IX-1645.

Una de las bodegas del monasterio con varias tinajas. Foto: Luis Sánchez.

Sótanos del monasterio destinados a la conservación de pescado, que era manipulado en las balsas que se aprecian en el lado derecho. Foto: Luis Sánchez.

Alfred Guesdon: *San Lorenzo de El Escorial, vista tomada del camino del palacio de arriba*, 1855. Detalle de los dos patios de la Compaña.

Al frente de la Compaña se hallaba el **padre administrador de la Compaña**, uno de los cargos más pesados del monasterio «por las muchas cosas a que debe asistir y penden de su cuidado, así de fuera como de adentro». Una de sus principales obligaciones era servir las «raciones» a quienes las pedían, según la cédula o permiso correspondiente. Otra de gran importancia era la fabricación y distribución de las velas de sebo, cuya materia prima era la grasa de origen animal (habitualmente, vaca)[24]. Asimismo, el padre administrador de la Compaña se encargaba de organizar la matanza de cerdos y la elaboración de longanizas y tocino, para lo que se permitía excepcionalmente la colaboración de mujeres.

LOS PRODUCTOS: EL CHOCOLATE, EL VINO, EL PESCADO...

Ya en las primeras *Costumbres* del monasterio, escritas en 1567, se especifica qué alimentos se debía dar a la comunidad en determinados días y tiempos. En las fiestas abundan la ternera, los lomos de cerdo, el cabrito, el conejo y la gallina (pollo, capón…). También se citan morcillas, menudos y callos. Y, por supuesto, no faltan las grasas animales, como la manteca, el tocino y los torreznos. En fin, una dieta basada principalmente en la carne y derivados, muy en sintonía con lo que la gente de clase acomodada comía en aquella época.

El pescado se cita casi siempre en el contexto del ayuno, es decir, cuando la Iglesia prescribía la abstinencia de carne. Se cita el pescado «cecial»,

24 Archivo General de Palacio, Patronatos de la Corona, Leg. 1715. *Costumbres de 1736*, Copia B, f. 78v.

Tomás Hiepes: *Bodegón de aves y liebre*, 1643. Madrid, Museo del Prado.

es decir, secado al aire o en salazón: mielga, tollo, atún, salmón, besugo, sardinas, e incluso pulpo. Era el modo más habitual de consumir el pescado por su fácil preparación y segura conservación. También, en menor proporción, había pescado fresco, seguramente de los estanques y ríos cercanos al monasterio: carpas, tencas, cangrejos, etcétera. Este pescado era manipulado y quizás conservado durante un tiempo en la «pescadería» que había debajo de la cocina conventual.

No cabe duda de que el principal alimento, el que nunca debía faltar, era el pan. Por esta razón se cuidaba mucho su elaboración y las materias primas (trigo, harina, etcétera). Al frente del horno de la Compaña se hallaba el **padre panadero**, normalmente un religioso anciano, responsable de que la comunidad «siempre coma el pan bueno y con sazón, y especialmente en los días de Pascua y clásicos»[25].

De la verdura se habla, pero con poca variedad y cantidad: zanahorias, brotones (cierto tipo de col), cardos, aceitunas y alcaparras. Mayor presencia y variedad tiene la fruta, fresca o seca: naranjas (dulces y agrias), limas dulces, ciruelas, guindas, manzanas, peras, camuesas, melocotones, duraznos (especie de melocotón), albaricoques (u orejones), uvas (o pasas), melones, granadas (dulces y agrias), higos (frescos o secos), avellanas (frescas o tostadas), nueces, castañas (cocidas o asadas). Casi toda la fruta se producía en las cercanías del monasterio, como ya se ha dicho: la Fresneda, el Castañar, la huerta y el plantel; si bien, en las malas temporadas el convento se veía obligado a comprarla.

25 *Ibid.*, Copia B, f. 87r.

Tomás Hiepes: *Dulces y frutos secos sobre una mesa*, 1600-1635. Madrid, Museo del Prado.

Concluyendo con los postres y dulces, en el monasterio se consumían con asiduidad el mazapán y el diacitrón (cidra, especie de limón, confitada), servidos en la víspera de Navidad y el Jueves y Sábado Santos, así como bizcochos, natillas, mermeladas, confituras, calabazate (dulce seco de calabaza), jalea, etcétera. También comían los monjes turrón de Alicante, desde donde se traía para ser consumido, por supuesto, en Navidad, pero también en otras fiestas, como San Esteban y San Juan[26]. De 1567 es la primera referencia; dicho año se compraron nada menos que ciento treinta y ocho kilos de turrón de Alicante para los escasos quince o veinte monjes que habitaban el monasterio de prestado[27].

Para acompañar todas estas comidas, aparte de agua, los jerónimos de El Escorial bebían vino —blanco o tinto—, casi siempre reducido con agua, como era costumbre en la época[28]. El encargado de su adquisición, almacenaje y distribución era el **padre bodeguero**, quien tenía que ser una persona de ciertas calidades, consistentes principalmente en permanecer alejado de la comunicación y familiaridad con seglares[29]. Además, debía tener mucho cuidado con los accesos a la bodega, «cerrando las puertas y echando la contrallave para que en su ausencia no pueda entrar el mozo»[30].

26 Archivo General de Palacio, Patronatos de la Corona, Leg. 1715. *Costumbres de [1575]*, f. 161r.

27 Real Biblioteca del Monasterio de El Escorial, 186-II-12. *Gastos de Procuracion. Año 1565 [hasta 1568]*, f. 34r.

28 Archivo General de Palacio, Patronatos de la Corona, Leg. 1715. *Borradores de Costumbres [s. XVII]*, Cuaderno Ia, f. 11r.

29 Archivo General de Palacio, Patronatos de la Corona, Leg. 1715. *Costumbres de 1736*, Copia A, f. 101r.

30 *Ibid.*, Copia A, f. 103r.

Luis Egidio Meléndez: *Bodegón con ostras, ajos, huevos, perol y puchero*, 1772. Madrid, Museo del Prado.

Sin duda, los mozos debieron de ser un verdadero peligro para el vino y otros productos guardados en la bodega, pues se vuelve a cargar contra ellos en otro texto, advirtiendo al padre bodeguero que cerrase todo con llave por la noche «porque si no echa esta llave puede el mozo hacer lo que quisiere de los pellejos y del vinagre y de las aceitunas, que todo esto está debajo de la primera puerta; y también hay otros inconvenientes que es mejor no decirlos para no abrir los ojos al mal»[31].

Por su naturaleza y quizás por el excesivo control mantenido sobre ellos, los mozos desarrollaron diversas formas de picaresca para quedarse con alguna porción de vino. Una de ellas era falsificar la firma de algún padre de la hospedería y botica en las cédulas exigidas para su obtención; otra era manipular la cantidad expresada en la cédula, aumentándola (claro), por lo que se aconsejaba a los monjes que hiciesen ellos mismos las cédulas, «o si otros las hicieren no las firmen sin leerlas por el inconveniente dicho»[32].

La procedencia del vino era muy diversa: principalmente el Santo y el Quexigal, aunque a veces también se compraba a terceros, todo lo cual debía anotar cuidadosamente el padre bodeguero en un libro, junto con las cédulas, «para cuando haya de dar cuentas»[33].

Por último, cabe señalar el consumo de dos productos de origen lejano o exótico: las ostras y el chocolate.

Pues sí, aunque parezca algo inverosímil, en el monasterio de El Escorial se consumieron ostras en alguna ocasión, al menos en 1754, pues

31 Archivo General de Palacio, Patronatos de la Corona, Leg. 1715. *Borradores de Costumbres [s. XVII]*, Cuaderno Ia, f. 17r.
32 *Ibid.*, Cuaderno Ia, ff. 12v-13r.
33 *Ibid.*, Cuaderno Ia, f. 17r.

Luis Egidio Meléndez: *Bodegón con servicio de chocolate y bollos*, 1770. Madrid, Museo del Prado.

en las cuentas de dicho año se documentan «8 barriles de ostras que se enviaron para el Domingo de Ramos»[34]. Una buena forma de comenzar la Semana Santa. Imaginamos que llegaron en buen estado tras los, al menos, cinco o seis días de viaje desde la costa.

El chocolate era (y es) un producto energético que se introdujo en Europa procedente de las Indias a mediados del siglo XVI, y que en el siglo XVII alcanzó un verdadero apogeo en la sociedad española. En el monasterio se daba como agasájo a los monjes y, en especial, a los huéspedes, seguramente ya desde el siglo XVII. Con el tiempo, el consumo de chocolate entre los monjes se convirtió en algo habitual, de modo que en 1741 se decidió en capítulo dar ración «de torno» y seis reales de salario al día a «un oficial de labrar chocolate»[35]. Hacia finales del siglo XVIII se estableció un baremo de distribución del chocolate —además de otros productos— entre los monjes en determinadas fiestas del año; a tal reparto se le denominaba «aguinaldo».

34 Real Biblioteca del Monasterio de El Escorial, 186-V-13. *Quentas de fabrica y memorial del Arca y estado de la Administ[raci]on. Año de 1734 [hasta 1764]*, f. 149r.
35 *Libro de los Actos Capitulares…*, vol. II, p. 137. Acto Capitular de 25-V-1741.

FUENTES DE ENERGÍA DEL MONASTERIO

En nuestros tiempos podríamos subtitular este capítulo como: «agua, luz y calefacción». A esto cabría añadir un apartado dedicado a la refrigeración, entendiéndolo como medio para la conservación de los alimentos y el aderezo de bebidas en la temporada veraniega. Todo ello era muy importante y fundamental para el normal desarrollo de la vida cotidiana en el monasterio y en la sociedad de otras épocas. Pasamos a desglosar puntualmente cada uno de estos aspectos.

AGUA: FUENTES, ALJIBES, ARCAS, CANALIZACIONES...

Como ya se dijo en otro lugar, la presencia de agua en abundacia fue primordial en la elección del lugar para la construcción del monasterio; de hecho se descartaron otros sitios por la falta de esta importante materia. Lo primero que se hizo fue hallar las fuentes, su calidad y caudal; después se construyeron arcas y presas para su almacenamiento y, por último, se canalizó hasta el interior del edificio, donde asimismo se habilitaron fuentes y aljibes[1].

Quizás la fuente más importante y paradigmática del Real Sitio fue la de Blasco Sancho, descrita por primera vez en 1562 junto a la de Matalasfuentes o de la Reina:

> [La fuente de Blasco Sancho] nunca se ha agotado ni secado en verano, aunque por otra parte los ríos, arroyos y fuentes se hayan secado. Era útil

---

1 Véase DE CASTRO CATURLA, Luis: «Noticias de la fontanería, desaguaderos, cisternas, necesarias y otras piezas ordinarias del monasterio de San Lorenzo el Real», en *Fábricas y orden constructivo. La construcción. IV Centenario del monasterio de El Escorial*, Comunidad de Madrid, Madrid, 1986, pp. 109-113.

Fuente de la Reina, en las inmediaciones del Castañar. Foto: Gustavo Sánchez.

y provechosa esta fuente de Blasco Sancho no sólo a los del Escurial, pero a toda la tierra por causa de las comodidades comarcanas para socorro de sus ganados [...].

Está junto a ésta otra fuente que se decía Matalasfuentes, hacia el poniente, camino de Robledo y de las Navas, que está apartada de la de Blasco un tiro de ballesta, que los naturales de la tierra la tienen por más principal y la estiman en mucho más que la de Blasco Sancho, por tener el agua más delgada y más sana [...].[2]

Según la documentación del monasterio, la fuente de Blasco Sancho estaba «por encima del estanque de la huerta» y se llamaba verdaderamente la «fuente del Brezo», pero por estar en la hacienda que era de Blasco Sancho se quedó con este nombre[3].

En 1565 se plantean en el monasterio dos cuestiones: por un lado, el número de fuentes que necesitaba el edificio en su interior y, por otro, la necesidad de hacer «un arca grande entre el servicio de las oficinas de la casa de Su Majestad y las del monasterio», a la cual «ha de venir encañada el agua de fuera, dándole el alto bastante para que, estando cubierta, pueda subir el agua hasta el vertedero para las fuentes que se han de proveer de ella; este vertedero tendrá el alto que convenga para que haga fuerza

2 *Libro de los Actos Capitulares*, vol. I, pp. 8-9.
3 Véase Ramírez Altozano, José Javier: *Historia de los bosques reales...*, p. 229.

La desaparecida Arca de Repartimientos, junto al Teatro Carlos III, según dibujo de Félix Bernardino.

a subir el agua por todas las dichas fuentes». Dicha arca se conocerá más tarde como el Arca de los Repartimientos o del Caño Gordo y estaba situada junto al teatro Coliseo Carlos III, en el lugar que actualmente ocupa la fuente de la plaza Jacinto Benavente; el arca fue demolida a comienzos del siglo XX[4]. Según Bermejo, tenía en su interior «ocho repartimientos generales con sus títulos puestos a los lados para todas las partes de la casa»[5].

En 1570 se comenzó a construir la canalización del agua desde el Arca de Repartimientos hasta el monasterio, que fue realizada y supervisada por Francisco de Montalbán, fontanero real de Felipe II. Asimismo planificó la captación del agua del arroyo del Cascajal, construyendo un arca llamada del Cascajal. Por último, hizo fabricar e instalar dos mil varas de caños de barro vidriados en su interior para la canalización de las aguas desde el citado arroyo hasta el Arca de Repartimientos y desde ahí hasta el monasterio[6].

Hubo posteriormente varias ampliaciones —las principales, en 1584 y 1616— para la captación del agua de la sierra de Malagón, duplicando la capacidad de abastecimiento y recogiendo las aguas de la fuente de la Pulga y otros pequeños arroyos de lo más alto de la sierra[7].

En tiempos de Carlos III, al nacer la nueva población de San Lorenzo, quedó obsoleto el antiguo sistema de canalizaciones y se ordenó la construcción de las presas del Infante, el Romeral y, posiblemente, la antigua del Batán, imprescindibles para el abastecimiento de agua en el Real Sitio y monasterio[8]. Todas ellas se conservan prácticamente en su estado original, salvo pequeñas reparaciones e intervenciones posteriores.

4   *Ibid.*, pp. 230-231.
5   BERMEJO, fray Damián: *Descripción…*, p. 342.
6   Véase RAMÍREZ ALTOZANO, José Javier: *Historia de los bosques reales…*, pp. 232-233.
7   *Ibid.*, pp. 233-237.
8   *Ibid.*, pp. 238-239.

Ubicación de las tres principales presas del monasterio: Romeral, Infante y Batán.

Cifra Sigüenza en más de cincuenta las fuentes que hay repartidas en el interior del edificio, «adonde en diversas pilas y grifones cogen agua a todas las horas que quieren». Algunas llegaban incluso hasta la segunda planta, «donde sube por sus pujos y conductos de metal»[9]. Santos aporta una cifra aún más elevada y exacta: ochenta y seis[10].

En cuanto a los aljibes del monasterio, se cuentan un total de once, repartidos en los claustros y puestos de dos en dos «porque en tanto que se bebe uno, se reposa el agua en el otro». A pesar de que del menor de estos aljibes se podían sacar más de diez mil cántaros de agua, según Santos, «ni ellos, ni las fuentes fueron bastantes para apagar el incendio [de 1671];

9 Sigüenza, fray José de: *Historia*…, vol. II, pp. 681-682.
10 Santos, fray Francisco de los: *Descripción*…, f. 92r.

Tragaluz del claustro del seminario y grifos de salida del aljibe de dicho claustro del seminario. Fotos: Luis Sánchez.

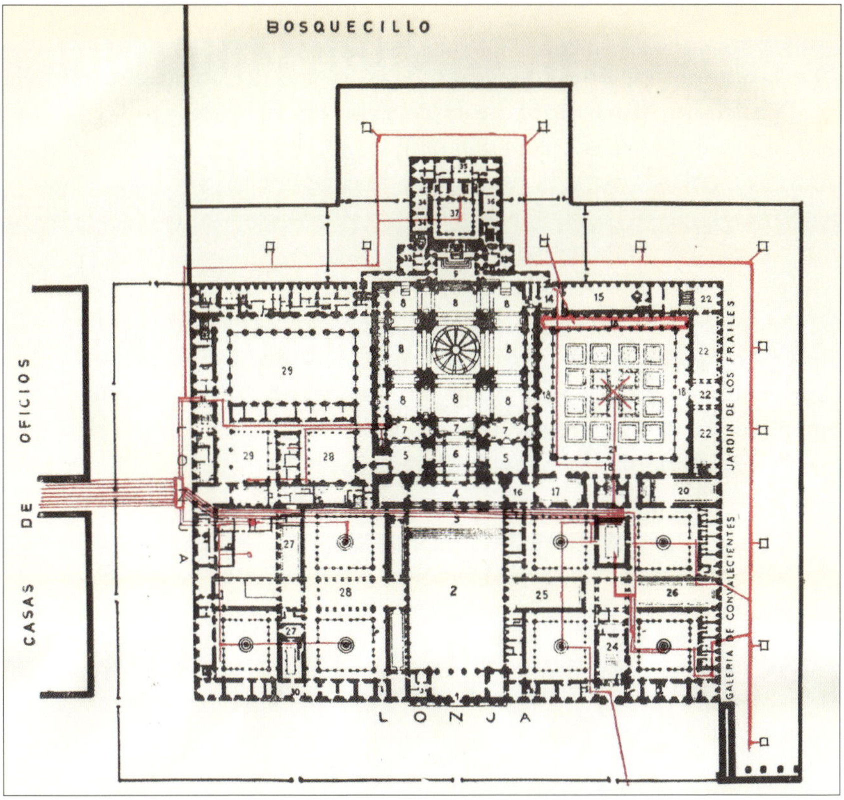

Pedro Martín: *Planta general de fontanería del monasterio de San Lorenzo el Real, El
Escorial.* Cortesía del autor. En este plano se representan todas las conducciones
de agua del monasterio desde su distribuidor principal, el Arca de Repartimientos.

ni bastarán, según fue, los más caudalosos ríos»[11]. Por otro lado, advierte Sigüenza que, aunque la primera intención de estos aljibes fue para regar los jardines, viendo que «el agua se coge tan limpia (los tejados son como una taza de plata, el suelo de piedra berroqueña, barridos y limpios colada por tantos conductos), quedó tan clara y tan sana, acordaron de beber en ella»[12].

LUZ: VELAS, CIRIALES Y LÁMPARAS

Quizás estamos tan acostumbrados que no nos damos cuenta, pero ¿podríamos imaginar el mundo actual sin luz eléctrica? Por supuesto, nuestros antepasados contaban con otras formas de iluminación, pero mucho menos intensas que los modernos sistemas eléctricos. En el monasterio de El Escorial se usó la cera de abeja y el aceite o sebo (grasa animal); la iluminación de gas llegaría mucho más tarde al Real Sitio, en la segunda mitad del siglo XIX, ya una vez desaparecida la comunidad jerónima de San Lorenzo.

De la administración y fabricación de las velas de cera y sebo se encargaba el **padre administrador de la cerería**. Sus obligaciones y ocupaciones consistían en labrar la cera con tiempo, entregándola al padre sacristán mayor, quien a su vez le hacía entrega de la cera vieja; además, debía dar cerillas (velas de cera muy delgadas y largas) a la comunidad tres veces al año: San Jerónimo, Navidad y Resurrección[13].

La cera se fabricaba en la **cerería**, ubicada en los sótanos del monasterio, bajo la sacristía —hoy en día ocupa este espacio el panteón de infantes—, un lugar húmedo y, al parecer, poco recomendable para la salud. De hecho, existen referencias a un monje, fray Baltasar de Soria (1631-1677), de quien se asegura que padeció algún tipo de enfermedad mental derivada o agravada por lo insalubre del lugar:

> Corrió por su cuenta el labrar la cera que se gasta en casa y de aquí procedió la mayor parte de la enfermedad que le ocasionó la muerte pues como la oficina donde se labra la cera está en las cantinas más bajas de la sacristía, con las muchas humedades que allí se causan y la suma asistencia que en esto ponía nuestro fray Baltasar, se puso de calidad que salió tullido, de forma que no era señor de sus acciones ni podía comer ni beber si no se lo daba el compañero, ni moverse a cosa alguna, tanto que estaba como

---

11 *Ibid.*, f. 92r.
12 SIGÜENZA, fray José de: *Historia…*, vol. II, p. 681.
13 Archivo General de Palacio, Patronatos de la Corona, Leg. 1715. *Costumbres de 1736*, Copia B, ff. 81r-81v.

Manuel de Navacerrada: *Mapa de los caminos de Madrid a Guada-rrama*, 1764. Detalle con la ubicación de las colmenas del monas-terio, cerca de la Fresneda, junto a la carretera de Galapagar.

un tronco; por todo daba infinitas gracias a Dios y lo llevaba con notable paciencia y alegría (porque tenía una cara de risa).[14]

Parece que el monasterio produjo en algún momento cera de sobra para vender fuera —según se refiere en 1677[15]—, pero un siglo más tarde ya no era así, pues la crecida demanda y gasto de cera para la iglesia impulsó al convento a tomar la decisión de que «se pusiesen en la granja del Quexigar algunas colmenas»[16]. Como ya se ha señalado, existían al menos cincuenta colmenas en San Saturnín y veinte en Quexigar a finales del siglo XVI, pero en 1774 se planteó la necesidad de doblar prácticamente su número en la Fresneda y en la Herrería. Ciertamente, la demanda del monasterio en cera era enorme[17].

Había tres categorías o calidades de productos para la iluminación: la cera blanca, la cera amarilla y, en último lugar, las velas de aceite y sebo. Estas últimas eran producidas en la Compaña a base de grasa animal, dis-tinguiendo todavía otras dos calidades: «las más finas para el servicio de los refitorios y Hospedería y granja y las más vastas para el Seminario, para las balsas y para lo necesario que fuere en la Compaña»[18].

14 *Las Memorias Sepulcrales…*, vol. II, p. 565.
15 *Libro de los Actos Capitulares…*, vol. I, p. 807. Acto Capitular de 20-III-1677.
16 *Ibid.*, vol. II, p. 485. Acto Capitular de 16-VIII-1774.
17 Véase RAMÍREZ ALTOZANO, José Javier: *Historia de los bosques reales…*, p. 55.
18 Archivo General de Palacio, Patronatos de la Corona, Leg. 1715. *Costumbres de 1736*, Copia B, f. 78v.

José Gómez de Navia: *Vista de una parte del coro desde la entrada conventual, en el templo del Real Monasterio de San Lorenzo de El Escorial*, 1800. Detalles de una lámpara del coro y de una vela individual.

© Patrimonio Nacional

Fernando Brambilla: *Vista del interior del templo del real monasterio con el Monumento en el día de Jueves Santo*, ca. 1824. Detalle de las velas de cera blanca (las de mayor calidad) usadas en estas ocasiones de gran solemnidad. Madrid, Patrimonio Nacional.

Un oficio importante en lo referido a la iluminación monástica era el de **lucernario**, pues se encargaba de la lucerna y de otras lámparas y luces del coro, muy necesarias para la correcta visibilidad de los cantorales para el oficio divino. Por lo general se encomendaba por tabla (o sea, semanalmente) a un novicio o nuevo de la escuela, quien debía limpiar la lucerna y proveerla de aceite y torcidas, y lo mismo con otras lucernas pequeñas; también era su responsabilidad colocar la lucerna grande «enfrente del facistol para que con ella se pueda ver a leer y cantar»[19].

Además, había en la iglesia doscientos cincuenta candelabros —unos de bronce, otros de plata (según la importancia de la fiesta)— para cada uno de los altares; seis lámparas grandes de plata, dos en cada una de las tres naves (todas desaparecieron durante la ocupación francesa); en la nave principal había repartidos «catorce blandones de bronce plateado, de mucha grandez y lucimiento»[20]; dos candeleros

19 *Ibid.*, Copia B, ff. 27v-28r.
20 SANTOS, fray Francisco de los: *Descripción…*, f. 105r.

Tenebrario de la basílica del monasterio, usado en los
oficios de la Semana Santa. Las quince velas corresponden a los quince salmos que se cantan en Maitines (nueve) y Laudes (seis). Foto: Luis Sánchez.

Candelero de honras fúnebres, usado en los aniversarios de personas reales difuntas. Foto: Luis Sánchez.

Lámpara del panteón, fabricada en bronce dorado en Génova en 1654. Patrimonio Nacional.

de bronce, con quince brazos cada uno para otros tantos cirios, con sendos destinos: uno «para las Tinieblas y Maitines de Semana Santa, el otro para las honras de los reyes»; y otros candeleros de bronce de menor tamaño, «repartidos por toda la iglesia»[21]. Al primer candelero grande también

---

21 Sigüenza, fray José de: *Historia…*, vol. II, pp. 634-636.

se le llamaba Tenebrario y el segundo era usado en las ceremonias fúnebres de la familia real. De este último dice Santos que «se puso en la traslación de los cuerpos reales al panteón [en 1654], junto a los túmulos»[22].

Otra lámpara importante es la araña del panteón, fabricada en Génova en 1654 en bronce dorado y con unas dimensiones de unos dos metros de alto por un metro de ancho. Aún podemos admirarla en su lugar original.

Tan solo se utilizaban tres veces al año los cuarenta ciriales de plata maciza —casi tres kilos de peso—, entregados por Felipe II al convento en 1586. Los llevaban los cuarenta alumnos del seminario en las fiestas del *Corpus*, Jueves y Viernes Santo, además

Claudio Coello: *La Sagrada Forma*. Detalle de los ciriales de plata que portaban los alumnos del seminario. Monasterio de El Escorial, Patrimonio Nacional.

de ciertas ocasiones de carácter muy extraordinario. Fueron todos ellos víctimas del expolio francés y lo único que nos ha llegado es su imagen a través del cuadro *La Sagrada Forma*, de Coello.

Pero, sin duda, el mejor y más valioso objeto dedicado a la iluminación en el monasterio fue el regalo que hizo Carlos II a la comunidad conventual en 1667: la araña del coro[23]. Según Santos, se hizo en Milán, su peso supera los cuatrocientos kilos y «puede tener veintiocho luces»[24]. La aparatosidad de esta lámpara se ponía en evidencia a la hora de limpiarla, llegando a invertir en ello doce días dos personas. Sabemos que esta operación se realizó al menos en 1773 y en 1789, aunque en el *Diario de*

---

22 Santos, fray Francisco de los: *Descripción…*, f. 18r.

23 Real Biblioteca del Monasterio de El Escorial, 187-I-7. *Imbentario de la Sacristia [1666-1784]*, f. 23v.

24 Santos, fray Francisco de los: *Descripción…*, f. 22v.

Araña del coro, fabricada en Milán y regalada por Carlos II al monasterio en 1667. Foto: Luis Sánchez.

Sacristía de este último año se asegura que dentro de la lámpara se guarda un papel donde se dicen los años en que se limpió[25].

CALEFACCIÓN: LEÑA Y CARBÓN

En otros tiempos, la calefacción del monasterio estaba basada en la combustión de leña o carbón en las numerosas chimeneas y braseros distribuidos por todo el edificio, de ahí que tuviese un papel primordial el acopio o fabricación (en el caso del carbón) de estas materias.

25 Real Biblioteca del Monasterio de El Escorial, 187-I-9. *Diario de Sachristia. Años 1764-1791*, f. 121r.

José Gómez de Navia: *Vista de la fachada principal del real monasterio de San Lorenzo de El Escorial por la parte de poniente*, 1800. Detalle de varios individuos haciendo acopio de leña.

La producción y distribución del carbón y la leña eran supervisadas y organizadas por el **padre campero**, no solo para el gasto del monasterio —cocinas, chimeneas, braseros y hornos— sino también para el de la oficina (o cuarto) del Nuevo Rezado, en Madrid, y para las cocinas del rey en tiempos de jornada[26].

En cuanto a la obtención de estos productos se seguía una política que llamaríamos hoy en día de desarrollo sostenible, con el fin de no diezmar los bosques y derivar en una escasez de dichas materias. Además, se procuraba mantener a raya a los seglares (a veces, los propios guardas) por medio de cédulas o permisos con el fin de que no se excediesen en la extracción de la leña, que debía ser seca en cualquier caso[27].

Las cortas a gran escala debían ser consensuadas y consentidas por el capítulo conventual. En este sentido, los libros de actos capitulares están repletos de referencias y permisos para la producción de carbón. Para hacernos una ligera idea del enorme gasto de carbón generado por el monasterio, referimos un acto capitular de 1643 en el que se ordena la corta de leña de fresno «para hacer hasta dos mil carretas de carbón para servicio del convento»[28].

El almacén de la leña del monasterio estaba localizado en el sótano que hay debajo de la antigua cocina conventual y el del carbón o «carbonera» en el hueco que hay bajo la escalera principal, hoy en día destinado a trastero.

Por último, una curiosidad bastante peligrosa acerca del carbón: los gases que desprende el carbón —aun en frío— son altamente tóxicos. No sólo podían afectar a la garganta del cantante Farinelli (como ya se vio con anterioridad), sino que incluso pudieron llevar a la muerte a fray Bernardo de Mérida (ca. 1629-1689):

---

26 Archivo General de Palacio. Patronatos de la Corona, Leg. 1715. *Costumbres de 1736*, Copia B, f. 82r.
27 *Ibid.*, Copia B, f. 82v.
28 *Libro de los Actos Capitulares…*, vol. I, p. 635. Acto Capitular de 18-I-1643.

Antigua carbonera del convento, en el hueco debajo de la escalera principal, hoy destinada a trastero. Foto: Luis Sánchez.

Cogióle la enfermedad de que murió siendo portero de la portería de las cocinas y fue ocasionada del trabajo que tuvo en ajustar el carbón que se gasta cada año en las cocinas y braseros. En su tiempo se dispusieron las hornillas que hay en las cocinas en que se gasta el carbón y se quitó la leña, todo se hizo por evitar los daños del fuego que tantas veces nos salió al rostro que las chimeneas se encendían a causa dél. Este padre con el tufo del carbón se sintió de la cabeza de que muchos adolecen muy enferma, de que le resultaron muchos achaques y males muy penosos de perlesía, apoplejía y otros que los toleró con mucha paciencia y valor.[29]

REFRIGERACIÓN: NIEVE

La nieve era un bien muy preciado para la refrigeración de los alimentos en las temporadas estivales. En el monasterio tenía un doble uso: para la conservación de los alimentos y para añadir en el agua y en otras bebidas con el fin de aliviar los calores veraniegos. Pondremos un testimonio ocurrido en el Real Sitio sobre el empleo de la nieve, o en este caso el granizo, que cayó en una tormenta el 23 de agosto de 1577:

29 *Las Memorias Sepulcrales…*, vol. II, p. 592.

Fue tan grande la muchedumbre de granizo que cayó que por algunas partes cresció media vara y duró sin deshacerse en los claustros del monasterio hasta el día de San Agustín que fue a veinte y ocho días de agosto. Y lo que cayó en la Compaña duró hasta tres días de septiembre que fueron trece días, y aún durara mucho más tiempo si los criados de Su Majestad no lo llevaran a sus posadas para enfriar el vino y las frutas y otras cosas.[30]

En otros tiempos se consideraba incluso una cuestión de salud el consumo de nieve o hielo con las bebidas en los meses de estío. Por eso, no es de extrañar que en un capítulo conventual de 1612 se ordene que «para agora y para adelante perpetuamente se diese al convento la bebida fría con nieve del pozo della que este monasterio tiene para vender en lo alto del Campillo, pues se había hecho con esta intención, en los dos meses de agosto y septiembre por lo menos, porque en ellos se ha experimentado están los aljibes muy calientes y poco frescos [...] y el médico decía sería mucha salud de toda esta casa»[31].

Por esta saludable razón, el empleo de la nieve para las bebidas era práctica obligada en lugares como la enfermería. Se envasaba en cantimploras y se añadía al agua, que debía ser de los aljibes y no de las fuentes; de todo lo cual se encargaba el **enfermero segundo**, ayudado por los mozos, debiendo dejar por la noche «una cantimplora por lo menos con nieve y agua para que cuando a las Laudes visiten los enfermos puedan dar agua fresca al que la hubiere menester»[32].

El abastecimiento de nieve procedía de los diversos pozos que poseía el monasterio en su proximidad. Los pozos de nieve se llenaban en la estación invernal y los encargados de tal tarea eran un determinado número de peones a los que la comunidad contrataba. Las condiciones debieron ser bastante duras, pues alguno de los pozos estaba en lo alto de la montaña, y durante varios días se procedía al almacenamiento de la nieve de la zona. Por ejemplo, en 1645 estuvieron setenta y ocho hombres llenando los pozos durante tres días[33]. Contra el frío y el hambre eran necesarias buenas calorías, provistas por la comunidad en forma de pan, vino y sardinas, como por ejemplo en la campaña de 1652[34].

30 San Jerónimo, fray Juan de: *Memorias...*, p. 203.
31 *Libro de Actos Capitulares...*, vol. I, p. 277. Acto Capitular de 20-VIII-1612.
32 Archivo General de Palacio, Patronatos de la Corona, Leg. 1715. *Borradores de Costumbres [s. XVII]*, Cuaderno Ia, f. 10r.
33 Real Biblioteca del Monasterio de El Escorial, 187-II-17. *Gastos de la Procuracion. Año 1645 [hasta 1658]*, f. 262v.
34 *Ibid.*, f. 266r.

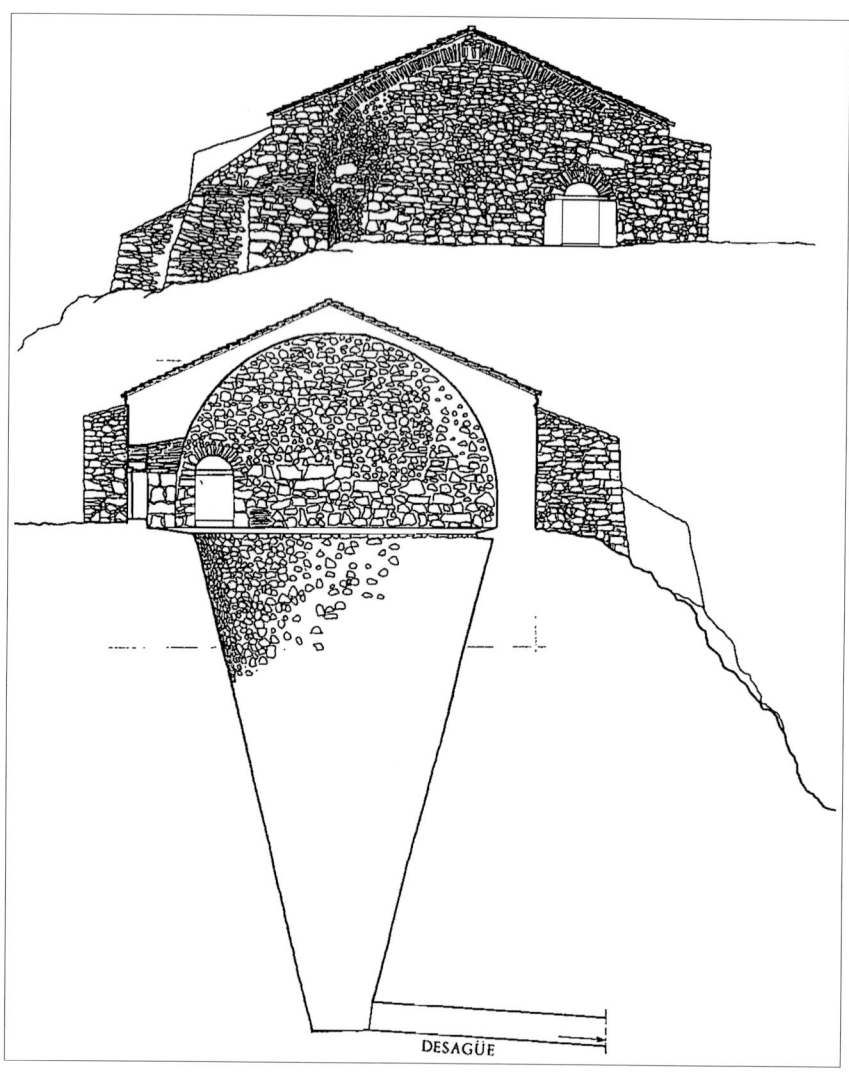

DESAGÜE

Alzado y sección de pozo de nieve, según Luis Cervera Vera.

La nieve, conforme se echaba (o «encerraba») en el pozo, era pisada por los peones; de ahí que a estos individuos también se les llamara «pisones»[35]. El método del «pisoteo» era ayudado por unas tablas de madera que se colocaban encima de la nieve, de modo que el aplastamiento quedase homogéneo y la nieve bien compacta para que se hiciese hielo y posterior-

35 *Ibid.*, f. 264r.

Pozo de nieve de la huerta del monasterio. Foto: Luis Sánchez.

mente fuese extraída en bloques[36]. Con respecto a esta labor del pisado de la nieve sucedió una curiosa anécdota, cuyo protagonista fue fray Ignacio de Moya (ca. 1677-1711):

> Era de un genio celosísimo. Hiciéronle procurador 2º de casa y en una ocasión, llenando de nieve el pozo de la huerta, alterado algo sobre si los peones que estaban pisando abajo hacían poco o malo, se le fueron los pies y el cuerpo, cayendo de arriba abajo, y su desgracia fue haber abajo poca nieve. Convaleció de esta caída al parecer y como es tan difícil reconocer los daños que interiormente causa una caída, se le originó una grave enfermedad, de la cual murió en 21 de abril de 1711.[37]

¿Cuántos pozos de nieve poseía el monasterio? Parece que en algún momento llegaron a ser un total de siete. Los primeros pozos quizás sean los dos construidos en San Juan de Malagón en 1594 y 1596[38]. Después, en 1609, se ordenó hacer dos más «en lo alto de la sierra del Campillo, junto a los dos que allí tiene Su Majestad»[39], de los que parece que solo se llegó a

36 Real Biblioteca del Monasterio de El Escorial, 187-III-5. *Gastos de Procurac[i]on. Da principio año de 1715 hasta el de 1749*, s. f.
37 RODRÍGUEZ, Francisco de Paula: *Monjes jerónimos…*, p. 167.
38 Véase RAMÍREZ ALTOZANO, José Javier: *Historia de los bosques reales…*, p. 119.
39 *Libro de los Actos Capitulares…*, vol. I, p. 238. Acto Capitular de 4-IX-1609.

Pozo de nieve de Cuelgamuros (sierra de Malagón).

construir uno. Otro más se ordenó edificar en la huerta «junto a la casilla», en 1648[40], y otros tres en 1704, en la Fresneda, San Saturnín y Quexigal[41].

Cuando el convento necesitaba la nieve (o hielo), pagaba a alguien para que la trajese al monasterio, sobre todo si estaba distante, como en el caso del pozo del puerto de Malagón. Así, en 1718 se pagaron ciento cincuenta y dos reales a «un mozo por 76 días que anduvo bajando nieve del puerto»[42]. El encargado de la recogida de la nieve era el **procurador segundo**, al menos en el siglo XVIII[43].

Al llegar la nieve al monasterio se almacenaba en un aljibe que se ordenó habilitar en 1616 en el sótano del colegio, para evitar estar subiendo y bajando todos los días al puerto de Malagón durante los meses de verano. Tal aljibe se construyó en «una pieza bajo del tránsito de las aulas, que corresponde a nuestra bodega, con paredes gruesas y muy guardada de aires y sol y fresca»[44].

También se dispuso en 1621 que se hiciese «en el refectorio de la enfermería una concavidad a manera de sótano, con su escalera o cosa semejante para poner las cantimploras de la nieve, de manera que no estén a la vista de los seglares por lo que puedan decir»[45]. Resulta muy curiosa esta última observación, pues da la impresión de que fuese una especie de lujo el uso de la nieve, más propia de gentes mundanas que de monjes.

40 *Ibid.*, vol. I, p. 703. Acto Capitular de 17-VIII-1648.

41 *Ibid.*, vol. I, p. 912. Acto Capitular de 29-III-1704.

42 Real Biblioteca del Monasterio de El Escorial, 187-III-5. *Gastos de Procurac[i]on. Da principio año de 1715 hasta el de 1749*, s. f.

43 Archivo General de Palacio, Patronatos de la Corona, Leg. 1715. *Costumbres de 1736*, Copia A, f. 91r.

44 *Libro de los Actos Capitulares…*, vol. I, p. 328. Acto Capitular de 2-IX-1616.

45 *Ibid.*, vol. I, p. 373. Acto Capitular de 9-VII-1621.

EL LUGAR DE LA SALUD

Cuando hablamos de salud, siempre aparece asociada la idea de su ausencia, es decir, la enfermedad. En el monasterio hubo lugares para el restablecimiento de la salud: las enfermerías. También existió una importante botica que surtía de remedios naturales o productos elaborados con el fin de curar las enfermedades. Junto a los padres enfermeros y boticarios, y a su servicio, había diversos mozos y criados, todos ellos a su vez a las órdenes de los principales profesionales de la salud: médicos, cirujanos y barberos.

LA ENFERMERÍA CONVENTUAL

En la zona del convento, a la parte suroeste del edificio, se encontraba la enfermería de los monjes. Contaba con una serie de celdas, un pequeño refectorio y una capilla. También había una enfermería en el colegio, independiente de la del convento, y con su propio refectorio, para servicio de los cincuenta religiosos que allí se alojaban[1].

La enfermería conventual, para mayor comodidad de los enfermos, se estructuraba en «alta» y «baja», según fuese invierno o verano, y cada celda debía estar provista de «una cama de cordeles que tenga tres colchones y tres almohadas, y una manta de frazada y dos delgadas y colcha [...], y arcas con sábanas, camisas, manteles, pañizuelos, hazaleja [...], jarrillos, y otros muchos trastos que son menester para la enfermería»[2].

Pertenecía a la enfermería la conocida como «galería de convalecientes» o «corredores del sol», consistente en dos corredores en ángulo recto que

---

1 Véase Maganto Pavón, Emilio: *La enfermería jerónima del monasterio de El Escorial*, Instituto Escurialense de Investigaciones Históricas y Artísticas, San Lorenzo de El Escorial, 1995.
2 *Costumbres de 1566.* Citado en *Las Memorias Sepulcrales...*, vol. I, p. 98.

Galería de convalecientes vista desde el jardín de los frailes.

unían la enfermería del monasterio con la botica. Su situación, mirando al sur y al este, y protegidos de los vientos del norte, los hacía ideales y muy agradables para el paseo y descanso de los enfermos, tanto por las condiciones de temperatura como por las bellas vistas que ofrece el lugar.

Al cuidado de la enfermería estaban el **enfermero mayor** y el **enfermero segundo**. El **enfermero mayor** debía ser un sacerdote, o en su defecto un hermano lego de los ancianos, persona cuidadosa y solícita para servir a todos los enfermos con benignidad y mansedumbre, siguiendo las instrucciones del médico[3]. Por su parte, el **enfermero segundo** tenía que ser profeso y debía «estar en todo subordinado a su compañero y así ha de procurar cumplir con diligencia lo que le ordenare que haga», ayudando a barrer la enfermería, hacer las camas y preparar el refectorio para las comidas; en invierno debía pasar un calentador por las camas antes de dormir y en todo tiempo debía «encordelar las camas y quitarles las chinches cuando fuere necesario»[4].

3 *Las Memorias Sepulcrales…*, vol. I, p. 98.
4 Archivo General de Palacio, Patronatos de la Corona, Leg. 1715. *Borradores de Costumbres [s. XVII]*, Cuaderno Ia, f. 9v.

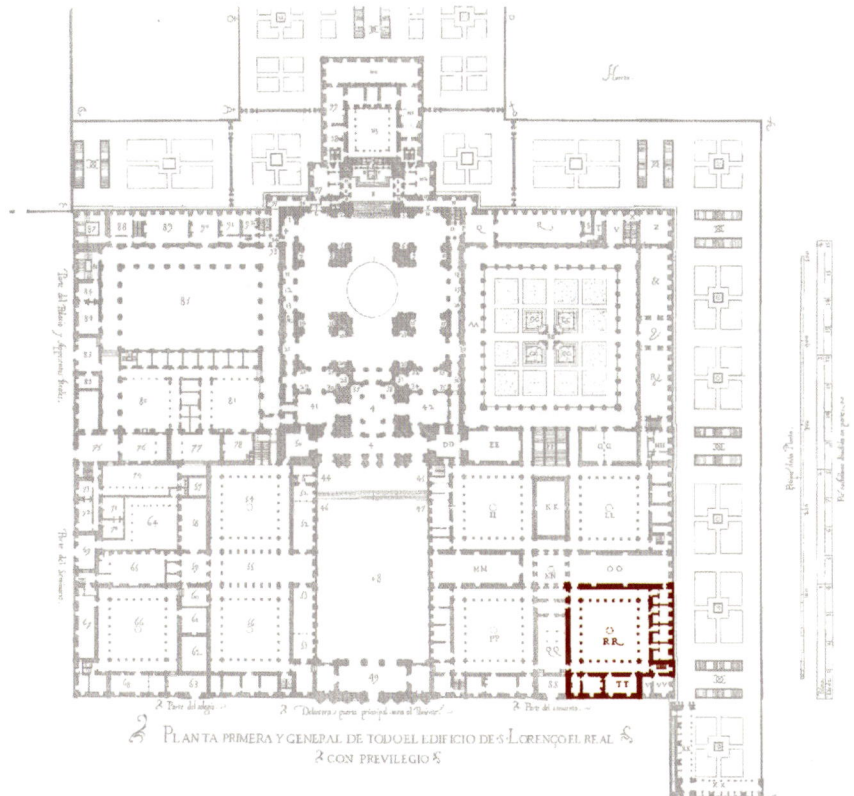

Juan de Herrera: *Primer Diseño. Planta primera y general de todo el edificio.* Detalle donde se señalan las dependencias de la enfermería conventual.

Los principales remedios o medicinas procedían de la botica del monasterio, aunque hubo otros más prosaicos y curiosos, como la leche de burra. Son muy frecuentes las alusiones a la compra de este producto (normalmente, un real por día) o al alquiler del jumento para la obtención del mismo. Con el tiempo parece que los monjes acabaron comprando una burra para abastecer de leche a los individuos necesitados, pues en un inventario de 1811 aparece «una borrica para leche a los ancianos»[5].

Pero la ingesta de leche de burra no siempre conseguía el efecto deseado, pues en el caso de fray Alonso de San Jerónimo (ca. 1680-1710), aquejado de «una hambre canina que le traía siempre hambriento», la toma de leche

5 Citado por Ramírez Altozano, José Javier: *Historia de los bosques reales…*, p. 119.

de burra por prescripción médica le originó una gastroenteritis severa que prácticamente le llevó a la tumba:

> Sobreviniéronle algunos accidentes extraordinarios; y el peor fue una hambre canina que le traía siempre hambriento de que se le originó no nutrirse. Dábanle leche de burra por consejo de los médicos, la cual acabó antes con antes, porque en lugar de nutrirle le corrompió, de lo cual le sobrevinieron unas cámaras colicuadas que le acabaron en breve.[6]

ENFERMERÍAS PARA NIÑOS, CRIADOS Y POBRES

Aunque ya habla Sigüenza de una enfermería para los niños del seminario, localizada en la primera planta del paño sur de la Compaña, es Santos quien de manera más detallada nos informa no solo de la existencia de esta enfermería, sino de otra más para los niños de la hospedería. Además, habla de una tercera enfermería u hospital para personas pobres y para los criados del monasterio, donde eran cuidados y ayudados a sanar o a bien morir aquellos hombres y mujeres de escasos recursos.

> En el [paño] de mediodía tiene diversas cuadras en lo alto para los enfermos: una donde se curan los niños del Seminario [...], otra para los de la Hospedería, y otra para los criados y para los pobres, y todas con curiosidad y limpieza; y tienen las dos de ellas altares en los testeros, donde pueden oír misa desde las camas los que están con la enfermedad imposibilitados de levantarse.[7]

A cargo de todas estas enfermerías estaba el **padre administrador de la Compaña**, a quien se le exigía que ante todo hubiese limpieza y orden, por evidentes motivos de higiene, así como por caridad y amabilidad con los enfermos. Para poder acceder a este hospital era preciso pasar antes por el confesionario, y ni aún así era posible en caso de sufrir de sífilis u otras enfermedades venéreas[8].

Como ya se dijo en otro lugar, en el hospital de pobres existía un libro donde se tomaba nota del nombre, lugar de origen, estado y familia o hacienda, de manera que en caso de defunción se pudiesen hacer las pesquisas pertinentes en torno al testamento del individuo, si fuese necesario, pues a algunos servía de testamentario el padre administrador de la Compaña.

---

6 *Las Memorias Sepulcrales...*, vol. II, p. 679.
7 Santos, fray Francisco de los: *Descripción...*, f. 94v.
8 Archivo General de Palacio, Patronatos de la Corona, Leg. 1715. *Costumbres de 1736*, Copia B, ff. 79v-80r.

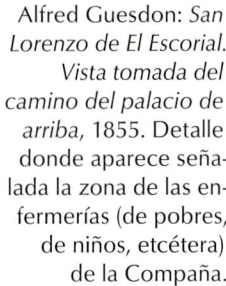

Alfred Guesdon: *San Lorenzo de El Escorial. Vista tomada del camino del palacio de arriba*, 1855. Detalle donde aparece señalada la zona de las enfermerías (de pobres, de niños, etcétera) de la Compaña.

LA BOTICA Y SUS MISTERIOS

La botica era, por así decirlo, la farmacia del monasterio —y, más tarde, del Real Sitio—, aunque también parece que en algún momento fue un centro de experimentos físico-químicos, o incluso alquímicos[9].

Estaba ubicada en parte del claustro de la enfermería y en un edificio independiente, pero adosado al monasterio en la torre de Poniente, también llamada «de la Botica». Sigüenza en su *Descripción* dice no querer entrar en demasiado detalle, pero aún así advierte que «hay más de veinte aposentos, sin las cantinas y desvanes y al fin un claustro entero, sin la pieza principal, que está en el claustro de la enfermería» y más adelante refiere lo que había y se hacía en el interior de la botica[10]. Pero quizás la mejor y más detallada descripción sea la de Almela, por su condición de médico y experto en el tema. Da comienzo su relato con la parte ubicada en el monasterio:

> Es grande y muy hermosa y aseada y limpia y cumplida de todo género de medicinas como son jarabes y aguas, aceites y ungüentos, emplastos y confecciones de laxativos y lectuarios y conservas y antídotos y tabletas y polvos y otras varias medicinas. Hay detrás de esta principal botica otra rebotica muy clara y apacible con una fuente para el servicio y limpieza de ella, para muchas otras medicinas compuestas y simples que no caben en la principal, como son ruibarbo, escamonea, agárico, turbit, tamarindos todos mirabolanos, áloe y especias aromáticas, flores, hierbas, raíces y gomas y otras cosas. Descienden de aquí por una graciosa escalera hacia la parte del mediodía a las demás oficinas de esta botica y al medio de la

---

9 Véase LÓPEZ GAJATE, Juan: "La botica de San Lorenzo el Real de El Escorial", en *La ciencia en el monasterio de El Escorial*, Instituto Escurialense de Investigaciones Históricas y Artísticas, San Lorenzo de El Escorial, 1993, pp. 275-379.

10 SIGÜENZA, fray José de: *Historia...*, vol. II, pp. 574 y 685.

Vista aérea de la botica, junto a la torre suroeste.

dicha escalera hay dos oficinas para hacer jarabes y hacer infusiones y sacar zumos; y son seis piezas, una para jarabes cocidos y otra para zumos e infusiones y otra para hacerlos y otra para aceites y dos para herramientas y vasos y hierbas.[11]

A continuación, el autor describe el edificio contiguo y cada una de las piezas o estancias de sus dos plantas, con lo que albergaban en su interior[12]. Inicia su recorrido en la galería de convalecientes, guiándonos por la planta baja con sus cinco oficinas:

- 1.ª) Pieza de las aguas destiladas.
- 2.ª) Donde se hacen las destilaciones por dos baños «de María» de cada seis alambiques y un horno de un evaporatorio para sacar aguas destiladas por milagroso artificioso.
- 3.ª) Para prensas y morteros.
- 4.ª) Donde están los hornos para el arte clínica, donde se sacan quintaesencias y se hace oro potable y cualesquier otros metales y piedras.
- 5.ª) Donde están las aguas primeras que dan los materiales de que se sacan las quintaesencias antes que se acaben de sacar, que son de grandes propiedades, y las mismas quintaesencias.

En la primera planta había dos amplios aposentos:

- 1.º) Uno con dos grandes chimeneas, una con un horno y una caldera grande de agua, sobre la que había un evaporatorio de ciento veinte alambiques de vidrio y la otra chimenea donde se elaboraban las quintaesencias, con una producción diaria de ciento ochenta libras de agua destilada.
- 2.º) Otro horno para destilaciones capaz de producir noventa libras de agua diarias.

Quevedo cita otra pieza, no descrita por Almela, en la que había «un baño labrado en mármol pardo, de mucha comodidad»[13].

Una de las primeras noticias sobre la botica laurentina fue la adquisición en 1577 de una especie de vademécum: un libro con estampas (imágenes)

---

11 ALMELA, Juan Alonso de: *Descripción...*, p. 67.
12 *Ibid.*, pp. 68-69.
13 QUEVEDO, José de: *Historia...*, p. 348.

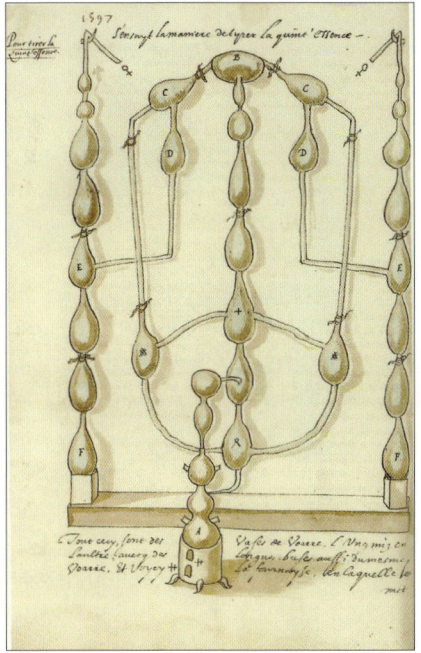 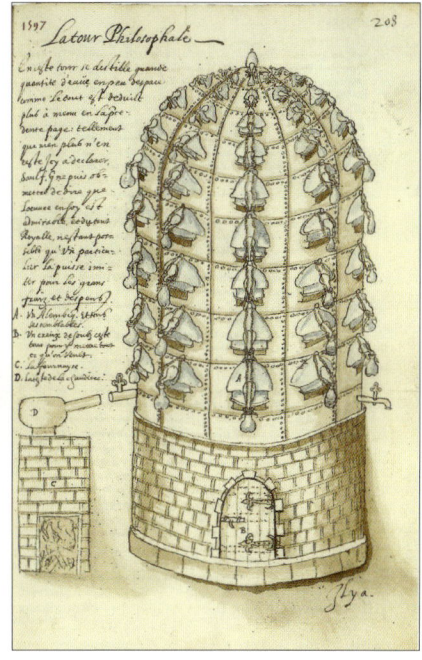

Aparato utilizado en la botica de El Escorial para la extracción de las quintaesencias, según un dibujo de Jehan Lhermite en *Le Passetemps*, ca. 1602.

Destilatorio o alambique de la botica de El Escorial, también llamado «torre filosofal» por Jehan Lhermite, autor de este dibujo insertado en *Le Passetemps*, ca. 1602. El aparato medía unos cinco metros y medio de altura.

de hierbas, medicinales, suponemos[14]. Después se suceden diversas compras de instrumentos y materiales, de los que se ofrece en 1600 un inventario. En él hallamos «una cabeza para el celebro [sic] de las quintas esencias»[15], lo que nos lleva al aspecto más curioso de la botica: los alambiques y otros aparatos utilizados para la destilación de hierbas y otros fines[16]. A lo ya referido por Almela, añade Jean Lhermite en su libro *Le Passetemps* (*El Pasatiempos*) unas interesantes imágenes de estos aparatos.

14 Real Biblioteca del Monasterio de El Escorial, 187-II-11. *Gastos de la Procuracion. 1576 [hasta 1578]*, s. f.

15 Real Biblioteca del Monasterio de El Escorial, 187-I-1. *Libro del estado de los officios desta casa de Sant Lor[enz]o el Real que se hiço en primero de julio del año de mill y qui[nient]os y nouenta y vno al prinçipio del priorazgo de Nro. Pe. fray Diego de Yepes [hasta 1672]*, f. 35r.

16 Véase LORING PALACIOS, José Manuel: «Aportación de los destiladores de El Escorial a la fabricación de quintaesencias: materia vegetal utilizada en dichas técnicas y un tratado anónimo de destilación (s. XVI) en el ámbito escurialense», en *La ciencia…*, pp. 585-616.

Quizás el más interesante de los aparatos descritos por Lhermite es lo que él llama «la torre filosofal», un instrumento «para destilar en abundancia aguas de toda clase [...], de latón, tiene forma de torre y destila con el calor del vapor [...] es completamente redondo y ésta su redondez es tal que difícilmente tres hombres podrían abrazarlo». Medía unos cinco metros y medio de altura y podía producir hasta noventa y dos kilos de agua destilada en veinticuatro horas[17]. Debe ser el «evaporatorio» que Almela localiza en uno de los dos aposentos de la primera planta.

Las hierbas utilizadas en estos aparatos eran, en su mayoría, plantas de uso medicinal y debían procurarse en importantes cantidades. Por esta razón, y por el consiguiente abaratamiento de gastos, se intentaba que fuesen recolectadas o producidas en las tierras del monasterio. En este sentido cabe destacar una curiosa noticia de 1572 referida a un envío de árboles y plantas al monasterio, en el que figuran cuatro carretadas de rosales de Alejandría, «muy necesarios para plantar en la Fresneda para el servicio de la botica»[18].

El encargado de la botica era el **padre boticario**, cuyo oficio «es de mucha importancia para la salud y vida de los frailes, que es lo más caro y lo que más va a los hombres, y por ende no se pone sino fraile que sabe muy bien el arte de la botica [...] y conoce muy bien los simples y las hierbas y las propiedades de cada medicina»[19]. Debía poner empeño en tener siempre bien provista la botica de todas las drogas necesarias, «teniendo cargo de sacar en tiempo convenible las aguas destiladas que son menester para su botica»[20].

Al boticario se le daba un compañero para que le ayudase y aprendiese el oficio —el **boticario segundo**—, de modo que hubiese siempre una persona competente en la botica, «porque no haya falta en el oficio ni se haga defecto en los enfermos, ni se dejen de hacer las medicinas»[21].

Hubo grandes boticarios en el monasterio de El Escorial, monjes muy bien preparados para ejercer su oficio y con grandes conocimientos de botánica y medicina. El primero de ellos fue fray Francisco de Bonilla (ca. 1534-1614), traído del monasterio de Santa Catalina de Talavera por orden de Felipe II; fue quien organizó la botica y, además, enseñó a otros

17 LHERMITE, Jehan: *El Pasatiempos de Jehan Lhermite: Memorias de un gentilhombre flamenco en la corte de Felipe II y Felipe III*. Madrid: Jesús Sáenz de Miera (ed.), Doce Calles, 2005, p. 366.

18 Citado por RAMÍREZ ALTOZANO, José Javier: *Historia de los reales bosques...*, p. 63.

19 *Costumbres de 1566*. Citado en *Las Memorias Sepulcrales...*, vol. I, p. 95.

20 *Ibidem.*

21 *Ibidem.*

religiosos y criados el oficio[22]. Entre los boticarios que le sucedieron cabe destacar a fray Matías de la Concepción (ca. 1672-1727), quien «noticioso de que en la librería se guardaban selectísimos libros arábigos de la facultad botánica, se dedicó a estudiar la lengua arábiga y, entendida, tomó de ellos cuanto le pareció y de este modo se hizo inteligentísimo en la facultad». Fue muy bondadoso, ejerciendo la caridad no solo con los monjes y criados del monasterio, sino con «todos los pueblos circunvecinos, que noticiosos de ella, era un continuado clamor a la ventana de la botica»[23].

El misterio que siempre ha rodeado a la botica tiene relación directa con los supuestos experimentos alquímicos realizados en tiempos de Felipe II y, presumiblemente, también bajo su mandato y supervisión. Se ha escrito bastante sobre este misterioso aspecto, pero no siempre de manera científica y seria, rayando a veces en la leyenda o incluso en la charlatanería. Pero ciertamente parece quedar demostrado que en algún momento el Rey Prudente, agobiado por las crecientes deudas económicas del Estado, puso los medios necesarios para intentar la fabricación de oro en el monasterio de El Escorial. No consiguió su objetivo el alquimista y el monarca, resignado, abandonó por completo este tipo de prácticas[24]. Es, por tanto, un hecho muy aislado y fugaz, a partir del cual se han generado diversos mitos y leyendas.

En épocas pasadas, estos aspectos oscuros y misteriosos de la botica fueron objeto de burla por parte de algunos escritores mordaces y, por supuesto, anónimos. Es el caso del que en el siglo XVII escribió un opúsculo titulado *Drogas insignes y otras cosas memorables que se conservan mentalmente en la Real Botica de El Escorial*[25]. La conservación «mental» a la que alude el anónimo autor no deja de ser eso, algo imaginado en su mente. Traemos una pequeña selección de estas cosas supuestamente conservadas en la botica del monasterio:

- El buche del ave Fénix.
- Los cuernos del sátiro que se apareció a San Antonio Abad en el desierto.
- Los genitales de Saturno, que se hallaron en el mar de Valencia.
- La cola del león de San Jerónimo.
- El pelo de Ana Bolena, bueno para venenos.
- Un ronquido de los Siete Durmientes, en una redoma.

22 *Las Memorias Sepulcrales...*, vol. II, p. 685.
23 RODRÍGUEZ, Francisco de Paula: *Monjes jerónimos...*, pp. 159-160.
24 Véase ESTEVA DE SAGRERA, Juan: «La alquimia y la política imperial de los Austrias», en *La ciencia...*, pp. 189-205.
25 Biblioteca Nacional, Mss. 7.526, ff. 88-91 [s. XVII].

- El miedo de los infantes de Carrión y sangre de los siete infantes de Lara, todo en un cofrecito de plata.
- La cuadratura del círculo, hallada en el vientre de Baco.
- El grito que dio Holofernes cuando cortaron la cabeza a Judith.
- El ladrido del can Cerbero.
- Dos onzas de agua del Diluvio Universal.
- El cerrojo de la puerta del Limbo.
- Dos almorranas de uno de los viejos de Susana...

MÉDICOS, CIRUJANOS Y BARBEROS

En el ámbito del cuidado de la salud, y como máximos responsables de ella, estaban contratados al servicio del monasterio tres profesionales con atribuciones distintas, aunque similares en algunos aspectos: médico, cirujano y barbero.

Las obligaciones del **médico** ya aparecen especificadas en la *Carta de Fundación* de 1567. En el documento se advierte que haya un médico, que «sea persona docta y de experiencia a quien se dé y señale el salario que pareciere competente». Debía asistir a todos los religiosos (convento y colegio), así como a los niños del seminario, criados y, entre 1563 y 1599, a los enfermos del hospital de Laborantes. Los contratos se hacían por dos, tres o cuatro años y cobraban un salario de entre cuatrocientos a cuatrocientos cincuenta ducados anuales, con derecho a casa, trigo, leña y medicinas. El médico solía visitar a los monjes de la enfermería dos veces al día: a las seis de la mañana y a las dos de la tarde[26].

El **cirujano**, aunque tiene en nuestros días unas connotaciones de médico especialista en cirugía, en otros tiempos era un facultativo de inferior capacidad que el médico y que equivaldría al actual enfermero o ATS. Practicaba pequeñas curaciones de heridas superficiales o enfermedades comunes que no requerían de grandes conocimientos médicos y, sobre todo, sangrías. Con frecuencia un mismo individuo ejercía como cirujano y barbero, pero lo ideal era que el cirujano estuviese más especializado que el barbero[27].

Y, por último, en orden descendente de conocimientos, el **barbero**. Este facultativo hacía, como quien dice, de todo: afeitaba, cortaba el pelo, realizaba sangrías, extraía muelas y dientes, quitaba callos, etcétera. Habitualmente, todas estas actividades tenían lugar en la «barbería», una sala del monasterio de la que se tratará a continuación.

---

26 Citado por MAGANTO PAVÓN, Emilio: *La enfermería...*, pp. 98-103.
27 *Ibid.*, pp. 107-110.

EL ASEO Y LA HIGIENE

En el monasterio de El Escorial, y teniendo en cuenta cómo eran las costumbres de la época en el aseo e higiene corporal, era todo un lujo contar con los medios que previno Felipe II para la sanidad en el edificio. No se ha de olvidar que el monarca era muy escrupuloso en estas cuestiones, y por ello no escatimó en este tipo de recursos, construyendo diversas salas —llamadas «necesarias»— provistas de letrinas, con sus fuentes de agua y modernos sistemas de desagüe.

Al mismo tiempo, y atendiendo a las necesidades de los monjes, en el monasterio se habilitaba en determinados días una sala como barbería, a la que acudía un oficial barbero, y por donde iban desfilando los religiosos que tenían necesidad de afeitarse la tonsura clerical o la barba, o precisaban de ciertas intervenciones de tipo odontológico o de pedicura, es decir, sacarse una muela o quitarse unos callos de los pies.

Por último, se hace mención a diversos insectos y parásitos que aparecían por la falta de higiene y que se alojaron en el monasterio y en sus habitantes en épocas pasadas: chinches, pulgas, etcétera.

LA BARBERÍA

En la zona conventual existía una sala denominada **Barbería**, ubicada en la primera planta, justo encima de la **bordaduría**[1] y destinada a diversas actividades de higiene capilar y primeros auxilios. Las primeras consistían principalmente en afeitar barbas y realizar tonsuras (la corona clerical) a los monjes y demás habitantes del monasterio; y como primeros auxilios se consideraban las extracciones de piezas dentales y otras pequeñas intervenciones, como por ejemplo las sangrías, según queda dicho. En el

---

1 Santos, fray Francisco de los: *Descripción...*, f. 48r.

Anónimo: *Fray Pedro Marín*. Al parecer, este cuadro estuvo colgado durante mucho tiempo en la barbería del monasterio, tratando de surtir el deseado efecto del silencio en dicho lugar. Monasterio de El Escorial, Patrimonio Nacional.

ámbito secular, las barberías eran tradicionalmente zonas de recreo y ocio, algo poco decoroso en un monasterio, por lo que siempre se intentaba guardar silencio y tener compostura en estos lugares. No es de extrañar que durante mucho tiempo presidiese la **barbería** del monasterio un cuadro en el que se representa a un jerónimo con el gesto de solicitar silencio.

De la barbería, con la consiguiente organización y asistencia en las sesiones de rasuras y afeitados, se encargaba el **padre barbero**, quien debía avisar a los oficiales barberos y a sus mozos el día antes para que lo tuviesen todo bien dispuesto, afilando unos las navajas y preparando otros las calderas de agua.

Normalmente, había servicio de barbería cada doce días en verano (desde la Ascensión hasta San Jerónimo, 30 de octubre) y cada quince en invierno, a primera hora de la mañana. El modo de proceder estaba basado en la mínima interferencia en la asistencia a las misas y al coro:

> Y en tañendo a Prima acudirá a la barbería y llamará a los frailes que hallare y en particular a los que han dicho misa, procurando siempre que estén afeitados los que van al coro, que no tenga necesidad de sacarlos dél, y mientras al coro podrá llamar los oficiales y los de la oración y todos los demás que no van al coro, y si no pudiere tener afeitados todos los que van al coro podrá dejar a los más viejos para sacarlos del que así se ha usado.[2]

A la rasura asistía también el **padre relojero**, el cual debía preparar la ropa, el agua y jabón, encender la chimenea y procurar tener limpia la estancia, «barriendo a menudo lo que cayere de las coronas y sacando paños limpios para los ancianos, reservando alguno para cuando bajare el prior o vicario». En otro lugar se hace alusión al uso de plantas aromáticas para el agua de la barbería —rosas, cantueso, espliego y otras—, cuya recolección corría a cargo del padre relojero y tenía lugar en primavera[3].

El hecho de que se les diese de comer a los oficiales de la barbería parece que hacía incrementar su número en los días que estaba el rey en el monasterio, pues la comida era más suculenta y abundante en esas ocasiones. Por esta razón, se advierte muy seriamente al padre barbero que en ningún momento haya más de tres oficiales y el mozo aprendiz, «porque cuando está aquí el rey se vienen todos los que quieren y no sirven de ayudar porque no hay necesidad de tantos oficiales, que muchas veces están ociosos y más sirven de que vayan a comer a la hospedería que de otra cosa»[4].

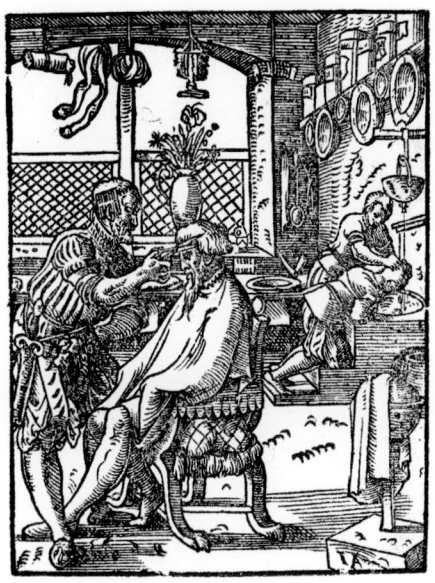

Jost Amman: *Bienvenida en una barbería*. Grabado del siglo XVI.

LAS «NECESARIAS»

Las «necesarias» eran unas salas habilitadas con letrinas y fuentes de agua para que los monjes y demás individuos del monasterio hiciesen sus «necesidades» de la forma más limpia e higiénica posible. Eran nueve las que había repartidas en el edificio y varias de ellas estaban dispuestas verticalmente, una encima de la otra, en las diferentes plantas. En la planta baja estaba situada una balsa recolectora, llamada «caja o balsa de las necesarias». Las dos principales necesarias del convento son descritas por Almela con todo detalle:

> Son un grande aposento de sesenta pies de largo y treinta y seis de ancho, muy alto y desabajado con sus ventanas en lo alto de luces y respiradores […] hay una gran ventana que pasa toda la pared con sus vidrieras de una parte y otra y en medio una lámpara que está toda la noche encendida para que entren en ellas con luz los religiosos y la tomen a cualquier hora si la hubieren menester […]. En medio hay dos órdenes de celdicas que

---

3 Archivo General de Palacio, Patronatos de la Corona, Leg. 1715. *Costumbres de 1736*, Copia B, ff. 74r-75r.

4 Archivo General de Palacio, Patronatos de la Corona, Leg. 1715. *Borradores de Costumbres [s. XVII]*, Cuaderno Ia, ff. 24r-24v.

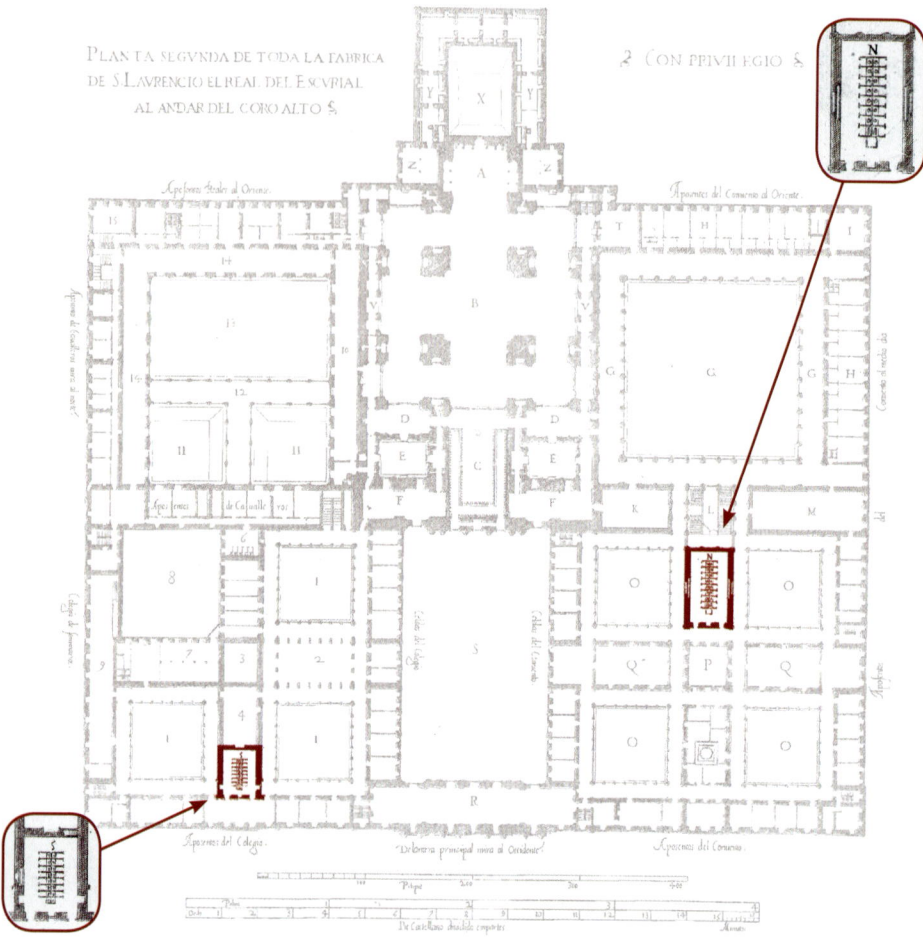

Juan de Herrera: *Segundo Diseño. Planta segunda.*Marcados en rojo, aparecen los dos principales espacios destinados a las necesarias, donde se aprecian las «celditas» o letrinas con su correspondiente agujero.

son todas dieciséis con sus buenos asientos y sus puertas que se cierran por dentro; y de aquí desciende por una angosta y algo próspera escalera a otras trece celdicas de otra necesaria más baja, a la cual se entra por el primer alto de los corredores del patio de la hospedería que corresponden al mismo fundamento de las de arriba; y de estas dichas celdas están tres que cumplen el número de dieciséis atajadas para el servicio de la enfermería con otra fuente con un caño de agua.[5]

5 ALMELA, Juan Alonso de: *Descripción…*, p. 66.

Balsa o recolector de las necesarias, adonde iban a parar las aguas su-
cias de las necesarias de las plantas superiores. Foto: Luis Sánchez.

La limpieza de todas las necesarias tenía lugar dos veces a la semana en
invierno y dos veces al día en verano, y como casi siempre sucedía con las
tareas incómodas o desagradables, corría a cargo de los monjes «nuevos».
Así pues, dos monjes nuevos de menos de diez años de hábito debían
«hacer las necesarias por sus semanas, uno las altas y otro las bajas, el más
antiguo las de abajo y el menos antiguo las de arriba, y cuando alguno de
los que están fuera de la disciplina hiciere falta en ellas avisará el maestro
al prelado […]; estos tienen cargo por sus semanas de barrer y regar las
necesarias, y hanlas de barrer dos veces cada semana, miércoles o sábado,
y regarlas en invierno cuando las barren, y en verano dos veces al día, una
después de Prima y otra después de Nona»[6].

Otra importante limpieza que tenía lugar cada semana en invierno o
dos veces a la semana en verano, era la de la balsa de las necesarias, el
depósito que servía de recolector de todas las aguas procedentes de estas.
Dicha limpieza la debían realizar uno o dos hermanos legos y «antes que se

6   Archivo General de Palacio, Patronatos de la Corona, Leg. 1715. *Costumbres de [1575]*, f. 144v.

comience a menear el agua de la balsa se ha de encender abajo en las mesmas necesarias algún romero, tomillo o enebro por evitar el mal olor»[7].

INSECTOS Y PARÁSITOS: CHINCHES, PULGAS...

En unas épocas en las que la higiene era muy parca, resulta lógico que abundasen cierto tipo de insectos y parásitos asociados al hombre. Chinches, pulgas, ladillas, etcétera, pululaban por todas partes y afectaban a todos los estamentos sociales, incluida la clase religiosa. Así pues, también en el monasterio de El Escorial convivieron con los jerónimos estos desagradables animalillos que podían llegar a ser muy molestos. Uno de los monjes que más padeció estas plagas, concretamente la de chinches, fue fray Simón Moreno (1726-1765):

> Notábanle algunos de poco limpio y aseado, observando principalmente los vecinos a su celda que nunca deschinchaba la cama, siendo tanta la epidemia de estos insectos que aquí se crían, y mucho más en su cama, que era muy vieja; pero como nuestro fray Simón sólo pensaba en la limpieza de su alma buscando y hallando sus delicias en la mortificación, se desentendía de estos cargos con su acostumbrado semblante apacible y placentero; por lo que tuvieron que dejarle admirados y edificados de tanto sufrimiento y mortificación.[8]

Aunque no siempre lo conseguía, la comunidad trataba de prevenir y combatir la aparición y proliferación de insectos y parásitos a través de diversas normas. Una de ellas afectaba a la enfermería, y consistía en que el enfermero segundo, con la ayuda de algunos mozos de la cocina, debía «encordelar las camas y quitarles las chinches cuando fuere necesario»[9]. En el Noviciado debía celar el maestrillo de que «de quince en quince días y todos en un mismo día saquen las mantas al aire y las sacudan porque no se polillen, y que saquen la madera de las camas dos veces en el año, una al principio del verano y otra al principio del invierno, para limpiar las chinches, si las hubiere»[10].

Contra las pulgas también se tenían algunas prevenciones en el Noviciado, como a la hora de lavar las sayuelas, advirtiendo a los novicios que las llevasen al padre ropero «espulgadas para que el ropero las lleve de allí a lavar»[11]. Como ya se dijo en otro lugar, también a los niños y a quienes es-

---

7 *Ibid.*, ff. 1445r-145v.
8 Núñez, fray Juan: *Quinta Parte...*, vol. II, pp. 410-411.
9 Archivo General de Palacio, Patronatos de la Corona, Leg. 1715. *Borradores de Costumbres [s. XVII],* Cuaderno Ia, f. 9v.
10 Archivo General de Palacio, Patronatos de la Corona, Leg. 1715. *Costumbres de [1575],* f. 142v.
11 *Ibid.*, f. 143r.

taban a su cargo se les advertía que vigilasen la presencia de estos parásitos, sobre todo en el dormitorio, haciendo que «se espulguen y anden aseados y limpios»[12].

Pero de entre todos los parásitos, hubo unos bastante desagradables, no solo por sí mismos sino también por el lugar donde se alojaban: las ladillas o piojos púbicos. En el monasterio hubo ciertos casos, de los que destaca el de fray José de Talavera (ca. 1713-1742), quien sufrió al parecer una epidemia de ladillas —o quizás pulgas, no queda del todo claro— y que por recato o escrúpulos no se atrevió a combatir:

> [...] padeciendo una epidemia de los animales comunes a todos los cuerpos humanos, le hacían tanta guerra con su picazón, como es natural, que habiendo pasado mucho tiempo con ella y que no le dejaba dormir ni sosegar, no se atrevía a rascar, ni llegar a parte del cuerpo que pudiese ajar la virtud noble de la castidad, hasta que un día diciendo que tenía que decir una cosa, pero que no se atrevía, y no pudiéndole mover con mil instancias para que lo dijese, ya finalmente preguntó que si podía rascarse en todas las partes de su cuerpo. Cuando se le respondió que sí, no es ponderable la dificultad que le costaba el dar asenso a tal respuesta, aun apoyada con razones.[13]

12 Archivo General de Palacio, Patronatos de la Corona, Leg. 1715. *Costumbres de 1736*, Copia B, f. 69r.
13 *Las Memorias Sepulcrales...*, vol. II, p. 680.

EL HÁBITO SÍ HACE AL MONJE

El vestido de los religiosos era una cuestión de suma importancia, ya que su sencillez y rusticidad apelaba al voto de pobreza realizado a su ingreso en la orden. La comunidad proporcionaba la ropa —interior y exterior— y el calzado necesarios para llevar una vida acorde con los principios en los que basaba sus costumbres. En el monasterio de El Escorial casi siempre se compraba el tejido a proveedores externos y se confeccionaba en sus oficinas (ropería, zapatería…), aunque también hubo una época en la que se fabricó dicho tejido o paño en el convento.

El paño gastado para los hábitos de los monjes debía ser de lana; incluso la ropa interior. Pero no siempre se observaba esto a rajatabla, pues son frecuentes las alusiones y amonestaciones al frecuente uso de lienzo, algo más propio de seglares que de religiosos. Por el contrario, abundan las alabanzas a monjes que nunca usaron otra ropa que la prescrita por la orden, como por ejemplo fray Miguel de Santa María (ca. 1533-1603), de quien se dice que «con ser hombre de más de setenta años, nunca se quitó el escapulario de dormir, ni la sayuela de estameña, confusión grandísima para muchos de los que ahora vivimos tan regaladamente, y gran confusión de muchos que ahora vivimos con tanto regalo y descuido, pues no nos contentamos con traer camisas de lienzo, sino que las queremos que sean muy delgadas, y aun muchos no se contentan si no son de Holanda, y aun las perfuman con olores»[1].

Pero, sin duda, los tejidos más finos y ricos eran los requeridos para la manufactura de los paramentos litúrgicos de la iglesia y sacristía. Dicha elaboración tenía lugar en la bordaduría del monasterio, cuyos gastos eran habitualmente gestionados por la Administración de la sacristía.

---

1 SEPÚLVEDA, fray Jerónimo de: *Historia*…, pp. 328-329.

LA BORDADURÍA

En la **bordaduría** se confeccionaban, cuidaban y reparaban las ropas litúrgicas y los ornamentos textiles de la iglesia, coro y sacristía. Al frente de la bordaduría estaba el **padre bordador**, un oficio «relajado», pero de mucha vigilancia por el carácter sagrado de las prendas allí tratadas. Debía prevenir a los sacristanes que en cuanto «vieren y reconocieren tiene algún ornamento necesidad de repararse, lo lleven a dicha bordaduría para que lo componga el oficial y esté con el aseo que pide cosas tan sagradas, y en esto no permitirá ningún descuido porque las cosas reparadas con tiempo suelen ser menos costosas». El oficial que estaba bajo su mando era un trabajador especializado, a quien debía vigilar en sus horas y días de trabajo, y especialmente en sus tareas, por ser muy valioso lo que manejaba[2].

La bordaduría estaba situada en el claustro de la hospedería, en los camaranchones, descrita por Almela como «una grande cuadra, aunque baja [...], que es un aposento muy apacible y muy claro con tres grandes ventanas con sus vidrieras correspondientes al patio, adonde de continuo hay seis u ocho oficiales bordadores, cordoneros y sastres, donde se cortan y bordan y cosen los ornamentos necesarios para el culto divino»[3]. Un siglo después, Santos advierte que la bordaduría estaba acomodada en el claustro llamado «de la portería», en la planta baja[4]; seguramente esta reubicación se debió a los efectos del incendio de 1671, que arruinó por completo e hizo reestructurar las zonas altas —los camaranchones— del monasterio. Además, por su afinidad, resultaba lógico que la bordaduría estuviese cerca de la ropería.

El momento álgido de la bordaduría fue durante los años fundacionales, pues se debía proveer al monasterio de todos los ornamentos litúrgicos necesarios para el culto divino. Según se narra en la necrología de fray Francisco de Loja (†1589), quien estuvo más de ocho años a cargo de la bordaduría, cuando «se hicieron todos los principales ornamentos que hay», tenía a su cargo más de cuarenta bordadores repartidos en la villa de El Escorial[5]. No nos ha de extrañar esto, sabiendo que solo para los tres altares principales de la iglesia (el mayor y los dos de las reliquias) se confeccionaron más de doscientos ornamentos de brocado, seda y terciopelo, junto a otros ricos ornamentos para los cuarenta altares de la iglesia y otros altares de la enfermería, celda del prior, trascoro y capilla del Sitio,

2 Archivo General de Palacio, Patronatos de la Corona, Leg. 1715. *Costumbres de 1736*, Copia B, ff. 70r-70v.
3 ALMELA, Juan Alonso de: *Descripción...*, p. 62.
4 SANTOS, fray Francisco de los: *Descripción...*, f. 48r.
5 *Las Memorias Sepulcrales...*, vol. I, p. 447.

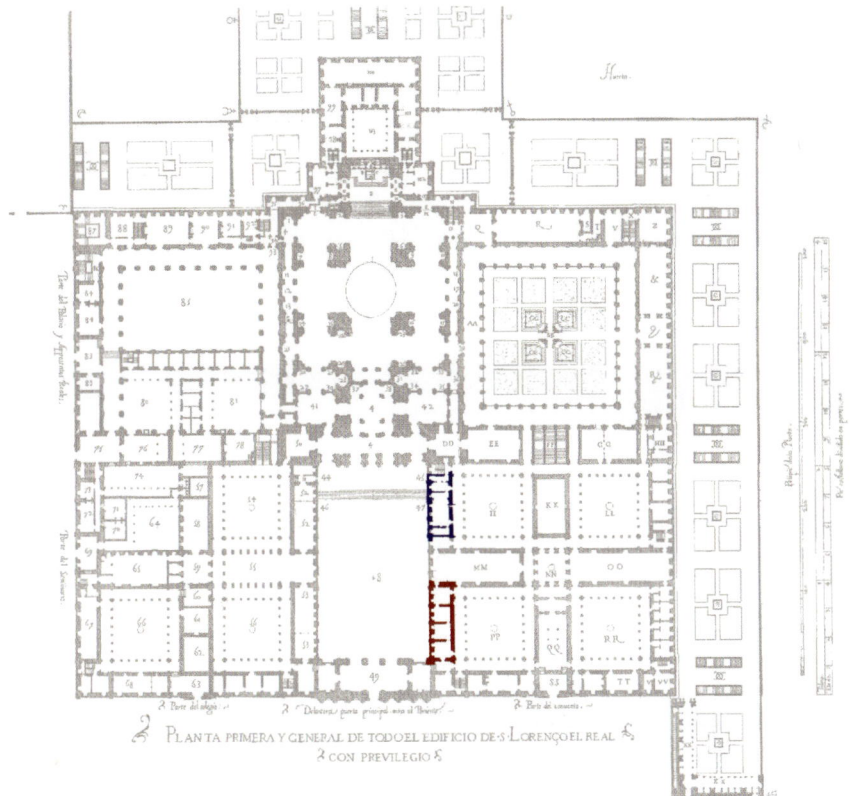

Juan de Herrera: *Primer Diseño. Planta primera y general de todo el edificio*. Ubicación de la bordaduría, según Santos (indicado en azul). Con anterioridad, estuvo localizada en los camaranchones del claustro de la hospedería (en la zona señalada en rojo).

sumando un total que supera el número de dos mil quinientas casullas, capas, dalmáticas, frontales, frontaleras, paños de facistol y mangas de cruz. Aparte quedan otras ropas de lienzo en gran cantidad, como albas, roquetes, sobrepellices, sábanas de altares, amitos, pañizuelos, cornijales, etcétera, todo ello detalladamente descrito por Sigüenza[6].

Un aspecto curioso directamente relacionado con la bordaduría y la sacristía es el acopio de seda para ciertos ornamentos y ropas litúrgicas. Habitualmente se compraba la seda a otros productores, pero parece que en 1627 se puso en marcha la cría de gusanos de seda en el propio monasterio,

6 Sigüenza, fray José de: *Historia…*, vol. II, p. 657.

lo que suponía un notable ahorro, razón por la que el capítulo conventual decidió que se prosiguiese y aumentase dicho cultivo. Pero no parece que la sericicultura perdurase en el Real Sitio más allá de unos pocos años, pues no se tienen más noticias al respecto.

> Cómo la cría de seda que se había hecho en esta casa dos años se había experimentado mucha ganancia, por lo cual parecía que si se prosiguiese y aumentase, sería de mucho útil para la sacristía desta casa, por cuya cuenta había de ser el gasto [...], cómo había en Monesterio unos morales viejos, que la hoja que llevaban era sin provecho y si se desmochasen sería muy buena y muy útil para los gusanos de seda.[7]

LA ROPERÍA

La **ropería** estaba situada en la planta baja del convento, enfrente del refectorio, en lo que ahora es el salón de manuscritos perteneciente a la biblioteca. Según Sigüenza, «es esta oficina de la misma forma del refectorio, aunque por tener las ventanas al cierzo no es tan clara y del largo tiene trece pies menos [...], los mismos hábitos de los religiosos, que están cogidos y colgados en unas perchas de hierro por sus distancias debajo de sus mismos nombres, la adornan mucho»[8]. Almela añade algunos datos más sobre el mobiliario y otras estancias adyacentes a la ropería, que servían para cortar y coser la ropa, y para guardar colchones, mantas, sábanas y otra ropa de cama:

> Tiene, a los dos lados, 18 cajones de pino, donde están todas suertes de paños y estameñas y frisas para los vestidos de 150 religiosos con los del Colegio y 50 seminarios, y casi otros tantos criados de casa, demás de los muchos del campo. [...] Hay en los dos lados del cabo de esta Ropería dos aposentos medianos cuadrados, con cada uno su ventana con reja de hierro y vidrieras, como las de la dicha ropería; en cada uno de los cuales aposentos hay un grande tablero para cortar las ropas y para que las cosan los oficiales. [...] Corresponde a esta dicha pieza de la Ropería, en lo alto, otra que es también de ropería o de rimas de colchones, mantas, sábanas, almohadas y ropa blanca, que sirve para el ministerio del dicho convento y servicio de los religiosos de él.[9]

No sabemos si yerra Almela, o hubo alguna transformación posterior, pues el espacio supuestamente ocupado por la ropería alta correspondía, según Herrera, a un dormitorio que, a tenor del tamaño, debió ser colectivo.

---

7 *Libro de los Actos Capitulares...*, vol. I, p. 429. Acto Capitular de 12-VII-1629.
8 Sigüenza, fray José de: *Historia...*, vol. II, p. 573.
9 Almela, Juan Alonso de: *Descripción...*, p. 56.

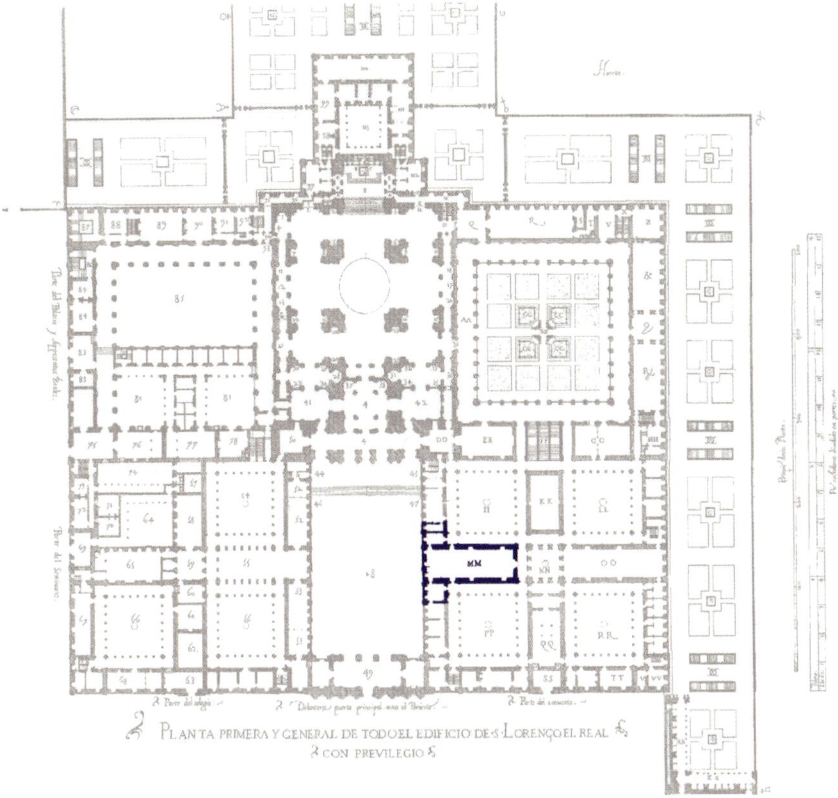

Juan de Herrera: *Primer Diseño. Planta primera y general de todo el edificio.* La ropería aparece señalada en azul .

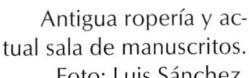

Antigua ropería y actual sala de manuscritos. Foto: Luis Sánchez.

De la ropería se encargaba el **padre ropero**. Era este un oficio que se solía dar a monjes ancianos, pues debía ser «muy caritativo para con todos y sufrir las impertinencias y peticiones de los que acuden a aquella administración»[10].

Qué ropa y cuándo se daba a cada monje y demás individuos del monasterio era una cuestión que quedaba detalladamente recogida en la documentación escurialense, y que era escrupulosamente anotada en los libros de Ropería, de los que se conservan cuatro ejemplares, abarcando desde 1618 hasta 1835[11].

EL BATÁN Y LA FÁBRICA DE PAÑOS

El **batán** del monasterio estaba ubicado en la Herrería, en el prado conocido como Matacuadrado. Se construyó sobre el río Aulencia con un propósito incierto, aunque se sabe que a mediados del siglo XVII se usaba para «lavar la ropa de lana a disposición del padre ropero, que es la de los nuevos, y demás común de la Ropería»[12]. En 1642 acordó el capítulo conventual cortar doce robles de la Herrería para hacer los colgadizos del Batán, «donde se lava la ropa del convento»[13].

El batán se reutilizó a finales del siglo XVIII para servicio de la fábrica de paños, según se acordó en un capítulo conventual de 1780, acordando «la necesidad de que se componga y ponga al corriente el batán de la comunidad para que se batanen en él los paños de su nueva fábrica»[14].

Sobre la **fábrica de paños** se tiene noticia por primera vez en 1771, cuando el prior fray Julián de Villegas (1710-1781) propuso al capítulo conventual la necesidad de hacer un establecimiento tal para la manufactura de «los paños de nuestras lanas para vestirnos a imitación de la que tienen los padres cartujos de El Paular»[15]. Pero el monasterio no ordenó su puesta en marcha hasta 1777, una vez conseguido el real privilegio para ello y con el fin de fabricar «con las lanas de nuestra cabaña todos los paños blancos, negros y pardos, cordellates y estameñas que se necesitan para el vestuario de todos los religiosos y seminarios»[16].

---

10 Archivo General de Palacio, Patronatos de la Corona, Leg. 1715. *Costumbres de 1736*, Copia A, ff. 108v-109r.

11 Real Biblioteca del Monasterio de El Escorial, 187-I-15. *Cartas quentas generales de la Ropería de St. Laur[enci]o el Real. Dende el año de 1618 en adelante [hasta 1712]*. Real Biblioteca del Monasterio de El Escorial, 187-I-16. *Qventas de la Ropería de S. Lorenzo, año de 1713 [hasta 1770 inclusive]*. Real Biblioteca del Monasterio de El Escorial, 187-I-18. *Cuentas de la Ropería. Años 1814-1834*, Real Biblioteca del Monasterio de El Escorial, 187-I-22. *Cuent[a]s de Ropería desde 1771 hasta 1808 y desde 1834 [hasta 1835]*.

12 Citado por RAMÍREZ ALTOZANO, José Javier: *Historia de los bosques reales…*, p. 160.

13 *Libro de los Actos Capitulares…*, vol. I, p. 628. Acto Capitular de 14-VIII-1642.

14 *Ibid.*, vol. II, p. 549. Acto Capitular de 7-II-1780.

15 *Ibid.*, vol. II, p. 465. Acto Capitular de 22-IV-1771.

16 *Ibid.*, vol. II, p. 528. Acto Capitular de 20-X-1777.

Ruinas del batán. Grabado de la *Historia descriptiva...* de Rotondo, 1863.

Alfred Guesdon: San Lorenzo de El Escorial, vista tomada del camino del palacio de arriba, 1855. Detalle con la ubicación de la fábrica de paños.

Hubo de hacer diferentes pruebas hasta que, finalmente, el 20 de enero de 1779 comenzó su funcionamiento[17], que perduró aproximadamente hasta 1825. Sin embargo, la polémica rodeó en todo momento a esta fábrica, según se lee en la biografía de fray Julián de Villegas, el principal promotor del proyecto:

> En su tiempo se estableció la fábrica de paños, muy deseada, bien admitida, y a poco ya despreciada [...]. En esta nueva fábrica sólo creo se ha adelantado mejor paño, mas con grandísimos gastos, gente advenediza, ruidos, y en harto menoscabo de caudales, y si no ponen remedio, o dando más de tarde en tarde el vestuario respecto de lo mejor y más durable del paño, o haciendo el paño de inferior calidad, serán muchos miles de reales lo que se gasten más de los que nunca se han gastado.[18]

La fábrica de paños estaba situada en la primera planta del lienzo norte del claustro principal de la Compaña[19] y, aunque se mantuvo en funcionamiento durante más de cuarenta años, no parece que fuese un negocio excesivamente rentable, a la vista de los comentarios anteriores.

LA ZAPATERÍA Y LA TENERÍA

La oficina de la **zapatería** estaba íntimamente ligada a la de la **tenería**, pues en ella se producían las pieles y cueros usados para la confección del calzado. Ambas eran gestionadas por el **padre administrador de la**

17 *Ibid.*, vol. II, p. 536. Acto Capitular de 20-I-1779.
18 *Las Memorias Sepulcrales...*, vol. I, p. 205.
19 BERMEJO, fray Damián: *Descripción...*, p. 352.

Alfred Guesdon: *San Lorenzo de El Escorial, vista tomada del camino del palacio de arriba*, 1855. Detalle con la ubicación aproximada de la zapatería.

tenería, y tenían sus oficinas en la Compaña: la zapatería en el claustro principal, y la tenería en uno de los edificios del otro patio. Todos los ingresos, gastos y demás operaciones relativos a la zapatería y tenería debían ser reflejados en el *Libro de la Tenería*, del que se conservan tres volúmenes, englobando casi todos los años comprendidos entre 1655 y 1835[20].

La **zapatería** estaba localizada en la planta baja del paño sur del claustro principal, debajo de las enfermerías, y tenía «algunas piezas suficientes para los menesteres de este oficio; unas donde trabajan los oficiales, otras donde se guarda el calzado, que participan hasta los mismos pobres, a quien se hace este género de limosna»[21].

La **tenería**, «una de las buenas de España»[22], se hallaba, como queda dicho, en uno de los edificios del segundo patio de la Compaña. El edificio fue diseñado, construido y financiado por fray Juan de San Agustín (ca. 1598-1651), costándole un total de dos mil ducados y siendo tasado por los expertos en veinte mil. Añade el biógrafo de este monje que durante el tiempo que fue administrador de la tenería «no llegó pobre a la puerta del

---

20 Real Biblioteca del Monasterio de El Escorial, 187-I-19. *Qventas de la Teneria de San Lorenzo. Año de 1655 [hasta 1752]*. Real Biblioteca del Monasterio de El Escorial, 187-I-20. *Cuentas de la Theneria y Zapateria. Empieza año de 1753 hasta 1776*, Real Biblioteca del Monasterio de El Escorial, 187-I-21. *Cuent[a]s de la Theneria y Zapateria desde 1777 hasta 1808 y desde 1834 [hasta 1835]*.
21 SANTOS, fray Francisco de los: *Descripción…*, f. 94v.
22 *Ibidem*.

convento a pedir limosna de zapatos que no los llevase y así lo tenía dicho al portero que a todos les diese cédulas para ellos»[23].

En la tenería se curtían las pieles usadas para cintas, guarniciones para las mulas y otros objetos de cuero y, sobre todo, los zapatos para los frailes del convento y colegio, así como para los niños del seminario y otras dependencias del monasterio. Por San Jerónimo (30 de septiembre) se les daba un par de zapatos de invierno, y otro por la Pascua de Resurrección. El calzado viejo era devuelto para su reparación y posterior entrega a los novicios o a los pobres[24].

El reparto de zapatos a los pobres tenía lugar, por regla general, todos los domingos del año, y se efectuaba en la portería del convento. Según el anónimo biógrafo del prior fray Marcos de Herrera, cada año se daban tres mil pares de zapatos «a los pobres peregrinos y pasajeros»[25].

23 *Las Memorias Sepulcrales...*, vol. II, pp. 718-719.
24 *Ibid.*, vol. I, pp. 117-118.
25 *Fray Marcos de Herrera y la reedificación...*, p. 99.

FAUNA MONÁSTICA

Además de seres humanos, vivían en el monasterio y en su entorno todo tipo de animales. Algunos han quedado en mera leyenda, como el perro negro. Otros muchos eran domésticos y vivían en el interior del edificio, como gatos, perros, pájaros, etcétera. Varias especies dieron un toque exótico en algún momento puntual: mono, rinoceronte, elefante, tortuga, camello... Una enorme cantidad (algunas especies se contaban por miles) se criaban para consumo propio de la comunidad o para la venta: vacas, ovejas, gallinas, cerdos..., de los que se aprovechaba la carne, la leche, la lana, la piel, etcétera. Por último, buen número de animales se emplearon en trabajos de diversa índole —principalmente agrícola y de transportes— como los bueyes, mulas y caballos.

En otro ámbito, como es el cinegético, coexistieron en el entorno escurialense una gran cantidad y variedad de animales salvajes, unos considerados presas y otros alimañas, es decir, enemigos de las presas: ciervos, corzos, jabalíes, lobos, zorros, serpientes y hasta quizás algún oso, último superviviente de una región antaño rica en esta especie.

ANIMALES LEGENDARIOS: EL PERRO NEGRO

La conocida como «leyenda del perro negro» ha despertado en tiempos recientes el interés de los círculos relacionados con el ocultismo y lo misterioso e «inexplicable». Según la narración de fray Juan de San Jerónimo —después recogida por Sigüenza—, testigo presencial de los hechos, tal leyenda tuvo un origen, un desarrollo y un final. Pero a pesar de ello, muchos se empeñan en la existencia y pervivencia incluso en nuestros días.

Para empezar, San Jerónimo no habla de un perro «negro» en ningún momento, sino de un perro «aullador». Es Sigüenza quien especifica el

referido color[1], seguramente como detalle oscuro agregado por la inventiva popular que creó y alimentó la leyenda. Así pues, esto es lo que refiere
San Jerónimo, comenzando por el final de la historia:

> En 25 de agosto de 1577, domingo en la noche, entre las dos y las tres
> horas después de dichos Maitines en el coro, mandó nuestro padre prior
> fray Julián de Tricio a fray Antonio de Villacastín, el obrero, que ahorcase
> el perro aullador, el cual perro (estando el rey nuestro señor y las personas
> reales durmiendo y los padres de la casa en Maitines) empezó tan triste y
> dolorosamente a aullar y gemir que no dejaba dormir a Sus Majestades y
> ponía temor a los padres que estaban en Maitines, los cuales se miraban
> unos a otros sin se hablar en el coro; y el dicho fray Antonio de Villacastín
> se salió del coro con un fraile mozo y bajóse para el jardín, donde estaba
> metido en la capilla de las escaleras, a cuya causa resonaba mucho más su
> triste y penoso aullido, y allí le cogió con harto temor y le subió a lo alto
> del claustro principal junto a la casa de las capas, y allí le ahorcó delante
> de los frailes.

Inmediatamente después, procede el cronista a indicar el origen y pro-
pagación de la leyenda, ocurrido tres meses antes, en mayo de ese mismo
año, cuando vino la Corte al monasterio:

> Se comenzó a publicar que andaba un perro de noche por todo el Sitio
> del monasterio dando grandes aullidos, que ponía a toda la gente que en él
> estaba miedo, pensando que era alguna ánima que andaba en pena, a cuya
> causa se decían muchas boberías de parte de todo género de gentes, y esto
> fue público no solamente por esta tierra, pero por toda España, que no se
> trataba por caminos, villas y lugares, sino esto del perro que andaba en San
> Lorenzo, de que echaban muchos juicios temerarios contra el rey y contra
> los frailes de San Lorenzo y otras personas de autoridad, etc.

Prosigue San Jerónimo proporcionando detalles sobre las circunstancias
de la historia: al parecer, los monjes no la habían creído porque nunca
escucharon al perro hasta dicha noche del 25 de agosto «y como se halló
malhechor y se entendió ser perro conocido, que entre día andaba por
casa y con las damas de la reina, se entendió por burla todo lo que se
había dicho». Era un perro del marqués de las Navas, que andaba perdido
buscando a su amo.

Finalmente, apostilla el cronista que «con la muerte deste inocente se apa-
ciguó y se calló todo lo que se decía; aunque el principal callar fue porque
el rey don Felipe nuestro señor abajó al reino un millón y doscientos mil

---

1 SIGÜENZA, fray José de: *Historia...*, vol. II, p. 480.

ducados de las alcabalas que le pedía, con las cuales se empezó a quietar, que estaba muy alterado por pedirles las dichas alcabalas y llevarle diez a uno»[2].

ANIMALES DOMÉSTICOS: PERROS, GATOS, PÁJAROS...

De la presencia de perros, gatos y pájaros por los claustros del monasterio nos informan diversos documentos, algunos de ellos pictóricos. Lo que se deduce rápidamente es que campaban a sus anchas por todo el edificio, poniendo a veces en peligro la limpieza de los suelos. Es por ello que hallamos diversas referencias y advertencias sobre la limpieza de las inmundicias de gatos y perros, misión encargada, una vez más, a los novicios, quienes junto con esto debían limpiar las telarañas y los nidos de golondrinas de los claustros[3].

José Gómez de Navia: *Escalera principal del real Monasterio de San Lorenzo, mirada desde el descanso o mesilla del medio*, 1800. Detalle con monje, criado y perro.

Aunque la mayoría de **perros** que vivían en el monasterio estaban dedicados al trabajo en la caza y con los rebaños (véase más adelante), también había algunos canes de compañía, propiedad de los religiosos o de los huéspedes y visitantes.

Al igual que los perros, los **gatos** abundaban en el monasterio y sus inmediaciones. Por un lado eran muy valiosos en la lucha contra los roedores, pero al mismo tiempo podían producir malestar, daños y desperfectos en algunas dependencias del monasterio. Por ejemplo, en un documento del siglo XVII se advierte al monje que tenía el cargo de enfermero segundo que cerrase bien las ventanas de las celdas bajas por las inoportunas visitas de gatos, que entran «a dormir en las camas y lo ensucian todo»[4]. Los

---

2 SAN JERÓNIMO, fray Juan de: *Memorias…*, pp. 203-205.
3 Archivo General de Palacio, Patronatos de la Corona, Leg. 1715. *Costumbres de [1575]*, ff. 146r-146v.
4 Archivo General de Palacio, Patronatos de la Corona, Leg. 1715. *Borradores de Costumbres [s. XVII]*, Cuaderno Ia, f. 10v.

Una de las puertas laterales del refectorio conventual, donde se aprecia una gatera, por donde entraban y salían los gatos del monasterio. Foto: Luis Sánchez.

novicios estaban encargados de ponerles un plato de sopas en el refectorio de los monjes[5], al cual accedían a través de las gateras de sus puertas.

Algunos gatos vivían en las celdas de los monjes, como por ejemplo el que tenía el prior en 1575[6]. También el conocido músico del monasterio fray Antonio Soler (1729-1783) tenía un gato muy peculiar, pues reaccionaba de forma muy sensible a la buena música y, sobre todo, a la mala; así lo refiere José Teixidor, testigo del caso:

> Esto se nos haría del todo increíble, si nosotros mismos no hubiésemos observado una cosa casi igual en un gato que tenía el padre fray Antonio Soler, maestro de capilla y organista del Real Monasterio del Escorial. El tal animalito se mostraba tan sensible a la armonía simultánea que aun estando dormido al amor de la lumbre en lo más erizado del invierno, lo mismo era oír modular a su amo u otro alguno de sus discípulos que lo hiciese con alguna semejanza, que dejando el lugar que ocupaba se colocaba encima del clave, aplicaba su oído y se quedaba inmóvil; pero si el modulante

5 Real Biblioteca del Monasterio de El Escorial, J-II-29. *Libro que contiene las costumbres, y oficios, que se guardan, y practican en el Noviciado del Real Monasterio de San Lorenzo. Se copió año de 1800,* p. 456.

6 Real Biblioteca del Monasterio de El Escorial, 187-II-10. *Gastos de la Procurac[ió]n. 1575,* f. 514r.

desbarraba saltaba como un rehilete, y si por humorada se proseguía haciendo sonar el instrumento desordenadamente, llegaba a enfurecerse si no hallaba la puerta de la celda abierta para escaparse. Puede ser que todavía haya algunos sujetos en Madrid que fuesen testigos de tal fenómeno, principalmente de los que seguían por los años de 1770 las jornadas.[7]

Además de gatos, también gustaban los monjes de criar **pájaros** en sus celdas, quizás por sus armoniosos cantos. Pero esto solo estaba permitido a los religiosos de cierta edad, no a los nuevos y novicios: «a ningún nuevo ha de consentir el maestro [...] criar pájaros ni tener otros derramamientos»[8]. Las primeras noticias al respecto corresponden a 1575, cuando fueron adquiridos «dos capiteles de jaulas para unos pájaros de la celda de nuestro padre»[9]. A partir de ahí son abundantes las referencias a la adquisición de jaulas o alpiste para pájaros.

ANIMALES PARA EL CONSUMO:
OVEJAS, GALLINAS, CERDOS...

Las especies de animales que criaba la comunidad conventual para el consumo eran las habituales en la sociedad de la época (no muy distintas a las nuestras), si bien se distinguían bastantes géneros de aves y, sobre todo, en algunos casos —ovejas, vacas— destaca la cantidad (a veces, por miles), pues además del «gasto de casa» también se comercializaba con determinados animales o sus productos, como es el caso de la lana de oveja.

Ya se ha hablado en otro capítulo sobre el privilegio concedido al monasterio por Felipe II para que pudiese traer y pastar por todo el reino quince mil cabezas de ganado ovino, mil de cabrío, quinientos bueyes y vacas, y quientos cerdos[10]. De todos ellos, el monasterio se reservaba un cierto número para su consumo propio.

En el caso de las quince mil cabezas de **ovejas** y **carneros** que tenía en propiedad el monasterio, unas quinientas eran criadas en las fincas cercanas —Herrería, Fresneda, Dehesón y Radas— para el consumo del convento. En 1601 ordenó Felipe III a los monjes que no metiesen en dichas tierras más que «500 carneros, pocos más o menos, para el gasto del convento»[11]. El resto eran usados para la producción de lana. En este sentido, fue famosa la ganadería de ovejas merinas del monasterio por su lana

---

7   Biblioteca Nacional, Mss. 14.060/14. TEIXIDOR, José: *Fragmentos autógrafos*.
8   Archivo General de Palacio, Patronatos de la Corona, Leg. 1715. *Costumbres de [1575]*, f. 147r.
9   Real Biblioteca del Monasterio de El Escorial, 187-II-10. *Gastos de la Procurac[ió]n. 1575*, f. 515v.
10 ZARCO, Julián: *Los jerónimos...*, p. 28.
11 *Libro de los Actos Capitulares...*, vol. I, p. 166. Acto Capitular de 7-VIII-1601.

Ruinas de una casa en El Tobar, probablemente perteneciente a los jerónimos de El Escorial. Foto: Gustavo Sánchez.

de gran calidad, que fue mejorando con ciertas operaciones que realizó la comunidad a lo largo de los años.

Se intentó, además, poner una fábrica de queso de oveja en lo alto de la sierra de Malagón, en la casa del Tobar, pues se criaban muy bien allí las ovejas. Pero, según la documentación jerónima, no funcionó «por ser el sitio destemplado en el mes de mayo y junio, cuando el queso se hacía»[12].

La cría de **cabras** ya se dispuso en los años fundacionales, la cual debía llevarse a cabo en San Saturnín y Quexigar[13]. En un capítulo conventual de 1601 se pide al rey licencia «para que más cabras puedan andar por lo alto de la sierra de Cuelgamuros, como lo han hecho en los altos de la Herrería y lo hacen sin perjuicio de la caza»[14]. Aunque seguramente concedió el rey tal licencia para las mil cabras que poseía el convento, también hubo algunas cabras en el monasterio —en los corrales de la Compaña—, seguramente para una pequeña producción de leche y de queso. Por ejemplo, en 1603 había nueve cabras, y en 1606 tan solo tres[15].

El **ganado vacuno** era muy abundante en el monasterio y sus tierras. El punto de partida son las cien reses adquiridas por Felipe II a los Villalba cuando compró el Quexigar, las cuales se criaron en la Fresneda y pronto se multiplicaron cruzándose con toros de El Espinar (Segovia) hasta superar las mil cabezas[16]. Pero en 1601 Felipe III limitó su número

---

12 Citado por RAMÍREZ ALTOZANO, José Javier: *Historia de los bosques reales…*, p. 223.
13 *Ibid.*, p. 55.
14 *Libro de los Actos Capitulares…*, vol. I, p. 166. Acto Capitular, 7-VIII-1601.
15 Real Biblioteca del Monasterio de El Escorial, 187-I-1. *Libro del estado de los officios desta casa de Sant Lor[enz]o el Real que se hiço en primero de julio del año de mill y qui[nient]os y nouenta y vno al prinçipio del priorazgo de Nro. Pe. fray Diego de Yepes [hasta 1672]*, ff. 58r y 75r.
16 Véase RAMÍREZ ALTOZANO, José Javier: *Historia de los bosques reales…*, p. 54.

Fernando Brambilla: *Vista general tomada de la portillera llamada del Cacerón, camino de Valdemorillo al levante y mediodía,* ca. 1824. Detalle de cabras y ovejas. Madrid, Patrimonio Nacional.

Fernando Brambilla: *Vista general de San Lorenzo, tomada en la inmediación de la huerta del Castañar al mediodía,* ca. 1824. Detalle de vacas. Madrid, Patrimonio Nacional.

a ochocientos[17], pues no era aconsejable el exceso de este ganado en las zonas de pastos que eran a la vez cazaderos reales.

La vaca, aparte de su principal destino —el consumo de leche o carne—, en algún curioso y divertido caso fue además animal de compañía. Sucedió a fray Francisco de San Miguel (ca. 1587-1658), quien «saliendo un día a campo se agradó de una vaca y pidió licencia para comprarla; la domesticó tanto que cuando la llamaba, se venía a la mano, la acariciaba y siempre tenía qué darla y con esta sola y de su cría juntó treinta y seis cabezas»[18].

La cría de **cerdos** era fundamental en la economía doméstica del monasterio, pues prácticamente las quinientas cabezas que poseía estaban destinadas al consumo propio. Los diferentes embutidos y el tocino extraídos del cerdo se conservaban durante varios meses tras el periodo de la matanza (habitualmente, en noviembre o diciembre) y configuraban una buena parte de la base alimenticia de la comunidad conventual. Pero en

---

17 *Libro de los Actos Capitulares…*, vol. I, p. 166. Acto Capitular, 7-VIII-1601.
18 RODRÍGUEZ, Francisco de Paula. *Monjes jerónimos…*, p. 132.

1764 la comunidad decidió vender todo el ganado de cerda que poseía en el Espadañal porque, al parecer, se perdía dinero. Sin embargo, no debió de ser positiva la experiencia, pues en 1771 se acuerda volver a criar cerdos en la citada finca[19].

Existe una divertida noticia «porcina» sucedida en 1567, hallada entre los gastos de dicho año: «pagué cinco reales a uno de Colmenar del Arroyo por traer un puerco que se cansó en una carreta»[20].

En el ámbito de las **aves gallináceas** hallamos una gran variedad en el monasterio y su entorno: gallinas «castellanas», gallinas de Guinea, francolines, faisanes y pavos. Las **gallinas de Guinea** o «pollos de las Indias» son las primeras en aparecer en la documentación escurialense. Almaguer se refiere a ellas con mucho cariño, y en una carta de 1567 afirmaba que «los pollos de las Indias llegaron buenos y los demás y estos andan regocijados, se huelgan en la huerta de bajo, donde los he acomodado»[21]. Dos semanas más tarde informaba satisfactoriamente de que los pollos de las Indias estaban «muy contentos y gordos»[22].

No sabemos si prosperaron todas estas gallinas de Guinea, pero sí las **gallinas castellanas**, de las que en 1606 había en la Compaña un total de trescientas sesenta: sesenta gallinas y gallos y trescientos pollos[23]. La gallinería de la Compaña estaba ubicada en el patio, junto al palomar. En esta gallinería aconteció una curiosa anécdota en 1671, y es que el capítulo conventual ordenó que se cortasen los morales que en ella había, por ser «dañosos para las gallinas por comer moras y morirse muchas gallinas por esta causa»[24].

El **francolín** es una ave gallinácea de pequeño tamaño en la que hubo mucho interés durante los primeros años del monasterio, sobre todo por parte de Felipe II. En 1566 se trajeron varios ejemplares de Valencia, según informaba el propio rey, quien ordenaba que los llevasen a la Fresneda y que «avisen después si los ven o oyen cantar»[25]. A partir de ahí se cruzan

19 Véase Ramírez Altozano, José Javier: *Historia de los bosques reales...*, p. 267.

20 Real Biblioteca del Monasteriode El Escorial, 186-II-12. *Gastos de Procuracion. Año 1565 [hasta 1568], f. 31v.*

21 Archivo General de Simancas, Casas y Sitios Reales, 258, 379. *Carta de Almaguer al Secretario, 18-VII-1567.*

22 Archivo General de Simancas, Casas y Sitios Reales, 260, 411. *Carta de Andrés de Almaguer a Pedro de Hoyo, 1-VIII-1567.*

23 Real Biblioteca del Monasterio de El Escorial, 187-I-1. *Libro del estado de los officios desta casa de Sant Lor[enz]o el Real que se hiço en primero de julio del año de mill y qui[nient]os y nouenta y vno al prinçipio del priorazgo de Nro. Pe. fray Diego de Yepes [hasta 1672], f. 85r.*

24 *Libro de los Actos Capitulares...*, vol. I, p. 783. Acto Capitular de 10-V-1671.

25 Archivo General de Simancas, Casas y Sitios Reales, 260, 385. *Carta de Andrés de Almaguer a Pedro de Hoyo, 28-IV-1566.*

Alfred Guesdon: San Lorenzo de El Escorial, vista tomada del camino del palacio de arriba, 1855. Detalle que muestra la ubicación de la gallinería.

Alfred Guesdon: San Lorenzo de El Escorial, vista tomada del camino del palacio de arriba, 1855. Detalle que muestra la ubicación del palomar.

una serie de cartas entre el monarca y Almaguer sobre el acomodamiento y el canto de estas aves, que una vez más confirman el enorme interés de Felipe II por la fauna y la naturaleza del entorno escurialense. Después de 1568 ya no hay más noticias sobre francolines, por lo que probablemente no pudieron adaptarse a su nuevo entorno y desaparecieron.

Con los **faisanes** sucedió algo similar. Llegaron en 1566 y aún seguían en 1567[26], pero después de esa fecha nada más se sabe, por lo que probablemente acabaron por desaparecer.

Y por último, trataremos de otra especie de aves criadas en el monasterio: las **palomas**. Parece que fueron introducidas a finales del siglo XVII, bajo el mandato del prior fray Marcos de Herrera, es decir, entre 1672 y 1678. Se construyó además un palomar en la Compaña, en la esquina noroeste, «que se componía de más de dos mil palomas»[27]; después fue

---

26 Archivo General de Simancas, Casas y Sitios Reales, 260, 391. *Carta de Andrés de Almaguer a Pedro de Hoyo, 22-VI-1566.* Archivo General de Simancas, Casas y Sitios Reales, 260, 415. *Carta de Andrés de Almaguer a Pedro de Hoyo, 27-XI-1567.*

27 *Fray Marcos de Herrera y la reedificación…*, p. 95.

ampliado hasta tres mil trescientos catorce nichos y se ha conservado hasta nuestros días[28].

ANIMALES EXÓTICOS: MONOS, CAMELLOS, ELEFANTE, RINOCERONTE...

En otros tiempos, ciertos animales que hoy en día nos parecen muy cercanos y conocidos —al menos, a través de los medios de comunicación—, resultaban enormemente exóticos a los ojos de nuestros antepasados. Eran animales que procedían, lo más cerca, del norte de África, y su traslado a España precisaba ser realizado casi siempre por vía marítima, que en algunos casos duraba varios meses y que nunca ofrecía garantías de éxito, debido a los peligros del mar.

En 1564 anduvo por el monasterio un **mono**, o mejor dicho, una mona. Pertenecía a la real familia, concretamente a la infanta Isabel Clara Eugenia, y el animal se quedó durante un tiempo en El Escorial. El 20 de octubre fue devuelto a sus dueños, siendo Travieso —sin duda, un criado— el encargado de ir «al Bosque de Segovia a llevar la mona»[29].

A mediados del siglo XVII aparecen en el monasterio **camellos** o, quizás más bien, dromedarios, con fines laborales. Todo indica que se trató de adaptarlos al clima y ecosistema escurialenses para la realización de trabajos relacionados con el transporte. Se tiene conocimiento de ello a través de una carta escrita por el prior en mayo de 1653, en la que expresa su agradecimiento por «los cuatro camellos que Vuestra Majestad nos ha hecho merced para el servicio de esta su real casa, y para que multipliquen, si se hallan bien en estos bosques»[30]. Dicho año los trajeron de Aranjuez, y se contrató a un mozo para que estuviese a su cuidado[31]. Pero después ya no se vuelve a tener noticia de los camellos, al menos en las fuentes documentales, porque si nos fiamos de la imagen que aparece en el cuadro del gran incendio del monasterio, todavía había algún camello en 1671.

En 1583 envió Felipe II un **elefante** y un **rinoceronte** al monasterio para entretenimiento y diversión de los monjes, criados y niños. Primero llegó el elefante:

> En 9 días del mes de octubre de 1583 años por mandado de Su Majestad, trujeron de Madrid un elefante para que le viesen los padres desta casa.

---

28 BERMEJO, fray Damián: *Descripción...*, p. 352.

29 Real Biblioteca del Monasteriode El Escorial, 186-II-12. *Gastos de Procuracion. Año 1565 [hasta 1568]*, f. 101v.

30 Publicado por Gregorio de Andrés en *Correspondencia epistolar entre Felipe IV...*, p. 192.

31 Real Biblioteca del Monasterio de El Escorial, 187-II-17. *Gastos de la Procuracion. Año 1645 [hasta 1658]*, f. 266v.

Anónimo: *Incendio del monasterio de El Escorial en 1671*, siglo XVII (Madrid, Museo del Prado). Detalle de un camello o dromedario realizando trabajos de carga.

Alonso Sánchez Coello: *Isabel Clara Eugenia y Magdalena Ruiz*, 1585-1588 (Madrid, Museo del Prado). Detalle de dos monos de compañía.

> Entró en el jardín a las dos horas después de mediodía; venía un negro caballero en el pescuezo, que le guiaba. Hizo delante de Su Majestad todas sus habilidades de hacer reverencia y echarse en el suelo y tomar frutas con la trompa, y luego le metieron por los claustros de la casa y entró en la cella de nuestro padre [prior] y de allí le llevaron al Colegio por los claustros muy doméstico. Y otro día después le tornaron a traer y subió por la escalera principal a los claustros altos de los treinta pies y entró en la cella del padre vicario y hizo allí lo que el negro le mandaba.[32]

Queda patente que el paquidermo cayó en gracia y tuvo acceso a todo el edificio, además de ser largamente obsequiado. Por el contrario, el rinoceronte no fue considerado tan agradable y simpático:

> En 16 de octubre de 1583 metieron por mandado de Su Majestad el rinoceronte en el jardín para verle dende allí, y como venía caluroso le echaron en el cuerpo y cabeza muchos cubos de agua con que se refrescó y de contento se revolcó en el suelo y gimió. Es animal feo, melancólico y triste; está como armado. Es animal ingrato y desconoscido que no conoce a los que le hacen bien porque para darle de comer se lo echan por detrás dél.[33]

Un nuevo elefante visitó el monasterio casi dos siglos después, en 1773. Regalado por el rey de Filipinas a Carlos III, llegó a Cádiz desde Manila en la fragata *Venus*. Desde Cádiz fue trasladado a la Granja de San Ildefonso, donde estaban el rey y la Corte; posteriormente, el 9 de octubre, fue remitido a San Lorenzo, para regocijo de la comunidad. Es en esta

---

32 San Jerónimo, fray Juan de: *Memorias…*, pp. 368-369.
33 *Ibid.*, p. 369.

Francisco de Goya y Lucientes: *Disparate de bestia*, 1815-1819. Grabado. Parece muy probable que Goya dibujase este elefante del natural, tomando como modelo el ejemplar que estuvo en Madrid y en el monasterio.

parte de la aventura paquidérmica en la que se centra el cronista fray Juan Núñez, de la que extraemos algunos fragmentos:

> Llegado el día 11 [de octubre] se concedió franco permiso para que por la escalera de la cantina de la Sacristía, que sale a las rejas de la Secretaría de Estado bajasen los monjes del convento, Noviciado y Colegio desde las 8 de la mañana en adelante a la plaza o picadero del Bosquecillo [...]. Entró pues el elefante por la puerta del Carpio o Verdes y subió a la citada plaza muy ataviado y adornado de varios paños [...]. Puesto el elefante a presencia de nuestro padre y comunidad hizo sus cortesías arrodillándose, y después de puesto en pie dio un gran bramido, como que saludaba a los circunstantes; le montó el indio Francisco de la Cruz, se echó en el suelo tendido a la larga y tomó con la trompa cuantos comestibles le ofrecían, significando y explicando mayor gusto y agrado con los que tenían algo de dulce.
>
> Este mismo día a las 3 de la tarde entró por el pórtico y portería del convento, subió por la escalera principal, entró en la celda prioral, que es la de en medio del claustro por la banda de mediodía, y en la vicarial, que es la que media entre aquélla y el arca, en donde le regalaron frutas, bollos y sequillos, de todo lo que dio cuenta en breve, llevándolo a la boca con la trompa y repitiendo las genuflexiones y saludos que en el Bosquecillo, salió a los claustros, se paseó por ellos, visitó la Librería, bajó por la escalera principal, en cuyas repisas se comió muchas sandías y melones asegurándolos con la mano, despedazándolos con la trompa, y con la misma los llevaba a la boca sin desperdiciar cáscara; y desde allí, sacándole por las mismas puertas por donde había entrado, le condujeron por el Sitio a su posada. [...]
>
> El 16 repitieron traerle por la puerta del pórtico [...], entró en el convento, celda prioral y Librería [...]. De la Librería le condujeron a la fuente del claustro de la portería, bebió con la trompa y con la misma roció y aspergió

muy bien a la comitiva. Intentó repetidas veces meterse en el pilón, y aun llegó a entrar una mano, mas a la voz del indio (a quien parece tiene jurada obediencia) desistió del empeño.

El día 17 salió a la Herrería y tuvo particular gusto en coger con la trompa zarzamoras, que le daban los estudiantes, y saborearse muy bien con ellas. El 18, por haber corrido la voz de lo que el 16 había practicado en la fuente de la portería, quisieron los príncipes e infantes le trajesen al jardín del claustro principal; en efecto vino. Bajaron Sus Majestades a dicho jardín y luego se entró en uno de sus estanquillos, en donde se bañó tan a su satisfacción que fue necesario se metiese el indio en el estanquillo y le picase muy bien para que saliese del agua, dejando dicho estanquillo mal parado por sus enredos con la trompa y pesadez de sus miembros.[34]

ANIMALES PARA EL TRABAJO:
CABALLOS, BUEYES, ACÉMILAS...

Para las diversas tareas agrícolas y ganaderas, así como para los transportes de personas y materiales para la construcción y mantenimiento del monasterio fueron utilizados distintos animales: mulas, caballos, bueyes, etcétera.

La **mula** fue con mucho el medio de transporte más empleado entre los monjes de El Escorial y del resto de monasterios de la península. Son muy frecuentes las alusiones a este animal en los libros de cuentas del monasterio, casi siempre en relación con viajes de monjes. Había alrededor de una docena de mulas en las cuadras monásticas, según un inventario de 1603[35], una cifra que no debió de variar mucho durante toda la etapa jerónima del monasterio.

A veces, por alguna razón, se extraviaban, y no siempre se recuperaban, pero en algunas ocasiones había suerte, como en 1580, que se pagó un real «a un hombre que trajo una mula de silla desde el Peralejo, que andaba perdida»[36]. O en esta otra, setenta años más tarde, aunque el coste fue bastante mayor, ya que se pagaron cien reales por el «hallazgo de la mula que se perdió en Madrid»[37].

---

34 *Ibid.*, folios insertados entre los folios 172 y 173 del manuscrito original de fray Juan de San Jerónimo, aunque de distinto autor.

35 Real Biblioteca del Monasterio de El Escorial, 187-I-1. *Libro del estado de los officios desta casa de Sant Lor[enz]o el Real que se hiço en primero de julio del año de mill y qui[nient]os y nouenta y vno al prinçipio del priorazgo de Nro. Pe. fray Diego de Yepes [hasta 1672]*, f. 61r.

36 Real Biblioteca del Monasterio de El Escorial, 187-II-12. *Gastos de la Procur[ació]n. 1579 [hasta 1582]*, f. 184r.

37 Real Biblioteca del Monasterio de El Escorial, 187-II-17. *Gastos de la Procuracion. Año 1645 [hasta 1658]*, f. 267r.

Francisco de Paula Van-Halen: *Escorial desde la cruz llamada de la horca*. Detalle del grabado que aparece en *España pintoresca y artística*, 1843, donde se aprecia a dos monjes jerónimos en mula.

El préstamo de mulas era algo corriente en la época, pero cuando había daños o desperfectos en los animales podían surgir desavenencias entre las partes implicadas, que incluso llegaban a derivar en pleitos. Así sucedió en 1581 con motivo de una mula alquilada en Valladolid para ir a Valencia, «porque la trajo manca»[38]. En otra ocasión quedó una mula en León, en casa de un clérigo, debido a que el monje murió en su casa; el avispado eclesiástico «se había quedado con la mula, vestuario y alhajas del dicho padre a cuenta de lo que con él había gastado en la enfermedad, medicinas y entierro»[39].

Por último, cabe referir un dato anecdótico y de carácter humorístico que figura en las cuentas del año 1568, donde el padre procurador anotaba el 13 de junio que pagó «de afeitar la mula medio real» y «de afeitarme yo dos reales»[40].

Aunque a veces lo empleaban, no era el **caballo** el animal más común sobre el que viajaban los jerónimos, sino más bien los mozos de espuelas, dedicados a hacer recados y llevar correos de una parte a otra, para lo que la velocidad era un factor importante. No obstante, el padre campero, por su oficio de vigilancia en los bosques del monasterio, iba siempre a caballo. De fray Pedro de San Francisco (1718-1764), padre campero muchos años, se dice que «salía muchos días sin desayunarse a dar vuelta a los bosques y

---

38 Real Biblioteca del Monasterio de El Escorial, 187-II-12. *Gastos de la Procur[ació]n. 1579 [hasta 1582]*, f. 186v.

39 *Libro de los Actos Capitulares…*, vol. I, p. 474. Acto Capitular de 10-XI-1633.

40 Real Biblioteca del Monasterio de El Escorial, 186-II-12. *Gastos de Procuracion. Año 1565 [hasta 1568]*, f. 41r.

demás cosas de su obligación, y por lo regular comía encima del caballo o a la sombra de un árbol»[41].

En un inventario de 1606 se cuentan hasta cincuenta y dos caballos en el monasterio: treinta y seis yeguas, dos caballos sementales y quince potros[42]. El convento se dedicó por un tiempo a la cría caballar, pero en 1611 determinó que dada su poca utilidad y mucho gasto, «se vendiesen yeguas y garañones y las crías que había de mal pelo y serranas, dejando solamente una docena de yeguas para las crías caballares, como antes había para servicio de la casa»[43].

Por otro lado, los **burros** y **burras** eran fundamentales para el cruce con yeguas y caballos para la obtención de mulas. En 1603 había dos machos y dos hembras, «la una parida» y en 1642 dos hembras[44], por lo que imaginamos que el número de estos animales era más bien bajo. Hubo, sin embargo, algún momento en el que la población de pollinos fue mayor, pues se utilizaron para traer el cereal de Párraces; pero en 1627 se decidió poner en venta los veinticuatro burros que se usaban para este transporte, ya que «habiendo procurado traer con la dicha recua de los pollinos gente conocida, no han guardado ni guardan la fidelidad que se pretende, porque se ha sabido que venden, truecan y experimentado en ayuda, paja y avena en lugar de lo que han sacado, y allende desto se han muerto y mueren muchos, y se mancan por andar siempre por sierras y puertos»[45].

Como ya se ha visto en el capítulo dedicado a la construcción del monasterio, los **bueyes** eran animales fundamentales para el tiro de las carretas. Tras la finalización de las obras, quedaron en el convento cincuenta pares de bueyes (es decir, la mitad de los que había) para las tareas ordinarias y extraordinarias[46], pero no debían estar expuestos a excesivos trabajos —como portes de sal y otras materias pesadas—, sobre todo en el tiempo de la recogida de hierba, de modo que no se faltase «a lo principal de la comunidad ni el ganado se eche a perder»[47].

41 *Las Memorias Sepulcrales...*, vol, II, p. 637.
42 Real Biblioteca del Monasterio de El Escorial, 187-I-1. *Libro del estado de los officios desta casa de Sant Lor[enz]o el Real que se hiço en primero de julio del año de mill y qui[nient]os y nouenta y vno al prinçipio del priorazgo de Nro. Pe. fray Diego de Yepes [hasta 1672]*, f. 86v.
43 *Libro de los Actos Capitulares...*, vol. I, p. 257. Acto Capitular de 28-I-1611.
44 Real Biblioteca del Monasterio de El Escorial, 187-I-1. *Libro del estado de los officios desta casa de Sant Lor[enz]o el Real que se hiço en primero de julio del año de mill y qui[nient]os y nouenta y vno al prinçipio del priorazgo de Nro. Pe. fray Diego de Yepes [hasta 1672]*, ff. 61r y 143r.
45 *Libro de los Actos Capitulares...*, vol. I, p. 413. Acto Capitular de 7-VII-1627.
46 RAMÍREZ ALTOZANO, José Javier: *Historia de los bosques reales...*, p. 60.
47 Archivo General de Palacio, Patronatos de la Corona, Leg. 1715. *Costumbres de 1736*, Copia B, f. 82v.

Bueyes en las dehesas cercanas al monasterio.

En caso de padecer alguna enfermedad no se escatimaba en esfuerzos para su cura, como en 1744, que se pagaron ciento sesenta y cuatro reales «por una receta que trajo el herrador de la Ribera en dos ocasiones para curar los machos del arria, que estaban con sarna», y ciento cincuenta reales y veinte maravedís «que se dieron al maestro de albeitería [veterinario], que estuvo 14 días curando los machos que tenían sarna». Aún seguían en tratamiento tres meses más tarde, pues de nuevo se pagaron ciento noventa reales «al herrador de la Ribera por dos recetas que trajo para curar los machos de la sarna»[48]. Una de dos: o la enfermedad persistía o la receta era poco efectiva.

ANIMALES PARA LA CAZA: PRESAS Y ALIMAÑAS

La caza siempre fue muy abundante en los bosques y tierras cercanas al monasterio. Por ser un medio de alimentación al tiempo que una diversión para los reyes y la Corte, fueron muchas las disposiciones para el cuidado de la caza en los bosques de El Escorial, tanto en lo referido a las propias presas como a la eliminación de sus enemigos naturales: las «alimañas». Todo lo relativo a la caza se comenzó a regular por cédulas reales en 1565, con la creación del Bosque Real de San Lorenzo[49]. Pero, al margen de la legislación y sus pormenores, hallamos una rica y curiosa información en las cartas de Almaguer, donde se ofrecen interesantes detalles, como se verá más adelante.

En las cacerías eran fundamentales los perros, criados en buen número en el monasterio. De hecho, había un criado llamado «perrero», cuyo trabajo debió consistir en cuidar y alimentar a los perros que había para la caza. Para los perros fueron habilitados unos corrales hacia 1770, situados

48 Real Biblioteca del Monasterio de El Escorial, 187-III-5. *Gastos de Procurac[i]on. Da principio año de 1715 hasta el de 1749*, s. f.

49 Véase RAMÍREZ ALTOZANO, José Javier: *Historia de los bosques reales…*, p. 45.

Perreras del monasterio. Grabado de la *Historia descriptiva... de Rotondo*, 1863.

Peter Snayers: *Cacería de Felipe IV*, 1636-1638 (Madrid, Museo del Prado). Detalle de venados.

en el camino a Guadarrama (hoy calle de Juan Bautista de Toledo, esquina con Cañada Nueva), conocidos como las «perreras».

Las principales **presas** de las cacerías escurialenses eran los **venados** (**ciervos**, **gamos** y **corzos**) y los **jabalíes**. Se trataba de caza mayor, llegando incluso a existir una referencia a la presencia de un oso en las inmediaciones del monasterio. En cuanto a la caza menor destacan los **conejos** y diversas **aves**.

Las dehesas cercanas al monasterio siempre gozaron de buena presencia de **venados**. Los **ciervos**, **gamos** y **corzos** corrían y saltaban en muy buen número por las tierras y montes próximos a El Escorial. Como es usual, en los comienzos del otoño se les escuchaba bramar, de lo que existen muchas referencias en la documentación epistolar. A veces se hallaban animales muertos, como el gamo hallado cerca de Valdemorillo en 1567, probablemente víctima de un disparo; lo trajeron unos carreteros que transportaban paja para el monasterio, y como no estaba para enviar a Madrid (es decir, al rey) «se aderezó en casa de los frailes para que lo aprovechen»[50]. Este solía ser el fin de la mayoría de las presas: la mesa, ya fuese de las cocinas reales o de las conventuales. De ello existen numerosos ejemplos; incluso a veces se pedían a la carta, como sucedió en 1817, cuando el mayordomo mayor de palacio solicitó «un corzo o corza de corto tiempo [...] para que se cace y remita a Palacio a la mayor brevedad, en

---

50 Archivo General de Simancas, Casas y Sitios Reales, 260, 412. *Carta de Andrés de Almaguer a Pedro de Hoyo, 26/28-IX-1567.*

Frans Snyders: *Jabalí acosado*, 1636-1639. Madrid, Museo del Prado.

el caso de haberlos en el término de ese Real Sitio, en inteligencia de que siendo para la mesa de Sus Majestades nada importa que venga muerto»[51].

Otra presa de la caza escurialense era el **jabalí**, una especie abundante (antes y ahora) por aquellas tierras. Se cuidaba mucho su alimentación —básicamente bellota— encargando al padre campero que en «el tiempo de la bellota ha de andar con más cuidado para conservarla para los jabalíes, y no la saquen los seculares, aunque sean criados de casa»[52]. De los numerosos ejemplos de jabalíes en el entorno del monasterio escogemos uno de 1566 consistente en una curiosa escena de caza, pero protagonizada no por hombres sino por los perros pastores del monasterio y detalladamente descrita por Almaguer:

> Ayer acaeció que los perros que andan con los carneros de los padres toparon con una jabalina tan flaca y vieja que no se defendió dellos y así la mordieron en las piernas y en otras partes hasta que la derribaron, y a los ladridos acudió fray Francisco, que estaba en la huerta con el hortelano, y envió a llamar a Villalobos que estaba en la obra y pareciéndoles que no podía vivir la degollaron, y hicieron bien porque era tan vieja que no tenía colmillos y los dientes gastados y bien se le parecía que no podía comer porque no tenía sino el armadura. Yo mandé que la trajesen al monasterio y no se podrá aprovechar de otra cosa sino del cuero. Pienso que es una puerca que dije yo a Su Majestad que la había topado esta semana muy flaca.[53]

51 Real Biblioteca del Monasterio de El Escorial, L, 3.15. *Carta del Mayordomo Mayor al Alcalde de San Lorenzo, 27-II-1817.*

52 Archivo General de Palacio, Patronatos de la Corona, Leg. 1715. *Costumbres de 1736*, Copia B, f. 83r.

53 Archivo General de Simancas, Casas y Sitios Reales, 260, 401. *Carta de Andrés de Almaguer a Pedro de Hoyo, 13-X-1566.*

La presencia de **osos** en los bosques cercanos a El Escorial está documentada en el *Libro de la Montería*, mandado escribir por Alfonso XI a mediados del siglo XIV. Dicho libro nos informa de que «Peguerinos es buen monte de oso en invierno» y de que «la Cabeza de la Herrería [la Machota Grande] es muy real monte de oso en verano et a veces en invierno»[54]. Pero no parece que la especie perdurase en tiempos más recientes, de modo que cuando comenzó a construirse el monasterio el oso era prácticamente una especie desaparecida del entorno escurialense. No obstante, existe un interesante dato

Thomas Bewick: *Oso bailando*, ca. 1800. Grabado.

hallado en un libro de cuentas del monasterio en el que el padre procurador indica que el 11 de octubre de 1567 pagó dos reales «a un hombre que traía un oso»[55]. Aunque pudo tratarse de un oso vivo usado como espectáculo circense ambulante por el hombre que lo traía, no queremos dejar de pensar en la posibilidad de que fuese uno de los últimos ejemplares capturados en los montes de El Escorial.

Hasta no hace mucho tiempo se consideraba a ciertas especies animales dañinas para la caza —a veces, también para el ganado— y se hacía lo posible por exterminarlos. En el entorno del monasterio, un «real cazadero» desde su fundación, se intentaba por todos los medios mantener a raya a todos estos animales, denominados **alimañas**. Por ello se pagaba a todo aquel que matase alguno, según un baremo más o menos establecido, siendo los lobos los más cotizados, y dentro de estos, las hembras, por su capacidad de multiplicar potencialmente la población.

Quizás el inicio de este método de recompensa por la caza de alimañas pueda estar en una carta escrita en 1568 por Almaguer al secretario real, en la que refiere la caza de cuatro zorros a manos de dos hombres y sugiere «que se les prometa alguna cosa por cada raposo que maten porque tengan cuidado y pongan diligencia en matallos, que cierto estos animalejos deben hacer grande daño y estrago en la caza»[56]. Al margen de la carta,

54 Citado por Ramírez Altozano, José Javier: *Historia de los bosques reales…*, p. 29.
55 Real Biblioteca del Monasterio de El Escorial, 186-II-12. *Gastos de Procuracion. Año 1565 [hasta 1568]*, f. 31r.
56 Archivo General de Simancas, Casas y Sitios Reales, 260, 418. *Carta de Andrés de Almaguer a Pedro de Hoyo, 22-II-1568.*

el secretario sugería que se les pagasen «hasta tres reales», a lo que añadía el rey «bien será». Unos días más tarde advertía Almaguer: «haré publicar hoy lo de los raposos porque los persigan por el premio que se les promete y así se les pagará»[57].

Además de los **lobos** y los **zorros**, también eran tratadas como alimañas otras especies, algunas de ellas en peligro de extinción hoy en día: **gatos monteses, linces, garduñas, culebras, ginetas, cernícalos** y **nutrias**. Para hacernos una idea, y según los libros de cuentas, entre 1721 y 1725 (cinco años) se dio muerte a un gato montés (posiblemente se tratase de un lince), diecinueve zorros (dieciocho hembras y un macho), veinte lobos (dieciocho machos y dos hembras), dieciséis camadas de lobos, trece garduñas y cuarenta y siete culebras (la mayoría víboras). Como se puede apreciar el número de lobos era muy elevado, y fue especialmente perseguido por Carlos III años más tarde. El monarca, según refiere Townsend, estaba obsesionado con la caza de estos animales:

> Toda caza es indiferente al rey; pero se siente sobre todo halagado por la idea de librar al país de lobos, de los que lleva una cuenta exacta; cuando yo estuve en El Escorial el número de los que llevaba muertos era 890. En cuanto se descubría uno a una distancia razonable, una multitud de personas, entre mil seiscientas y dos mil, según la extensión de la montaña, eran enviadas para vigilar la bestia, rodearla y encaminarla a algún sitio donde el rey pudiese tener la facilidad de matarla.[58]

---

57 Archivo General de Simancas, Casas y Sitios Reales, 260, 427. *Carta de Andrés de Almaguer a Pedro de Hoyo, 16-II-1568.*
58 TOWNSEND, John: *Viaje a España...*, vol. VI, pp. 128.

EL CLIMA

L as noticias y anécdotas referidas al clima en el entorno escurialense resultan de un interés muy especial, y podrían complementar o ser contrastadas con las recogidas en numerosos trabajos especializados sobre climatología histórica. Según esta disciplina, el periodo jerónimo de El Escorial (1563-1837) se encuentra dentro de lo que los climatólogos llaman la «Pequeña Era Glacial», que abarca desde finales del siglo XV hasta mediados del XIX[1], de ahí el predominio de fríos, lluvias y nieves.

Son muy abundantes este tipo de apreciaciones en la documentación escurialense, por cuanto el hombre de otras épocas vivía muy pendiente del clima y de su efecto en la tierra. La buena o mala cosecha era sinónimo de buena o mala alimentación, respectivamente, pero no solo por el cereal, fruta o verdura que se cultivaba, sino también por el sustento de los animales que se criaban de forma doméstica o salvaje en el entorno.

Cuando se habla del clima en la documentación escurialense, hallamos detalladas consideraciones sobre el calor, el frío, la lluvia, la nieve, las tormentas (rayos, centellas…) y el viento. Pero además, en ciertas ocasiones se habla simplemente de «temporal» o de «mal temporal», lo que parece indicar de un modo ambiguo cualquier circunstancia de fuertes vientos, lluvia o incluso nieve.

CALORES Y SEQUÍAS

Eran sin duda los excesivos calores y sequías la causa de las mayores desgracias en los cultivos del monasterio y de sus tierras circundantes, pues su persistencia solía conllevar terribles hambrunas.

---

1 Véase LINES ESCARDO, Alberto: "El Escorial y la meteorología", en *La ciencia…*, pp. 731-742.

Fray Juan de San Esteban:
*Nuestra Señora de Gracia o
de los Ermitaños.* Grabado
de 1690. La talla original fue
destruida en la Guerra Civil.

El invierno de 1601-1602 fue muy seco en el monasterio y sus tierras, pues se dice que a 2 de febrero todavía «no ha hecho frío, ni llovido muchos días, ni menos nevado, ni lo hará adelante, como se verá». En efecto, todavía el 5 de mayo «hacía tan buen tiempo y tanta calor que daba pena»[2].

Son muchas las noticias sobre sequías, pero quizás una de las peores sea la de 1734, «tan rigurosa que de ella procedió una universal falta de frutos y hierbas y por consiguiente despoblarse algunos lugares y haber muchos muertos de necesidad». En el monasterio «murieron de su cabaña merina más de 22.000 cabezas sin poder criar un solo cordero; de la cabaña vacuna estaban los bosques poblados de armazones y huesos y reses»[3].

Ante estas calamidades, el monasterio hacía rogativas, procesiones de letanías y otras liturgias similares con el fin de obtener del cielo la gracia de la lluvia. Ejemplo de ello lo hallamos en otra importante sequía, la de 1779, se hicieron «procesiones de letanías por la iglesia y cantando misas votivas, y no lloviendo, pusieron en el presbiterio el Santísimo Cristo de las Procesiones y a Nuestra Señora del Patrocinio y comenzóse un Novenario de misas votivas»[4]. El año siguiente fue incluso peor, por lo que además de las rogativas, procesiones y misas votivas, «trajeron a su capilla los del Sitio a Nuestra Señora de los Ermitaños […]; tuvieron a Nuestra Señora en el Sitio quince días y casi en todos ellos llovió, y el día de San Antonio determinaron volverla a su ermita»[5].

LLUVIAS

El exceso de agua de lluvia también podía provocar, aunque no en tal magnitud como la falta de ella, ciertos inconvenientes y destrozos en el

2 SEPÚLVEDA, fray Jerónimo de: *Historia…*, p. 274-278.
3 RODRÍGUEZ, Francisco de Paula: *Monjes jerónimos…*, p. 215.
4 *Directorio del Corrector…*, p. 316.
5 *Ibid.*, p. 317.

entorno del monasterio. Casi siempre lo más afectado eran los caminos circundantes, como sucedió a comienzos de 1581 en plena construcción del edificio, siendo forzoso «aderezar un pedazo de camino pasado el Peralejo, porque no podían pasar las carretas de casa por las muchas aguas»[6].

Otro año en el que al parecer hubo grandes avenidas de agua en el entorno escurialense fue el de 1587, según se deduce de la noticia ofrecida por fray Juan de San Jerónimo sobre la llegada de las personas reales desde Segovia el 27 de octubre, quienes «se vieron en gran trabajo de pasar los arroyos y río de Guadarrama por ir muy crecidos, que fue necesario apearse las personas reales de sus coches para pasar una pontezuela que hicieron en un arroyo cerca del Campillo»[7].

Especial daño hicieron al monasterio las continuas lluvias acompañadas de fuertes rachas de viento ocurridas en abril de 1674, en plena reconstrucción del edificio tras el incendio de 1671, pues «como la mayor parte de las cubiertas estaban aún sin empizarrar, todo el edificio se convertía diariamente en una laguna; los afligidos monjes no encontraban donde recogerse, noche y día trabajaban con afán para extraer el agua de las habitaciones y salvar algunas bóvedas, cuyos bellos frescos arrebatan aún nuestra admiración»[8].

Otro año de mucha lluvia fue 1717, que «fue en España bastante penoso de tempestades por haber sido muy húmedo el invierno». En 1751 se dice que estuvo lloviendo casi de continuo durante tres meses, de noviembre a enero[9]. O también el año 1765, en el que la intensidad de las lluvias fue tal que se gastaron doscientos cincuenta y siete reales «en componer las piedras maestras del camino que arroyaron las aguas»[10].

VIENTOS

Los fuertes vientos del Real Sitio de San Lorenzo son una constante en la documentación escurialense. El padre Sepúlveda advierte sobre ello, afirmando que el lugar es «muy airoso, y dudo que en lugar de toda España haga mayores aires que hace en este sitio y más continuos»[11]. Confirma

---

6   Real Biblioteca del Monasterio de El Escorial, 187-II-12. *Gastos de la Procur[ació]n. 1579 [hasta 1582]*, f. 186r.

7   SAN JERÓNIMO, fray Juan de: *Memorias…*, p. 425.

8   QUEVEDO, José de: *Historia…*, p. 145.

9   *Las Memorias Sepulcrales…*, vol. I, p. 364.

10 Real Biblioteca del Monasterio de El Escorial, 186-I-3. *Libro manual de esta Arca de S. Lorenzo del dinero que se recibe de sus rentas y administ[racio]nes y del que se entrega. Empieza este año de 1764 siendo arqueros los PPs. f. Juan de Colmenar y fr. Leon de Guadalupe*, f. 405r.

11 SEPÚLVEDA, fray Jerónimo de: *Historia…*, p. 353.

este hecho José de Quevedo, añadiendo que los vientos más fuertes se dejan sentir «particularmente en primavera»[12].

La primera noticia de grandes vientos en el Real Sitio está fechada en 1561 (día de San Andrés, 30 de noviembre), dos años antes de comenzar las obras del monasterio. Como ya se ha referido con anterioridad, dicho día se reunieron varios padres jerónimos para inspeccionar la zona donde se había de construir el monasterio, cuando de repente les sorprendió una gran tempestad de aire «que llevó la barda de la cerca de la dicha viña y dio con ella en las cabezas de las mulas y caballos»[13].

Otro gran temporal de viento tuvo lugar en enero de 1571, una vez comenzadas las obras del monasterio, haciendo estragos en el edificio y en los alrededores. Según informaba Almaguer, fueron varios los daños en los tejados y en La Herrería, donde el viento arrancó «muchos árboles que han tenido los padres [que] hacer leña dellos»[14].

Pero una de las noticias más impactantes sobre vientos en el monasterio está fechada en 1574, durante el traslado de varios cuerpos reales al Escorial:

> Y en este día que entraron los dichos cuerpos reales que fue a siete días del mes de febrero de 1574 hizo el día tan áspero y tan tempestuoso que puso pavor y espanto no solamente a los que nuevamente venían de tierras calientes y templadas. Pero aun a los moradores de la tierra y a los mismos frailes de la casa, porque tan áspero y tan peligroso como aquél hasta entonces no le habían visto. En tanto grado fue el aire grande que hizo, que el tabernáculo que había quedado del rescebimiento que se había hecho de los cuerpos del emperador y emperatriz que para esto estaba ricamente adereszado de ricos brocados, fueron deshechos a pedazos sin poderlo remediar, que aunque venían los ministros del Rey, a cuyo cargo estaba la guarda del aderezo que allí había, ninguno se atrevió a salir, por el temor de perder la vida. El guardajoyas Virbiesca y su compañero Voto daban y muy bien pagaban a ciertos hombres que allí se hallaron para que fuesen a socorrer y quitar el dicho brocado del dicho tabernáculo, y ninguno se atrevió a salir de casa por no ponerse en peligro de muerte, de manera que se perdió mucho brocado, de donde se vino a decir que los robles de la Herrería echaban flores de brocado etc.[15]

Al año siguiente hubo otro gran temporal de viento, justo el día que vino a visitar el monasterio don Juan de Austria, quien «llegó solo, sin

---

12 QUEVEDO, José de: *Historia…*, p. 32.
13 SAN JERÓNIMO, fray Juan de: *Memorias…*, p. 13.
14 Archivo General de Simancas, Casas y Sitios Reales, 258, 96. *Carta de Andrés de Almaguer a Martín de Gaztelu, 19-I-1571.*
15 SAN JERÓNIMO, fray Juan de: *Memorias…*, pp. 111-112.

Traslado de cuerpos reales al monasterio en 1574, según el dibujo que ofrece fray Juan de San Jerónimo en sus *Memorias* (RBME, K-1-7). Por efecto del fuerte viento, gran parte del brocado que revestía la estructura de la imagen se perdió por completo o apareció en los robles de la Herrería.

poder seguirle ninguno de sus criados, derribados de la furia del aire; y por ser tan bueno su caballo solo él pudo vencerlo, certificando que ni en tierra ni en mar había visto ni pasado cosa semejante»[16].

Otro día de fuertes vientos fue el 30 de septiembre de 1673, cuando en plena reedificación del monasterio tras el incendio de 1671, «se levantó un

16 Sigüenza, fray José de: *Historia…*, vol. II, pp. 463-464.

furioso huracán, que fue casi general, y que causó en la obra daños considerables, conmovió los andamios, arrancó y arrojó a grandes distancias vigas enormes, arrolló y desencajó muchas planchas de plomo, e hizo gran destrozo en pizarras y vidrios»[17].

Estos fuertes vientos, que en ocasiones iban acompañados de lluvia o nieve, fueron la razón determinante para la construcción de la mina o cantina de Montalvo en 1770. Jean-François de Bourgoing describe de esta forma tan plástica los efectos del viento en la lonja y las circunstancias de la construcción de dicho pasadizo:

> […] no sólo estos furiosos vientos impiden avanzar, hacen vacilar y en ocasiones derriban a quienes caminan, sino que afectan incluso a los coches estacionados ante el Palacio, que mueven y arrastran rodando buen trecho. […] frecuentes vendavales barren el pasaje que llaman *la lonja*, que va del pueblo al real convento. Para que resultara menos azarosa, siquiera para los caminantes, la comunicación entre el pueblo y el convento, se abrió hace cosa de veinte años un pasillo subterráneo abovedado en piedra tallada al que llaman *la mina*, al abrigo del cual quienes se dirigen al Palacio pueden desafiar en cualquier estación la furia de los elementos y reírse de los vientos que braman sobre sus cabezas.[18]

La última y quizás la más impresionante de las tempestades de viento en el monasterio es narrada por José de Quevedo, testigo presencial de lo sucedido en 1829, cuando el viento «arrebató seis planchas de plomo unidas de sobre la bóveda que cubre el altar mayor de la iglesia principal, que pesaron 49 arrobas [=563 kilos], y las llevó como un ligero papel hasta cerca de la torre que llaman del prior, a más de doscientos pies [=55 metros] de distancia, hundiendo con su peso parte del empizarrado y una buhardilla»[19].

FRÍOS Y NIEVES

En aquella «Pequeña Era Glacial» fueron frecuentes en el Real Sitio de San Lorenzo las bajas temperaturas y las copiosas nevadas. Quizás la primera gran nevada fue la caída en la Navidad de 1570, en que se cerraron los puertos, con la consiguiente falta de pan cocido[20]. Días más tarde volvía a escribir Almaguer al secretario real advirtiendo sobre el «tan recio tiempo

17 QUEVEDO, José de: *Historia…*, p. 142.
18 BOURGOING, Jean-François (Barón de Bourgoing): *Imagen de la moderna España*, Publicaciones de la Universidad de Alicante, Alicante, 2012, pp. 298-299.
19 QUEVEDO, José de: *Historia…*, p. 32.
20 Archivo General de Simancas, Casas y Sitios Reales, 259, 438. *Carta de Andrés de Almaguer a Martín de Gaztelu, 25-XII-1570.*

de nieves y fríos»[21]. Similar debió ser el mes de enero de 1579, pues de nuevo se cerraron los puertos «por la mucha tempestad de la nieve»[22]. En 1587 se prolongó el frío hasta bien entrada la primavera, ya que durante la Semana Santa «hizo tan áspero temporal de mucho frío, grandes aires, hielo y nieve, que tal en este tiempo nunca se ha visto»[23]. Fray Jerónimo de Sepúlveda refiere que aquel Domingo de Ramos «hacía un aire cierzo que nos llevaba las narices y manos, y las traíamos tan frías que apenas podíamos traer las palmas y libro»[24].

Téngase en cuenta que los claustros estuvieron durante mucho tiempo abiertos, sin ventanas, de tal manera que en ocasiones se llenaban de nieve, para cuya extracción eran contratados temporalmente varios peones, según consta en los diferentes libros de cuentas del monasterio, por ejemplo, en los años 1578 y 1581[25]. Precisamente fue esta una de las razones para cerrar los claustros con ventanas.

El prior informaba al rey en febrero de 1649 sobre el tiempo que había hecho «rigurosísimo de nieves, aires, hielos y aguas, y lo han pasado muy mal los gamos […]; de esta caza ha muerto mucha, ya por el temporal, ya de lobos, que ha habido muchos; pero los jabalíes han andado tan alentados, que les han quitado la presa, y con esto lo han pasado muy bien»[26]. Al año siguiente, advertía el prior que «en la calle de los Álamos, que está cerca del convento, se helaron el año pasado una cantidad de ellos»[27]. Tan bajas habían sido las temperaturas.

En ocasiones, sorprende lo tardío de las nevadas, ya avanzada la primavera, tal y como sucedió en 1674, que nevó el 11 de mayo, en tal cantidad «que a satisfacción rehinchieron el pozo de la huerta». O en 1712, que «se pudo decir que fue año sin invierno y sin nieves, y lo que admiró más fue ver un gran nevazo en el día once de mayo, que no solo se llenaron los pozos de arriba y el de la huerta, sino que en todos los claustros se pudieron hacer pozos de nieve»[28].

21 Archivo General de Simancas, Casas y Sitios Reales, 258, 95. *Carta de Andrés de Almaguer a Martín de Gaztelu, 6-I-1571.*

22 Real Biblioteca del Monasterio de El Escorial, 187-II-12. *Gastos de la Procur[ació]n. 1579 [hasta 1582]*, f. 326v.

23 SAN JERÓNIMO, fray Juan de: *Memorias…*, p. 419.

24 SEPÚLVEDA, fray Jerónimo de: *Historia…*, p. 34.

25 Real Biblioteca del Monasterio de El Escorial, 187-II-11. *Gastos de la Procuracion. 1576 [hasta 1578]*, s. f. Real Biblioteca del Monasterio de El Escorial, 187-II-12. *Gastos de la Procur[ació]n. 1579 [hasta 1582]*, f. 186r.

26 Publicado por Gregorio de Andrés en *Correspondencia epistolar entre Felipe IV…*, p. 169.

27 *Ibid.*, p. 174.

28 RODRÍGUEZ, Francisco de Paula: *Monjes jerónimos…*, pp. 141-142, 192.

Fernando Brambilla: *Vista general de San Lorenzo, tomada de la cercanía del camposanto al norte*, ca. 1824. Madrid, Patrimonio Nacional.

Famosa nevada fue también la de diciembre de 1782: dio comienzo el día 7 por la mañana y continuó sin parar hasta el día 9. Cayeron unos cuarenta centímetros «hasta las cuestas de Colmenarejo» y más de ochenta centímetros «desde el monasterio la montaña arriba». Así lo describía el prior al conde de Floridablanca, informando no solo de los efectos de la nevada en los árboles, sino también en la fauna (nótese el apunte sobre los lobos, como dijimos, una obsesión de Carlos III):

> El día siete de éste, a cosa de entre ocho y nueve de la mañana empezó a nevar con bastante fuerza en todo este término, no habiéndolo dejado hasta el lunes nueve, que aclaró algo el tiempo, con cuyo motivo se ha advertido para de media vara la nieve que ha caído hasta las cuestas de Colmenarejo y desde el monasterio la montaña arriba hay más de vara; como ha cuajado tanto ha causado un gran destrozo en todo el bosque, desgarrando muchas ramas de encina, roble y fresno y aun de los álamos de la calle de Campillo y Monesterio, según me informa el padre campero, y participo a Vuestra Excelencia para que lo ponga en noticia del rey nuestro señor, asegurando al mismo tiempo a Su Majestad, ha dado dicho padre campero todas las disposiciones necesarias para el recogido de leña, y queda a su cuidado el de que se corten las ramas desgarradas según quiere Su Majestad para evitar se pierdan los árboles por las goteras que se les introduce, no estando los cortes con tersura. No se ha notado que hayan bajado los lobos hasta ahora

al bosque, sin embargo de tanta nieve, y se discurre o que perezcan algunos o que se hayan retirado hacia El Espinar.[29]

RAYOS Y CENTELLAS

La enorme capacidad de los rayos y descargas eléctricas de las tormentas para causar daños, unida a lo impredecible del lugar y momento en que pueden ocurrir, hacen que sean y hayan sido siempre muy temidos estos fenómenos meteorológicos.

Son numerosas las noticias sobre rayos caídos en el monasterio o en su entorno. La primera de ellas, además con víctimas mortales, fue la acontecida en 1566, cuando «apartándose un carretero de su compañero para ir a beber a distancia de cincuenta pasos, cayó un rayo y le mató; y los compañeros quedaron fuera de sí por mucho tiempo»[30]. Pero quizás una de las mayores catástofres ocurridas en el monasterio a causa de los rayos fue la sucedida en julio de 1577, que provocó un importante incendio en la torre del Oeste o de la Botica:

> En 21 de julio año de 1577, domingo en la noche, víspera de la Magdalena, entre las once y las doce horas, cuando los padres se querían levantar a Maitines, sobrevino una terrible y temerosa tempestad de oscuras nubes que traían agua, vientos, truenos y relámpagos que venían de la parte del mediodía, la cual tempestad, pasando por esta casa de San Lorenzo despidió un trueno tan grande y tan triste que despertó a los frailes, a los cuales metió gran pavor, y cayó un rayo que dio en una esquina de la torre donde estaban las campanas al poniente sobre la botica, el cual rayo derribó muchas piedras y dieron dentro en una pieza que estaba sobre la celda del padre relojero y una centella de fuego dio en lo alto del capitel de la torre debajo de la bola dorada, donde se comenzó a arder como si pusieran una hacha de cera ardiendo en la misma torre, y poco a poco se vino el fuego a embravecer que no se pudo remediar.[31]

De nuevo en el verano de 1590 cayó un rayo en esta misma torre, durante «una grande borrasca de agua, granizo, truenos y relámpagos, y estando abajados los frailes al *Praesta, Pater* de Completas, dio tan grandes dos truenos que pensamos que éramos hundidos, y cayó un rayo o centella, y en el coro abrasó el oro de una ventana adonde están las campanillas de las horas y los cuartos»[32].

29 Archivo General de Palacio, Administraciones Patrimoniales, Leg. 1832, Exp. 8: *Carta del prior al Conde de Floridablanca, 11-XII-1782.*

30 RODRÍGUEZ, Francisco de Paula: *Monjes jerónimos...*, p. 39.

31 SAN JERÓNIMO, fray Juan de: *Memorias...*, pp. 196-197.

32 SEPÚLVEDA, fray Jerónimo de: *Historia...*, pp. 99-100.

Espeluznante debió de ser la tormenta que tuvo lugar el 8 de julio de 1650, en la que cayeron seis o siete rayos en el entorno del monasterio. Dos de ellos descargaron en el edificio: uno «dentro de la iglesia, no sabemos por dónde ni cómo; apagó el cirio pascual y estremeció la capilla mayor y a muchos monjes que allí estaban en oración, pero no hizo daño alguno». El otro cayó en la torre de las Damas, «y entró por la bola de la cruz y encendió el barrote de hierro, de suerte que en poco más de media hora, sin poderlo remediar, llegó el fuego hasta las barandillas de hierro»[33].

En otra horrorosa tempestad ocurrida en 1679, poco tiempo después de acabar las obras de reconstrucción tras el incendio de 1671, cayó una centella en el cimborrio, desviando su aguja y «causando en los emplomados mucho daño, así las piedras hechas pedazos, como la bola y la cruz». Inmediatamente dispuso el rey cien mil ducados para su reparación[34].

El último relato que traemos, corresponde a junio de 1762 y lo refiere el prior fray Antonio del Valle, quien informa sobre los efectos de un rayo caído cerca del Campillo, que curiosamente no solo hizo destrozos en la flora sino también en la fauna del lugar:

> Hoy dos de junio he tenido aviso de que habiendo visto muy de mañana el guarda de Campillo gran porción de abantos cerca de allí, pasó a ver si había carne de algún animal muerto, y llegando a un moral frondoso que hay apartado de las casas de dicho Campillo como unos cuarenta pasos, halló alrededor de dicho moral diez gamitas muertas, en las que estaban picando un lobo y los pajarracos; y habiendo reconocido el padre campero el terreno, vio en el moral algún estrago y señales de haber caído alguna centella o rayo aquella misma noche, en la que a cosa de las diez hubo una furiosa tempestad, de donde se colige haber sido dicha centella quien las mató. Trajéronlas a la Villa [de El Escorial] y se halló que de las diez, las nueve estaban preñadas.[35]

Para concluir, cabe añadir un curioso caso de pánico a los truenos y tormentas que afectó a un monje, fray Prudencio de San Jerónimo (ca. 1622-1705). De él se dice que «era de corazón muy tierno y pusilánime y en donde manifestaba más era en cualquier trueno o tempestad, que al instante se turbaba y se retiraba a su celda»[36].

33 Publicado por Gregorio de Andrés en *Correspondencia epistolar entre Felipe IV...*, p. 175.
34 RODRÍGUEZ, Francisco de Paula: *Monjes jerónimos...*, p. 147.
35 Archivo General de Palacio, Administraciones Patrimoniales, Leg. 1830, Exp. 41: *Carta del prior a Ricardo Wall, 2-VI-1762*.
36 RODRÍGUEZ, Francisco de Paula: *Monjes jerónimos...*, p. 111.

CATÁSTROFES: INCENDIOS, INUNDACIONES Y TERREMOTOS

Como colofón de este libro, hablaremos de algunas notables catástrofes ocurridas en el monasterio: unas provocadas por la naturaleza, como los terremotos y algunos incendios originados por rayos, y otras debidas a la mano del hombre, por negligencia —como es el caso de ciertos incendios— o por ignorancia y mala suerte, como sucedió con las inundaciones del Panteón.

Se debe añadir con respecto a los incendios, que muchos de ellos tuvieron su origen en alguna de sus numerosas chimeneas. Por esta razón era de suma importancia la limpieza periódica (el deshollinamiento) de las mismas, tal y como lo expresa el capítulo conventual en 1621:

> [...] tenían las chimeneas gran necesidad de limpiarse y deshollinarse, porque se encendían muchas veces y había gran peligro de emprenderse y quemar la casa, y que era necesario dar algún salario a los pizarreros para que lo hagan bien y a su tiempo.[1]

EL INCENDIO DE LA TORRE DE LA BOTICA: 1577

Fue el primer gran incendio del monasterio, todavía en pleno proceso de construcción. La causa ya fue descrita un poco más arriba, un rayo, pero no la totalidad de los efectos y daños producidos, que indicamos a continuación:

> [...] once campanas con la del reloj se derritieron y deshicieron. Y para que el fuego no se extendiese a los cuartos de la casa vecinos, se puso el remedio necesario de parte de la majestad del rey don Felipe nuestro señor, que al presente se halló en el dicho monasterio [...]. Finalmente se quemó

---

1 *Libro de los Actos Capitulares...*, vol. I, p. 368. Acto Capitular de 5-II-1621.

Torre del Suroeste o de la Botica.

el capitel y remate de la alta torre con todo lo que estaba dentro, y fue Dios servido que la bola dorada y la cruz que estaban por remate del capitel se cayesen a la parte de los nichos del jardín, donde aunque hicieron daño llevando consigo una chimenea y rompiendo el tejado y techo del camaranchón del cuarto del mediodía, y este pequeño daño respecto del que hiciera si cayeran en el claustro de la enfermería por haber grande ocasión de ofender. [...] No peligró ninguna persona, fraile ni seglar, que se tuvo por milagro según la ocasión grande que hubo para ello.[2]

Aunque, como bien dice fray Juan, no hubo daños inmediatos, sí los hubo a largo plazo en fray José de Toledo (ca. 1557-1581), quien tenía la celda en esta torre. Su anónimo biógrafo advierte que «se le entró algún humo en el pecho o que del espanto se vino poco a poco a consumir y a perder el color nativo y se puso negro y lleno de barros el rostro»[3]. Según los expertos, pudo tratarse de una intoxicación por gases metálicos, debido al prolongado tiempo que estuvo el monje expuesto a la humareda originada por el fuego de las campanas y el plomo derretido[4].

EL GRAN INCENDIO DE 1671

Solo con echar un vistazo a la impresionante imagen plasmada en el cuadro anónimo que nos ha llegado, es suficiente para darnos cuenta de la enorme magnitud del peor incendio que sufrió el monasterio en toda su historia. A partir del relato escrito por el entonces archivero fray Juan de Toledo (†1691), tenemos una información de primera mano y con todo lujo de detalles sobre esta tremenda catástrofe que marcó un antes y un después en el edificio[5].

---

2 San Jerónimo, fray Juan de: *Memorias...*, pp. 197-198.
3 *Las Memorias Sepulcrales...*, vol. I, p. 517.
4 Maganto Pavón, Emilio: *La enfermería jerónima...*, pp. 132-133.
5 Publicado por Gregorio de Andrés en *Relaciones sobre los incendios del monasterio de El Escorial*, en *Documentos para la Historia del monasterio de San Lorenzo el Real de El Escorial*, vol. VIII, Imprenta del Real Monasterio, San Lorenzo de El Escorial, 1965, pp. 69-81.

Anónimo: *Incendio del monasterio de El Escorial en 1671.* Madrid, Museo del Prado.

Todo comenzó el domingo 7 de junio de 1671 a las dos de la tarde, a partir de la chimenea del colegio, a la que se prendió fuego al quemarse el hollín. La gente acudió enseguida a apagarlo, pero no se hizo bien, pues al cabo de dos horas —o sea, a las cuatro de la tarde—, mientras la comunidad rezaba Vísperas, la gente del Sitio dio la voz de alarma de que se quemaban el colegio y el seminario. El fuego se extendió por todo el lienzo norte hasta la torre Noreste o de las Damas, y pronto alcanzó la torre del carillón, derritiendo todas sus campanas.

Del colegio, saltando por encima de la biblioteca, pasó a la zona del convento, ardiendo la librería manuscrita, localizada en el claustro de la hospedería. Aunque muchos de los manuscritos se pudieron salvar, «la mayor parte y lo mejor, se quemó». También se perdieron muchos retratos, el estandarte y los fanales turcos, con otras muchas cosas de gran valor que allí se conservaban. Ante el avance del fuego, y para preservar los tesoros de la biblioteca, se procedió a arrojar los libros a la lonja por las ventanas —como ya se vio en otro capítulo—, aunque finalmente no entró el fuego en la biblioteca.

La torre de las campanas ardió con todas ellas, destruyendo asimismo el reloj. De ahí pasó el fuego al lienzo sur: iglesia vieja, refectorio, cocina, enfermería, etcétera, comenzando siempre por los tejados. Era

Anónimo: *Incendio del monasterio de El Escorial en 1671* (Madrid, Museo del Prado). Detalle de la procesión de rogativas con la Virgen de la Herrería y el Santísimo Sacramento.

prácticamente imposible acudir a apagar o atajar las llamas, debido a la cantidad de madera encendida y plomo derretido que caía. Se salvó, sin embargo, y con mucho trabajo, la torre de la Botica. A las doce de la noche —es decir, en tan solo ocho horas—ya estaba todo lo alto de las referidas zonas consumido por las llamas. Ante tal impotencia, se hicieron rogativas con el Santísimo Sacramento, y los vecinos de El Escorial trajeron en procesión a a Virgen de la Herrería (ver imagen de arriba).

Acudió mucha gente de los pueblos vecinos (El Escorial, Valdemorillo, Robledo de Chavela, etcétera) y ayudaban en lo que podían. Los religiosos sacaron las reliquias a la lonja, donde «quedaron algunos asistiendo de guardas» (página 447). En un intento de preservar el tabernáculo del altar mayor, unos insensatos, sin reparar en que no había peligro por ser todo de piedras, rompieron sus columnas, haciendo un daño irreparable. Los papeles del archivo se llevaron a la huerta y los libros del coro se dejaron en la lonja.

Por fin, paró el fuego en las bóvedas de la planta baja, aunque todavía persistió tres días «el arder de los solados y entrañas de los cuartos»; si bien afirma Santos que fueron quince días en total los que duró el incendio[6]. Según el cronista, hubos dos cosas que se tuvieron por milagro: que no muriese ninguna persona y que no se quemase nada perteneciente al culto divino. Solo quedaron en pie la biblioteca, la iglesia principal, el

6 SANTOS, fray Francisco de los: *Descripción…*, f. 6r.

cuarto del príncipe, la iglesia vieja, el refectorio, la ropería, las aulas del colegio, la procuración, las torres del palacio y botica, y varias celdas de la enfermería y hospedería. Es decir, que ardió más de la mitad del edificio.

La reconstrucción del monasterio fue acometida de inmediato y dirigida por el maestro mayor de la catedral de Toledo, Bartolomé Zumbigo. Pero antes de nada fue necesario desalojar todo el escombro y broza que quedó tras el incendio, para lo cual vinieron más de mil hombres de la comarca;

Anónimo: *Incendio del monasterio de El Escorial en 1671* (Madrid, Museo del Prado). Detalle de las reliquias colocadas en el murete de la lonja.

en el proceso sucedió la desgracia de que «cayéndose un tabique cogió a dos hombres, al uno le mató y al otro le dejó maltratado»[7]. Las obras duraron seis años, desde 1671 hasta 1677, y el monasterio volvió a lucir su aspecto original, a excepción de ligeras modificaciones en los diseños de las torres y las lucernas. El coste total de la reconstrucción fue estimado en 802.100 ducados, de los cuales pagó el rey 268.273 y la comunidad 533.827, es decir, casi el doble[8].

INCENDIOS DEL COLEGIO: 1731 Y 1763

También de considerable envergadura fue el incendio de 1731, el cual solamente afectó al colegio[9]. Comenzó el 6 de septiembre de dicho año a la una y media de la tarde en el «empizarrado alto inmediato a la chimenea de la cocina del colegio, y a menos de dos horas ya se vio arder sin remedio más de la mitad del lienzo del norte, desde la buhardilla más allá de la primera puerta del palacio hasta la torre de los trucos del colegio y seminario; por lo interior todo el tramo hasta la lucerna del refectorio, que no se reservó, como la torre de los trucos». Al parecer, tuvo su origen en una lumbre indebidamente encendida en los camaranchones, aunque al principio se achacó a un rayo que habría caído el día anterior.

---

7 *Relaciones sobre los incendios...*, p. 81.
8 QUEVEDO, José de: *Historia...*, p. 160.
9 Véase *Relaciones sobre los incendios...*, pp. 83-102.

Incendio del Colegio (zona noroeste) en 1872, según un grabado de *La Ilustración Española y Americana*, 8-X-1872. Muy similar debió ser el incendio de 1731.

Poco ayudó el hecho de que los pizarreros —los principales encargados en la extinción de incendios— no se hallasen presentes por estar reparando los pozos de nieve del puerto de Malagón. Aun así, otros obreros de la fábrica atajaron el fuego con algunos cortes oportunos. También fue fundamental el acceso al agua de los aljibes cercanos, que se arrojaba desde las ventanas más próximas a las llamas.

Una vez más se recurrió a la clemencia divina, sacando el Santísimo Sacramento y la Virgen de Pío V en procesión a la lonja. El bibliotecario segundo, con la intención de preservar los libros de la biblioteca, tuvo la infeliz idea de comenzar a arrojarlos por las ventanas a la lonja, pero fue detenido a tiempo, ya que se consideró una acción precipitada e innecesaria, corriendo el único peligro de que desapareciese algún ejemplar. Duró el incendio seis días con sus noches, y se tardó en reparar todo seis años. El rey proporcionó todo el plomo necesario para ello, además de dieciséis mil pesos, y el convento pagó la madera y el resto de gastos.

Treinta y dos años más tarde, el 8 de octubre de 1763 —estando la Corte en el monasterio—, poco antes de las ocho de la noche, un nuevo incendio destrozó buena parte de las dependencias del colegio y algunas de palacio[10]. Al parecer, el fuego tuvo origen en un descuido de un criado que tenía almacenada en una de las buhardillas de palacio mucha cantidad de carbón, cera y hachones «de los que sirven en Palacio para alumbrarse de noche». En breve se extendió, por un lado, hasta la torre del Seminario y la lucerna del colegio, y por otro hasta la torre de la primera chimenea de palacio, donde, por efecto de un cortafuegos, se detuvieron las llamas. Los daños fueron menores que en el anterior incendio de 1731 y duró poco menos de un día. Las obras de reparación se hicieron de inmediato y tuvieron un coste de cuatrocientos cincuenta mil reales. Curiosamente, el mismo individuo que provocó la catástrofe manifestó haber perdido una gran cantidad de dinero que tenía en un cofre, pero finalmente se descubrió que pretendía obtener alguna limosna o compensación del rey.

EL INCENDIO DE LA COMPAÑA: 1744

El 1 de septiembre de 1744 a las doce de la noche las llamas se apoderaron del edificio de la Compaña, destruyendo la mayor parte del claustro principal, con la enfermería y parte del molino, y «más de media cosecha de granos»[11]. El fuego dio comienzo en la tenería, por la parte que limita con la panadería, en un cuarto donde se guardaba gran cantidad de manteca y material muy combustible; la causa fue un descuido de los mozos de aquella oficina.

En un primer momento intentaron aplacar el incendio los propios mozos, pero sin éxito, por lo que pronto se propagó, debido también, en buena parte, a la desidia y lentitud en la actuación de religiosos y seglares. Según el cronista, el mismo prior se encerró en su celda sin querer que se le molestase con el asunto, y el vicario se dejó llevar del celo religioso, acudiendo con el Sacramento y otras reliquias. Tan solo dos padres capuchinos que estaban hospedados en casa «acudieron cada uno con su cántaro, en que quisieran llevar un río, como lo denotaba su más pronta viva diligencia».

Se intentó practicar en vano un cortafuegos en el lienzo norte, pero las llamas se apoderaron de toda esta parte, llegando hasta la mitad del paño este (el que está enfrente de la fachada principal del monasterio), pudiendo salvar el monumento de Semana Santa, que se guardaba en aquella zona.

Se perdieron tres mil fanegas de trigo (la mitad de lo que allí había guardado), todo el centeno (trescientos fanegas) y toda la harina. Parte de la culpa en la pérdida del trigo la tuvo el padre panadero, pues no quiso

10 *Ibid.*, pp. 117-122.
11 *Ibid.*, pp. 103-111.

Universidad María Cristina (antigua Compaña) tras el incendio ocurrido en 1909, según fotografía publicada por *La Ilustración Española y Americana*, 22-II-1909. Parecidos efectos debió tener el incendio de 1744.

dar las llaves para proceder a su evacuación, «cuidando sólo de reservar sus baúles y otros trastos de su cuarto». Por fin, al día siguiente se consiguieron las llaves y se sacó el trigo al corral de los carneros, y de ahí se llevó al portico de entrada, debajo de la biblioteca, en lo que trabajaron «hasta las mujeres y niños del Seminario y Hospedería, éstos con sus talegas, almohadas y espuertas, y aquéllas hasta con las faldas de sus mismas sayas».

Hasta diez días estuvo ardiendo alguna de las partes afectadas. Una vez extinguido el incendio, se puso en marcha casi de inmediato la reconstrucción de las partes afectadas, gracias a la magnanimidad de Fernando VI. En 1756 determinó el capítulo conventual que se fabricasen unas paneras de bóveda de ladrillo para proteger del fuego las «trojes, grano, harina y cuanto en ella hubiese, y que por este motivo nos hallemos de la noche a la mañana sin tener un bocado de pan que comer, como nos vimos el día dos de septiembre del año de 1744»[12].

INCENDIO EN LA FRESNEDA: 1748

También hubo incendios en otras propiedades del monasterio. Uno de los más importantes tuvo lugar en 1748 y destruyó casi por completo el

12 *Libro de los Actos Capitulares...*, vol. II, p. 261. Acto Capitular de 13-VIII-1756.

palacio de la Fresneda, el edificio vecino a la casa de los monjes. Tuvo su origen en una chimenea que encendió un criado con una finalidad bastante banal: ahumar unos chorizos, pero con la imprudencia de dejar el fuego sin vigilancia toda la noche, en un lugar lleno de virutas y astillas de leña. El alcalde mayor de El Escorial informaba puntualmente sobre las circunstancias y daños producidos por el incendio:

> En la mañana de este día se me dio cuenta de que en la noche anterior, a las doce y media, advirtieron unos padres colegiales que están en granja, que ardía la quinta o casería contigua a la Granjilla, que se llamaba el palacio de la Fresneda; y habiendo pasado yo a reconocer el estrago que causó el fuego, llegué a tiempo en que ya estaba toda la armadura y el suelo del piso principal en tierra, sin haber quedado puerta ni ventana que no se hubiere quemado, a excepción de una. Averigüé que el origen de este fuego procedió del que llevó a esa casería un criado de los padres para ahumar unos chorizos, el cual había entrado en el cuarto bajo a sacar unas astillas y presume que inadvertidamente se le hubiese caído alguna ascua y que cerraría la puerta sin verla. En el referido cuarto bajo había habido obra de carpintería y permanecían en él muchas virutas y una porción de madera.
>
> Cuando acudieron a apagar el fuego estaba toda la casa incendiada; y por haber principiado por abajo y estar ardiendo toda la armadura, no se podía acercar la gente porque también lo impedían las gotas de plomo derretido que caían de las planchas del empizarrado y únicamente se pudo libertar el edificio de la Granjilla adonde saltaban algunas brasas.
>
> Tengo arrestado al mozo que tuvo la culpa, y no declara más que lo que llevo referido.
>
> Los chorizos se quemaron y también todo el tocino, cebollas, jamones, palomas y demás comestibles que había en la quinta, pues no servía para otro destino.[13]

LAS INUNDACIONES DEL PANTEÓN

Como ya se indicó en otro lugar, durante las obras del nuevo panteón surgieron varios inconvenientes que dieron verdaderos quebraderos de cabeza a los arquitectos, religiosos y al propio rey. La mayor de estas dificultades fue la aparición de un manantial de agua que obligó a la paralización de las obras, e incluso planteó abandonar el proyecto y buscar otro lugar para la construcción del panteón. Así refiere el suceso el padre Santos:

> El uno [de los problemas] fue una fuente manantial que, rompiendo por las junturas de los jaspes, dio en brotar de tal manera que lo aguaba y

---

13 Archivo General de Palacio, Administraciones Patrimoniales, Leg. 1833, Exp. 42: *Carta del alcalde mayor de El Escorial al Conde de Floridablanca, 29-XII-1784.*

maltrataba todo, sin saberse en muchos años cuál fuese el origen de ella, aunque se hicieron para buscarle grandes diligencias. Íbase haciendo un mar de agua, el que después vino a ser un mar de riquezas [...]. El otro [problema] fue estar apartado de aquí el superintendente de la obra, viviendo en Madrid, con cuya ausencia los maestros y oficiales no andaban con el cuidado y vigilancia que convenía; y así sólo crecía en ella el agua de la fuente, dificultándose cada día más y más el remedio, aunque se gastaron muchos ducados en buscarle. [...]

Pero mirándolas a mejor desvelo el padre fray Nicolás de Madrid, vicario que a la sazón era de este real monasterio, las fue facilitando todas con el claro juicio de que le dotó Nuestro Señor para cualquier cosa, y con el efecto de servir por amor, sin respeto a otros intereses. Buscó el manantial del agua y hallóle en su mismo origen, y guiándole fácilmente al conducto general, que estaba cerca, quedó el panteón libre de un daño tan perjudicial; y fuese con su corriente a sepultar al mar, como las demás fuentes, dejándonos aquí sola la memoria de que somos mortales y deslizadizos como el agua. Vino Su Majestad aquel otoño a ésta su real casa y vio el reparo que se había hecho, de que recibió singular gozo y alegría.[14]

A pesar del deseado final feliz, se tiene noticia de diversas inundaciones en años posteriores. Una de las más importantes tuvo lugar en 1692, y se originó por estas dos razones: las abundantes lluvias de aquel invierno y la obturación del conducto de desagüe que pasaba por debajo de la sacristía del panteón y que iba al estanque del Bosquecillo, por efecto de la proliferación de raíces, légamo y ovas. De este modo, según el testimonio de fray Diego de Ciudad Real, al cerrarse dicho desagüe se cortó el paso de las aguas, «que represándose allí retrocedían, causando una represa tal, que ocupado todo el conducto, subió el agua hasta la bóveda de la sacristía del panteón, pegando el cieno en lo alto de ella»[15]. De nuevo en 1731 se reprodujo el problema, aunque no parece que tuviese tan graves efectos, por lo que el capítulo conventual ordenó «arrancar algunos árboles del Bosquecillo para componer los conductos del agua que va del panteón, y se determinó se cortasen por ser muy esencial el reparo de dichos conductos y los árboles estar sobre ellos y haberse originado muchos daños en diferentes ocasiones»[16].

14 SANTOS, fray Francisco de los: *Descripción...*, ff. 112r-112v.
15 *Advertencias hechas por fray Diego de Ciudad Real y el veedor de la fábrica de El Escorial sobre los conductos generales y desaguaderos de la casa de San Lorenzo*, en *Documentos para la Historia del monasterio de San Lorenzo el Real de El Escorial*, vol. VIII, Imprenta del Real Monasterio, San Lorenzo de El Escorial, 1965, p. 316.
16 *Libro de los Actos Capitulares...*, vol. II, p 68. Acto Capitular de 7-VI-1731.

EL TERREMOTO DE 1755

Este terrible movimiento sísmico, que destruyó casi por completo la ciudad de Lisboa y afectó a otras muchas poblaciones del litoral y del interior de Portugal y España, también tuvo cierta repercusión en el monasterio de El Escorial, aunque no llegó ni mucho menos a los daños que se vieron en otros edificios y ciudades de la península.

Uno de los relatos que nos ha llegado sobre este suceso es el de José de Quevedo, quien no se hallaba presente pero conoció a varios monjes que a su vez trataron con otros religiosos que sí vivieron muy de cerca la catástrofe:

Vista del coro del monasterio, con el facistol en primer plano y la araña detrás. Foto: Patrimonio Nacional.

El día 1º de noviembre de 1755 acaeció aquel terremoto espantoso y terrible, que fue casi universal, que llenó tantos pueblos de llanto y ruinas, y convirtió a Lisboa en un montón informe de escombros y cenizas. También El Escorial osciló notablemente, pues he conocido aún a algunos monjes que trataron mucho a los que lo presenciaron y que se hallaban en el coro, pues fue a las diez de la mañana, y decían que el sacudimiento había sido tan fuerte, que la araña que está pendiente enmedio del coro se había movido mucho por espacio de algunos minutos. A pesar de esto, la enorme solidez y trabazón del edificio resistió una oscilación tan tremenda, pues no se notó resentimiento ni desnivel ninguno en todo él.[17]

Testigo presencial fue Francisco de Paula Rodríguez, pues por su condición de músico se hallaba presente en el coro durante la misa de Todos los Santos. Este cronista añade un relato sobre el conato de incendio que ese mismo día hubo en la zona de palacio:

17 QUEVEDO, José de: *Historia...*, pp. 186-187.

> En el monasterio, aunque a todos fue palpable el movimiento de la tierra, fue Dios servido no recibiese el más leve daño ni quiebra la fábrica, pero además del susto del terremoto, ocurrió otro que pudiera haber sido un gran trabajo, pues se prendió fuego en palacio. Hallóse pronta la gente de la fábrica y no se dejó tomar fuerza al fuego. Los reyes se hallaban aquí y, sin prevención de carruajes, se marcharon a Madrid aquel mismo día a las dos.[18]

Todavía se pueden añadir algunos detalles sobre el suceso, por la referida presencia de la Corte en el monasterio, en su habitual jornada de otoño. Por ejemplo, el cantante *castrato* Farinelli refiere en sus *Fiestas Reales*, que «el tremendo espantable terremoto sucedido día 1.° de noviembre del año de 1755, en el que celebra la Iglesia la festividad de Todos los Santos, hizo que intempestivamente se transfiriesen Sus Majestades de aquel Real Sitio [San Lorenzo] a esta Corte»[19].

Poco después, el 12 de diciembre de ese mismo año, dispuso el capítulo conventual que de ahí en adelante se cantase todos los años el día 1 de noviembre un *Te Deum*, como acción de gracias por haber librado al monasterio y a sus habitantes de los horribles daños del terremoto:

> Asimismo propuso Su Reverendísima como en atención de que en muchos lugares, ciudades y obispados se habían hecho rogativas, penitencias y súplicas generales a la Majestad Divina en acción de gracias por haberse servido favorecerles tan singularmente en el día primero de noviembre de este presente año, en que quiso Su Majestad dejarnos libres y sin la menor lesión en el terremoto, que generalmente se experimentó en todo el reino y fuera de él; siendo así, que en muchos pueblos, y especialmente en puertos marítimos fueron muy grandes los estragos que causó así el fuego como el agua, que salieron conmovidos de su centro y madre, indicios claros todos de su justicia airada por los pecados y ofensas cometidas contra Su Majestad Divina; por lo que en memoria de tanto beneficio, si venía la Comunidad en ello, el día de Todos los Santos en lugar del tercer responsorio de la procesión se cantase el *Te Deum laudamus* con las oraciones correspondientes de acción de gracias todos los años; y entendido por la comunidad todos vinieron en ello gustosos[20].

---

18 RODRÍGUEZ, Francisco de Paula: *Monjes jerónimos…*, p. 230.

19 BROSCHI, Carlo («Farinelli»): *Fiestas Reales*. Madrid: ed. facsímil, Patrimonio Nacional, Madrid, 1992, pp. 162-163.

20 *Libro de los Actos Capitulares…*, vol. II, pp. 254-255. Acto Capitular de 12-XII-1755.

BIBLIOGRAFÍA

1744-1746. De una Corte a otra. Correspondencia íntima de los Borbones. Madrid: Margarita Torrione y José Luis Sancho (eds.), Patrimonio Nacional, 2010.

«Advertencias hechas por fray Diego de Ciudad Real y el veedor de la fábrica del Escorial sobre los conductos generales y desaguaderos de la casa de San Lorenzo», en *Documentos para la Historia del Monasterio de San Lorenzo el Real de El Escorial.* San Lorenzo de El Escorial: Imprenta del Real Monasterio, vol. VIII, 1965, pp. 315-318.

ALMELA, Juan Alonso de: «Descripción de la Octava Maravilla del mundo, que es la excelente y santa casa de San Lorenzo el Real, monasterio de frailes jerónimos y Colegio de los mismos y Seminario de letras humanas y sepultura de reyes y casa de recogimiento y descanso después de los trabajos del gobierno, fabricada por el muy alto y poderoso rey y señor nuestro don Felipe de Austria, segundo de este nombre», en *Documentos para la Historia del monasterio de San Lorenzo el Real de El Escorial.* Madrid: Gregorio de Andrés (ed.), Imprenta Sáez, vol. VI, 1962, pp. 5-98.

Apuntaciones para el mejor gobierno e instrucción del padre Vicario, en *Música y culto divino en el Real Monasterio de El Escorial (1563-1837).* San Lorenzo de El Escorial: Luis Hernández (ed.), EDES, 1993, vol. II, pp. 430-441.

BASSEGODA, Bonaventura: *El Escorial como museo.* Barcelona: Memoria Artium, 2002.

BEAUMARCHAIS, Pierre Augustin Caron de: «Carta al Duque de la Vallière (Madrid, 24-XII-1764)», en *Viajes de extranjeros...,* vol. V, pp. 41-44.

BECKFORD, William: *Italy, with sketches of Spain and Portugal,* 2 vols. Londres: Richard Bentley, 1834.

BÉGIN, Émile: *Voyage pittoresque en Espagne et en Portugal.* París: Belin-Leprieur et Morizot, 1852.

BERMEJO, fray Damián: *Descripción artística del Real Monasterio de S. Lorenzo del Escorial y sus preciosidades después de la invasión de los franceses*. Madrid: Imprenta de Doña Rosa Sanz, 1820.

BOURGOING, Jean-François de (Barón de Bourgoing): «Un paseo por España durante la Revolución Francesa, 1777-1795», en *Viajes de extranjeros...*, vol. V, pp. 443-574.

—: *Imagen de la moderna España*. Alicante: Publicaciones de la Universidad de Alicante, 2012.

BROSCHI, Carlo («Farinelli»): *Fiestas Reales*. Madrid: Ed. Facsímil, Patrimonio Nacional, 1992.

—: *La solitudine amica. Lettere al conte Sicinio Pepoli*. Palermo: Sellerio, 2000.

BUSTAMANTE GARCÍA, Agustín: *La octava maravilla del mundo (estudio histórico sobre El Escorial de Felipe II)*. Madrid: Alpuerto, 1994.

BUXEDA DE LEYVA: *Historia del Reino de Japón y descripción de aquella tierra, y de algunas costumbres, cerimonias, y regimiento de aquel reino, con la relación de la venida de los embajadores del Japón a Roma, para dar la obediencia al Sumo Pontífice, y a todos los recebimientos que los príncipes cristianos les hicieron por donde pasaron, y de las cartas y presentes que dieron a Su Majestad el Rey nuestro señor y a los demás príncipes [...]*. Zaragoza: Pedro Puig, 1591.

CAIMO, Norberto: «Viaje a España hecho en el año 1755», en *Viajes de extranjeros...*, vol. IV, pp. 757-848.

CAMPOS, Francisco Javier: «La corte y la comunidad en las "Jornadas" anuales del Real Sitio de San Lorenzo», en *Música en el Monasterio del Escorial. Actas del Simposium*. San Lorenzo de El Escorial: Instituto Escurialense de Investigaciones Históricas y Artísticas, 1992, pp. 147-168.

—: «La vida cotidiana en el Monasterio de San Lorenzo el Real del Escorial a fines del Antiguo Régimen», en *Monjes y monasterios españoles. Actas del Simposium*. San Lorenzo de El Escorial: Instituto Escurialense de Investigaciones Históricas y Artísticas, 1995, vol. III, pp. 833-904.

—: «Felipe II, el monasterio del Escorial y el Nuevo Rezado (1573-1598)», en *Felipe II y su época. Actas del Simposium*, Instituto Escurialense de Investigaciones Históricas y Artísticas, 1998, vol. II, pp. 505-548.

—: «Doscientos años de Vela al Santísimo Sacramento en el Monasterio del Escorial (siglos XVII-XVIII)», en *Religiosidad y ceremonias en torno a la Eucaristía. Actas del Simposium*. San Lorenzo de El Escorial: Instituto Escurialense de Investigaciones Históricas y Artísticas, 2003, vol. I, pp. 7-70.

—: «El monasterio de San Lorenzo el Real en la época del "proceso del Escorial", 1807-1808», en *Cuadernos de Pensamiento*, 19 (2007), pp. 269-313.

CANO DE GARDOQUI GARCÍA, José Luis: «Aspectos económicos relativos a la Fábrica del Monasterio del Escorial», en *El monasterio del Escorial y la arquitectura. Actas del Simposium*. San Lorenzo de El Escorial: Instituto Escurialense de Investigaciones Históricas y Artísticas, 2002.

CERVERA, César: «El Monasterio de El Escorial, una puerta al infierno que Felipe II se encargó de sellar», en *ABC*, 10-X-2014. Recurso electrónico: <http://www.abc.es/madrid/20141010/abci-escorial-puerta-infierno-felipe-201410091904.html (consultado el 13-X-2016)>.

CERVERA VERA, Luis: «La Cantina o paso subterráneo del monasterio de San Lorenzo el Real a las casas de oficios de El Escorial», en *La Ciudad de Dios*, 163 (1951), pp. 355-396.

—: *Las estampas y el sumario de El Escorial*. Madrid: Tecnos, 1954.

—: «Desarrollo y organización de las obras del monasterio de San Lorenzo el Real de El Escorial», en *Fábricas y orden constructivo. La construcción. IV Centenario del Monasterio de El Escorial*. Madrid: Comunidad de Madrid, 1986, pp. 19-81.

—: *La Fresneda. Un lugar de Felipe II en el entorno de El Escorial*. Treviso-Aranjuez: Fondazione Benetton Studi Ricerche-Doce Calles, 2003.

CLARKE, Edward: *Letters concerning the spanish nation*. Londres: Becket & De Hondt, 1763.

«Codicilo de las cosas tocantes a San Lorenzo el Real, otorgado en dicho monasterio por el católico rey don Felipe II, a veinticinco de agosto de mil quinientos noventa y ocho», en *Documentos para la historia del monasterio de San Lorenzo el Real de El Escorial*. Madrid: Imprenta Helénica, vol. II, 1917, pp. 52-62.

CONTARINI, Tommaso: «Relación de la estancia en España de Tomás Contarini, hecha al regreso de su embajada en España en 1593», en *Viajes de extranjeros…*, vol. II, pp. 609-614.

«Correspondencia epistolar entre Carlos II y el prior del monasterio de El Escorial P. Alonso de Talavera sobre las pinturas al fresco de Lucas Jordán (1692-1694)», Gregorio de Andrés (ed.), en *Documentos para la Historia del Monasterio de San Lorenzo el Real de El Escorial*. San Lorenzo de El Escorial: Imprenta del Real Monasterio, 1965, vol. VIII, pp. 209-289.

«Correspondencia epistolar entre Felipe IV y el P. Nicolás de Madrid sobre la construcción del Panteón de Reyes. 1654», en *Documentos para la Historia del Monasterio de San Lorenzo el Real de El Escorial*. San Lorenzo de El Escorial: Imprenta del Real Monasterio, 1965, vol. VIII, pp. 159-207.

CUESTA MILLÁN, Juan Ignacio: *La boca del infierno*. Madrid: Aguilar, 2006.

DE ANTONIO, Trinidad: «Los pintores españoles del siglo XVI y El Greco», en *El Monasterio del Escorial y la Pintura. Actas del Simposium*, San Lorenzo de El Escorial: Instituto Escurialense de Investigaciones Históricas y Artísticas, 2001, pp. 211-242.

DE CASTRO CATURLA, Luis: «Noticias de la fontanería, desaguaderos, cisternas, necesarias y otras piezas ordinarias del monasterio de San Lorenzo el Real», en *Fábricas y orden constructivo. La construcción. IV Centenario del Monasterio de El Escorial*. Madrid: Comunidad de Madrid, 1986, pp. 109-118.

DE LA CUADRA, Juan Rafael: *El Escorial y el Templo de Salomón. Arquitectura e historia sagrada*. Madrid: Bubok, 2015.

«Descripción de la fontanería del monasterio de El Escorial hecha en 1645», Gregorio de Andrés (ed.), en *Documentos para la Historia del Monasterio de San Lorenzo el Real de El Escorial*, vol. VIII. San Lorenzo de El Escorial: Imprenta del Real Monasterio, 1965, pp. 291-318.

Directorio del Corrector del Canto 1780, en *Música y culto divino en el Real Monasterio de El Escorial (1563-1837)*. San Lorenzo de El Escorial: Luis Hernández (ed.), EDES, 1993, vol. II, pp. 179-351.

«Entrega de la Librería Real de Felipe II (1576)», en *Documentos para la historia del Monasterio de San Lorenzo el Real de El Escorial*. San Lorenzo de El Escorial: Imprenta del Real Monasterio, 1962, vol. VII, pp. 5-233.

ESPINA PÉREZ, Pedro: *Historia de la Inclusa de Madrid*. Madrid: Defensor del Menor en la Comunidad de Madrid, 2005.

ESTAL, Gabriel del: «El Escorial en la transición de San Jerónimo a San Agustín», en *Monasterio de San Lorenzo El Real El Escorial en el Cuarto Centenario de su creación 1563-1963*. Madrid: Biblioteca «La Ciudad de Dios», 1964, pp. 561-616.

ESTEBAN, Eustasio: *La Sagrada Forma de El Escorial*. El Escorial: Real Monasterio de San Lorenzo. Administración de «La Ciudad de Dios», 1911.

ESTEVA DE SAGRERA, Juan: «La alquimia y la política imperial de los Austrias», en *La ciencia en el monasterio del Escorial*. San Lorenzo de El Escorial: Instituto Escurialense de Investigaciones Históricas y Artísticas, 1993, pp. 189-205.

Festum SS. Reliquiarum quae in Regio D. Laurentii Monasterio vulgo del Escorial asservantur. Amberes: Officina Plantiniana, 1621.

Festum SS. Reliquiarum quae in Regio D. Laurentii Monasterio vulgo del Escorial asservantur. Madrid: Typographia Divini Officii apud Antonium Marin, 1746.

FORD, Henry: *A hand-book for travelers in Spain and readers at home*. Londres: John Murray, 1845.

Fray Marcos de Herrera, prior y superintendente de la reedificación del monasterio de El Escorial después del gran incendio de 1671. San Lorenzo de El Escorial: Gonzalo Díaz (ed.), EDES, 2005.

GARCÍA DE LA FUENTE, Arturo: «Catálogo de las monedas y medallas de la Biblioteca de San Lorenzo de El Escorial», en *Boletín de la Real Academia de la Historia*, 103 (1933), pp. 463-562.

GAULTIER, Théophile: *Voyage en Espagne. Tras los montes*. París: G. Charpentier, 1881.

GONZALO SÁNCHEZ-MOLERO, José Luis: «Los orígenes de la imagen salomónica del Real Monasterio de San Lorenzo del Escorial», en *Literatura e imagen en El Escorial. Actas del Simposium*. San Lorenzo de El Escorial: Instituto Escurialense de Investigaciones Históricas y Artísticas, 1996, pp. 721-749.

HERMANN, Herbert: «Rubens y el monasterio de San Lorenzo de El Escorial», en *Archivo español de arte y arqueología*, 27 (1933), pp. 237-246.

HERNÁNDEZ, Luis: *Música y culto divino en el Real Monasterio de El Escorial (1563-1837)*. San Lorenzo de El Escorial, EDES, 1993.

—: *Música en el Monasterio de El Escorial (1563-1837). Liturgia solemne*. San Lorenzo de El Escorial: EDES, 2005.

«Instrucciones de Felipe II para la fábrica y obra de San Lorenzo el Real», en *Documentos para la Historia del Monasterio de San Lorenzo el Real de El Escorial*. Madrid: Julián Zarco (ed.), Imprenta Helénica, vol. III, 1918.

JARDINE, Alexander: *Letters from Barbary, France, Spain, Portugal, etc*. Londres: 2 vols., Cadell, 1788.

JIMÉNEZ, fray Andrés: *Descripción del Real Monasterio de San Lorenzo del Escorial*. Madrid: Antonio Marín, 1764.

KUBLER, George: *La obra del Escorial*. Madrid: Alianza, 1983.

La escultura en el monasterio del Escorial. Actas del Simposium. San Lorenzo de El Escorial: Instituto Escurialense de Investigaciones Históricas y Artísticas, 1994.

Las Memorias Sepulcrales de los Jerónimos de San Lorenzo del Escorial, 2 vols. San Lorenzo de El Escorial: Fernando Pastor Gómez-Cornejo (ed.), EDES, 2001.

Las reliquias del real monasterio del Escorial, 2 vols. San Lorenzo de El Escorial: Benito Mediavilla Martín y José Rodríguez Díez (eds.), EDES, 2004.

LHERMITE, Jehan: *El Pasatiempos de Jehan Lhermite: Memorias de un gentil-hombre flamenco en la corte de Felipe II y Felipe III*. Madrid: Jesús Sáenz de Miera (ed.), Doce Calles, 2005, p. 366.

Libro de los Actos Capitulares del Monasterio de San Lorenzo el Real. San Lorenzo de El Escorial: Laureano Manrique (ed.), EDES, 2004.

LINES ESCARDO, Alberto: «El Escorial y la meteorología», en *La ciencia en el monasterio del Escorial*. San Lorenzo de El Escorial: Instituto Escurialense de Investigaciones Históricas y Artísticas, 1993, pp. 731-742.

LLANOS GARCÍA, Jesús: «Diego de Estella y El Escorial. Primeras críticas a la soberbia del rey», en *Literatura e imagen en El Escorial. Actas del Simposium*. San Lorenzo de El Escorial: Instituto Escurialense de Investigaciones Históricas y Artísticas, 1996.

LÓPEZ GAJATE, Juan: «La botica de San Lorenzo el Real de El Escorial», en *La ciencia en el monasterio del Escorial*. San Lorenzo de El Escorial: Instituto Escurialense de Investigaciones Históricas y Artísticas, 1993, pp. 275-379.

LÓPEZ-CORDÓN CORTEZO, M.ª Victoria: «Servir y seguir al rey. Séquitos, desplazamientos y alojamientos en las «jornadas»», en *Una Corte para el rey. Carlos III y los Sitios Reales*. Madrid: Dirección General de Patrimonio Cultural, 2016, pp. 64-81.

LORING PALACIOS, José Manuel: «Aportación de los destiladores de El Escorial a la fabricación de quintaesencias: materia vegetal utilizada en dichas técnicas y un tratado anónimo de destilación (s. XVI) en el ámbito escurialense», en *La ciencia en el monasterio del Escorial*. San Lorenzo de El Escorial: Instituto Escurialense de Investigaciones Históricas y Artísticas, 1993, pp. 585-616.

MAGANTO PAVÓN, Emilio: *El hospital de laborantes*. El Escorial: Ayuntamiento de El Escorial, 1992.

—: *La enfermería jerónima del monasterio del Escorial*. San Lorenzo de El Escorial: Instituto Escurialense de Investigaciones Históricas y Artísticas, 1995.

MARTÍN GÓMEZ, José Luis: «La población y orígenes de la población del Real Sitio de San Lorenzo», en *IV Centenario del Monasterio de El Escorial. La población y monasterio*. Madrid: Comunidad de Madrid, 1986, pp. 15-35.

MEDIAVILLA, Benito: *La Sagrada Forma del Escorial*. San Lorenzo de El Escorial: EDES, 2001.

MORALES VALLEJO, Javier: *El símbolo hecho piedra*. Barcelona: Áltera, 2008.

MORÁN TURINA, José Miguel y CHECA CREMADES, Fernando: *El coleccionismo en España: de la cámara de maravillas a la galería de pinturas*. Madrid: Cátedra, 1985.

MUÑOZ MALDONADO, José (Conde de Fabraquer): *Los misterios del Escorial*, 3 vols., Barcelona: Espasa, 1878.

NOONE, Michael: *Music and Musicians in the Escorial Liturgy under the Habsburgs, 1563-1700*. Rochester: University of Rochester Press, 1998.

NÚÑEZ, fray Juan: *Quinta parte de la Historia de la Orden de San Jerónimo (1676-1777)*, 2 vols. San Lorenzo de El Escorial: Francisco Javier Campos (ed.), EDES, 1999.

Ordinario y Constituciones y Regla de la Orden de Sant Jeronymo. Alcalá de Henares: Miguel de Eguya, 1527.

OSTEN SACKEN, Cornelia von der: *El Escorial. Estudio iconológico*. Bilbao: Xarait Ediciones, 1984.

PALMA, fray Juan de: *Carta y sumaria relacion de la enfermedad, y muerte de la reyna nuestra señora [Isabel de Borbón], que Dios aya, su vida, y heroycas virtudes [...]*. Madrid: 1644.

POLERÓ Y TOLEDO, Vicente: *Catálogo de los cuadros del Real Monasterio de San Lorenzo, llamado del Escorial, en el que se comprenden los del Real Palacio, Casino del Príncipe y Capilla de la Fresneda*. Madrid: Tejado, 1857.

PONZ, Antonio: *Viaje de España*. Madrid: Joaquín Ibarra, 1777, vol. II.

PORREÑO, Baltasar: *Dichos y hechos del señor rey don Phelipe Segundo*. Sevilla: Gómez de Pastrana, 1639.

PORTABALES, Amancio: *Los verdaderos artífices del Escorial y el estilo indebidamente llamado herreriano*. Madrid: Gráfica Literaria, 1945.

—: *Maestros mayores, arquitectos y aparejadores de El Escorial*. Madrid: Rollán, 1952.

Processonarium secundum ritum S. Romanae Ecclesiae. Ad usum monachorum S. P. N. Hieronimi. Madrid: Ioannis García Infanzón, 1729.

QUEVEDO, José de: *Historia del Real Monasterio de San Lorenzo del Escorial*. Madrid: Eusebio Aguado, 1849.

RAMÍREZ ALTOZANO, José Javier: *Historia de los bosques reales de San Lorenzo del Escorial*. Madrid: Visión Libros, 2010.

«Relación histórica de las pinturas de El Escorial por su orden riguroso de colocación hecha en 1776», Ángel Custodio Vega (ed.), en *Documentos para la Historia del Monasterio de San Lorenzo el Real de El Escorial*. San Lorenzo de El Escorial: Imprenta del Real Monasterio, 1962, vol. V, pp. 227-270.

«Relaciones sobre los incendios del Monasterio de El Escorial», en *Documentos para la Historia del Monasterio de San Lorenzo el Real de El Escorial*. San Lorenzo de El Escorial: Imprenta del Real Monasterio, 1965, vol. VIII, pp. 69-126.

RODRÍGUEZ, Francisco de Paula: *Monjes jerónimos del monasterio de El Escorial. Familia religiosa de el Real Monasterio de San Lorenzo distribuida por sus clases*. San Lorenzo de El Escorial: Luis Hernández (ed.), EDES, 2001.

RODRÍGUEZ DÍEZ, José: *La obra de la Compaña (de casa de servicios a Centro de Estudios Superiores)*. San Lorenzo de El Escorial: Estudios Superiores del Escorial, 1992.

RODRÍGUEZ MORALES, Jesús: «Imagen y realidad de las calzadas romanas», en *El Nuevo Miliario*, 16 (octubre 2013), pp. 3-29.

ROTONDO, Antonio: *Descripción de la gran Basílica del Escorial*. Madrid: Galería Literaria, 1861.

—: *Historia descriptiva, artística y pintoresca del Real Monasterio de San Lorenzo comúnmente llamado del Escorial*. Madrid: Eusebio Aguado, 1863.

ROVROY, Louis de (Duque de Saint-Simon): «Viaje a España, 1721-1722», en *Viajes de extranjeros…*, vol. IV, pp. 699-724.

RUIZ DE AZÚA MARTÍNEZ, Elena: «El monetario de San Lorenzo del Escorial. Un ejemplo del coleccionismo en Época Moderna y su relación con las artes», en *Literatura e imagen en El Escorial. Actas del Simposium*. San Lorenzo de El Escorial: Instituto Escurialense de Investigaciones Históricas y Artísticas, 1996, pp. 889-902.

SABAU, Gabriel: *Historia del culto a la Virgen de Gracia y crónica de su romería*. San Lorenzo de El Escorial: Imprenta del Real Monasterio, 1959.

SÁENZ DE MIERA, Jesús: *De obra insigne y heroica a Octava Maravilla*. Madrid: Sociedad Estatal para la Conmemoración de los Centenarios de Felipe II y Carlos V, 2001.

SAINT-SIMON, Duque de: *Memoires*. París: Chéruel y Regnier (eds.), 41 vols., Librairie Hachette et Cie., 1874, vol. XVII.

SAN JERÓNIMO, fray Juan de: *Memorias*, en *Colección de documentos inéditos para la historia de España*. Madrid: vol. VII, Imprenta de la Viuda de Calero, 1845.

SÁNCHEZ, Gustavo: *Anécdotas del Escorial 2. El lado humano del claustro*. San Lorenzo de El Escorial: EDES, 2009.

—: *La música en el monasterio del Escorial: Los niños del Seminario de los Jerónimos (1567-1837)*. Madrid: Servicio de Publicaciones de la Universidad Autónoma de Madrid – EDES– Asociación de Amigos de la Escolanía, 2015.

—: «Música para la real familia: Fray Juan de Cuenca y las jornadas del Escorial en tiempos de Carlos IV», en *Estudios musicales del Clasicismo*. Madrid-San Cugat: Asociación Luigi Boccherini-Arpegio, 2016, vol. III, pp. 195-224.

SÁNCHEZ MARTÍNEZ, Francisca Victoria: *Estudio histórico-tecnológico de las serrerías de corte de piedras duras en el s. XVI. Aplicación al análisis y reconstrucción gráfica del molino de corte de mármol utilizado en la construcción del retablo mayor del Monasterio de El Escorial*. Madrid: Tesis Doctoral, Escuela Técnica Superior de Ingeniería y Diseño Industrial, Universidad Politécnica de Madrid, 2016.

SÁNCHEZ MECO, Gregorio: *El Escorial y la orden jerónima. Análisis económico-social de una comunidad religiosa*. Madrid: Patrimonio Nacional, 1985.

—: *El Quexigal. Propiedad monástica escurialense*. San Lorenzo de El Escorial: Colección Coliseo Real, 1993.

—: *De comunidad de aldea a villa de realengo*. El Escorial: Ayuntamiento de El Escorial, 1995.

—: *Sabores del pasado. La cocina en tiempos de Carlos III*. Madrid: Sar Alejandría, 2017.

SÁNCHEZ MECO, Gregorio – ROSADO FERRÁNDEZ, Vicente: *La cerca histórica de los bosques del Real Sitio de San Lorenzo de El Escorial*. San Lorenzo de El Escorial: Colección Coliseo, 2007.

SANCHO, José Luis: «La casa de campo del infante don Gabriel o Casita de Arriba en El Escorial», en *Reales Sitios*, 199 (2014), pp. 26-51.

—: «Carlos III "de monte en monte". Cinco poblaciones para una Corte cosmopolita», en *Una Corte para el rey. Carlos III y los Sitios Reales*. Madrid: Dirección General de Patrimonio Cultural, 2016.

SANTA MARÍA, fray Luis de: *Octava sagradamente Culta, Celebrada de Orden del Rey Nuestro Señor, en la Octava Maravilla. Festiva Aclamación: Pompa sacra, Célebre, religiosa. Centenario del Único Milagro del Mundo San Lorenzo el Real del Escorial*. Madrid: Imprenta Real, 1664.

SANTOS, fray Francisco de los: *Quarta parte de la Historia de la Orden de San Geronimo*. Madrid: Bernardo de Villa-Diego, 1680.

—: *Descripcion del Real Monasterio de S. Lorenzo del Escorial, unica Maravilla del Mundo, Fabrica del Prudentissimo Rey Philippo Segundo, nuevamente coronada por el Catholico Rey Philippo Quarto el Grande, con la magestuosa obra del Pantheon, y translacion de los Cuerpos Reales, reedificada por Nuestro Rey, y Señor Carlos II despues del incendio*. Madrid: Bernardo de Villa-Diego, 1681.

SEPÚLVEDA, fray Jerónimo de: «Historia de varios sucesos y de las cosas notables que han acaecido en España y otras naciones desde el año de 1584 hasta el de 1603», en *Documentos para la Historia de San Lorenzo el Real de El Escorial*. Madrid: Julián Zarco (ed.), Imprenta Helénica, vol. IV, 1924.

SIERRA PÉREZ, José: «El cancionero musical de El Escorial», en *Revista de Musicología*, 16/5 (1993), pp. 2542-2552.

—: *La música escénica de Antonio Soler en el marco del Monasterio de San Lorenzo del Escorial*. Madrid: Tesis Doctoral, Universidad de Alcalá, 2006.

SIGÜENZA, fray José de: *Historia de la Orden de San Jerónimo*, 2 vols., Valladolid: Ángel Weruaga Prieto (ed.), Junta de Castilla y León, 2000.

TAYLOR, René: *Arquitectura y magia. Consideraciones sobre la idea del Escorial*. Madrid: Siruela, 1992.

TOWNSEND, John: «Viaje a España hecho en los años 1786 y 1787», en *Viajes de extranjeros...*, vol. VI, pp. 9-303.

TWISS, Richard: *Travels through Portugal and Spain in 1772 and 1773*. Londres: Robinson, Becket & Robson, 1775.

VARELA, Javier, *La muerte del rey: el ceremonial funerario de la monarquía española, 1500-1885*. Madrid: Turner, 1990.

VEGA LOECHES, José Luis: «Los *Infiernos* de El Escorial. Reflexiones acerca de las opiniones del P. Santos sobre el Panteón del Monasterio», en *Anales de Historia del Arte*, 17 (2007), pp. 155-178.

«Viaje a España de un embajador marroquí, 1690», en *Viajes de extranjeros...*, vol. IV, pp. 283-340.

Viajes de extranjeros por España y Portugal desde los tiempos más remotos hasta comienzos del siglo XX, José García Mercadal (ed.), 6 vols. Salamanca: Junta de castilla y León, 1999.

«Viajes hechos en diversos tiempos en España, en Portugal, en Alemania, en Francia y en otras partes», en *Viajes de extranjeros...*, vol. IV, pp. 443-496, 1700.

VICUÑA, Carlos: *Anécdotas de El Escorial*. San Lorenzo de El Escorial: EDES, 2007.

VILLACASTÍN, fray Antonio de: «Memorias», Julián Zarco (ed.), en *Documentos para la Historia del Monasterio de San Lorenzo el Real de El Escorial*. Madrid: Imprenta Helénica, vol. I, 1924.

ZARCO, Julián: *Catálogo de los manuscritos castellanos de la Real Biblioteca de El Escorial*, 3 vols. Madrid: Imprenta Helénica, 1924.

—: *Los Jerónimos de San Lorenzo el Real de El Escorial. Discursos leídos en la Real Academia de la Historia*. San Lorenzo de El Escorial: Imprenta del Real Monasterio, 1930.